IDC

IMPRIMERIE DE DAVID, RUE DU POT-DE-FER, N° 14, F. S.-G.

RECUEIL GÉNÉRAL

DES

ANCIENNES LOIS FRANÇAISES,

Depuis l'an 420 jusqu'à la révolution de 1789;

CONTENANT LA NOTICE DES PRINCIPAUX MONUMENS DES MÉROVINGIENS,
DES CARLOVINGIENS ET DES CAPÉTIENS,

ET LE TEXTE DES ORDONNANCES, ÉDITS, DÉCLARATIONS, LETTRES-PATENTES,
RÉGLEMENS, ARRÊTS DU CONSEIL, ETC., DE LA TROISIÈME RACE,

Qui ne sont pas abrogés, ou qui peuvent servir, soit à l'interprétation, soit à
l'histoire du Droit public et privé,

Avec notes de Concordance, Table chronologique et Table générale
analytique et alphabétique des matières;

PAR

M. DECRUSY, Avocat à la Cour royale de Paris;
ISAMBERT, Avocat aux Conseils du Roi et à la Cour de cassation;
JOURDAN, Docteur en Droit, Avocat à la Cour royale de Paris.

« Voulons et Ordonnons qu'en chacune Chambre de nos Cours de
» Parlement, et semblablement es Auditoires de nos Baillis et
» Sénéchaux y ait un livre des Ordonnances, afin que si aucune
» difficulté y survenait, on ait promptement recours à icelles. »
(*Art.* 70 *de l'Ordonn. de LOUIS XII, mars* 1498, 1re *de Blois.*)

TOME IV.

1327. — 1357.

PARIS,

Chez { BELIN-LE-PRIEUR, LIBRAIRE-ÉDITEUR, QUAI DES AUGUSTINS, N° 55.
{ VERDIÈRE, LIBRAIRE, QUAI DES AUGUSTINS, N° 25.

ORDONNANCES
DES
VALOIS.

IVᴱ. SÉRIE.

1327 A 1589.

BRANCHE DES VALOIS

PROPREMENT DITE.

Ire PARTIE.

AVRIL 1327 — AVRIL 1497.

RÈGNES DE PHILIPPE DE VALOIS, JEAN, CHARLES V, CHARLES VI, CHARLES VII, LOUIS XI ET CHARLES VIII.

ORDONNANCES,

CONSTITUTIONS, ÉDITS, DÉCLARATIONS, LETTRES, MANDEMENTS, RÉGLEMENTS, ACTES DES ÉTATS-GÉNÉRAUX; ARRÊTS DE LA COUR DES PAIRS, DU CONSEIL ET DU PARLEMENT;

CHARTES, TESTAMENTS, TRAITÉS, ET AUTRES ACTES,

LES PLUS REMARQUABLES,

Publiés sous les Rois de la branche des Valois.

Ire PARTIE.

Avril 1327 — avril 1497.

PHILIPPE VI, DIT DE VALOIS (1),

PROCLAMÉ Roi après l'accouchement de la veuve de Charles-le-Bel, avril 1327; sacré et couronné par l'archevêque de Reims, le 29 mai 1328; mort à Nogent-le-Roi, le 22 août 1350.

CHANCELIERS ou gardes-des-sceaux. — 1° Jean de Cherchemont, en 1327; 2° Mathieu Ferrand, en 1328; 3° Guill. de Sainte-Maure, en 1329; 4° Pierre Roger, depuis pape, sous le nom de Clément VI, en 1334; 5° Guy Baudet, évêque, en 1334; 6° Étienne de Vissac, en 1338; 7° Guill. Flotte, en 1339; 8° Firmin de Coquerel, évêque, en 1348; 9° Pierre de Laforest, avocat, en 1349.

N° 1er. — MANDEMENT *aux officiers royaux, pour empêcher que les ecclésiastiques, que les nobles, etc., établissent des jurisdictions d'appel sans l'autorisation du Roi* (2).

Paris, 1er juillet 1328. (C. L. II, 19.)

PHILIPPUS Dei gratiâ, Francorum Rex: Senescallo bellicadri et

---

(1) Il fut surnommé le *Fortuné*; il fallait que ce fut avant la bataille de Crécy, apparemment il eut ce surnom, parce qu'il parvint de fort loin à la couronne. — Hen. Abr. chr. — (Dec.)

(2) V. l'ord. de Roussillon, art. 24, et l'édit de Charles IX, *apud* Joly, I, 1156. (Is.)

23*

Ballivio et judici curiæ communis gaballitani, vel eorum loca tenentibus, cæterisque justitiariis nostris ad quos præsentes litteræ pervenerint, salutem.

Cum dudum per prædecessores nostros plura statuta et arresta, pro bono statu regni facta fuisse dicantur, continentia inter cætera, clausulam sub hac forma; de pluribus nobilibus et viris religiosis, qui a paucis citra temporibus, judices in terris suis posuerunt, ad cognoscendum de primis appellationibus, quos nullatenus habere solebant; non permittantur de novo judicem appellationum creari vel fieri, nisi usi fuerint ab antiquo.

Mandamus vobis et vestrum cuilibet, ut ad eum pertinuerit, quatenus statutum hujusmodi, juxta ejus, de quo liquebit, tenorem servetis, et servari inviolabiliter faciatis, super hijs quæ in contrarium tempore præterito noveritis contigisse, jus nostrum servetis illæsum, et ad statum debitum reducentes juxta ipsius statuti tenorem taliter, quod possitis de bona et diligenti justitia commendari, nec oporteat super hoc ad nos deferri querelam.

Datum Parisius prima die julii anno Domini millesimo trecentesimo vicesimo octavo.

Nº. 2. — LETTRES (1) *portant nomination du gouverneur du fils aîné du Roi, avec un traitement à vie.*

Becoisel, 5 juillet 1328. (Spicileg., III, 716.)

DE PAR LE ROY, sire de *Moreul*, vous savez comment nous vous deymes l'autre jour que nous vous aviens Ordené pour estre avecques Jehan nostre fils et à son frais : et vrayment nous ne vous ostons de l'office de mareschal, pour nul mal qui soit en vous, né pour nul deffaut qui par vous ait esté en vostre office, mes nous vous amons miex près de Jehan nostre fils, que nous ne feriens nul autre. Si voulons que vous vous ordenés tantost pour y venir, et pour y estre dores-en-avant continuellement ; car il est temps que ceux qui sont ordenés pour y estre, y soient ; et si est miex vostre honeur de le faire maintenant, qu'il ne seroit quant nous serions plus avant en la guerre. Et pour ce que vous nous priastes quant nous vous en parlasmes, que nous y vousissions

---

(1) Ces lettres sont importantes, parce qu'elles prouvent que l'office de maréchal était alors amovible, et que la charge de gouverneur de l'héritier du trône était au rang des dignités supérieures. (Is.)

der vostre honeur, vrayment si vous y pensés bien vous trouverés que nous vous faisons trop plus grant honeur de vous y mettre, que nous ne ferions de vous lessier mareschal, mesmement considéré que nous voulons que vous soiez tous li premiers li principauls de son frain, car il not onques mareschal en France qui n'en lessast volentiers l'office pour estre li premiers o frain de lainsné fils du Roy. Si nous semble que vostre honeur y est non pas gardée seulement, mes accreuë. Et quant au proufit, il nous semble que il y est plus grant qu'il ne seroit à estre mareschal ; car pour plusieurs fraudes qui se faisoient pour cause des droiz des mareschaus, nous avons ordené que dores en avant nul mareschal ne prandront nul droiz, mes seront tournez à nostre proufit tous les droiz qu'il soloient prandre, et il auront cinq cens livres tournois chascun d'eux par an pour toutes choses, si ne les auront fors seulement durans les guerres. Et nous voulons que vous aiez pour estre avecques nostre fils cinq cens livres chascun an, lesquelles nous vous donnons à vostre vie. Si vous y semble le proufit plus grant que en l'office de mareschal, pour quoi vous n'en devez estre en nulle melencolie, mes en devez estre tous liez et pour honeur et pour profit.

Donné à Becoisel le ve. jour de juillet MCCCXXVIII.

N°. 3. — LETTRES *par lesquelles le Roi déclare qu'il a le droit de rétablir la commune de Laon* (1).

Vincennes, Février 1328. (C. L. XII, 3.)

PHILIPPE, par la grace de Dieu Roi de France,

Nous faisons assavoir à tous présens et advenir, que comme li citoyen et habitans de nostre ville de Laon, nous aient supplié humblement, que de nostre benignité et de la plaine puissance

---

(1) La commune de Laon, établie sous Louis VI, (p. 158), fut supprimée par les lettres de Philippe-le-Bel, rétablie par lettres du même, du 9 février 1297, confirmées par celles du 13 mars 1317. Mais ces lettres n'accordaient à la commune de Laon qu'une existence précaire, *quamdiù regiæ placuerit voluntati*. Sous les règnes de Philippe V, de Charles IV, et au commencement du règne de Philippe VI, les habitans de Laon firent de nouveaux efforts pour obtenir l'établissement fixe et perpétuel de leur commune. L'évêque et le chapitre s'y opposèrent, et avancèrent que le Roi n'avait pas le pouvoir de la rétablir, ayant été supprimée à perpétuité par ses prédécesseurs. Cette proposition fut solemnellement condamnée par des arrêts rendus, parties ouïes, « ainsi qu'il est dit dans les présentes lettres, dont l'objet est de constater le droit que le Roi a d'instituer ou de rétablir les communes quand il le juge convenable. » (de Villevaut.)

de nostre magesté royal, de grace espécial, nous en nostredite ville de Laon, voussiens establir commune et communauté, et les officiers appartenants à eschevinage et à commune, en la maniere que autrefoiz a esté fait et establi en ladite ville, et voussiens sur ce parfaire et paracomplir un traicté commencé entre les gens de nostre très-cher et amé seigneur et cousin, de bonne mémoire, le rois Charles (1), derrenierement trespassé, et lesdiz citoyens et habitans, et nagaires entre noz gens et lesdiz citoyens et habitans. Et pour ce que noz amez et feaulx li evesques de Laon, et li doyens et chapitre de ladite Eglise, autrefoiz avoient ycelle requeste debatue, nous, qui meurement vouliens proceder en ladite besoigne, les eussions fait appeller pardevant nous pour deffendre ladite requeste, se elle leur touchast en aucune chose; et sur ce li evesques, doyen et chapitre dessusdiz, aient proposé devant nous, que nous ne devons, ne povons de puissance ordenée, faire leur requeste, pour ce que par arrest de nostre Court, ilz ont esté privez à perpetuité de tout droit de commune, de communauté et de college, avecques cloche, séel, arche de commune, chartres, privilèges, et tout l'estat de justice, jurisdiction, juge et office d'eschevinage et de jurez, et de toutes autres choses qui à ycelle communauté et college pouvoient et devoient appartenir; et disoient que cilz arrez avoit esté donnez contre le majeur, jurez et eschevins, qui pour le temps estoient, et contre toute la communauté de ladite ville, pour plusieurs excez faiz inhumainement en la mere Eglise de Laon, par les devant diz majeur, jurez et eschevins, et la communauté assemblée à ce faire, à son de cloche, si comme es l'arrest sur ce fait est plus plainement contenu. Disoient encore que ycellui arrest avecques plusieurs autres faiz de noz devanciers, nous, comme defenseur et especial gardien de ladite Eglise, estiens tenu à mettre à execution, et à inviolablement garder et acomplir; et que tant par les causes contenues oudit arrest, comme pour plusieurs griefz enormes faiz en la personne de leur prelat ou temps passé, que contre les executeurs donnez à mettre à execution ycellui arrest, et pour plusieurs autres causes proposées par lesdiz evesque, doyen et chapitre, lesdis citoyens et habitans n'estoient ayables (2), à ce que nous leur deussions, ne peussions de povoir ordené, faire ladite requeste; mesmement comme ce feust dommaiges et préjudices à nous et aussi

---

(1) Charles IV, dit le Bel.
(2) Oyables.

l'evesque, doyen et chapitre dessusdiz, et que moult de griefz et de maulx, s'en pourroit ensuir; et avec ce aucuns de ladite ville proposassent que ce ne seroit pas prouffiz qu'il y eust commune, ne la volenté ne li assentement de plusieurs de ladite ville, comme ilz disoient. De la partie desdiz citoyens et habitans, eust proposé au contraire que cilz arrez, ne li faiz contenu en icellui, ne nous devoient mouvoir, que nous ne leur deussions faire leur requeste, comme cil qui firent la malefaçon eussent esté justiciez pour le fait, et li arrez plainement mis à exécution en tous ses poins, satisfaction faite à l'Eglise de par lesdiz citoyens et habitans, tant de processions faites par lesdiz habitans, de luminaires, avecques ymages portées à l'Eglise en nom de restitucion, et avecques ce plaine satisfaction faite auxdiz doyen et chapitre, et au thrésorier de ladite Eglise, d'amende pecuniaire; et ceste restitution et satisfaction furent faites d'autorité royal, du consentement du doyen et chapitre dessusdiz; et que toutes les personnes qui furent à la malefaçon dessusdite, estoient mortes: et ainsi consideré les choses dessus dites, et aussi que plus par haine que pour amour de justice, li evesques, doyen et chapitre dessusdiz, leur débatoient leur requeste: li diz citoyen et habitans disoient que par doulceur de miséricorde, de nostre benignité, nous estions tenus à adebonnairir, et leur deviens faire leur requeste; mesmement comme autrefoiz les parties aient esté oyes en la présence de nostre très-cher seigneur et cousin de bonne memoire le Roy Philippe (1) derrain trespassé, et fut dit par arrest que ladite requeste il povoit faire; plusieurs raisons proposées, d'une partie et d'autres, les parties oyes, considéré ledit arrest, ouquel les parties furent oyes autrefoiz, et par lequel il fu dit que nous le povons faire, consideré aussi les ordenances de noz predecesseurs: Nous, par arrest de nostre Court, avons fait prononcer en nostre présence, que de nostre droit nous povons mettre et establir commune en ladite ville, toutes-foiz que il nous plaira et que il nous semblera prouffiz du faire, et feismes commander à l'evesque, au doyen et chapitre dessusdiz, que desoresenavant ils ne proposassent que nous ne le deussions faire, et sur ce leur feismes imposer perpetuel scilence; est bien nostre entente que nous y envoierons bonnes personnes, et leur commetterons à savoir l'estat de la ville, et se li evesques, doyen et chapitre, ou aucunes personnes d'où païs

---

(1) Philippe V, dit le Long.

vuellent monstrer aucunes raisons par lesquelles ilz deissent que ladite commune, se elle estoit remise, feust plus damageuse que prouffitable au païs, nous voulons que lesdiz commissaires les oyent, et nous rapportent la vérité, afin que nous en ordenons ce que bon nous semblera. En tesmoing de laquelle chose, nous avons fait mettre nostre séel en ces lettres.

Donné au bois de Vincennes, l'an de grace mil trois cens vint et huit, ou mois de fevrier.

N°. 4. — LETTRE (1) *du Roi aux états d'Italie, pour les engager à demeurer fidèles au Saint-Siége, et à repousser l'antipape Nicolas V, qui venait de convoquer un concile à Milan.*

11 mars 1328. (Spicileg., III, 717.)

N°. 5. — ORDONNANCE (2) *sur le cours des monnaies, fois de l'avis des états.*

Au Louvre, 21 mars 1328. (C. L. II, 27.)

PHILIPPE, par la grace de Dieu Roys de France, au baillif de Valois, ou son lieutenant, salut.

Comme nous, qui sommes desirans, et avons affection par especial, si coume tenuz y sommes, de diligeaument, et soigneusement entendre au bon gouvernement de nostre royaume, et sus l'estat d'iceluy, en telle maniere que ce soit à loüange de Dieu, et à la paix, et à la tranquillité de nos subgiez, et au profit comun de nostre royaume. Considerans entre les autres choses, que la reformation des monoies est grandement necessaire et convenable, especialment en l'estat, où elles sont à present, dont nostre peuple est et a esté moult grandement grevez et domagiez, et seroit encore de plus en plus, si remede n'y estoit mis, avons mandé et fait convocations de prelats, barons et bonnes villes, et autres saiges et connoissans en tiex choses avoir avis sur ce avec eux, afin que lesdites monoies soient reformées, remises en estat, et ramenées à leur droit cours. Par le conseil et déliberation que nous avons eû avec euls en nostre autre grand conseil, avons Ordonné et ordonnons sur ce, en la maniere qui s'ensuit, etc.

---

(1) Elle est autographe. *V.* celle de Louis XVIII au roi de Naples en 1821, coll. Lambert 1821, II, 407. (Is.)

(2) *V.* ci-après l'ord. du 15 mars 1332. (*Idem.*)

6. — ACTE *de l'assemblée des états du royaume, présidée par le Roi, qui proclame Philippe, comte d'Evreux, et Jeanne de France, fille de Louis le Hutin, Roi et Reine de Navarre* (1), *comme fief tombant en quenouille, au préjudice d'Édouard, Roi d'Angleterre, et des filles de Philippe-le-Long, et Charles-le-Bel.*

1328. (Spicileg., Cont. de Guill. de Nangis, III, 88.)

---

7. — TRAITÉ (2) *arrêté dans l'assemblée des barons de France et de Navarre, portant cession par la Reine de Navarre et son époux, au Roi de France, des comtés de Champagne et de Brie.*

1328. (Mémoir. de l'Académ. des Inscript. et Bell., XVII, 308; Villaret, Hist. de France, VIII, 204.)

---

8. — ACTE *contenant hommage* (3) *par le Roi d'Angleterre au Roi de France, pour la Guyenne.*

Amiens, 6 juin 1329. (Rymer., tom. 2, part. 3, pag. 27.)

---

9. — MANDEMENT *portant ordre aux officiers royaux de rendre ce qui avait été perçu pour la guerre projetée en Gascogne, et d'envoyer à Paris des députés des villes pour certifier la vérité du remboursement.*

Blois, 18 juin 1329. (C. L. II, 29.)

---

10. — ORDONNANCE *sur la fabrication des nouvelles monnaies, portant,* (art 24), *injonction à toutes personnes de couper ou percer celles qui seraient fausses ou de moindre poids, à peine d'amende arbitraire.*

Paris, 29 septembre 1329. (C. L. II, 37.)

---

(1) Philippe-le-Long et Charles-le-Bel en avaient joui à son préjudice. (Dec.)
(2) Ce consentement fut donné en échange de la couronne de Navarre que [Phili]ppe avait adjugée au comte d'Evreux et à la princesse Jeanne sa femme. [Ce]tte réunion fut consolidée à la majorité de Jeanne, 14 mars 1335, à Villeneuve-d'Avignon, et confirmée par lettres du roi Jean, novembre 1361, et de [Charle]s VI, 9 juin 1404. (Is.)
(3) Cet hommage fut rendu après bien des difficultés par le roi d'Angleterre, [com]me duc d'Aquitaine, pair de France, comte de Ponthieu et de Montreuil, [sans s]pécifier la nature de l'hommage, que le Roi prétendait devoir être lige. [Mais] Edouard, sur la nouvelle que le comte d'Alençon avait fait des entreprises [sur la] Guyenne, envoya au Roi des lettres patentes par lesquelles il reconnut que [cet h]ommage devait être lige. *V.* ci-après, p. 388. — Hen. abr. chr. — (Dec.)

N°. 11. — **Mandement** *qui ordonne l'exécution du règlement d'un inquisiteur* (1).

Saint-Germain en Laye, novembre 1329. (C. L. II, 40.)

Philippe, par la grace de Dieu, Roys de France, savoir faisons à tous presens et avenir.

Que religieux homme et honneste frere Henry de Chamay, de l'ordre des prescheurs, inquisiteur sur le crime de heresie, deputé en nostre royaume, à Carcassone resident, nous a monstré et presenté aucunes lettres de nos predecesseurs jadis roys de France, contenans certaines clauses et mandemens, en faveur de la foy catholique et de l'office de l'inquisition, ottroiés par nosdits encesseurs, lesquelles clauses et mandemens ledit frere Henry nous a baillez par escript contenant la fourme qui s'ensuit.

Premierement. Quod domus, plateæ, et loca in quibus hæreses fautæ fuerunt, diruantur, et nunquam postea reedificentur, sed perpetuo subjaceant sterquilineæ vilitati.

(2) *Item.* Quod filii hæreticorum, aut nepotes eorumdem, aut suspecti de hæresi, seu etiam diffamati, in bailiviis et aliis publicis officiis minime teneantur, sed continuo habeant amoveri.

(3) *Item.* Quod murus inquisitionis Carcassonæ, ubi hæretici detinentur, quotiens opus fuerit, reparetur de pecunia regia, et omnes illi quos senescallus Carcassonensis partem incursuum (2) recipere noverit, compellantur per eum, ad contribuendum in expensis hujusmodi, quibus, pro rata sua, prout ad hoc monuerit eos teneri.

(5) *Item.* Quod omnes et singuli duces, comites, barones, etiam senescalli, ballivi, præpositi, vicarii, castellani, bajuli, cæterique justiciarii regni Franciæ, inquisitoribus hæreticæ pravitatis, et eorum commissariis habeant obedire in capiendis, tenendis, custodiendis, et ad carceres adducendis quibuscumque hæreticis, aut de hæresi suspectis, et ipsorum inquisitorum sententias exequi diligenter, necnon eis et eorum commissariis et nunciis præstare conductum securum, promptum auxilium, et favorem, per totam terram jurisdictionis eorum, in omnibus

---

(1) V. notes sur l'ord. d'avril 1228, renouvellée par lettres de Philippe de Valois, de nov. 1329, (C. L. II, 41.), l'ord. de 1298, et celle du 29 juin 1302. (L.)

(2) Sont les peines, ou amendes encourues. V. l'art. 82 de la coutume de Bordeaux, l'art. 5 du tit. 8 de celle d'Aix, la loy 7°. Code Theod. *De sationibus*, et Du Cange, Gloss., V°. *incurramentum* et *incursus*. (Laur.)

[...]e spectant ad ipsius inquisitionis negotium et officium, si [...]ando, et quotiens ab eis fuerint requisiti.

(5) *Item*. Quod non intendit unus dictorum regum, per [quas]cumque literas, quæ a sua emanaverint Curia, inquisitionis [of]ficium aliquatenus impediri, quominus inquisitores in suo pro[c]ederent officio, juxta commissionem a sede apostolica eis [fa]ctam.

Lesquelles clauses le devant dit inquisiteur a supplié et requis [hu]mblement par nous estre renouvellées et confirmées. Et nous [v]oulans et entendans la besoigne de sainte foy catholique et dudit [of]fice de l'Inquisition, de tout nostre pouvoir, promovoir et [a]drecier, et parfaitement, Dieu aidant, ensuivre les bonnes voies, [e]t les bons faits de nosdits encesseurs, et especialment de sainte [m]emoire nostre seigneur Saint Loys: Mandons et commandons à [n]os ducs, comtes, barons, tuiers (1), seneschals, baillifs, pre[v]oz, viguiers, baillis, chastellains, et à tous autres justiciers de [n]ostre royaume, que les devant dites clauses, lesquelles nous de [c]ertaine science renouvelons, estre gardées, tenues, et accom[p]lies par tous leurs subgiez, et en les choses contenues és dessus [e]scriptes clauses, especialment, et en toutes autres choses gene[r]alment, qui appartiennent à la foy et audit office de l'inquisi[ti]on, obeissent et fassent obeir leurs subgiez audit inquisiteur et ses successeurs, et à tons autres en nostre royaume, par l'Eglise [de] Rome sur ce deputez, selon le droit canonique et civil, et le [s]tatut de nostre cher seigneur Saint Loys, qui se commance *Cu[pi]entes*: et leur senefions par la teneur de ces lettres, que nous [n]e volons ne entendons venir, ne faire, ne souffrir que par au[cu]ne soit fait encontre les dessusdites et escriptes clauses, par au[cu]nes lettres quelles qu'elles soient de nostre Cour ottroiées, ou à [ot]troier; mais toutes lettres qui seroient trouvées contraires et [ob]vians à la teneur desdites clauses ou statut, nous de certaine [sc]ience revoquons et anullons par la teneur de cestes. Et pour [ce] que ce soit ferme et estable à toujours mais, nous avons fait [met]tre nostre scel en ces presentes lettres.

Donné à Saint Germain en Laye, l'an de grace mil trois cens [vin]gt et neuf ou mois de novembre.

Par le Roy à la relation (2) de Monsr. Aymeri Guenaut et de [M]ons^r. Guillaume Bertran.. Ja.. de Boulay.

---

(1) Ce mot est en abrégé dans le manuscrit, où l'on a peut-estre eu intention [de] mettre *terriers*. (Laur.)

Ce sont des conseillers d'état, apparemment. (Ls.)

N°. 12. — *Assemblée de Paris* (1), *sur la réforme des empiètemens du clergé sur la puissance temporelle du Roi et des barons.*

Paris, octave de la Saint-André, 8 décembre 1329. (Spicileg. contin. Guillaume de Nangis, III, p. 92. — Baluz., pap. Vit. I, p. 783. — P. Rech. liv. III, C. 31. — Fleury, Hist. eccl., XIX, liv. XCIV, p. 452.)

N°. 13. — ORDONNANCE *contre le blasphême.*

Saint-Christophe en Halate, 12 mars 1329. (C. L. II, 48.)

PHILIPPE, par la grace de Dieu roy de France : au seneschau de Beaucaire, ou à son lieutenant, salut.

Affin de chastier ceulx qui de Dieu nostre créateur et de la glorieuse Vierge sa mere, dient paroles vilaines et especialement qui en jurent, ou dient les vilains seremens, nous voulons que tels vilains seremens et teles vilaines paroles que non mices ne dites ne doivent estre, ne soyent dites, et que cil qui presumeront de les dire, en soient chastiés et punis, avons ORDONNÉ en deliberation de nostre conseil, que tele punition en soit faite de ceulx qui jurent

---

(1) Les évêques y furent au nombre de 20, dont 5 archevêques. L'assemblée se tint au palais du Roi, où les barons avaient été convoqués. Le Roi prit place sur son trône, les princes du sang, les pairs et les barons siégeant, P. de Cugnieres, releva dans un discours, dont la première partie fut prononcée en latin et la 2°. en français, les usurpations ecclésiastiques. Il conclut que les prêtres devaient se contenter de la puissance temporelle, ne s'occuper que du salut des âmes, et abandonner aux juges séculiers le soin des affaires temporelles. — Villaret, Hist. de France, VIII, 236. — (Iv.)

Cette assemblée ne fut suivie d'aucun résultat ; on engagea les évêques à se reformer eux-mêmes dans un délai déterminé. Villaret, *ibid.*, p. 248. — C'est à cette époque que remonte l'usage des appels comme d'abus, dont les principes, dit le président Hénault, sont plus anciens que le nom. On le nommait autrefois la voie du recours au prince. Le Roi se montra favorable aux ecclésiastiques, mais cette querelle est le fondement de toutes les disputes qui se sont élevées depuis par rapport à l'autorité des deux puissances, et dont l'effet a été de restreindre la juridiction ecclésiastique dans des bornes plus étroites. On pourrait encore en indiquer une autre cause, c'est que les évêques commencèrent alors à négliger de convoquer les conciles de leur province, où le corps des ecclésiastiques rassemblés tous les ans s'entretenait dans sa première vigueur, tandis que les parlemens, devenus sédentaires, affermirent leur autorité en ne se séparant jamais. (Hen. Abr. chr.) — L'appel comme d'abus n'était qu'une faible imitation de la fameuse loi *premunire* publiée sous Edouard III, par le parlement d'Angleterre ; loi par laquelle, quiconque portait à des cours ecclésiastiques des causes dont la connaissance appartenait aux tribunaux royaux, était mis en prison. Les Anglais, dans tout ce qui concerne les libertés de l'état, ont donné plus d'une fois l'exemple. — Volt.; Essai sur les mœurs. — (Dec.)

...dit vilains seremens, ou diront lesdites vilaines paroles, come dit.

(1) C'est assavoir que quicouque les jurra, ou dira, pour la premiere fois qu'il en sera surpris et convaincu, sera mis ou pilory devant le pueple, et y demorrera de l'eure de Prime, jusques l'eure de midy.

(2). Et s'il est trouvé ou lieu qu'il le jure ou die la seconde fois puis ladite premiere punition, il aura fendu à un fer chaut la banlieure (1) dessus, c'est assavoir ce qui est entre le nez et le lievre de sous, si que les dens dessoub li parront parmi la fendue, en tele maniere que les parties de ladite banlieure ne se pourront joindre.

(3) Et se il est trouvé ou sceu qu'il le jure ou die la tierce fois puis lasdites deux punitions, ladite banlieure dessus li sera coupé tout hors à un raseur, ou coutel.

(4) Et se aucune personne ot dire ou jurer lesdits vilains seremens et vilaines paroles, et il ne le va tantost denoncier à justice, il sera condempné à esmende pecuniere selon sa faculté.

Si vous mandons que nostreditte ordonance vous faciés publier et crier en vostre senechaucie, si que nuls ne se puissent escuser de ignorance. Et mandes aussi à tous hauts justiciers de nostreditte seneschaucie, que il la fassent aussy publier et crier en leurs terres, et punissiez, ou faites punir ceulx qui jurront ou diront lesdit vilains seremens ou vilaines paroles, et ceux aussi qui ne les denoncieront en la maniere que dit est sans déport.

Donnée à Saint Christophle en Halate le douziéme jour de mars, l'an de grace mil trois cens vingt-neuf. Par le roy en son conseil.

---

(1) Appellée par les Grecs Μύσταξ, d'où nous avons fait le mot moustache. Le Gange, observations sur S.t Loüis, p. 103, remarque que cette ord. comme rigoureuse ne fut pas approuvée du Pape Clément IV, qui envoya une bulle au Roy, par laquelle il le pria de vouloir establir des peines temporelles contre les blasphemateurs, et de ne plus user de mutilation de membres, ni de peines de mort. Le mesme auteur remarque au mesme endroit, que S.t Louis changea par cette raison ces peines corporelles, en amendes, ce qui semble contredit par ces letres qui approuvent la severité de S.t Louis. (Laur.)

N°. 14. — **Mandement** *qui prescrit de porter au marché toutes espèces de denrées* (1).

Paris, 16 avril 1330. (C. L. II, 50.)

Philippes, par la grace de Dieu Roy de France : au seneschal de Beaucaire, ou à son lieutenant, salut.

Come il eut esté crié de par nous, que chascun apportast aux merchiés et aux foires, vivres de chars et de poissons, pour vendre, et les vendissent à prix raisonable, selon la monoye, nous ayons entendu, que alcuns prevost, maires, sergens, et autres justiciers, qui sous couleur, que les mercheans qui lesdits vivres apportent, les vendent à autres prix que raisonables, les en molestent, en pluseurs manieres, sans ce qu'il en ayent mandement de nous, parquoy pluseurs inconveniens s'en ensuivent au domage du peuple, car par lesdites molestations plusieurs marchans se layssent de porter et d'amener aux merchés, et aux foires, lesdits vivres, quoyque nostre entente soit et ait esté, que telles molestacions cessent, et que tous marchans et autres puissent aporter et amener aux mrchez, et aux foires lesdits vivres sans empeschement.

Nous vous mandons que vous facés crier en vostre seneschaucie que chascun aporte et amaine aux merchiez et aux foires, toutes manieres de vivres, de chars et de poissons, de poulailles et de volailles, de hues (2) et de formatges, pour vendre loyaument, et ne sueffrez que teles molestations leur soient faites, ne contraintes, ne amendes levées, né empeschement leur soit mis sur ce : se nous ne faisons à vous, ou à eulx autre especial mandement, sur ce nos autres ordennances domourans en toutes choses en leur vertu.

Donné à Paris le 16° jour d'avril, l'an de grace mil trois cens trente.

---

(1) Les changemens qu'il y eut dans les monnoies sous les regnes precedens, pour les necessitez pressantes de l'estat, donnèrent occasion à une grande cherté, parce que la plus grande partie des marchands avides de gain, vendirent excessivement leurs marchandises, ainsi que les ouvriers leurs salaires. Le Roy remedia à ce desordre, en ordonnant, que toutes les denrées seroient portées aux marchez, et en donnant ordre ensuite aux magistrats de les faire à un prix raisonable. *V.* l'ord. du 25 may 1305, celle du jeudy avant Pâques fleuries 1308, le mandement du 6 avril 1330, et l'ordon. du 29 novembre même année. (Laur.)

(2) Des oyes, des oües, et en allemand des *hus*, d'où l'on a fait le nom de *Jean Hus* célèbre heretique. (*Idem*.)

15. — CONSTITUTION (1) *de l'avis du parlement, portant que les appellations* (2) *seront poursuivies dans les trois mois qu'elles auront été relevées, si non que les sentences des premiers juges seront mises à exécution.*

Paris, 9 mai 1330. (C. L. II, 51.)

Philippus, Dei gratiâ Francorum Rex:

Notum facimus universis, tam præsentibus, quam futuris, quod cum in regno nostro, generaliter hactenus quâdam consuetudine, fuerit observatum, ut si aliquis a nostris judicibus, vel ab aliis nostris subditis sententialiter condemnatus, ad nostram appellabat Curiam, poterat talis appellans, quandocumque infra hoc proximum subsequens parlamentum in causâ appellationis, adjornamentum impetrare, judicemque, a quo appellaverat, ac partem quæ per se reportaverat sententiam, citari, seu eisdem intimari facere, secundum consuetudinem, et stilum regionum, dum tamen partes appellatæ et judices haberent tempus sufficiens, ad parlamentum, ad quod adjornati fuerunt, veniendi. Et in casu quo adjornamentum non impetraverant, vel si impetraverant eo usi non fuerant, ad emendam aliquam nobis præstandam minime tenebantur, nec poterat in casu prædicto, medio tempore judex, qui protulerat sententiam cam executioni facere demandari. Sed in suspenso remanebat, quo usque per Curiam nostram, mandatum fuisset ut suam exequeretur sententiam.

---

(1) Elle est tirée des registres du parlement et n'est pas en forme ; c'est à proprement parler un arrêt de règlement. Joly et Fontanon lui donnent mal-à-propos la date de 1332. C'est la première pièce de la collection de Néron. (Is.)

(2) Anciennement les roturiers ne pouvaient se pourvoir contre les sentences de leurs seigneurs. — Les gentilshommes qui demeuraient dans les terres des seigneurs ne pouvaient que fausser le jugement et provoquer le juge en duel. Beaumanoir, cout. du Beauvoisis, ch. 67, art. 3, 78 et 138, liv. I*er*. des établissemens, et art. 15 du II*e*. liv. = *Montesquieu*, et *Henrion de Pansey*, auto judiciaire. (Is.)

Cela estoit ainsi en Cour seigneuriale, mais nous apprenons des chap. citez des Établissemens, qu'en Cour royale il en estoit autrement, et que l'usage des appellations commençoit à s'y establir selon le Droit romain, où toute appellation devoit estre faite, *illico, vivâ voce inter acta, aut intra decem dies, datis libellis, aut intra triginta dies acceptis, redditisque libellis dimissoriis.* Et ensuite selon la distance des lieux il y avoit deux, trois, ou six mois pour suivre les appellations et les introduire dans les jurisdictions superieures. Tit. 3, Lex 7°., Cod. *De temporibus et reparationibus appellationum, seu consultationum.* (De Villevault.)

Ex quo sæpe contingebat quamplurimos malitiose, et ad finem, executionem sententiarum contra eos prolatarum differendi, ad nostram Curiam appellare, scientes virtute consuetudinis antedictæ, per annum quandoque et amplius differre posse executionem (1), quod in damnum subditorum nostrorum plurimum redundabat.

Nos igitur finem litibus cupientes imponi, ac malitiis et fraudibus hominum obviare, nostrorum subditorum indemnitati, quantum nobis est possibile, providere, ut eorum status jugiter servetur illæsus; habita, super hoc deliberatione cum dilectis et fidelibus gentibus parlamenti nostri, prælatis, baronibus, et aliis consiliariis nostris, prædictam consuetudinem, ex certa scientia, ut nobis et subditis nostris damnosam, penitus abolemus; statuentes hac CONSTITUTIONE, in perpetuum valitura.

Ut quicumque a judicibus nostris, seu aliis subditis regni nostri ad nostram Curiam duxerit appellandum, intra tres menses (2) continuos, a tempore appellationis emissæ, adjornamentum impetrare, et judices a quibus appellaverit, adjornari, seu citari, ac parti appellatæ intimari facere, vel e contra, secundum diversitatem regionum teneatur.

Quod si in præmissis negligens fuerit, elapsis tribus mensibus prædictis, judices a quibus fuerit appellatum, sententias per eos latas, poterunt, et tenebuntur executioni debitæ facere demandari, absque alterius cujuscumque expectatione mandati, nec emendam aliquam nobis appellans, in casu prædicto, solvere tenebitur.

Si verò hujusmodi appellantes infra tres menses prædictos, adjornamentum impetraverint, et eo usi fuerint, modo superius declarato, suamque appellationem postea non fuerint debite prosecuti, vel in causa succubuerint, ad emendam nobis præstandam, propter hoc tenebuntur, fisci nostri juribus applicandam, in patria tamen quæ jure consuetudinario regitur.

---

(1) Cet abus existe aujourd'hui. — En matière administrative et à la cour de cassation, le pourvoi n'est pas suspensif. (Is.)

(2) De là vint que les appellations interjettées au parlement devoient être relevées *dans trois mois*, après lesquels l'appel étoit *reputé desert*. V. l'art. 5 de l'ordon. de 1667, au titre de *l'execution des jugemens*, avec les notes de Bornier; l'ordon. de Charles VII, de 1453, art. 15; celle de Charles VIII, de 1493, art. 59; Leg. 10, Cod. Theod. de appellationibus: Leg. primam cod. Justin. de temporibus appellationum et ibi Jac. Gothofredus et Cujacius: et l'ancien stile du parlement, chap. 4 et 5. (De Villevault.)

Et hanc nostram ordinationem volumus ad perpetuam rei memoriam observari. Et ne aliquis super ea valeat, prætextu ignorantiæ excusari, in omnibus partibus regni nostri solemniter publicari.

In cujus rei testimonium, etc. Die nono maii millesimo trecentesimo trigesimo.

N°. 16. — LETTRES (1) *qui confirment les statuts de la confrairie des notaires de Paris, arrêtés devant le prevôt de Paris.*

Château-Thierry, septembre 1330. (C. L. II, 52.)

PHILIPPE par la grace de Dieu Rois de France.

Sçavoir faisons à tous presens et à venir, que nous avons veu les letres de nostre tres chier seigneur et cousin Philippes jadis Rois de France et de Navarre, scellées, en fils de soie et cire verte, contenant la fourme qui s'ensuit.

Philippus Dei gratia Francorum Rex.

Notum facimus universis, tam præsentibus quam futuris, nos infra scriptas vidisse literas, tenorem qui sequitur continentes.

A tous ceux qui ces presentes lettres verront, Guillaume Thybout, garde de la prevosté de Paris, salut.

Nos faisons à sçavoir, que pardevant nos vindrent le commun des notaires de Chastellet de Paris, et affermerent, que ou temps que feu Renaut Barbou estoit prevost de Paris, Pierre la Pie, mestre Rogier du greffe, mestre Hüe l'Oiseleur, feu Nicolas de Rozoy, Hervy de la Trinité, Nicolas le Porteur, Benoist de Saint Gervais, Gillebert d'Estampes, Simon Payen, Menessier des Fossez, et tuit li autres, qui lors estoient notaires oudit Chastellet, avoient faite et ordenée de leur commun assentement et de la volenté dudit prevost et par bonne devotion en l'enneur de Dieu et de Nostre-Dame Sainte Marie, tant comme confreres, une confrarie en la maniere qu'il est cy-après devisé et escript.

C'est assavoir qu'il chanteront en l'Eglise, où le commun se assentira mex, chaucun vendredy, vespres de Nostre-Dame, et chaucun saumedy au matin, messe en celle maniere, que celuy qui seroit defaillant de venir aus vespres dedenz le premier *gloria*

---

(1) *V.* ci-dessus, p. 151.

du premier seaume, payra un denier, et dedenz le premier tiers de la messe, un denier, s'il n'avoit loel essoigne, de laquele il sera creüs par son serement.

Et feront chanter chaucun jour une messe, en laquelle seront acuilli principaument nostre seigneur le Roy de France, madame la Royne, leus enfans, touz leurs hoirs de France, li confrere et tuit li bienfaiteur de ladite confrarie. C'est assavoir chacun lundi, messe pour les mors, le mardy, du Saint Esprit, le mercredy, de Nostre-Dame, et chacun jour ensivant à tousjours ordenerement en ycele maniere, en l'Eglise, où ledit commun feront le service.

Et quand aucun confrere, ou la femme d'aucun notaire ira de vie à mort, tuit li confrere sont et seront tenus à aler au cors, aus vigilles et à la messe, à poine de deus deniers, s'il n'ont loel essoigne, de laquele il feront foy en la maniere qu'il est cy-dessus, c'est assavoir à ceus qui seront establiz de par le commun, à garder les choses de ladite confrairie.

Derechief il est ordené que aucuns desdiz notaires confreres, ne puisse escrire ou Chastellet, ou alleurs en Paris, ne arrester lettres, tant que le commun chantera vespres, vigiles ou messe, se ce n'est pour les propres bsoingnes nostre seigneur le Roy : et se il le fait, ce que il gaignera sera ainsi à la confrarie : et se celuy qui ensit l'aura fait, le cele, et il est aprés sceu s'il l'amendera à ladite confrairie, et tauxera l'amende le scelleur du Chastellet, à la requeste des procureurs; et sera ceste ordénance bien tenue et gardée, et à toutes les festes de Nostre-Dame de Saint Nicolas et de Sainte Katerine; més les defaillans qui ne vendront au service de ces festes, payeront chacun deus deniers pour chacun defaut.

Derechief il est ordené entre lesdiz confreres, que aucun doresen-avant, qui soit jurez du Chastelet, tout ait il fait le serment, par la volenté de nous, ou de ceus qui aprés nos seront prevos de Paris, ne soit tenu pour compaignon, pour juré, pour confrere, pour notaire jusques à tant qu'il ait payez diz soulz de parisis d'entrée à la confrairie.

Derechief que cil des confreres qui se mariera puis qu'il ait esté notaire, payera cinq sols parisis pour son mariage. Et quand il trespassera de ceste siecle, il payra à la confrairie dix sols parisis, ou son meilleur garnement. Et se il avenoit que aucuns desdiz confreres dechée de son meuble, par maladie, ou autrement, soit si pouvre qu'il ne ait dont vivre, pourquoy il eust esté personne convenable, que l'en le pourverra convenablement des biens de ladite confrerie, selonc ce que elle sera aisée de meuble.

Derechief se aucuns bourgeois, ou autres persone convenable veut entrer par devotion en ladite confrarie, il i sera par ceste condition. C'est assavoir cil, ou cele qui en ladite conferrie entrera, il paera diz sols parisis, ou son meilleur garnement : et il aura quant il sera trespassé, huit livres de cire entor le cors : et seront leuz pour l'ame de luy, quatre psautiers, et si aura la crois et le poille, et ce que il devra avoir de ladite confrarie comme li autres : et aprés son obit, li confraires notaires chanteront vigiles et messe propre pour l'ame de luy, en l'Eglise, où il feront leur service.

Derechief il est ordené que chacun confrere notaire payera chacun dimanche un denier à mettre en la boiste, et à chascun siege que ladite confrarie fera, deux souz, et tuit li autre confrere payeront audit siege chaucun deux souz, et douze deniers pour amosne chascun an, desquiex deniers qui vendront à ladite confrarie, ladite confrerie sera tenuë, en la maniere qu'il est devisé dessus en l'enneur de Dieu et de Nostre-Dame Sainte Marie.

Et ceste ordenance dessusdite promistrent tuit li commun des notaires dessusdiz, qui à present sont ensamble et chacun pour soy par leur serment, à tenir, garder et fermement acomplir à touz jours à leur poair, bien et loyaument en la maniere qu'il est dit et devisé par dessus, et que il feront assavoir à chaucun en droit soy, à ceux qui seront procureur establis par ledit commun de ladite confrarie, se aucun des compaignons mesprent, en aucune des choses dessusdites, au plustost qu'il porront.

Et nous Guillaume Tibout garde de ladite prevosté, regardans et considerans la benigne affection, la bonne volonté et la devotion desdiz notaires et les choses dessusdites estre convenablement et profitablement faites et ordenées, toutes icelles choses et chacune d'icelles, voulons, loons, et entant comme en nous est, approuvons et confirmons.

En tesmoignage desdites choses, nous à la requeste du commun des notaires dessusdiz, avons mis en ceste lettre le scel de la prevosté de Paris, l'an de grace mil trois cens, ou mois d'octobre.

Nos vero ordinationes præscriptas, et omnia et singula in prædictis literis contenta, rata et grata habentes, ea volumus, laudamus, approbamus, et autoritate regia tenore præsentium confirmamus. Quod ut firmum et stabile perseveret in futurum, præsentibus literis nostrum fecimus apponi sigillum, salvo in alio jure nostro, et in omnibus quolibet alieno.

Datum Parisius mense februarii, anno domini millesimo trecentesimo sexto decimo.

Et nous les choses devant dites et chacune d'icelles, si comme elles sont cy-dessus devisées, avons agreables et les loons, ratifions, approuvons et confirmons, de nostre autorité royal, sauf en toutes choses le droit d'autruy, et que ce soit ferme et stable pour tout temps, nous avons fait mettre nostre scel en ces presentes letres.

Données à Chasteau-Thierry, l'an de grace mil trois cens et trante au mois de septembre.

Par le Roy à la relation de l'archidiacre de Langres.

N°. 17. — ORDONNANCE *portant défense d'employer dans les contrats d'autres stipulations qu'en livres et sols, et non en espèces de monnaies* (1).

Paris, 23 octobre 1330. (C. L. II, 57.)

PHILIPPES, par la grace de Dieu Roy de France : au seneschal de Beaucaire, ou à son lieutenant, salut.

Come Nous ayons fait plusieurs ordonances sur le fait de nos monoyes, par lesquelles nous avons donné certains cours à nos bonnes monoyes, et fait special commandement, et deffences que nuls ne face le contraire, sur les paines contenues en icelles, et pour ce que aucuns de celles, et malicieuses gens, pour leur malvaise cauthele, en tout se sont efforcés à priver et corrompre nosdites ordonances, en plusieurs manieres, specialement en marchandises, en contract et en prest, en deniers d'or et à gros tournois..... si audessement, au dommage de nous et de nostre peuple, dont moult nous deplait.

(1) Nous deffendons, que nul ne soit si hardis, sur peine de corps et d'avoir, de marchander, faire contract, ni emprunter en deniers d'or, ni à gros tournois, mais seulement à sols et à livres (2), de la monnoye que nous faisons ouvrer à present.

Nouv. Rép. V°. Parisis.

(2) Ce qui fut sagement ordonné, parce que les sols et les livres ainsi employés sont des *monoies immuables*. (Laur.)

(1) Et voulons que tous ceux qui se sont obligiez en cette mare, par lettres ou autrement, ils se puissent acquiter, par
aut pour un parisi d'or, vingt sols de bons parisis, pour un
al d'or, douse sols de petits parisis, et pour le denier au mo-
, onse sols et huit deniers de petits parisis, et pour un gros
rnois douse bons petits tournois, nonobstant toutes lettres et
enances expresses au contraire. Et qui faira le contraire tous
biens seront acquis à nous, et le corps à nostre volonté.
Si vous mandons si estroitement comme plus promps, que
s le fassiés ainsi faire et tenir, et garder fermement, en toute
tre senechaucie, et escrivés solemnellement par tous les lieux
elle, et de ce faire soyés si soigneux et si diligens, que par
s non y ait deffaut, duquel se il y estoit, nous vous en punirons
vement, en corps et en biens.
Donné à Paris le vingt-troisiéme jour d'octobre, l'an de grace
cxxx.

18. — ORDONNANCE *portant que les vivres et denrées seront
taxés par les officiers des lieux* (1).

Paris, 29 novembre 1330. (C. L. II, 58.)

HILIPES, par la grace de Dieu Roy de France au seneschal de
assonne, ou à son lieutenant, salut.
our la grand clameur, qui nous soit venue du peuple commun
nostre royaume, au temps de la mutation de nos monoyes,
rce que les riches hommes, et marchands, qui avoient les
, vins et autres vivres et denrées, par la grand convoitise,
ice et iniquité de vendre à la forte monoye qui court à pre-
, non pas tant seulement aussi grand prix, comme ils fai-
t à la foible monoye, qui couroit avant Noël dernier passé,
les vouloint aussi, comme par deplaisance de ladite forte
oie, et rebellion de nous, vendre excessivement, de grei-
ur prix, et icelles reprouvoint, afin de pourchasser à leur
oir charté en nostredit royaume. Et aussi les comuns ou-
s vouloint avoir aussi grand prix pour leurs journées à la
monoye, comme ils avoient accoutumé de prendre à la

V. les lois sur le maximum, des 4 mai et 11 sept. 1793, et le décret de
1812. (Is.)

Nous pour le profit commun qui nous est moult à cœur, devant tous autres choses, vousimes que moderation feut mise, sur chacune maniere de vivres, denrées, marchandises, et journées d'ouvriers, et mandames par plusieurs fois à vous, et à tous les autres senechaux, baillifs et justiciers de nostre royaume, que chacun en sa juridiction, ordonât, et mit telle provision, en regard, et consideration aux prix que lesdites denrées et marchandises estoient vendues, et que lesdits ouvriers prenoient pour leurs journées, au temps et à la value de la foible monoye et de l'abaissement d'icelle foible monoie, qui bien escheüe, estoit de la moitié ou plus, quoyqu'icelles denrées et journées decheussent aussi de leur prix convenablement, et à juste prix, ainsi comme en nos lettres, à vous et à chacun d'eux autres sur ce plusieurs fois envoyées, et contenu plus plainement.

Et jaçoit que juxte nos mandemens et nostre volonté, vous fussiés tenus mettre sur chacune denrée et journées, certain et convenable prix selon le évaluement desdites monoyes, si comme l'on nous a donné à entendre, toutes voyes il est venu à nostre cognoissance, pour grand clameur de plusieurs personnes de vostre senechaucie, que icelles ordonnances ne sont en rien tenuës, ne gardées par nos subjets, par la deffaulte et negligence de vous et de vostre cure, ains vendent lesdits riches hommes et marchands leurs denrées et marchandises, et lesdites monoyes prenent pour leurs journées chacun à sa volonté, et moult excessivement et énormement graigneur prix qu'ils ne faisoint au temps de ladite foible monoye, dont il nous deplait moult au cœur, et en sommes mal contens de vous;

Pourquoy nous vous mandons et commandons districtement, sur peine de encourre nostre indignation, et tout ce que vous pourriés mesaire envers nous, que vous mettez telle provision et ordonnance és choses dessusdites, que lesdites denrées et journées soint amoderées et mises à juste prix, selon l'évaluement desdites monoies, et que icelle amoderation et ordonnance soit gardée fermement de tous vos subjetz, sans enfraindre.

Et pour constraindre vigoureusement, corriger et punir grièvement par grosses amendes civiles, tous ceux qui trepasseront lesdites amoderations et ordonnances, et faire que icelles tiendront de point en point, nous voulons et commandons que vous en vostre personne vous transportiés bien souvent par tous les lieux de vostre senechaucie, és plus notables et suffisant personnes, qui des transgresseurs et rebelles vous sçachent adviser, si rieusement et diligemment, que nous en doions brievement avir nouvelles : et pour ce que par deffaute et sterilité des vins qui a esté cette année, le prix desdits vins ne pourroit pas bonnement de tout dechaer, ne abaisser selon la valeur de ladite monoye, faites le vin mettre par le conseil des bonnes gens, à si juste et loyal prix, comme vous verrez qui sera à mettre, sans excés : et voudrions bien que au plus prés que vous pourrés, vous eussiés consideration, et avis (selon la longanimité (1) des pays, et la faculté des vins, qui sont en vostredite senechaucie, et la quantité des mesures) à la ordonnance que nous avons fait faire de vendre prix de Paris.

Donné à Paris le penultiéme jour de novembre, l'an de grace mil trois cens et trante.

N°. 19. — ORDONNANCE *contre les usuriers, qui leur fait perdre un tiers de leurs créances, et accorde un sursis pour le reste.*

Paris, 12 janvier 1330. (C. L. II, 59.)

PHILIPPES par la grace de Dieu Roy de France : au seneschal de Beaucaire, ou à son lieutenant, salut.

Come pour excessives et importables usures que faysoient plusieurs Italiens, casseniers, usuriers, demorans en nostre royaume de France dont la clamour du peuple nous estoit venüe, afin que le peuple, qui est ainsi devoié, fust secourus en tele maniere que cil, qui estoit obligiés sus gages, ou autrement, fussent quittes, et eussent leurs obligations, ou gages, en paiant le pur sort, c'est assavoir le principal debte, que il auroient receu desdit usuriers ; et lesdits Italiens, casseniers, usuriers fussent punis.

Pour garder justice et raison, nous aions fait prendre eux, et leurs biens, par tout nostre royaume, là où il ont et pourront estre trouvés, et eux pris et arresté ; et ordené que certains commissaires seroient envoiés en chascune seneschaucie et baillie de nostre royaume dessusdit, qui feroient crier et publier par les seneschaucies et baillies, où il seroient transmis, que dedens un mois aprés le crit, tout homme qui seroit obligiés auxdit casseniers, usuriers par lettres, gaiges, ou autrement, veinst d'avant ledit commissaires, pour monstrer quanbien il devoit, tant de

---

(1) C'est-à-dire, l'eloignement, *longinquitas.*

sort, ou de principal debte, come d'usure, et en payant le principal il iert quitte de l'usure, paié le pur sort : et là où il auroit opposition le debteur seroit creu par son serement, avecque un tesmoing digne de foy; et luy où il seroit de bonne renommée, et ne pourroit avoir tesmoing, il seroit creu par son serement, avecques une bonne presomption; considerans la qualité de la personne et la quantité du debte. Et aussi si le creancier voloit noūe (1) chose prouver, le debteur seroit tenu prouver le contraire par tant de tesmoing et par tels come droit veult; et cette opposition devroit estre finie dedens deux mois après la publication de laditte ordennance;

Laquelle ordonnance faite, et publiée en nostre palays à Paris, là où toutes manieres de gens et de toutes les parties du monde, viennent, les uns pour aprendre, et demander droit, les autres pour veoir l'estat de gouverner justice, dont pluseurs diverses parties du royaume ne demourent guaires, sans se traisre devers nostre conseil, en monstrant pour le prouffit comun de tout le comun pueple du royaume, que les choses dessusdites, combien qu'elles fussent bien et discretement ordonées, domage seroit, à la confusion de ceux qui sont obligés envers lesdit casseniers, usuriers, qui sont si cauteleurs, et si malicieus, qu'il font faire leurs obligations à leur volenté, et si sont si ben faites que à peine il peut nul contradire; et les fortifient de serement (2), et de renonciations à leur volenté, si et en tele maniere, que avant que il en fust cogneult pleyt, en costeroit plus au debteur, qu'il ne pourroit avoir de prouffit, en recouvrant l'usure : et d'autre part lesdit obligiés perdroient leurs besongues à faire, et en poursuivant il dependroient le leur, en escriptures de procureurs et avocats, et en payant les despens des comissaires; et supplians que remede y fût mis, si que les debteurs fussent relevés des grans usures où il estoient obligiés, à meins de frais et de couz.

Laquelle chose oie par nostre conseil, et rapportée à nous, eue deliberation par moult de jorns, nous avons ORDONNÉ en la maniere que s'ensuit.

(1) C'est assavoir que tout home qui sera obligiés ausdit Lombarz, cassaniers, usuriers de tout le royaume, sur lettres, gages

---

(1) Nouvelle.
(2) Ce serment fait dans les contracts, et qui avait tant de force en Italie, selon le chap. *Quamvis de pactis in sexto*, n'est plus d'aucune consideration parmi nous. (Laur.)

1336.

ou autrement, il sera rebatu du debte en quoy il est obligiés le quarte partie, et per paiant les trois parts du debte, sera quittes; et sera ce crié à certain jour à Paris, et en la vicomté, et aussi par touttes les seneschaucies et baillies du royaume.

(2) Et aussi à tous les obligiés qui vendront payer après le crit fait, li seneschaus, baillis et autres justiciers, leur feront rendre leurs obligations, ou gages, en payant sans plus, les trois parts du debt, en coy il auront usuré. Car du debte qui sera presté sans usure, il ne sera riens rebatu.

(3) *Item.* Pour ce que chascun, qui vendra payer en la maniere que desus, après le crit fait, sera quites, et recouvrera ses obligations de lettres, ou de gages, pluseurs sont qui ne pourroient paier sitost, sans faire granz meschiets. Nous ordonons, de grace especial, que nul debteur ne sera contrains à la requeste desdiz usuriers, ou autrement, à payer ledit debte, rebatu le quart, jusqu'à tant que quatre mois soyent passés dés le jour que le crit sera fait.

(4) Et se ainssi estoit que aucuns debteurs ne se tenissent pour contens de ceste ordenance, et qu'ils aimient mieux poursuir les usuriers par voye de action, pour recouvrer leurs obligations en paiant le pur sort; nous voulons, que nonobstant l'ordenance desusdite, de laquelle il ne se pourroit point aidier en ces cas, qu'il le puissent poursuivre, devant nous juges ordinaires; et avenant que ledit créancier et le debteur ne pourront prouver s'entention par plus temoings, le debiteur sera cru par son serement, avecques un tesmoing digne de foy. Et s'il ne poit avoir tesmoings, il sera creu par son serement, avecques une bonne presomption, considerant la qualité de la personne et la quantité du debte; et sera finie et determinée tele opposition, qui sera faite sans signe de jugement, dedens deux moys après la publication de ladite ordennance.

(5) Et ainsi si le creancier veult aucune chose prouver contre le debteur, il sera receu à prouver, par tans de tesmoings par eux, comme droit veult (1).

Et n'est pas nostre entente que en ceste ordennance soient compris les pris fais des merchans à autres merchans; pourquoy nous

---

(1) C'est-à-dire, deux tesmoins. *V.* la loy 1re., paragr. *fin.*, *Dig. de testibus,* loy *Ubi numerus,* Dig., id. titre. La glose et les docteurs en ces endroits, et la glose sur le chap. 1er., paragr. dernier du titre, *Si de investitura inter dominum et vassallum,* aux livres des Fiefs. (Laur.)

vous mandons et comandons destroitement, que les choses dessusdittes et chascunes de celles par nous ordenées et faites comme dessus est dit, vous faciés publier et crier par tous les lieux de vostre senechaucie, où vous verrés que sera il à faire, et les faites tenir et garder fermement et loyaument, en la manière que il est dessus ordoné et devisé, si diligement et sagement, que faulte n'y ait.

Donné à Paris, le 12° jour de janvier, l'an de grace mil trois cens trente.

N°. 20. — ORDONNANCE *qui permet les guerres privées* (1) *sous certaines conditions.*

Vincennes, 8 février 1330. (C. L. II, 61.)

PHILIPPUS Dei gratiâ Francorum Rex :
Notum facimus universis, tam præsentibus quàm futuris, quod cum nuper charissimus et fidelis consanguineus noster Joannes eadem gratiâ Rex Bohemiæ, pro nobis agens in partibus Wasconiæ, ad petitionem dilecti et fidelis nostri Bernardi Esii domini de Lebreto militis, et plurium aliorum, tàm baronum, quàm nobilium Ducatus Aquitaniæ, supra, infraque scriptorum, inter alia suas sequentis tenoris literas nostro nomine concessisset, nostrâ voluntate retentâ, nos attentis literis supra dictis, ipsorum baronum ac nobilium petitionibus annuentes, eidem domino de Lebreto, baronibus et nobilibus prædicti ducatus concedimus per præsentes, quod inter se possint ad invicem, cum expedire videant guerras indicere, persequi et continuare (2), diffidationis tamen præcedente formâ, per volentem guerram facere, et per diffidatum acceptata, antequam occasione dictæ

---

(1) *V.* Préface de Laurière, 1er vol. des ord. du Louvre, n. 140 et suiv. (L.)

(2) Quand Philippe-Auguste et S.t Loüis entreprirent d'esteindre les guerres privées, ils trouverent des obstacles presque infinis, tant de la part des seigneurs ecclesiastiques, que temporels, qui regardoient ces injustices et ces meurtres, comme l'exercice d'un droit de souveraineté.

Ainsi malgré les ordon. de ces princes, et celles de Philippe-le-Bel, les guerres privées estoient encore tolerées en Auvergne sous Philippe-le-Long, comme on le voit par l'art. 14 de l'Ordon. de juin 1319; par l'art. 6 de l'ordon. du 12 avril 1315 : elles furent permises aux nobles de Bourgogne, des eveschez de Langres, d'Autun et du comté de Forest. Et enfin par celle-cy elles furent permises dans tout le duché d'Aquitaine, et elles furent ensuite deffendues par le Roy Jean. (Laur.)

guerræ aliquod damnum inferatur in corporibus, vel in bonis; et quod pro guerra hujusmodi, seu damnis, occasione ejusdem data vel secuta, invadentur, seu diffidantur, aut eorum valitores, vel gentes, seu diffidatores, quamvis invasionem diffidantium non expectaverint, cum armis, vel sine armis, ad aliquam pænam, vel emendam nullatenus teneantur, cum sic præmissis usi fuisse noscantur, maxime in illis partibus ab antiquo, salvo tamen et retento nobis et successoribus, quod dicti barones et nobiles, et eorum successores à guerris suis, pro facto guerrarum nostrarum et successorum nostrorum, et ad successorum nostrorum et ad nostrum, ipsorumque mandatum, cessarent seu qui cessare tenebantur.

De portatione verò et usu armorum quem dictus dominus de Lebreto, et alii nobiles prædicti, à nobis sibi declarari, seu confirmari petebant, scilicet quod ipsi, cum suis gentibus, seu valitoribus, tam equitibus quam peditibus, possent arma cujuscumque deferre, guerra seu guerris diffidationum, inter eos non procedentibus, aut eis durantibus, vel sopitis, et de remissionibus delinquentium et contrahentium subditorum suorum, tam a nobis, quam ab aliis petentibus faciendis, nos informationem pleniorem fieri faciemus, qualiter hactenus et portatione armorum temporibus hujusmodi usi sunt Aquitani, eo tempore quo rex Angliæ ducatum prædictum tenebat, et etiam de remissionibus supradictis, et prout invenerimus per informationem prædictam, super hoc usitatum fuisse, uti concedemus, et permittemus libere et impune, nostrasque literas, cera viridi sigillatas concedemus eisdem.

(2) *Item*. Concedimus baronibus et nobilibus ducatus prædicti, quod castra, fortalitia, aut loca alia quæcumque dicti domini de Lebreto, et aliorum quorumcumque nobilium dicti ducatus, ubicumque et cujuscumque status existant, obedientibus nobis et successoribus nostris, durante eorum obedientia, non derimantur, in toto, vel in parte, nec amoveantur, aut transferantur a dominio et subjectione, seu ressorto eorum, quibus sunt et erunt, nisi de illorum quorum interirit, assensu procedat; seu propter excessus aut delicta, per partem, quos de jure scripto, vel de consuetudine patente, prout locorum in quibus situata fuerint, diversitas exigit, per sententiam precedentem dirui, et demoliri debeant, aut translatio fieri debeat de eisdem.

(3) *Item*. Statuimus concedentes, quod officiarii nostri in terris dominorum dicti ducatus jurisdictionem habentium, non faciant

aliqua expleta, nisi in casibus ressorti et superioritatis, et in casibus istis officiales et servientes nostri, citationes, adjornamenta et executiones et alia expleta per manus dominorum jurisdictionum hujusmodi habentium, aut eorum officiariorum fieri requirant, et permittant, nisi ipsi domini, vel eorum officiarii super hoc requisiti, in his faciendis, vel exequendis fuerint negligentes; nec in aliis casibus aliquis seneschallus, judex, aut officiarius noster infra jurisdictionem alicujus alti justitiarii, jurisdictionem aut cognitionem aliam, in casibus ad nostrum justitiarium actum spectantibus exerceat. Ressorti tamen casibus, et aliis ad nos jure regio spectantibus nobis salvis, et de domiciliis servientium non tenendis in terris baronum, et aliorum jurisdictionem altam habentium ordinationem regiam (1) super hoc editam servari volumus, et etiam faciemus in ducatu prædicto.

(4) Proclamationes autem armorum, dum faciendæ fuerint, pro causa nos tangente in terris, et jurisdictionibus aliorum justitiariorum, seu merum imperium habentium, et compulsiones per eos fiant ad mandatum seneschallorum nostrorum, nisi in casu quo justitiarii nostri legitime requisiti, id facere negligerent, vel etiam recusarent. Cæterum ad dictorum dominorum de Lebreto, et aliorum baronum et nobilium prædictorum petitionem, nos omnes foros (2), consuetudines et usus eorum antiquos et hactenus observatos, generales, et speciales in præmissis, et aliis volentibus teneri, et conservari, eos et eas volumus, laudamus et approbamus, ratificamus et tenore præsentium confirmamus. Quæ ut firma et stabilia perseverent, præsentibus literis nostris facimus apponi sigillum, salvo in aliis jure nostro et in omnibus alieno.

Datum apud boscum Vincennarum, anno domini millesimo trecentesimo trigesimo die octavo februarii per dominum Regem. In suo consilio magno erant domini Rex Navarræ, dux Normannensis, dux Borbonensis et plures alii.

---

(1) *V.* l'ordon. de Philippe-le-Bel, de 1290, art. 12; l'ordon. du lundi après la my-caresme, art. 29; l'ord. de 1303, art. 7; l'ordon. de 1303, art. 15. (Laur.)

(2) Ces mots sont comme synonimes. *V.* le Glossaire du Droit françois, et Du Cange sur le mot *Fors.* (*Idem.*)

21. — Ordonnance *qui fixe la journée de travail des ouvriers.*

Vincennes, 18 mars 1330. (C. L. XII, 521.)

Philippes par la grace de Dieu, Roy de France, au bailly de calis ou à son lieutenant, salut.

Top nous vient à grant merveille, que non contrestant le bon estat et la pais de nos subgiez, que nous voulons et avons tousjours voulu, et que chacun en nostre royaume peust vivre raisonnablement de son labour, et pour ce que donné nous aveit esté à entendre que nostre premiere ordenance faite sur les journées des mannouvriers et laboureurs estoit trop restraignant leurs salaires, parquoy il ne puissent mie bien convenablement vivre sur le pris que par ladicte ordenance y estoit mis, si comme il disoient, nous avions mis icelle premiere ordenance en suspens, et vousismes que li dit ouvrier prissent convenables journées, sans excès; toutes-voyes sitost comme cete voye leur fu ouverte, se mirent à si grand pris que trop estoit excessif, et aussi par une maniere de caquehan (1), ce que nous ne nos subgiez ne pouvions bonnement souffrir; et que pour ce ordenasmes et mandasmes que par tout nostre royaume en chacune ville, pris convenable fût mis en leurs journées, par gens qui en cogneussent, considéré la monnoye, le tems et les vivres, et aussi par ce chascuement estre content de raison; mais néantmoins li dicts ouvriers ainsi comme en desprisant nos ordenances, et quérant tousjours non deues soutivetez, mais grant malice de ce fait, s'efforcent d'avoir, lever, extorquer et recevoir les deniers et les biens de nos autres subgiez, jaçoit que il ne les gaignent mie loyaument ne bonnement, si comme nous avons entendu, et si comme il deussent de raison : c'est à sçavoir que en plusieurs parties de nostre royaume, li dits ouvriers vont à œuvre pour ceux à qui il se louent, aus fuers des places à heure de prime ou environ, et partent à heure de complie souvent, qui est environ l'eure de relevée; et ainsy laissent à iceux à ouvrer par trop grande partie du jour, ne jà pour ce ne laissent à pranre grand salaire, et encore par aventure s'en deportassent aucuns; mais li dits ouvriers pour plus extorquer l'argent des privez et des etranges, œuvrent dès l'aube du jour à leur tâches ou à autres journées, jusques à

---

(1) Cabale.

l'eure dessusdicte qu'il vont en place; et ainsy vont en l'ouvrage de ceux à qui il sont par jour, tout travaillés, mesmement que aussi bien œuvrent-il à leurs dictes tâches ou à autres journées après la dicte heure de Complie, comme il font aux autres heures; et se cil qui puis prime ou environ les a eus jusques à ladicte heure de complie, les vouloit avoir tout le jour entier, il conviendroit que il fissent nouvel marchié, ou prissent trop plus grandes journées que il ne seroient par la voye que il ont ainsy frauduleusement allouée et quise.

Pourquoy nous qui tieux griez et extorsions ne vourrions ne pourrions plus passer sans dissimulation, ne bonnement ne les vourrions Nous souffrir pour le grand dommage que nos autres subgiez en soustendroient, avons de certaine science ordené et ORDONNONS pour tout le temps présent et à venir;

Que tuit li dit ouvrier de bras, en quelque ouvrage que ce soit, voisent en euvre à un seul homme à qui ils seront aloué, dès l'eure de soulail levant duques à l'eure de soulail couchant, nostre autre ordenance de mettre les affuer convenable faite et accomplie par-tout et demeurant en vertu, en mettant au néant du tout la coustume ou usage que li dit ouvriers avoient au contraire, laquelle nous réputons plus corruptèle que coustume. Si te mandons que nostre dicte ordenance tu gardes et enteries parfaitement, et la fay tenir et garder de tels subgiez sans enfraindre desoresmais; et se aucuns faisoit au contraire, si l'en punis griefvement, si que li autre y preigne exemple, et que il ne conviengne mie que par ton deffault nous fassions faire par autre.

En tesmoing de ce, nous avons fait mettre nostre séel en ces presentes lettres.

Donné au bois de Vincennes, le dix-huitième jour de mars M CCC XXX.

N°. 22. — ARRÊT *de la Cour des pairs, présidée par le Roi, qui déclare fausses les lettres produites par Robert d'Artois, comte de Beaumont, pair de France, dans son procès au sujet du comté d'Artois, et ordonne qu'elles soient lacérées.*

23 mars 1330. (Trésor des chartes. — Procès mss. de la biblioth. du Roi, transférés aux archives judic.)

N° 23. — CONSTITUTION *portant que les jugemens des procès en matière réelle ne seront plus suspendus à cause des minorités* (1).

1330. (C. L. II, 65.)

Cum in regno nostro præteritis temporibus, sit quadam consuetudine diutius observatum, prout ex relatione dilectarum, et fidelium gentium parlamenti nostri didiscimus, ut in causa proprietaria, vel reali, inter aliquos motà, alteram partium, actorem videlicet, sive reum decedere contingeret, aliquibus relictis liberis, vel aliis ipsius decedentis heredibus, qui omnes, seu aliqui prædictorum minores existant; personas idoneas standi in judicio, seu causas persequendi, propter deffectum ætatis legitimæ (2), non habentes, non poterat secundum consuetudinem prædictam, ulterius procedi in causà prædictà, sed ipsam oportebat in eodem statu remanere, donec omnes heredes ad quos bona fuerant devoluta, ratione quorum lis pendebat, ad annos legitimos pervenissent. Ex quo sæpe contingebat, seu contingere poterat, causas tamdiu protelatas periclitari posse de facili, utpote probationum difficultatibus impeditas, cum forsitan, propter

---

(1) Cette ord. n'est pas en forme; elle est tirée des registres du parlement. Elle a été rendue à l'occasion d'un procès particulier et sur la demande du parlement. (Is.)

(2) Selon le Droit romain le mineur mal condamné par une sentence, avoit deux voyes pour se pourvoir, ou celle de la *restitution* qui lui estoit particulière, ou celle de *l'appel* qui luy estoit commune avec les majeurs. En sorte que les procès où les mineurs avoient interest, estoient ordinairement beaucoup plus longs que les autres. Nos anciens François qui estoient gens de guerre, ne s'accommoderent pas de toutes ces procedures. Et pour prevenir le mal que les *restitutions accordées aux mineurs* pouvoient causer, ils establirent, qu'en *matière réelle*, ou de *propriété*, les procès où les mineurs auroient interest, seroient *suspendus*, jusques à leur majorité.

En remediant ainsi à un petit mal, ils en firent un plus grand, parce que la plupart des procès estant devenus comme éternels, par les minoritez qui se succedoient les unes aux autres, chacun usurpoit le fond de son voisin, et le faisoit passer à des mineurs pour en éloigner la restitution.

En l'année 819, Loüis le debonnaire tâcha de remedier à ce desordre en restraignant le privilege des mineurs, aux fonds qui leur seroient échus par les successions de leurs parens. Ce capitulaire qui nous fait connoître l'ancieneté de cette coutume est rapporté sur le chap. 73 du 1ᵉʳ liv. des establissemens de Saint Loüis. V. notes de Laurière sur les Institutes de Loisel. Liv. 1, tit. 4, regle 12. (Laur.)

tantum seculi magis quàm tempóris spatium, nec documenti integritas, actis fides, vel ætas testibus valeret suffragari, prout in causa in curia nostra dudum incœpta, inter defunctos comitem de dompno Martino ex parte unà, ac Joannem de Tria milites ex alterà, ratione castri de Monciaco, et ejus pertinentiarum, et inter ipsos defunctorum heredes pendente; satis poterat reperiri, quæ propter consuetudinem ante dictam, per multorum temporum spatia fuerat in prejudicium comitis ad præsens de Dompno Martino retardata, prout ex tenore plurimorum arrestorum super hoc, inter dictas partes factorum, dicebat clarius apparere.

Propter quod nobis supplicarunt, ut prædictis periculis obviare, ac de competenti providere remedio curaremus (1).

Et licet prædicta consuetudo, ob favorem minorum fuisset introducta, prout tamen facti experientia, ac fideli relatione gentium nostrarum, didicimus, sæpe minoribus damna non modica generabat; et quod in eorum favorem fuerat introductum in eorum prejudicium redundabat.

Nos igitur periculis obviare, ac indemnitatibus subditorum nostrorum, ut tenemur, providere volentes, prædictam consuetudinem, ex omni certa scientia, habito super hoc consilio, cum prælatis, baronibus, et aliis de consilio nostro, penitus abolemus, ac etiam totaliter revocamus et annullamus. Et hac generali constitutione in perpetuum valitura statuimus, ac etiam decernimus, ut si lite motà, vel pendente inter aliquos, in causa proprietaria vel reali, et in quà prædicta consuetudo locum sibi vendicabat, alterum litigantium actorem videlicet, sive reum decedere contigerit, pluribus relictis heredibus, omnibus minoribus annis existentibus, vel aliquibus minoribus, et aliis legitimæ ætatis jam effectis, ad quos causa sive bona, super, vel ratione quorum lis pendebat conjunctim jure hereditario, vel aliàs fuerint devoluta, si alter prædictorum heredum, vel etiam successorum ad annos legitimos pervenerat, vel forsitan tempore defuncti, cujus bona ad ipsos pervenerant, jam erat ætatis legitimæ aliis minoribus annis existentibus dabitur

---

(1) La cour de cassation a le droit de provoquer du gouvernement les améliorations dont la législation a besoin; mais elle n'en use plus. — L'art. 86 de la loi du 27 ventôse an 8 est tombé en désuétude. (Is.)

tutor (1) vel curator ad litem, quibus sic datis, in lite jam incœpta et pendente conjunctim procedere tenebuntur, tutor seu curator, unà cum majoribus annis, prout status causæ requirat, nec amplius expectetur, quod alii majores annis sint effecti (2). Et eodem modo observari volumus, ac etiam statuimus, in casibus quibus jam major annis effectus diem clauderet extremum, relictis suis liberis, vel aliis heredibus minoribus annis, vel aliquibus ipsorum, vel etiam aliorum coheredum jam defuncti, majoribus annis effectis, et aliis minoribus annis, datis tutoribus seu curatoribus ad litem in dicta causa conjunctim procedatur.

Anno domini millesimo trecentesimo trigesimo.

N°. 24. — TRAITÉ *entre le Roi de France et le Roi d'Angleterre, sur l'hommage lige et la suzeraineté du Roi, sur le duché d'Aquitaine* (3).

Vincennes, 8 mai 1330. (Rymer, act. publ., tom. IV, p. 437. — Lancelot, preuves du mémoire des pairs, p. 543.)

N°. 25. — LETTRE *du Roi au Pape Jean XXII, qui lui notifie la décision de la faculté de théologie de Paris, condamnant comme hérétique une opinion* (4) *émise par le Pape, en matière de dogme.*

1330. (Villaret, Hist. de France, VIII, 268.)

---

(1) Avant cette ordonance les gardiens, ou baillistres estoient distinguez des tuteurs, parce qu'il n'y avoit regulierement des tuteurs, que quand il n'y avoit pas de baillistres ou de gardiens. Depuis cette ordonance les mineurs ont eû en même temps des gardiens, et des tuteurs qui n'estoient que *ad lites*, contre la disposition des loix romaines, qui donnoient les tuteurs aux personnes et non aux causes, §. 4. *Instit. qui testamento tutores dari possunt.* (Laur.)

(2) *V.* Le titre, au Code de procédure, des reprises d'instance. *V.* aussi les art. 464 et 465 du code civil. (Is.)

(3) *V.* ci-après, p. 399, les lettres données par Édouard, à Eltham, le 30 mars 1331, par lesquelles ce prince fit une déclaration formelle au sujet de cet hommage. (Id.)

(4) Il pensait que les saints ne jouiraient de la vision béatifique qu'après le jugement dernier, et qu'en attendant ils avaient une vision imparfaite. Ces

N°. 26. — **Mandement** *aux gens des comptes de faire observer par les commissaires aux deniers, les anciennes maximes pour compter, sans égard aux allégations de pertes de pièces, d'insolvabilité, etc.*

Saint-Germain en Laye, 15 avril 1331. (C. L. II, 65.)

Philippes par la grace de Dieu Roys de France à nos amez et feaulx les gens des comptes à Paris, salut et dilection.

Nous recordans et avisez de la maniere comment souloient ancienement, et n'agueres du temps de nos predecesseurs, compter de leurs depens, les commissaires envoiez en divers lieux, pour les royaux besoingnes; desquiex depends il apportoient et monstroient en la chambre des comptes à Paris toutes les singulieres parties, lesquelles vües, les gens de ladite chambre leur en comptoient ce qui leur en sembloit bon et raisonable de passer en compte, selon la condition et estat des personnes et des biens, où ils avoient esté, et du temps que il povoient et devoient par raison, avoir emploié et attendu, sans faintise; et le remanant leur estoit rayé et refusé à passer en leurs diz comptes. Vous mandons, commandons et enjoignons en vos sermens, que ladite maniere de compter, vous tenez et gardez de point en point et sans enfraindre, nonobstant que par l'importunité d'aucuns eust esté moult de fois, et puis pou de temps, fait au contraire, ou grand grief, prejudice et domage de nous; car moult y a des diz commissaires, qui ont dit et affirmé, qu'ils ne sçauroient, ou pourroient montrer les parties de leurs depens, pour ce que aucun droit que leurs clercs sont morts, et si aucun dient, que il ont leur escrips perduz, ou que il ne sçauroient faire escrire les parties de leurs depens, ou que il n'en porroient la paine souffrir; et par ce veulent conclure à avoir granz et grosses taxations pour chascune journée, et cette taxation faite, laissoient aucune fois de leurs gens et de leurs chevaux, pour plus espargner, par quoy nos besoingnes sont aucunes fois faites moins souffisamment pour espargner, et demeurent aucune fois plus de temps et de jours, qu'ils ne deussent. Et pour obvier à toutes ces nouvelles choses, et moult d'autres inconveniens qui ensuir s'en pourroient à nostre domage, nous vous deffendons, que, contre la teneur

---

deux visions partagèrent l'église, et enfin Jean se rétracta. — Volt., *Essai sur les mœurs*. — (Dec.)

ladite ancienne maniere de compter avec lesdis commissaires, vous ne souffrez desormais estre faites taxations pour journées et à ceux, envoyz leurs comptez leurs dépens raisonables selon la maniere dessus escripte.

Donné à Saint Germain en Laye le quinziéme jour d'avril, l'an de grace 1331.

Par le Roy, à la relation du mareschal de Trie......

N°. 27. — ORDONNANCE *portant que les dettes du Roi, actives et passives, seront recouvrées ou payées à la diligence des trésoriers, sans égard aux lettres de remissions, quittances, ou autres surprises au Roi.*

Saint-Joire-de-Beauquierville, 30 mai 1331. (C. L. II, 65.)

PHILIPPE, par la grace de Dieu, Roys de France : à nos amez et feaus les gens de nos comptes et tresoriers à Paris, salut et dilection.

Comme n'agueres il soit venu à nostre cognoissance, que plusieurs de noz subgiez ont esté grossement grevez, et domagez ou temps passé, pour cause et raison de plusieurs assignations faites par nous à plusieurs nos subgiez, ausquels nous estions tenuz, tant de nostre temps, comme du temps de noz predecesseurs, que Dieu absoille, pource que vous aucunes fois aviez, devant nostredite assignation, ja assigné à autres, les mesmes debtes, sur lesquels nous faisions assignations, ou les aviez ja fait recevoir; et ainsi ont esté pour lesdites causes lesdiz nos subgiez domagiez, et nous aussi, pour plusieurs autres causes. Et pour ce aussi que nous ne sçavions ausquels, et sur lesquels lesdites assignations estoient par vous faites. Nous depuis voz dites assignations, en avons fait aucunefoiz à plusieurs, dons, quittances, et remissions, et donné respiz et souffrances, lesquelles choses estoient en préjudice et domage desdiz assignez, pource que leursdites assignations ne sont point venues à effet.

Nous voulans et desirans, sur ce pourveoir de remede convenable, avons volu et ordené, par la deliberation de nostre grant conseil (1), que dores-en-avant.

Toutes assignations quelles que elles soient, tant des debtes et sur les debtes que nous devons et qui sont à nous deues, du temps

---

(1) *V.* les Memoires de du Tillet, chap. du grand conseil, p. 422. (Laur.)

de nos predecesseurs, comme de nostre temps, soient faites par vous nos tresoriers à Paris, qui estes maintenant, et par ceus qui par le tems à venir seront en vosdits offices, selon noz ordenances, si comme il appartendra, et comme bon vous semblera: car nous confians de vos bonnes loyautez et diligences, vous y comettons par ces presentes lettres, et vous donnons pooir et auctorité de les faire convenablement et deuement en la maniere dessusdite, et nous voulons garder dores-en-avant de faire les choses dessusdites.

Et ou cas ou quel par aucune aventure, nous aurions faites aucunes remissions, dons ou quittances, donné respiz et souffrances à nosdiz subgiez, sur lesquiex vous auriez faites assignations; et depuis icelles, nous voulons et nous plaist que, non contrestant lesdites quittances, dons, ou remissions, respiz, souffrances, et ordenances faites par nous, ou à faire en quelconque maniere que ce fust, les assignez (1) par vous soient poié selon vosdites assignations, lesquelles nous ne voulons point estre empeschées en aucune maniere, lesquels dons, remissions, ou quittances faites par nous après vostres assignations, nous voulons de certaine science estre de nulle valuë.

Si vous mandons et à chacun de vous, que les choses dessusdites vous tiegnez et gardez, et facez garder et tenir, senz venir encontre en aucune maniere.

Donné à l'Abbaie de Saint Joire de lez Beauquierville, le trentiéme jour de may, l'an de grace mil trois cens trente et un.

N°. 28. — ORDONNANCE *qui révoque et annulle d'avance tous dons royaux, assignés sur les sceaux des chancelleries.*

Saint-Joire, 1er juin 1331. (C. L. II, 66.)

N°. 29. — ORDONNANCE *qui défend aux trésoriers du Roi de recevoir des gages, ni cadeaux ou services de personne, et de prêter les deniers du Roi, ni les leurs.*

Saint-Joire, 1er juin 1331. (C. L. II, 67.)

PHILIPPE par la grace Dieu, Roys de France: à nos amez et

---

(1) V. l'ord. de Philippe-le-Long, des 10 et 18 juillet 1318, art. 7, et celle du 28 juillet, art. 4. (Laur.)

ceux les gens de nos comptes, et thresoriers à Paris, salut et dilection.

Comme par grant deliberation de nostre grant conseil, et pour certaine et juste cause, et de certaine science, nous aions ordené, que de ci en avant noz thresoriers à Paris et receveurs de tout nostre royaume, de quelque condition que il soient, et les successeurs d'iceuls esdiz offices, ou temps avenir, ne puissent, ne doient prendre, ne porter robes (1), ne recevoir gaiges de autres personnes, ne faire pourveances, ne garnisons, ne service d'autrui, en quelque maniere que ce soit.

Derechief que lesdis noz thresoriers et receveurs ne puissent prester en aucune maniere en secret, ou en appert, de nos deniers, ne des leurs, à aucuns quel qu'il soient, en cas de necessité, ne en aucune maniere.

Et à ce que nostredite ordenance soit tenüe et gardée, si comme nous desirons et voulons, avons ordené, que nosdits thresoriers et receveurs qui sont adpresent, promettent et soient tenuz en vostre presence, à faire serement, à les garder et tenir sanz enfraindre, ne faire contraire, sur paine d'encourre nostre indignation, et d'estre privez à tousjours de leurs offices et de touz autres, et d'amende à volenté, ou cas qu'il feroient contre noz ordenances dessusdites.

Et que aussi les successeurs ausdiz noz thresoriers et receveurs ausdiz offices, qui seront establiz pour le temps à venir, en leur nouvelle creation, soient tenuz aussi à promettre et jurer noz dites ordenances, à garder et tenir sur ladite paine.

Nous vous mandons, commettons, et enjoignons estroitement que de noz diz thresoriers de Paris, et des autres noz receveurs, que vous pourrez avoir bonnement, recevez ledit serement, et sur ladite paine sanz aucun delay, et commettez de par nous aucunes personnes convenables à recevoir les seremens des autres, si comme bon vous semblera; et noz dites ordenances feciez signifier et publier à tous noz diz receveurs, si comme il appartendra. Et ceuls à qui il aura esté signifié, et qui auront faiz les seremens, faites registrer en ladite chambre, afin que se il venoient, ou faisoient encontre, il ne se puissent excuser d'ignorance; lesquels, si vous trouvez après ce avoir fait le contraire, privez les desdiz offices, sans aucun essoigner : et touz les biens

---

(1) *V.* l'ord. de Philippe-le-Long, 12 février 1320, touchant le payement des gens des enquestes. (Laur.)

d'iceulx mettez et tenez en nostre main, sanz en faire aucune recreance, ou délivrance, sanz nostre especial mandement.

En tesmoing de ce nous avons fait mettre nostre seel en ces presentes lettres.

Donné à St Joire de Beauquierville, le premier jour de juign, l'an de grace mil trois cens trente-un.

N°. 30. — MANDEMENT *aux commissaires députés dans la sénéchaussée de Beaucaire, de ne pas percevoir les amendes contre les roturiers acquéreurs de biens nobles, ou autres, suivant les usages antérieurement autorisés, surtout si à ces biens ne se trouvent attachés ni justice ni hommage, et déférant, en cas de doute, la connaissance des privilèges réclamés, à la chambre des comptes.*

Paris, 10 juin 1331. (C. L. II, 68.)

N°. 31. — LETTRES *portant homologation des usages observés en la faculté de médecine de Paris, pour la réception des étudians* (1).

Paris, août 1331. (C. L. II, 70.)

PHILIPPE par la grace de Dieu Rois de France.

Savoir faisons à tous presens et à venir, que comme nos amez le doyen et les maistres de la faculté de medecine à Paris, nous eussent humblement supplié, que nous de nostre grace, leur vosissions confirmer et approuver une coustume, que il dient estre gardée de si long temps que il n'est memoire du contraire en leur dite faculté, pour le proffit commun de la santé humaine.

(1) C'est assavoir que les escoliers qui vuellent estre licentiés en medecine, doivent oir en ladite science par cinquante-six

---

(1) Voici la première loi sur l'exercice de la médecine. — On voit par cette ord. que les conditions de réception sont fort anciennes. — *V.* les ord. de déc. 1352, mai 1396, les statuts des 3 sept. 1598 et mai 1694; l'ord. de mars 1696, celles de mars 1707, août 1711, octobre 1728, mars 1731 et septembre 1754; l'ord. de Blois, et la loi du 19 ventôse an XI.

Quant à la chirurgie, *V.* ci-dessus l'ord. de 1311, n°. 443, p. 16, et l'ord. d'avril 1352. (Is.)

, ou par six ans, à ordinaire et à cours, non comptées les vacations d'entre Saint Pere et la Sainte Crois.

(2) *Item*. Il convient que il aient aussi les quatre cours. Et se l'ont ainsi fait, il pevent ou septiéme an, estre presentez par les maistres regens de ladite faculté, au chancellier de l'Eglise de Paris, pour estre maistres.

(3) *Item*. Que il doivent estre examinez de une question solempnelment de chascun maistre regent; et puis doit ledit chancellier appeller lesdiz maistres regens, et examiner chascun par soy, si que par leur examen et deposition, lesdits escoliers qui sont à licentier, soint licentié, et les autres refusé.

(4) *Item*. Que les congiez doivent estre donnez en ladite faculté, de deux ans en deux ans, tant pour oster et restraindre la multitude des non souffisans à estre maistres, qui trop grant porroit estre, comme pour ce que il ne pourroient pas lire en un an parfaitement le quatre cours devant diz.

Et pour ce que nous fussions miex enfourmez sus icelle coustume, nous eussions mandé par nos letres à l'official de Paris, auquel nous envoiasmes la supplication à nous bailliée de par lesdits maistres, que il sus icelle coustume s'infourmast bien et diligemment, et nous renvoiast l'information que faite auroit sur ce.

Par laquelle information faite par ledit official, si comme plus plainement est contenu en icelle, et à nous renvoiée, nous a apparu souffisaument ladite coustume avoir esté ainsi gardée de lonc temps, et estre bonne, juste, raisonnable et profitable pour la santé des corps humains.

Pourquoy nous qui desirons et devons desirer, si comme il appartient, le proffit commun de la santé humaine, lequel ladite coustume touche; et pour ce enclinans benignement à la supplication des doyen et maistres en medecine devant dits, icelle coustume loons, greons, ratifions, approuvons, et de nostre auctorité royal, de grace especial, et de certaine science, en tant comme en nous est, la confirmons par la teneur de ces presentes letres.

Et pour ce que ce soit ferme chose et estable à tousjours mais, nous avons fait mettre nostre seel en ces presentes lettres, sauf en toutes choses nostre droit et l'autruy.

Fait à Paris, l'an de grace mil trois cens trente et un ou mois d'aoust.

Par le Roy à la relation du doyen de Saint Martin de Tours.

N°. 32. — **Lettres confirmatives d'une charte du Roi d'Aragon, seigneur de Montpellier** (1), **en faveur de l'université de Montpellier, qui défend l'exercice de la médecine à ceux qui n'y ont pas été reçus licenciés.**

Montpellier, aux ides d'avril, 1281; Pacy, août 1331. (C. L. II, 71.)

Philippe par la grace de Dieu Rois de France.

Savoir faisons à tous presens et à venir, que nous avons veu unes lettres contenans la fourme qui s'ensuit,

Noverint universi, Jacobus, Dei gratia Rex majoricarum, comes Roncilionis et ceretaniæ, et dominus Montispessullani,

Attendentes, quod claræ memoriæ dominus Jacobus Rex Aragonum pater noster, pro ampliando et conservando medicinali studio in Montepessullano, suum concessit privilegium doctoribus et universitati studentium in arte medicinæ in villa Montispessullani;

Nos volentes dicti domini patris nostri vestigiis inhærere, considerantes etiam memoriter et pensantes, cum quanta sollicitudine et cautela progenitores nostri domini Montispessullani de statuendo, conservando, et ampliando medicinali studio, nunc longe lateque, juvante feliciter manu Dei, per vastam mundi sollicitudinem extensis fructuosis propaginibus dilatato, efficaciter curaverunt, tam eorum exemplo commendabili, quam evidente utilitate reipublicæ inducimur, ut illorum audaciam reprimamus, qui præsumunt ibidem, sine examinatione et licentia praticari, per quod non solum nomen et fama ejusdem studii denigratur, sed et multa incumbunt mortis pericula et rerum dispendia inferuntur.

Et ideo per nos et nostros successores futuros dominos Montispessullani prohibemus in perpetuum, et districte omnibus utriusque sexus Christianis etiam et judæis, ne quis in villa Montispessullani et tota ejus dominatione audeat in facultate medicinæ aliquod officium praticandi exercere, nisi prius ibi examinatus et licentiatus fuerit.

Quod si forte aliqui præsumpserint attentare, tenenti locum nostrum, et bajulis et aliis curialibus nostris Montispessullani, præsentibus et futuris, districte præcipimus et mandamus, ut ad simplam requisitionem cancellarii ipsius studii, seu vices ejus gerentis, in personis et rebus puniat taliter hujusmodi transgressores, quod in pœna unius aliorum temeritas à similibus arceatur.

---

(1) *V.* l'ord. du Roi Jean, 1359. (Is.)

...dictam itaque concessionem duximus concedendam, salvo ...en quod per hujusmodi concessionem nobis, vel nostris suc... ...oribus non generetur, nec generari possit præjudicium ali... ..., in jurisdictione scilicet et dominatione nostra Montispes... ...ani.

...t ad majorem firmitatem omnium prædictorum præsens ...rumentum sigillo nostro majori pendenti fecimus communiri. ...atum in Montepessullano idus aprilis, anno domini millesimo ...centesimo octuagesimo primo.

...ous adecertes les choses dessusdites pource que il nous sam... ...qu'elles sont profitables pour le commun profit, à la requeste ...supplication des docteurs et maistres en medecine de l'estude ...la ville de Montpellier; aians agreables, fermes et estables, ...lles volons, ratifions, loons, greons, approuvons et de nostre ...torité roial, en tant comme à nous appartient et puet aparte... ..., confirmons, sauf en toutes choses nostre droit et le droit ...altruy.

...Et pource que ce soit ferme chose et estable à tous jours, nous ...ous fait mettre nostre seel en ces presentes lettres.

...Donné à Pacy, l'an de grace nostre Seigneur mil trois cens ...nte-un, ou mois d'aoust.

...Par le Roy à la relation le doyen de Saint Martin de Tours.

33. — MANDEMENT *au bailli d'Amiens, pour le rappeler à l'exécution de l'ordonnance qui veut que les sénéchaux et baillis tiennent leurs assises en personne, de 2 en 2 mois, et ne s'absentent pas plus de six semaines.*

Paris, 10 septembre 1331. (C. L. II, 72.)

34. — LETTRES *de convocation des pairs de France, pour le jugement de Robert d'Artois, comte de Beaumont, pair de France, accusé de complicité de faux.*

Septembre 1331. (Reg. du parlem., fol. 91 — Procès mss. — Lancelot, preuves du mémoire des pairs, p. 434.)

PHILIPPE, par la grâce de Dieu, Roy de France, à notre amé féal....... pair de France, salut et dilection.

Comme nous à la requeste de nostre procureur ayons fait ad... ...urner nostre feal Robert d'Artois comte de Beaumont et per de ...rance à la quinzaine du jour de la feste de Saint Andrieu ...chaine venant, 14 jour du mois de decembre à Paris pardevant nous ou pardevant *nostre Court souffisamment garnies de gens d'autres*, si comme il appartient pour respondre à certains articles criminels et civils qui touchent et peuvent toucher le fait de son corps et de sa personne et de la pairie qu'il tient (1). et pour faire audit procureur, et audict comte droict et justice, si comme raison donra. Pour ce nous adjournons *vous qui estes per de France*, à ladite journée et audit lieu. pour faire ès choses dessusdites et ès appartenances d'icelles ce qui appartient à faire à ladite journée tant comme il vous puet toucher. selon ce que raison sera, et neantmoins nous vous mandons que vous nous rescrivez sous vostre scel le jour et l'heure que vous aurez les lettres reçues.

Donné à...... septembre 1331.

N°. 35. — ORDONNANCE *faisant exception, en faveur d'une ville, à une ordonnance précédente, portant défense de tenir aucuns marchés, et de vendre aucunes denrées les jours de dimanches, et pendant l'heure du service divin.*

1er novembre 1331. (C. L. VII, 235.)

N°. 36. — ORDONNANCE *qui rétablit les privilèges des foires de Champagne et de Brie* (2).

Paris, décembre 1331. (C. L. II, 74.)

N°. 37. — LETTRES *portant don en apanage à Jean de France, du duché de Normandie, et des comtés d'Anjou et du Maine* (3).

Au Louvre, près de Paris, 17 février 1331. (Trésor des chartes. — Ms. de Brienne, vol. 256. — Spicileg. III, 717. — Lancelot, preuves du mémoire des pairs, p. 554.)

---

(1) Elle avait été créée par le Roi, en 1328. — Villaret, Hist. de France, VIII, 263. — (Is.)

(2) Cette ordonnance n'est guère que la copie de celle de Charles-le-Bel, du mois de mai 1322 ci-dessus, p. 524. — V. aussi les ord. de juillet 1311 et juin 1317, et celles de juillet 1349 et 6 août 1350. (Idem.)

(3) Les apanages passaient-ils aux filles? Personne ne doute que Hugues-Capet et ses premiers successeurs ne donnassent des apanages à leurs enfans puinés; et il est prouvé par tous nos monumens que ces terres distraites du domaine du Roi, et regardées comme des propres, passaient aux filles mêmes, et par conséquent dans les maisons des seigneurs auxquels elles étaient mariées. J'ai fait voir dans les remarques des livres précédens, que l'inaliénabilité des terres de la couronne n'était

d'anachimère avant les états de 1356. Ne faut-il pas conclure de cette doctrine que sous les premiers Capétiens, les apanages donnés aux princes puînés étoient distraits pour toujours de la couronne? Pourquoi les Rois auroient-ils cru qu'ils pouvoient aliéner pour toujours leurs domaines en faveur des étrangers, et qu'ils ne le pourroient pas en faveur de leurs enfans, pour lesquels ils devoient avoir plus d'affection?

Alfonse, comte de Poitou et d'Auvergne, étant mort sans enfans, son frère Charles, roi de Sicile, se porta pour son héritier, et intenta procès à Philippe-le-Hardi, son neveu, qui s'étoit emparé de la succession. Les raisons que Charles allégue pour défendre ses droits, prouvent qu'on ne mettoit alors aucune différence entre les terres distraites du domaine du Roi et les autres natures de bien. Mais on m'objectera qu'il perdit son procès. « *Quod de generali consuetudine hactenus à multis generationibus regem plenius observari, cum traditio quæcumque hæreditagii procedit à domino rege uni de fratribus suis donatoris ipso sine hærede proprii corporis viam universæ carnis ingresso, donationes ipsæ ad ipsum donatorem aut ejus hæredem succedentem in regno revertuntur pleno jure.* » *Arrêt du parlement.* On le trouve dans le glossaire de M. Ducange, au mot *apanare* : remarquez les clauses *uni de fratribus suis... sine hærede proprii corporis.* Il falloit donc pour que la substitution en faveur du Roi eût lieu, que ce fût le prince même qui avoit reçu l'apanage, qui ne laissât aucun héritier ou aucun enfant ; *sine hærede proprii corporis*, prouve évidemment que les filles n'étoient pas exclues ; car elles ont toujours été comprises sous le nom d'héritier, depuis l'établissement du gouvernement féodal ; et je pourrois placer ici cent autorités qui ne laissent aucun doute.

Philippe-le-Bel, dit du Tillet, ordonne par son codicille que le comté de Poitiers, dont il avoit apanagé son second fils, connu depuis sous le nom de Philippe-le-Long, seroit reversible à la couronne au défaut d'hoirs mâles. Les apanages passoient donc aux filles, puisque Philippe-le-Bel croit qu'il est nécessaire de les exclure par une clause expresse. L'exemple que donna ce prince ne devint point une règle générale de notre droit ; on ne porta point une loi. Sous ses successeurs les filles continuèrent à hériter des apanages donnés à leurs pères. Nous en trouvons la preuve dans le diplôme par lequel Philippe de Valois confère les comtés d'Anjou et du Maine à son fils. « Si ledit Jehan nôtre fils trépassoit de cest siècle, nous survivans à lui, et de lui ne demeurant hoir masle, mais seulement fille ou filles, en ice lui cas les comtés d'Anjou et du Maine reviendront à nous et au royaume de France, et la fille si elle étoit seule, ou l'aînée, s'il y en avoit plusieurs, emporteroit sept mille livres tournois de terre ou de rente à value de terre ; et la seconde auroit deux mille de terre et cinquante mille livres tournois pour une fois... ni plus grand droit ne pourroient lesdites filles demander ni avoir en la succession dudit Jehan nôtre fils, quant en cely cas, les comtés d'Anjou et du Maine reviendront audit royaume de France. »

Les filles continuèrent à hériter des apanages donnés à leur branche ; elles eurent même le droit d'en demander pour elles, et j'en trouve la preuve incontestable dans l'édit du mois d'octobre 1374, par lequel Charles V règle la portion héréditaire que chacun de ses enfans doit avoir après sa mort. « Voulons et ordonnons que Marie, nostre fille, soit contente de cent mille francs que nous lui avons ordonné donner en mariage avec tel estoremens et gar-

N°. 38. — Arrêt *de la Cour des pairs, présidée par le Roi, qui condamne à la peine du bannissement, avec confiscation de tous ses biens, Robert d'Artois, comte de Beaumont, pair de France, pour crime de faux* (1).

Au Louvre, mercredi avant Pasques flories, 1331. (Trésor des chartes. — Procès de Robert d'Artois, fol. 352. V°. — Lancelot, preuves du mémoire des pairs, p. 457.)

---

nisons comme il appartient à fille de France, et pour tout droit de partage ou apanaige que elle pourroit demander en nos terres et seigneuries. » Il donne soixante mille livres à sa seconde fille, aux mêmes conditions. Cette autorité est si claire et si précise, qu'elle n'a besoin d'aucun commentaire.

La masculinité des apanages n'est l'ouvrage d'aucune loi particulière ; c'est une coutume dont Philippe-le-Bel a donné le premier exemple, et que nous avons enfin regardée comme une loi sacrée. Elle ne commença à s'accréditer qu'après que les états de 1356 eurent forcé le Dauphin, pendant la prison de son père, à déclarer que les domaines de la couronne seroient désormais inaliénables. « Avons promis et promettons en bonne foy aux gens des dits trois états, que nous tendrons, garderons et deffendrons de tout nostre pouvoir, les hautesses, noblesses, dignités, franchises de la dicte couronne, et tous les domaines qui y appartiennent et peuvent appartenir, et que iceux nous ne alienerons ne ne soufferrons estre alienez ne estrangiez. » *Ordonnance du mois de mars 1356*, art. 41. Cet article ne fut pas mieux observé que les autres de la même ordonnance. Les Rois ne vouloient être gênés par aucune règle, et leurs favoris ne souffroient pas patiemment qu'on leur défendit de piller l'état. L'inaliénabilité des domaines, et par une conséquence naturelle, la masculinité des apanages ont enfin fait fortune. Les gens de robe se sont déclarés les protecteurs de cette doctrine avec un zèle, qui enfin a triomphé de la prodigalité de nos Rois et de l'avidité de leurs courtisans. Il a fallu recourir à des subtilités, et on a imaginé les *engagemens* et les *échanges*. C'est un préjugé bien ridicule qui nous attache à la loi de l'inaliénabilité du domaine. Elle étoit sage quand les états la demandèrent ; on se flattoit que le Roi, riche de ses propres terres, si on ne lui permettoit pas de les aliéner, pourroit suffire à ses besoins, ne demanderoit plus des subsides si considérables à ses peuples, ou les demanderoit plus rarement : mais depuis que les Rois sont parvenus à établir arbitrairement des impôts, cette loi si vantée est pernicieuse, ou pour le moins inutile. — *Mably*, Obs. sur l'Hist. de France, tom. III, liv. V, remarq. et preuv., p. 177. — (Dec.)

(1) Cette condamnation est célèbre par toutes les formalités qui y furent observées, et qui nous ont conservé la forme dans laquelle étaient jugés les pairs de France dans les procès criminels. Robert avait déjà perdu deux fois son procès pour l'Artois, l'un sous Philippe-le-Bel, l'autre sous Philippe-le-Long ; et il avait gardé le silence sous le règne de Charles-le-Bel, quoiqu'il eût la principale confiance de ce prince ; mais se sentant encore plus autorisé sous le règne de Philippe de Valois, dont il était le beau-frère, qu'il avait servi utilement lors de la contestation pour la couronne avec Edouard III, et qui avait érigé sa terre de Beaumont-le-Roger en comté-pairie, il revint enfin pour la troisième fois en 1329 contre les jugemens rendus en faveur de Mahaud, sous le prétexte de nouveaux titres qu'il représentait ; Mahaud conteste la vérité de ces titres, et

1331.

N° 39. — LETTRES *sur l'hommage du Roi d'Angleterre* (1), *comme duc de Guyenne.*

Eltham, 30 mars 1331. (Trésor des chartes. — Rymer, II, part. 3, p. 61. — Lancelot, preuves du mémoire des pairs, p. 346.)

Édouard, par la grace de Dieu, roi d'Engleterre, seigneur d'Irlande, et ducs Aquitain, as tous ceux, qui cestes presentes lettres verront, ou orront, salutz.

Savoir fesoms qui, come nous feissoms, a Amiens, homage a excellent prince nostre cher frère et cosyn Phelippe, roi de France, lors nous fut dit, et requis, de par li, qui nous recognessoms ledit homage estre lige, et qui nous, en fesant ledit homage, li promessioms expressement foi et loiauté porter.

Laquelle chose nous ne feismes pas lors, purce qui nous n'essioms enformez, ne certeins, qui ainsi le deussoms faire, feismes udit roi de France homage par paroles generales, en disant qui nous entrioms en son homage par ainsi, come nous, et nos predecesseurs, ducs de Guyenne, estoient jadis entrez en l'omage les rois de France, qui avoient este par le temps,

Et depuis, enca nous soioms bien enformez et acerteinez de la verite, recognissoms, par cestes presentes lettres, qui le dit omage, qui nous feismes, a Amyens, au roi de France, combien qui nous le feismes par paroles generales, fu, est, et doit estre atenduz lige, et qui nous li devoms foi et loiaute porter, come duc de Aquitain, et pier de France, et come counte de Pountif et de Mostroill,

Et li promettons, desore en avant, foi et loiaute porter.

Et pur ce qui, en temps avenir, de ce ne soit jamais contenz ne descord a faire ledit homage, nous promettons, en bone foi, pur nous, et noz successours, ducs de Gyenne, qui seront pur le temps, qui tute foitz, qui nous et nos successours, ducs de

---

est subitement, ainsi que sa fille Jeanne, veuve de Philippe-le-Long, non sans soupçon de poison; Jeanne, duchesse de Bourgogne, fille de Philippe-le-Long et de Jeanne, défère à la demande de Robert, dont les titres fabriqués par la nommée Division sont reconnus faux. En conséquence, Robert est ajourné jusqu'à quatre fois par des chevaliers et des conseillers, suivant l'usage d'alors. Le Roi émancipa Jean, son fils aîné, duc de Normandie, et le fit pair, afin que la cour fut suffisamment garnie de pairs. — Hen. Abr. chr. — (Dec.)

(1) Cet hommage est important, parce que les termes en étaient sévèrement fixés, et qu'il indique les caractères de la vassalité, alors compatible avec le pouvoir souverain. Villaret les a transcrites dans son histoire, tom. VIII, p. 256. Cet historien, d'ailleurs fort médiocre, était au moins très-instruit des monuments de notre Droit public. (L.)

Guyenne, entreoms, et entreront, en l'omage de roi de France, et de ses successours, qui serront par le temps, l'omage se fera par ceste manere;

Le roi d'Engleterre, duc de Gyenne, tendra ses meins entre les meins du roi de France : Et cil, qi parlera par le roi de France, adrescera ses paroles au roi d'Engleterre, duc de Gyenne, et dirra ainsi;

Vous devenez homme lige du roi de France, monsieur, qi ci est, come duc de Gyenne et pier de France, et li promettez foi et loiaute porter, dites voire?

Et li dit roi, et duc, et ses successours, ducs de Gyenne, diront voire.

Et lors le roi de France recevra le dit roi d'Engleterre et duc au dit homage lige, a la foi, et a la bouche, sauf son droit, et l'autri.

Derrechief, quant le dit Roi et duc enterra en l'omage du roi de France, et de ses successours rois de France, par la counte de Pontif et de Mostroill, il mettra ses meins entre les meins roi de France, et cil, qui parlera pur le roi de France, adrescera les paroles audit Roi et duc, et dirra ainsi;

Vous devenez homme lige du roi de France, monsieur, qi ci est, come counte de Pountif et de Mostroill, et li promettez foi et loiaute porter, dites voire?

Et li dit Roi, et duc, counte di Pountif et de Mostroill, dira voire.

Et lors li roi de France recevera le dit Roi et counte au dit homage lige, a la foi, et a la bouche, sauf son droit, et l'autri.

Et auxi serra fait et renovellee tutes les foitz, qui l'omage se fera.

Et de ce baillerons nous, et noz successours, ducs de Gyenne, faitz les diz homages, lettres patentes, scalees de noz grantz seals, si le roi de France le requiert,

Et, aveque ce, nous promettons, en bone foi, tenir et garder effectuelement les pais et accord, faitz entre les rois de France et les rois d'Engleterre, ducs de Gyenne, et lour predecessours rois de France, et ducs de Gyenne.

Et en ceste manere, serra fait, et serront renovellees les ditz homages, par les ditz Rois et ducs, et lour successours, ducs de Gyenne, et countes de Pountif et de Mostroill, tute les foitz que li roi d'Engleterre, ducs de Gyenne, et ses successours, ducs

..., et countes de Pountif et de Mostroill, qi serront pur le ..., entreront en l'omage du roi de France, et de ses successeurs rois de France.

En tesmoing de queles choses a costes nos lettres overtes avoms ... mettre nostre grant seal.

Donné a Eltham le trentisme jour de marcz, l'an de grace, mill ... cenz, et trestisme primer, et de nostre regne quint.

40. — EDIT (1) *qui soumet l'exercice de la proposition d'erreur* (2) *contre les arrêts du parlement à une double amende.*

1331. (C. L. II, 80.)

PHILIPPUS notum facimus universis, cordi nobis esse lites miserè, et a laboribus relevare subjectos, ut finis brevior et de... litibus imponatur.

Sane quia sæpe per importunitatem petentium, tam nos, ... nonnulli prædecessores nostri reges Franciæ multas gra... concessimus de proponendo errores contra arresta in Curia ... lata, ex quo lites quandoque factæ sunt immortales, gen... nostræ pro nobis nostrum tenentes parlamentum, adeò ... examinationem dictorum errorum aliquotiens occupantur, ... expeditioni aliarum causarum, quæ in parlamento nostro ... tilantur, vacare commodè nequeunt, in grande præjudicium, ... dampnum subditorum nostrorum.

Ideò nos præterita emendare volentes, et adversus futura,

---

(1) Cet acte qui n'est pas en forme est tiré du 1ᵉʳ registre du parlement. (Is.)
(2) L'usage des appellations n'a esté reçû que tard en France, comme on le ... dans le chap. 80 du 1ᵉʳ liv. des establissemens de Saint Loüis, V. aussi ... 13, liv. 2. Auparavant on se pourvoyoit par supplication ou proposition ..., en quelques lieux, en s'adressant au juge mesme qui avoit rendu la ..., suivant la loi 1ʳᵉ. D. *de officio præfecti prætorio*, et la l. unique, *de sententiis præfecti prætorio* ; mais ailleurs en s'adressant au suzerain ou ... Quand les appellations furent admises, les plaideurs eurent ensuite ... de se pourvoir par proposition d'erreur contre les arrests du parlement ..., ce qui fut en partie borné et corrigé par cette ordonnance, par l'art. 9 ... de décembre 1344, et ensuite totalement aboli par l'art 42 de l'ord. ..., du tit. des requestes civiles. (Laur.) — V. le président Henrion, de ... judiciaire. — L'art. 29 du Capitul. de 755, p. 35. — Aujourd'hui le ... en cassation a beaucoup d'analogie avec la proposition d'erreur. Nouv. ... Cass. §. 1ᵉʳ. (Idem.)

quantum possumus, providere; inclitæ recordationis Domini Regis Karoli consanguinei, ac prædecessoris nostri vestigiis inhærere volentes, hoc EDICTO perpetuo statuimus, ut quicumque gratiam a nobis, seu successoribus nostris proponendi errores contra arrestum, in Curia nostra latum, impetraverit, antequam ad proponendum errores prædictos, per Curiam nostram admittantur, vel super hiis audiatur, cavere idonee teneatur de refundendis expensis et interesse parti adversæ, ac nobis solvendo duplicem emendam, si per arrestum, seu judicium Curiæ nostræ succubuerit. Quod si idonee cavere non potuerit, talem præstabit cautionem, qualem gentes nostrum tenentes parlamentum ordinabunt, licet in literis gratiarum nulla mentio habeatur, de solvendo duplicem emendam, vel de refundendis damnis, vel expensis.

Hæc ordinatio registrata est, inter arresta anni millesimi trecentesimi trigesimi primi.

N°. 41. — LETTRES *portant défenses d'établir des sauvegardes* (1) *au préjudice de la juridiction des seigneurs, et révocation de celles qui auraient été ainsi établies.*

Paris, 14 juillet 1332. (C. L. XII, 13.)

N°. 42. — MANDEMENT *pour l'exécution d'une ordonnance de Charles-le-Bel, portant, que la collation des bénéfices pour cause de régale appartient au Roi, qui en disposera tant que l'évêque n'aura pas rendu son hommage ou fait serment de fidélité.*

Saint-Germain en Laye, 20 septembre 1332. (C. L. II, 82.)

PHILIPPE, par la grace de Dieu, Roy de France, à nos amez et feaulx les gens tenans nostre parlement, et à tous autres qui ces presentes lettres verront, salut.

---

(1) Ces gardiens étaient nommés pour protéger les biens des cliens, les défendre de toute injure et punir leurs ennemis. Ils faisaient poser sur des poteaux la sauvegarde royale, et assignaient devant les juges royaux ceux qui avaient fait quelque tort à leurs cliens. Si les coupables ne comparaissaient pas, on leur faisait la guerre, et il était ordonné : « *Omnibus justicialibus et subditis nostris, dantes tenore presentium in mandatis, ut prefatis gardatoribus in*

Sçavoir faisons, que nous avons sçû et sommes informez, par la relation d'aucuns de nos gens, dignes de foy, que nostre chier seigneur et cousin le roy Charles, dont Dieu ayt l'ame, par grant deliberation et avis de son conseil, voust, declara, declara et ordonna (1), pour tout temps à venir,

Que li a un nouvel prelat, arcevesque, ou evesque, qui li deust fere serment de feauté et homage, ou ledit serment seulement, il feist grace de luy rendre la temporalité tenuë en main royale pour cause de regale, avant ce qu'il feist sondit serment et homage, ou l'un de eux, à quoy il seroit tenu. L'entente de mondit seigneur estoit, que le droit de la collation des benefices, pour cause de regale, que yceluy regale durant, ou jusques à tant (2) que ledit serment, ou homage (3), ou l'un d'iceux luy auroit esté fait, luy fust reservé et sauf, et en peust ordonner; comme avant ce qu'il feist ladite grace, et que ce mesmes voust, et ordonna, et declara des benefices, qui durant le regale avoient vacqué, combien que le prelat eust fait son devoir envers luy, et qu'il luy eust rendu et delivré à plain tout son temporel, qui tenu serait en la main royal, pour raison dudit regale.

Si vous mandons et commandons et à chascun de vous, que en ceste maniere vous le tenez et gardez, faites tenir et garder fermement toutesfois que le cas y a esté eschu depuis ladite ordenance, et y escherra au temps à venir.

Donné à Saint Germain en Laye le vingtiéme jour septembre, an de grace mil trois cens trente-deux.

―――――

predictis et ea tangentibus, parcant efficaciter et intendant, prestentque auxilium, favorem et consilium, si opus fuerit, et super hoc fuerint requisiti.» Ces lettres de sauvegarde devinrent très-communes sous les Valois. — Mably, Obs. sur l'Hist. de Fr. liv. V. Aux Preuves. — (Dec.)

(1) Cette ordon. était donc dès lors perdue. (Is.)
(2) Du temps de Philippe Auguste la regale finissoit quand le beneficier eslu soit esté consacré et benit. V. l'art. 11 du testament de ce prince. Mais cette ordonnance-ci, plus conforme aux principes du droit des fiefs, ordonne que la regale ne sera close que par le serment de fidelité ou l'homage. V. de Marca, de concordia sacerdotii et imperii, lib. 8, cap. 22, n. 10 et 162; et ibi Baluze; Institutions au droit ecclésiastique de Gibert, chap. 107. p. 677. (Laur.)
(3) V. la difference qu'il y a entre l'un et l'autre, au glossaire de Lauriére.

N°. 45. — *Ordonnance* (1) *faite ensuite de l'assemblée des prélats, barons et députés des bonnes villes, réunis à Orléans, sur la réforme des monnaies, la taxe, le prêt à intérêt, etc.*

Orléans, 25 mars 1332. (C. L. II, 84, et XII, 16.)

Philippes, par la grace de Dieu, Roy de France, à tous nos justiciers, salut.

Comme au temps que nous venismes au gouvernement de nostre royaume, les prelats, barons, et le commun peuple de nostre royaume se complainissent griefment à nous, par plusieurs fois de l'estat des monoies, qui lors estoient si flebles, et courroient pour si grand pris, que touz en estoient grevez et domagiez, tant pour toutes marchandises, denrées, vivres, journées d'ouvriers, et autres choses qui estoient desordénement chieres, comme en moult d'autres manieres; en nous requerrans que remede y voulissiens mettre par telle voie, que lesdites monoies feussent mises et ramenées à leur droit pris et cours; Nous qui toûjours avons souverain desir et affectueuse volonté de diligenter, et curieusement entendre au bon gouvernement de nostre royaume, et sur l'estat d'iceluy, en tele maniere que ce soit à loüenge de Dieu et à la paix et tranquillité de nos subgiez, et au profit commun de nostredit royaume, enclinans à leur requeste, feismes appeller à Paris pardevant nous, et nostre grand conseil aux brandons (2), qui furent l'an mil trois cens vingt-huit, les prelas, barons, et les bonnes villes de nostre royaume, pour avoir conseil et avis comment et par quelle voie, lesdites monoies pourroient estre mises en leur droit estat.

A la requeste de tous lesquiex, et par leur conseil, nous lesdites monoies meismes et ramenasmes en leur droit cours et estat tel, comme elles estoient au temps Monseigneur Saint Loüis, si comme il appert plus plainement par les ordonnances qui sur ce en furent faites et publiées, scellées de nostre grand scel. Et comme depuis par les mouvemens et mutineries d'aucuns malicieux, cautilleux de nostre royaume qui toûjours voudroient

---

(1) Le préambule de cette ordonnance est très-important, en ce qu'il prouve une assemblée d'états tenue à Orléans, en 1332. — La fin est également remarquable à cause de la forme de promulgation. (Is.)

(2) A la premiere semaine du caresme. (Laur.)

...bolement, remuement et destruction de nos monoies, à leur ...ost singulier et au grand domage de tout le commun nostre ...uple, se doubtoit que nos dites monoies ne fussent rafebloiées ...mises en greigneur cours, en leur grand grief et domage. Pour ...quelle doubte oster, et les domages et inconveniens qui en po...oient venir, eschiver, et pour contraiter aux malitieux et aux ...atelleux, par deliberation de nostre grand conseil, mandâmes ...feismes assembler à Orliens plusieurs de nos prelats, barons et ...bonnes villes et autres saiges et cognoissans au fait desdites ...onoies, et leur avons fait demander leur conseil et avis seur ce, ...sur la grant defaute, que l'en disoit qui estoit de monoie, et ...remede l'en porroit mettre, parquoy nostre peuple peust ...ir souffisance de monoie; lequel conseil, prelas, barons et ...nes villes, en conseil et deliberation ensemble, et chascun ... soy, furent à accord, et pour le commun profit, que la bonne ...onoie li feist tenir, et que l'en feist la petite monoie. C'est assa...ir parisis petits, et tournois petiz, et mailles d'iceuls, et que ...n ne feist point de blanche monoie, quant à present. Et nous ... sur ce conseil et deliberation avec nostre grand conseil, avons ... ce pourvû en la maniere qui s'ensuit.

Premierement. Que toutes nos monoies d'or et d'argent et ...ires, courront et demourront au pris que elles furent mises et ...esées aux brandons dessusdiz en la forme et maniere que il ...contenu en l'ordonance faite lors sur ce.

C'est assavoir, le florin royal, pour douze sols parisis; le pari... d'or, pour vingt sols parisis; le florin à l'aignel de bon poids, ...our onze sols huict deniers parisis; le gros tournois d'argent, ...our douze tournois petits; la maille blanche pour quatre tour...ois; et le double, un petit parisis.

Et toutes autres monoies d'or, florins de Florence, et autres ...ient de nostre coing ou d'autre n'auront nul cours, quel que ... soit, mais seulement portées et mises au marc pour billon. ...t qui sera trouvé faisant le contraire, en prenant ou mettant ...es autres monoies d'or et d'argent, pour greigneur pris, qu'il ...'est dit dessus. Il perdra toute la monoie et l'amendera à nos...tre volonté.

(2) *Item.* Pour miex et plus fermement tenir ceste presente ...rdenance, tous nos tresoriers et receveurs, les gens de nostre ...ostel, et tous autres, qui s'entremettent de receptes et de mises ...our nous, et tous les changeurs, marcheans et personnes nota-

bles de nostre royaume, jurront sur les Saints Evangiles de Dieu, que sur les peines dessusdites. Et ne penront ne mettront, ne feront penre ne mettre par euls, ne par autres, nulles monoies faites hors de nostre royaume, par nul pris, quel que il soit, ne les nostres pour greigneur pris, que il est dit dessus et en autele maniere. Et par cette mesme voie les prelas et les barons de nostre royaume les feront jurer à leurs receveurs et à ceuls qui feront leurs despens.

(3) *Item.* Que nul ne soit si hardis, sur peine de corps et d'avoir, de traire ne de porter or, argent, vaisselle, joyaux d'or, d'argent, argent en masse, ou billon, ne monoie hors de nostre royaume, excepté seulement ceuls, qui iroient hors de nostre royaume, qui pourront porter monoie, pour faire leurs despens necessaires, tant seulement, selon leur estat et condition, se n'est par nostre congié et licence. Et aura pour tous les ports et passages de nostre royaume, là où nos seneschaux, baillis verront, que sera à faire, bonnes gardes, et de bonne renommée et honnestes personnes qui seront de nostre royaume, et non d'ailleurs, lesquiex seront mis et deputez par nos seneschaux et baillis. Lesquels gardes jurront et donront bonne caution et souffisante, és mains desdiz seneschaux et baillis, de faire bien et loyaument, à leurs perils, leurs offices, et auront le quint des choses, qui par euls seront prises et jugiées pour forfaites, par les juges des lieux, selon nos ordonnances. Et dés maintenant nous rappellons tous autres gardes et deputez sur le fait et prise de nos monoies.

(4) *Item.* Pour ce que nostre petit pueple, et subgiez de nostre royaume de France, qui pour labourer et soustenir leurs terres et possessions, et supporter leurs autres necessitez, ont emprunté à usure. Et ont esté ou temps passé moult grevez, domagiez et apauriez, par extorsions de tres grandes usures. Nous meuz de pitié et ayant compassion d'euls, combien que nous ne veullons, ne entendons à aucun donner taisiblement ne expressement licence, auctorité ne pouvoir de prester à usure, par chose, qui aprés s'ensuive, ne par autre, toutevoie pour eschiver le grand domage de nos diz pueples et subgiez, meuz de pitié, voulons, ordenons et establissons, que nul ne preste en nostre royaume à plus de un denier la livre la semaine : et se aucun par aventure y prestoit deniers comptans, sans bailler denrées, quelles que elles soient, à un denier, ou au moins de un denier

livre la semaine, de laquelle chose toutevoie nous ne donnons
licence, auctorité ne povooir, si comme dit est, mais nous n'en
leverons et ferons lever amende, quelle que elle soit et cest article les prelats n'octroient, ne contredient à present, mais nous
disons fors que il n'en leveront nulles amendes. Et tous ceuls qui
feront le contraire, tous leurs biens nous seront acquis, et sera le
corps puni, comme de cas criminel.

(5) *Item*. Que nuls orfevres, changeurs, ne autres quiex que
il soient, ne soient si hardiz de faire, ni faire faire vessaille, ne
grans vesseaux d'argent, ne hanaps d'or, se n'est pour calices, ou
vessiaus à Sainctuaire pour servir Dieu, et hennaps dorez à cou-
vercles du pois de trois mars et demy ou de quatre au plus, et
blanche vessele du pois de six onces et au-dessous, tant seulement, ne achater argent à greigneur pris que nous donnons en
noz monoies, sur paine de perdre tout l'argent et la vessele,
lequel argent quant il leur faudra, il l'achateront de certaines
personnes qui seront à ce commises et ordenées de par nous et de
nul autre.

(6) *Item*. Que nuls orbateurs ne soient si hardiz d'ouvrer, ne
faire ouvrer d'orbaterie, ne mettre en euvre en iceluy mestier, ne
en autre, or ne argent, mais seulement certaine quantité d'argent qui leur sera bailliée chascune sepmaine par les personnes
dessusdittes, qui seront à ce ordennées de par nous, sur paine
de perdre tout l'argent et l'ouvrage et d'amender à nostre volenté.

(7) *Item*. Pour ce que nostre pueple commun puisse plus
abondamment et largement avoir petite monoye dont il est
greigneur necessité que d'autre, les barons, tuit li noble, li
bourgeois, et tuit li autre lay de nostre royaume, de quelque estat que il soient, porteront, ou feront porter en noz monnoyes,
ous enterinement le tiers de leur blanche vesselemente d'argent,
pour faire tournoiz et parisiz petiz, et mailles petites d'iceulx, et
en seront payez par ordre et sanz delay, sanz ce que nous y prei-
gnons nul profit, mais tant seulement ce que la monnoye coustera à faire, et à ce seront contrains par noz seneschaus et baillis et autres justiciers par leur seremens.

(8) *Item*. Et cest article, quant à porter, ou faire porter à noz
monnoyes le tiers de leur vessele à nostre priere, et pour le profit commun, promisrent touz les prelaz qui estoient presenz avec
nous à Orliens, à faire en leurs personnes et à emplir, si comme

dit est, et le promettront et feront tous les autres prelas, soient seculiers, ou religieus, exemps et non exemps, et aussi le feront tuit li autre clergié, de quelque estat que il soient, lequel tiers de vesselemente il feront porter chascun an en la plus prochaine de noz monnoyes du lieu où il seront plus prés. C'est assavoir le quart de la tierce partie de vesselemente dedens la Saint Jehan Baptiste prochaine, le second quart à la Saint Remy prochaine ensivant, le tiers quart au Noël prochain aprés ensivant, et le derrain quart à Pasques prochain aprés ensivant, ou plustost se il leur plest. Et qui en aura douze mars tant seulement, ou au dessous, il n'en sera riens contraint; mais qui en aura au-dessus de douze mars jusques à dix-huit mars il sera tenu de porter à la monnoye ce qu'il en aura oultre douze mars; et qui en aura plus de dix-huit mars sera tenu de porter à la monnoye le tiers de tout ce qu'il en aura, si comme dessus est dit.

(9) *Item.* Que nulle vesselemente d'argent blanche, qui soit de execution ou testament de quelque personne que ce soit, qui sera ordenée pour vendre et pour ledit testament accomplir, ne soit venduë à nul, mais soit toute portée à noz plus prochaines monnoyes, pour ouvrer en la maniere et si comme il est contenu en l'article precedent, sur paine de perdre toute la vesselle, et feront à leur povoir, touz les prelas ceste ordenance garder et tenir fermement, entre les clercs.

(10) *Item.* Que nuls changeurs, orfevres, marchans, ne autres ne soient si hardiz sur paine de corps et d'avoir, de aler hors de nostre royaume achater monnoyes de barons, ne de nulles autres plus flebles en pois, ne en loy que les nostres.

(11) *Item.* Que nuls changeurs, orfevres ne autres quiex qu'il soient, ne soient si hardiz, sur paine de corps et d'avoir, de fondre, ou faire fondre gros tournois d'argent, ne autre bonne monnoye royal faite en nostre coing, qui par ceste presente ordenance ont cours.

(12) *Item.* Que nulles mittez doubles (1), cornuz, esterlins, ne nulles autres monnoyes faites hors de nostre royaume n'aient nul cours fors au marc pour billon.

(13) *Item.* Que nuls changeurs, orfevres ne autres quiex que il soient, ne soient si hardiz, sur paine de corps et d'avoir, de

---

(1) Monnoie flamande. (Is.)

...er, ne de rechassier argent, billon, ne nulle monnoye blanche ou noire, quele que elle soit, ne trebuchier ne recourre nulle monnoye, quelle que elle soit.

(14) *Item.* Pour ce que nostre royaume ne soit desgarny de bonne monnoye, et que elle ne soit portée hors, en estranges terres et royaumes, mais soit et demeure pour la soustenance et aide de nostre commun pueple. Nous deffendons à touz marchans estranges et autres qui apportent, ou amainent quelconques marchandises en nostre royaume, que sur paine de corps et d'avoir, il ne soient si hardiz de traire monnoye, or, ne argent hors de nostre royaume, sanz nostre congié, mes seulement denrées, exceptez ceuls qui aporteront, ou ameneront en nostre royaume draps(1), chevaus, ou pelleterie pour vendre, lesquiex en pourrons porter le pris que il vendront leurs diz draps, chevaus, ou pelleterie, mais que ce soit en noz monoies d'or, aux quelles nous donnons cours, et non en autres.

(15) *Item.* Que nuls sur les paines dessusdittes ne soit si hardiz de prendre, ne de mettre en nul payement, parisis, ne tournois flebles pelez qui passent plus de dix sols, laquelle chose nous souffrons qu'il se mettent jusques à ladite somme de dix sols quant à present, pour la necessité qui est de petite monnoye entre nostre commun pueple jusques à tant que nous en aions autrement ordené.

(16) *Item.* Que nuls ne soit si hardiz sur paine de corps et d'avoir, de tenir change ne faire nul fait de marchandise de change, n'est és lieus notables et publiques accoustumez de nostre royaume, et mesmement nous voulons que nuls ne face fait de change se il n'est de bon renom. Et donrra chascun caution en la main de noz seneschaus et baillis de cinq cens livres parisis, que garderont, et rendront loyaument ce qui leur sera baillé en garde, depost, ou autrement, et jurront que il tendront et accompliront fermement de point. . . . ceste presente ordenance, et ne

---

(1) Sous Philippe de Valois, les riches estoient vestus d'estoffes de soie, de melot et de camocas. (Pathelin, p. 4.) Le peuple estoit vestu de drap, dont les grands seigneurs donnoient des habillemens à leurs domestiques, nommez livrées. Et ceux qui avoient ainsi des livrées estoient dits estre aux draps de leurs maistres. (Froissart, tom. 2, chap. 77.) Quant aux pauvres ils estoient vestus de feutres, dont ils se servoient mesmes pour couverture la nuit. *V.* notes de l'ord. du 12 février 1320, et Ducange, glossaire, V°. *drappus*. (Laur.)

seront nuls fait de change en leurs hostieux, mais seulement és lieux publiques accoustumez et entre soleil levant et le soleil couchant. Mais il pourront bien payer et recevoir ou prendre l'argent, ou la monnoie de quoy change sera fait entre euls en leurs hostieux ou ailleurs, mais que le marchié soit fait au change; et ne pourra nul changeur vendre nosdites monnoyes d'or plus que un denier la piece du pris dessusdit, ne achater pour mains que un denier la piece dudit pris.

(17) *Item.* Pour ce que ce en arrieres le fait et estat de noz monnoyes à moult esté domagiez et fraudez, par courratiers de monnoies, nous avons ordené et ordenons que nuls ne soit si hardiz, sur paine de corps et d'avoir, quiex que il soient, de faire nul fait de courretage d'or, d'argent ne de nulle monnoye quelle que elle soit; et qui sera trouvé faisant le contraire huit jours après la publication de ceste presente ordenance nous les reputons dés maintenant pour convaincuz et atainz és peines dessusdittes, sans rappel.

(18) *Item.* Que nul ne puisse porter billon à nulle monnoie, que à noz monnoies, et à la plus prochaine.

Si vous mandons et commandons estroitement, et à chascun de vous, si comme à luy appartiendra, que sanz nul delay vous faciez noz dittes ordenances crier et publier solempnellement par tous les lieux et villes notables de vos jurisdictions et ressort où il appartiendra, et où l'en a accoustumé à faire semblables criz et publications, et les faites fermement enteriner, tenir et garder de point en point selon la teneur d'icelles. Et que cy-dessus és escriptes devisé, sanz rien faire, ou souffrir à faire au contraire. Et toutesfois et quantes que vous trouverez quelconque personne estre coupable d'aucune des choses dessus dittes, punissiez les des peines dessus contenuës, hastivement et curieusement, sanz autre mandement attendre. En tele maniere que tuit li autre y preignent exemple de justice, car nous avons en cuer et en volonté desdittes ordenances faire tenir et garder en la maniere que dessus est dit et devisé. Et pource que ycelles soient mieux gardées, sanz corrompre ne enfraindre, et que nuls ne s'en puisse excuser de ignorance, nous voulons que vous les faciez coppier et mettre en plusieurs lieus publiques de vos dittes jurisdictions, afin que le pueple les puisse veoir et lire; et de ce faire curieusement et notoirement sanz long delay, soyez si diligenz et ententis, que par vous n'y ait aucun deffaut, si comme par plusieurs fois y a esté vostre mauvaise garde et negligence. Quar ce deffaut y a plus vous il nous en desplaira forment et non sans cause, et nous prenrons à vous et punirons griefment; et rescripsiez à noz amez et feaulx les genz de noz comptes à Paris à quel jour vous aurez reçû noz dittes ordenances.

En tesmoing de laquelle chose nous avons fait mettre nostre seel à ces presentes lettres.

Donné à Orliens le 25° jour de mars, l'an de grace MCCCXXXII.

N°. 44. — ASSEMBLÉE *tenue à la Sainte-Chapelle du Palais de Paris, composée de princes, seigneurs et bourgeois notables* (1).

1332. (Villaret, Hist. de Fr., VIII, 298.)

N°. 45. — DÉCLARATION *portant défense des combats et des tournois* (2).

Paris, 6 avril 1333. (Mém. de la Chambre des comptes, côté B, f°. 25.)

N°. 46. — ORDONNANCE *portant que tous dons de pensions* (3), *héritages ou autres, qui ne feront pas mention des dons précédemment faits à la même personne, sont nuls de plein droit.*

Chantecoq, 11 mai 1333. (C. L. II, 92.)

PHILIPPE par la grace de Dieu, Roy de France, à nos amez et feaulz les gens de nos comptes et tresoriers à Paris, salut et dilection.

---

(1) Le Roi y annonce son projet de se croiser.
Il nomme, pour gouverner en son absence, le prince Jean son fils.
Il lui fait prêter serment de fidélité.
Il fait jurer les assistans qu'en cas qu'il vint à mourir dans cette entreprise, le jeune prince serait couronné Roi de France, le plutôt qu'il se pourrait. (Dec.)
(2) Cette pièce n'est pas dans la Collection du Louvre, quoique indiquée par Blanchard, compil. chronol. (Is.)
(3) La législation actuelle sur les pensions en prohibe le cumul et oblige les pensionnaires à déclarer tout ce dont ils jouissent. — Lois des 25 mars 1817 et 15 mai 1818. (Idem.)
V. Nouv. Rép. V°. Domaine public, §. 2.

Pour ce que plusieurs personnes nous font, et ont fait, et fait faire plusieurs requestes de bienfaits, graces et dons, avoir et recouvrer de nous, pour cause des services qu'ils nous ont faits, et font chacun jour, tels y a, ou pour autre cause, les autres qui se servent, ou ont servi, sans exprimer, ni faire mention aucune des bienfaits, qui receus aient, ne qui fais leur aient esté, de nos predecesseurs, ne de nous : et nous non advertis, ne remembrans des dons et graces, que faites leur aions, et ignorans, non mie sans cause, de ceux qui par nosdits predecesseurs, leur ont esté faits, leur octroions, et avons octroié aucunefois, ce qu'il nous requerroient, et cette chose aucunefois, à cil qui autre bienfait avoit eu. Et que ce que secondement, ou tiercement li estoit donné, souffisist bien à autre personne, qui point de bienfait n'avait eu, et qui aussi bien l'eust desservi, et au quel nous fussiens demis, et ainsi demouré à estre pourvû à plusieurs par cette faute. Et si nous tourne et a tourné souventefois à damage, don il nous deplaist grandement.

Nous avons ordené et ordenons dés maintenant, pour demourer, et tenir à tousjours-mais, sans enfraindre, que quelque don, grace, ou octroy, que nous facions desoremais de somme d'argent, ou de rente à vie, ou à heritage (1) d'office, ou de forfaiture, ou de benefice, ou autre chose qui à profit d'argent et de rente puist venir, en donnant de nouvel, ou en quittant ce qui dû nous seroit, à quelquonque personne que ce soit, ne vaille, ne teigne dores en avant, par quelque forme de letres que nous leur donnons seur ce, se és dites letres, et en la requeste dudit don que fait aurons, n'est faite expresse mention desdits bienfaits, et graces, qui faites auront estez par nos predecesseurs, et par nous à celi, qui ledit bien fait et grace aura de nous de cy en avant recouvré.

Si vous mandons et commandons estroitement, que nostre presente ordonnance vous teniez et faciez tenir et accomplir desoremais, sans faire en rien le contraire par quelque mandement, qui fait vous en seroit, se ainsi n'est en iceli exprimé comme cy-dessus est dit.

---

(1) Il n'est rien dit des terres du domaine, parce qu'ils estoient reputées inalienables depuis l'ord. de Philippe V, du 29 juillet 1318, et celle de Charles-le-Bel, du 5 avril 1321. (Laur.)

En tesmoing de ce nous avons fait mettre nostre scel à ces présentes données à Chantecoq, le onze jour de may, l'an de grace mil trois cens trante-trois.

Par le Roy. Present messire Geoffroy de Beaumont; leüe toute par le Roy, presens au lire ledit messire Geoffroy et P. Forget et aumosnier (1).

N° 47. — ARRÊT DU CONSEIL (2) *qui abolit la juridiction du maître des forêts sur les rivières, et qui la rend aux baillis et sénéchaux, et qui prescrit la résidence aux gouverneurs des châteaux.*

Marigny, 11 juillet 1333. (C. L. II, 94.)

C'est ce qui a esté ordonné par le Roy en son conseil à Marigny, le onzième jour de juignet mil trois cens trente-trois, presens le chancelier, M. Jehan de Chastillon, M. Mile de Meysi, M. Michiel de Recourt, M. Jehan Campdavainne, M. Reymon Saguet Robert le Clerc, et P. Forget.

Premierement. Que les mestres des forez (3) ne se entremettront dores en avant de nulles rivieres. Et sera mandé aus seneschaux et baillis de s'en prendre garde et de en avoir la cognois-

---

(1) Ce n'était pas le chancelier qui contresignait. — Il suffisait que le nom du conseiller d'état rapporteur fut mentionné, et qu'un secrétaire d'état certifiât. (Is.)

(2) Voici peut-être le premier acte qui ait bien les caractères extérieurs d'un arrêt du conseil.
Guyot, au Nouv. Rép. a remarqué que ces arrêts faisaient loi, en matière d'eaux et forêts. — Il est certain du moins qu'il y en a un très-grand nombre. V. le Recueil de *Beaudrillart.* — Cela s'explique parce que la matière était administrative. (*Idem.*)
V. Dissertation sur les arrêts du conseil, préface du vol. 1821 du Rec. Isambert.

(3) Du Tillet, Sirmond, (notes sur les capitulaires), Ragueau, (indice ou glossaire du droit françois), et Menage, (dictionnaire étymologique), ont remarqué que le nom de forest, comme celuy de garenne convenoit également aux rivieres et aux bois, parce que les bestes, nommées *feræ*, y sont garanties et deffenduës comme dans une espece de fort, ce qui paroist clairement par la charte de fondation de l'abbaye de S.¹ Vincent, ou de S.¹ Germain des Prez, imprimé par Bouillard. Hist. de ce monastere, p. 1 et 2, aux preuves. (Laur.)

Le mot *voirie* s'applique aux rivières, comme aux routes. (Is.)

sance chascun en sa seneschaucie et baillie, et leur sera envoyée l'ordenance du Roy faite sus le fait desdittes rivieres. Et sont rappellez touz sergenz commis sus lesdittes rivieres (1).

(2) *Item.* Quant aus estans sera mandé ausdiz seneschaux et baillis, qu'il sachent qu'auz estanz li Roys a en chascune seneschaucié et baillie, et qu'auz arpens de eau chascun contient se, et comment il sont pueplez, et en quel point il sont. Et ce qu'il en trouveront rescrivent bientost à la Chambre des comptes, par quoy li Roys en puist ordener, si comme bon li semblera.

(3) *Item.* Qu'il soit mandé ausdiz seneschaus et baillis et aus receveurs, qu'il sachent chascun en sa seneschaucié et baillie, en quel estat sont les chasteaux et manoirs du Roy, et qu'il le escrivent sans delay à la chambre des comptes ledit estat, si que li Roys puisse mettre remede là où mestier sera.

(4) *Item.* A touz ceuls, qui ont la garde desdiz chasteaus et manoirs et prennent sus leurs gaiges, qui ne y font leur demourance euls et leur mesnage, se il ne sont continuelement pardevers le Roy par son commandement especial, soient leurs gaiges souspenduz, et que il escrivent pardevers la chambre des comptes les noms de ceuls qui n'y ont demouré, ne demeurent en la maniere que dit est, si que li Roys y puisse pourvoir de remede convenable.

N° 48. — ARRÊT *du parlement, sur l'appel comme d'abus interjeté par le comte de Forez contre l'archevêque de Lyon, au sujet de l'interdit* (2) *lancé sur ses terres, qui saisit le temporel de l'archevêque jusqu'à ce qu'il ait rapporté ses actes et donné satisfaction.*

Paris, 24 juillet 1333. (Trésor des chartes, et C. L. II, 103, cote.)

---

(1) Cette ordonnance fut peu exécutée, comme il paraît par l'art. 5 de l'ord. de 1346. — *V. Saint-Yon*, de l'ancienneté de l'office des maitres des eaux et forêts, p. 2, et liv. Ier, tit. 4, art. 3. — Cette juridiction est aujourd'hui rendue aux juges ordinaires, sauf le droit de réglementer les cours d'eau, dévolu aux préfets par le code rural de 1791. (Is.) *V.* aussi Nouv. Rép. V° *Bois*, §. Ier.

(2) *V.* l'ord. du 16 septembre 1335. (Is.)

N° 49. — ORDONNANCE *portant qu'il sera délivré des lettres de marque contre les sujets des Rois d'Aragon, de Mayorque, etc., dans le cas où ces souverains ne donneraient pas satisfaction des pirateries exercées par leurs sujets* (1).

Poissy, 6 octobre 1333. (C. L. III, 239.)

Philippus, Dei gratia Francorum rex: dilectis et fidelibus gentibus nostris parlamentum nostrum nunc vel in futurum tenentibus, necnon et senescallis Tolosæ, Carcassonæ, Bellicadri, et aliis universis et singulis justiciariis nostris aut eorum Locatenentibus, ad quos presentes litteræ pervenerint, salutem et dilectionem.

Regiam decet solertiam ita reipublicæ curam gerere et subditorum commoda investigare, ne regni utilitas incorrupta persistat, et singulorum status jugiter servetur illesus. Cum igitur fama publica referente, et ex insinuatione querelosa consulum et habitatorum Bitteris, Narbonæ, Monspelii, Bellicadri et plurium habitatorum aliarum communitatum et villarum regni nostri, nobis fuit intimatum, curiaque nostra sufficienter fuerit informata quod nonnulli subditi illustribus regibus Aragoniæ et majoricarum, consanguineis nostris carissimis, atque comunitatum de Janua et Saona, et quibusdam aliis regibus, principibus et comunitatibus, per mare more piratico incedentes, regnicolis et subditis nostris blada et alias mercaturas de ultra mare et aliis diversis mundi partibus ad regnum nostrum, pro necessitate reipublicæ et regnicolarum ejusdem, et specialiter ad tollendam copiam, quæ propter bladi sterilitatem et indigentiam, anno presenti verisimile dubitatur, asportantibus seu vehi et asportari facientibus, per violentiam et armorum potentiam, gravia damna et intolerabilia, atque atroces injurias noviter et alias pluries incumbunt, necnon et eosdem prædictis bladis et mercibus aliis, mala malis accumulando, spoliarunt et depredati fuerunt, insultus interdum admodum guerræ facientes in eis, licet nos vel dicti nostri subditi, contra eosdem nullam guerram credemus habere; et quod officiarii et justiciarii dictorum regum, principum et communitatum, eorum personas repræsentantes, in reddendo justitiam negligentes existunt et hactenus extiterunt,

---

(1) *V.* note sur l'ord. de juin 1351. (L.)

imo, quod pejus est, aliqui ex eis aliquotiens eisdem piratis et malefactoribus favorem magnum impendunt, taliter quod non videntur carere scrupulo societatis occultæ, in magnum subditorum nostrorum prejudicium et jacturam, neque majestatis Regiæ vituperium et contemptum: nos igitur eisdem nostris subditis et regnicolis de opportuno remedio providere, pout tenemini, justitiam exhibere volentes, deliberare volentes, deliberatione et consilio habitis cum multis prælatis, baronibus et proceribus nostri regni, statuto imperpetuum valituro, in modum qui sequitur, duximus ordinandum; videlicet quod quandocumque et quotiescumque habitatores aliqui senescalliarum vestrarum, vobis seu alicui vestrum significaverint se per piratos seu prædones seu malefactores aliquos in mari vel in terra fuisse spoliatos, deprædatos seu deraubatos, vos seu Loca-tenentes vestri seu alii a vobis deputandi, de prædicta Roarbaria, deprædatione seu spoliatione summariam et de plano informationem summarium fieri faciatis; et si per prædictam informationem vel alias per justiciarios vel officiarios nostros vel alios debite factam, de prædictis significatis apparuerit, ad requisitionem conquerentium seu significantium, ab eodem significante seu denuntiante cautione tali recepta, qualem arbitrio vestro dare poterit, malefactores, piratos seu prædones prædictos seu eorum participes, complices et factores, et eorum bona, si eos in senescalliis vestris vel eorum ressortis reperientur, capietis, et tamdiu captos detenebitis, donec ex integro satisfecerint dampna passis, et nobis et parti emendam præstiterint competentem. Si vero dicti piratæ seu malefactores in senescalliis vestris vel eorum ressortis, non potuerint reperire, bona omnium et singulorum justiciabilium et subditorum regum, principum et comitatum, quorum seu quarum dicti piratæ seu malefactores et prædones subditi vel justiciabiles existent, in vestris juridictionibus inventa, ad manum nostram ponetis, et tandiu sine recredentia tenebitis, usquequo dampna passis fuerit plenarie satisfactum, vel per nos seu Curiam nostram aliquid fuerit ordinatum; quibus bonis ad manum nostram positis, per vestras patentes litteras Reges, principes et communitates predictos, seu eorum officiarios personas earum representantes, seu quoscumque alios quorumdam dicti malefactoribus justiciabiles et subditi existent, requirentes, ut prædictis regnicolis et subditis nostris hujusmodi dampna passis restitutionem plenariam fieri faciant, tam de principali quam de expensis

...eresse propter hoc subsequutis ; de qua requisitione et ...sione quam facere voluerint, gentes nostras pro tempore ...mentum nostrum Parisius tenentes, ut citius poteritis, cer-...ari curabitis; quæ gentes, visis informationibus, requisitione ...responsione predictis, per concessionem Marchæ et alias, ... subditis nostris dampna passis, absque iteratione alterius ...quisitionis, de opportuno remedio providebunt, prout eis vi-...bitur faciendum ; taliter quod dicti regnicolæ et subditi nostri ... terram et mare mercari possint et incedere pacifice et quiete, ...vendo pedagia et redibentias consuetas, et quod ex nunc in ...libus amplius non graventur, sed ab injuriis et molestiis inde-... deffendantur. Quare dictis gentibus nostris pro tempore ...lamentum nostrum Parisius tenentibus, et vobis senescallis ...dictis et Loca-tenentibus vestris, damus tenore præsentium ...mandatis, quatenus statutum seu ordinationem nostram præ-...tam faciatis inviolabiliter observari, et etiam in locis solemni-... vobis subditis publicari, ut ad illorum quorum interest vel ...tat tangere, notitiam deducatur, statutis, gratiis et quibus-...umque aliis ordinationibus contrariis prædictæ nostræ ordina-...oni seu statuto, præcedentibus non obstantibus quibuscumque. In cujus rei testimonium sigillum nostrum præsentibus jussi-...us esse appensum.

Datum Pissiaci, die sexta octobris, anno domini millesimo ...centesimo trigesimo-tertio. Per consilium in quo fuistis. (Mul-...iplicata.)

N° 50. — DÉCLARATION *sur le privilège du fisc, ou deniers royaux* (1).

Paris, 8 décembre 1333. (C. L. II, 95.)

PHILIPPE par la grace de Dieu Roy de France : à touz les jus-

---

(1) *V.* les lois 28, 38 et 46 D. *de rebus auctoritate*, etc. et le titre X au code *jure fisci*. — Delà, ce privilège est passé dans les lois françaises, et c'est pour ... que l'art. 19 de l'ord. de Saint-Louis, décemb. 1254, autorise la contrainte ... corps. — *V.* aussi les édits d'août 1669, décembre 1706, août 1707 et les lois ... 24 novembre 1790, 10 juillet et 11 août 1792, abolies par celle du 11 bru-...aire an VII, remises en vigueur par la première loi du 5 septembre 1807, re-...ives aux comptables. — Quant aux frais de justice criminelle, *V.* les ordonn. ... 21 et 24 mars 1671, 13 juillet 1700, 16 août 1707, la loi du 18 germinal ... VII, et celle du 5 septembre 1807. (Is.)

ticiers de nostre royaume, qui ces presentes lettres verront salut.

Il nous a esté raporté, que les gardes de noz foires de Champaigne et de Brie, et plusieurs autres personnes, qui portent lettres obligatoires de nozdittes foires, sus les subgez de nostre royaume, qui à nous sont tenuz pour cause de noz rentes, et autres revenus de noz terres et demaines, s'efforcent mettre lesdites lettres à execution, et faire les poier enterinement avant nozdittes debtes, dont noz payemens sont souvent empeschiez et retardez en nôtre prejudice et damage.

Pourquoy nous declarons, par la teneur de ces presentes lettres, que nozdittes (1) dettes, lesquelles sont et doivent estre nommées fiscales, doivent estre et soient ençois mises à execution et poyées à nous, ou à noz gens à ce députez de par nous, ains que toutes autres debtes qu'elles que elles soient.

Et vous mandons et à chascun de vous, si comme à luy appartiendra, que avant toutes autres debtes deuës à quelconques personnes que ce soit, vous faciez les noz estre payées, non contrestant quelconques obligations, ou mandemens de nozdittes foires, ou d'ailleurs.

Donné à Paris le huitiéme jour de decembre, l'an de grace MCCCXXXIII.

Par les gens des comptes.

N°. 51. — ORDONNANCE *portant que les officiers royaux ne pourront prendre de plus forts droits que ceux de leur office.*

Poissy, 22 février 1333. (C. L. II, 97.)

---

(1) Ce qui est dit icy a quelque conformité avec l'art. 19 de l'ordon. de 1354, où ce prince statuë que aucun de ses sujets ne sera mis en prison pour dettes, si ce n'est pour les siennes. *Sic jure romano ut debitoribus fisci, quod fisco debet compensetur sæpe constitutum est, excepta causa tributoria et stipendiorum, item pretio rei à fisco emptæ ; et quod ex causa annonaria debetur. Lege auferetur 46. De jure fisci.* (Laur.)

1334.

N° 52. — LETTRE *du Roi de France au Pape, pour le prier de permettre aux prélats de prendre la croix, et de lever sur le clergé des décimes* (1).

1333. (Fleury, Hist. ecclés., XIX, 501. — Spicilèg., contin. de Guill. de Nangis, p. 94.)

N° 53. — MANDEMENT *aux gens des comptes, portant que le Roi ne veut pas que personne ait deux bourses de lui* (2).

Paris, 21 septembre 1334. (C. L. II, 100.)

N° 54. — DÉCLARATION *portant règlement pour les dons faits par le Roi.*

28 septembre 1334. (Mém. Ch. des C., cot. B, f° 1. — Blanchard, compil. chron.)

N° 55. — ORDONNANCE *sur l'exercice du droit de régale* (3) *des bénéfices ecclésiastiques, qui en interdit la connaissance au parlement.*

Vincennes, octobre 1334. (C. L. II, 102.)

PHILIPPES par la grace de Dieu, Roy de France.

----

(1) Avant Philippe-le-Bel, nos Rois s'adressaient aux évêques pour avoir des dîmes et non au pape. (*V.* dans Mably les preuves de cette opinion.) Ce Roi lui même écrivait à l'évêque d'Amiens en ces termes : *Quo circa dictionem vestram requirimus et rogamus, quatenus prædictas necessitates et vera diligentius attendentes, et quod in hoc casu causa nostra, ecclesiarum personarum ecclesiasticarum ac dicti regni, singulariter omnium, generaliter singulorum, agi dignoscitur, et proprium cujuslibet prosequitur interesse, nobis in tantæ necessitatis urgentia prædictam decimam in præsenti hore et exhibere curetis, et ab abbatibus, prioribus, ecclesiis, capitulis, conventibus, collegiis et aliis personis ecclesiasticis regularibus et secularibus civitatis et diocesis, ambianensis faciatis præsentialiter exhiberi.* Philippe-le-Bel fut le premier qui adressa une ordonnance à cet égard au pape, parce que la nouvelle décime qu'il voulait obtenir ne pouvait être exigée comme un droit, mais seulement sollicitée comme une faveur. — Les successeurs de Philippe-le-Bel ne purent demander de décime au clergé sans y être autorisés par une bulle du Saint-Siége, qui réglait même la forme dans laquelle la décime accordée serait levée. Les Rois de France se soumirent à cette règle pour prévenir toute contestation entr'eux et la cour de Rome. Quand, en conséquence, de quelque tenue des états, soit généraux, soit provinciaux, le clergé consentait, conjointement avec la noblesse et le tiers-état, à la levée de quelques aides qui se percevaient sur la vente des denrées ou marchandises, on n'avait besoin du consentement du pape. Il est sûr du moins qu'aucune ordonnance, ni aucun historien n'en font mention. (Dec.)

(2) *V.* ci-dessus l'ord. du 11 mai 1333. (Is.)

(3) *V.* les lettres de 1158, 1161, 1209, 27 mai 1320 et 20 septembre 1332 ci-

Sçavoir faisons à touz presens et à venir, que comme il ayt été mis en doute par aucuns, si nous avons droit, et à nous appartenoit de donner les prouvendes, dignitez, benefices, comme ils avoient esté et estoient trouvés non occupez, vacans et vuides de fait tant seulement, ou temps de nostre regale ; és Eglises de nostre royaume esquelles nous avons droit de regale. Et se ceuls qui nos predecesseurs, ou nous les avons donnez, en doivent joir et jouïssent. Nous nous tenons et sommes souffisament et deuëment enfourmez, que nos devanciers Roys de France, pour cause de regale et de noblesse de la courone de France, ont accoustumé et ont esté en possession et saisine de donner les prouvendes, dignitez et benefices, quand ils ont esté trouvez, ou temps des regales vacans de droit, ou de fait, tant seulement, ou trouvez non occupez, vuides ou vacans de fait tant seulement.

Et que nous aussi en avons usé, usons et entendons à user, comme de nostre droit royal, toutefois que aucun ou semblable ou quelsconques des cas dessusdiz escherra, et denions toute audience de plait à tous ceuls, qui à nos diz usaiges accoustumez par nos devanciers Rois de France et par nous coutumez, et aux droits royaux qui en tels cas nous appartiennent, pour cause de nostre couronne, et aus collations par nous, ou nos devanciers, ou successeurs, faites, ou à faire, és cas dessusdiz, ou en aucun d'iceux, se voudroient opposer.

Et se plait, ou procez sur aucun des cas dessusdiz, quelsconques ils soient, pendent en parlement, ou devant quel-conques nos commissaires, nous les rappellons et mettons dou tout au neant : et deffendons à nos amez et feaux nos gens qui tenrent dores en avant nos parlemens à Paris, et aus dessusdits commissaires, que il de ces cas, ni de semblables, ne tiengnent court, ne cognoissance, ores, ne autrefoiz.

Et voullons et ordonnons que dores en avant, nul pourvû es quelsconques des cas dessusdiz, se ce n'est par vertu de provision, ou collation royaux, qu'il ayt de nos devanciers, ou de nous, ou de nos successeurs Roys de France; ne soit reçuz à plait ne oïz en opposition, contre ceuls qui és cas dessusdiz, ou en

---

dessus, les ord. de mai 1417, février 1431, mai 1463, juin 1464, février 1673, janvier 1682, décembre 1749, mai 1776, août 1781, août 1785, août 1785, août 1786. Pinson, Traité des Régales, de Marca, de concordantiâ sacerdotii, liv. 8, ch. 22, n° 10, et les notes de Baluze, J. Galli, décis. 88 et 268, avec nota de Dumoulin, et ancien style du parlement, part. 3, tit. 31, S. 2. (Is.)

aucun d'iceuls, sont pourveus par noz devanciers, ou par nous, ou seront pourvus au temps à venir par nous, ou nos successeurs Roys de France, pour quelsconques letres, ou octroy, que il ayt, ou empetré de nous, se expresse mention n'y est faite, de mot à mot de ces presentes.

Et voullons que des ores en avant tous ceux qui en semblable cas, ou cas dessusdiz, et aucun d'iceux, ont collation de nos devanciers, ou de nous, ou aurons ou temps à venir, de nous, ou de nos successeurs Roys de France, soient tenuz et gardez en possession, et saisine paisible, des benefices à euls ainsi donnez, nonobstant opposition d'autre, que par vertu de autre collation s'y soit opposé, ou oppose à present, ou veuille opposer ou temps à venir, à ce avons-nous Ordonné et ordonnons, de certaine science enformez, à plain de nos droits et usages dessusdiz, et mandons par la teneur de ces presentes, à noz amez et feauls, les gens qui tendront nostre prochain parlement et les gens de nos comptes, que à perpetuelle memoire, fassent ces presentes enregistrer en nos chambres de parlement et des comptes, et garder pour original (1) au tresor de nos chartes et de nos letres.

Et pour que ce soit ferme et estable, à tousjours mais, nous avons fait mettre nostre seel à ces presentes letres.

Donné à Vincennes au mois d'octobre, l'an de grace mil trois cens trente-quatre.

N°. 56. — DÉCLARATION *portant réglement pour les denrées et marchandises qui se transportent hors du royaume.*

Paris, 13 décembre 1334. (Mém. Ch. des C., cot. B, f°. 85. — Blanchard, compil. chron.)

N°. 57. — ORDONNANCE *portant attribution aux maîtres des requêtes de l'hôtel de ce qui concerne les offices.*

1334. (Coll. Cons. d'Etat, 1325 à 1535, et Arch. du Roy.)

---

(1) Ainsi les registres du parlement et de la chambre des comptes ne sont que des secondes expéditions. *V.* ce que nous avons dit sur le Trésor des Chartes, préface du tom. 1er., n°s. 59 à 66. (Is.)

N°. 58. — Ordonnance *sur la formalité de l'action en revendication* (1).

1334. (Nouv. Rép., V°. Revendication, §. 2, n°. 9.)

N°. 59. — Ordonnance *portant règlement pour l'état et les gages des gens de guerre* (2).

Paris, 7 août 1335. (Brussel, 168. — Blanchard, compil. chron.)

N°. 60. — Mandement *aux officiers royaux de saisir le temporel des évêques qui refuseront de lever l'interdit par eux lancé sur les villes de la sénéchaussée de Beziers* (3).

Abbeville, 16 septembre 1335. (C. L. II, 105.)

Philippus Dei gratiâ Francorum Rex : senescallo Bellicadri, et judicibus dictæ senescalliæ, vel eorum loca tenentibus, cæterisque justitiariis nostris, salutem.

Ex querimonia consulum et habitatorum civitatum, castrorum et villarum Bellicadri et Nemausi, Sumidrii, Aquarum mortuarum, Alesti, Andusiæ et villæ novæ de Berco, aliorumque locorum nostrorum terræ nostræ; ad nostrum pervenit auditum quod licet a sede apostolica nobis et nostris prædecessoribus, per plures Romanos pontifices, per privilegium sit indultum, ut nullus in terra regia excommunicationis, vel interdicti sententias proferat, absque mandato sedis apostolicæ, nihilominus dilecti nostri Magalonensis, Nemausensis et vivariensis episcopi et alii dictæ senescalliæ, seu officiales eorum, contra dictorum privilegiorum tenorem, dictas civitates, castra, villas et loca terræ nostræ, quæ de nostro existunt domanio, de facto supposuerunt, nec verentur supponere ecclesiasticis interdictis, et in eis interdicti et excommunicationis sententias promulgare. dictos conquerentes, nobis

---

(1) *V.* les ordonn. du roi Jean, en 1355, et de Charles VII, en 1455, abrogées en ce point, par l'art. 5 de l'ord. de 1667, tit. 9. — *V.* l'art. 64 du Code de procéd. civile. Cette pièce, que nous n'avons pu retrouver, est peut-être la même que l'ordonnance de 1347 sur la complainte. (Is.)

(2) *V.* ci-après l'ord. de juin 1338. (*Idem.*)

(3) Cela est fondé sur le principe que l'excommunication ne peut avoir lieu sans mandat du Saint-Siège. — *V.* Ferrault, priv. du Roi de France, part. 3, de l'ancien style du parlement, priv. 6. — Spicileg. de Luc d'Achery, III, 606, 633 et 634. Ch. 95, décis. de Jean Desmares. (*Idem.*)

...ditos, non sine nostræ juridictionis præjudicio, et dictorum privilegiorum offensâ, super hiis multipliciter molestando.

Quare nos super hiis providere volentes, MANDAMUS vobis, et vestrum cuilibet, quatenus ex nunc, et aliàs, si et cum talia, per dictos episcopos vel officiales eorum, aut ipsorum aliquem contigerit attemptare, attente ex parte nostrâ requiratis eosdem, ut dictas sententias et interdicta celeriter revocent, ac nos et dictos nostros subditos prædictis privilegiis, uti, et gaudere permittant.

Quod si ea revocare noluerint, vel plus debito, defecerint requisiti debite, vos ad hæc compellatis, seu compelli debitè faciatis eosdem, per suorum bonorum temporalium sub vestris jurisdictionibus existentium captionem, aut aliis remediis opportunis.

Datum apud Abbatis villam, die decima sexta septembris, anno domini MCCCXXXV.

Per Dominum regem ad relationem dominorum.....

N°. 61. — ORDONNANCE *portant que les comptables donneront bonne et suffisante caution.*

9 décembre 1335. (Arch. du Roy, cart. J. — Mém. Ch. des C., cot. B, f°. 64.)

N°. 62. — MANDEMENT *qui ordonne de contraindre par corps des comptables en retard* (1).

Bellandières, 9 décembre 1335. (C. L. II, 105.)

PHILIPPES par la grace de Dieu, Roys de France : à nos amez et feaulx les gens de nos comptes à Paris, salut.

Il y a plusieurs receveurs en nostre royaume, qui reçoivent les rentes et revenues de nostre royaume, et des deniers de nos receptes marchandent les uns, et en traient les profits à eulx, et li autres en achettent grans heritages, et en mainent grans estats, et demeurent en grans restaz vers nous, et vers les personnes qui prennent fiez et aumônes, seur les dites receptes. Et encore pourroit-il estre ou temps à venir, si remede n'y estoit mis. Et especialment le receveur de Champagne, le receveur d'Anjou, le receveur de Caours, et Bethuche Guy receveur de Flandres,

---

(1) V. l'art. 19 de l'ord. de Saint-Louis, décembre 1254, et les notes sur l'ord. du 8 décembre 1355 ci dessus. — V. aussi la loi du 5 septembre 1807. (Is.)

nous sont tenuz en grans restaz et pieça. De quoy nos feaulx et amez tresoriers à Paris n'en puent traire, par mandement, ne par diligence que il y mettent, deniers que pou, ou nient, et se joissent ainsi dou nostre, laquelle chose moult nous deplaist. Pourquoy nous y voulons mettre remede.

Vous mandons et estroitement enjoignons, que iceux des quatre receveurs, et tous les autres qui ainsi font, vous faciez viguereusement contraindre, par prise de corps, et par véndue et exploitation de leurs biens, sans faveur et sans deport de nous, pour le restaz à quoy ils sont tenuz à nous : et à ceuls que il comptent payer, et ne le font mie, tout ce que il leur puent devoir des arrerages de leur temps des rentes, fiez et aumônes et gaiges, que il prennent par an, sous leurs receptes, de tant dont il ne pourront moutrer payement.

Et iceux que vous trouverez tiex, ostez de leurs offices, et mettez autres bons et souffisans en leur lieu, et profitables pour nous.

Donné à Bellandieres de les Chastelleraut, le 9 decembre, l'an de grace MCCCXXXV.

N°. 63. — DÉCLARATION *sur l'ordonnance du 11 mai 1333, relative aux dons faits par le Roi, qui confirme ceux où la clause*, non contrestant autres dons (1), *est écrite.*

Brive, 26 décembre 1335. (C. L. II, 106.)

N°. 64. — LETTRES *portant que l'office des sergens arbalétriers de la garnison de Carcassonne est transmissible à leurs enfans, frères ou neveux.*

Carcassonne, 2 février 1335. (C. L. VIII, 420.)

N°. 65. — MANDEMENT *portant que les remèdes des apothicaires* (2) *de Paris, seront visités par les médecins de la faculté.*

Paris, 22 mai 1336. (C. L. II, 116.)

PHILIPPES par la grace de Dieu, roy de France : au prevost de Paris, ou son lieutenant, salut.

---

(1) C'est un acte de faiblesse, et une dérogation à l'ord. de mai 1335, à l'art. 9 de l'ord. du 3 janvier 1316, et à l'art. 21 de celle du 18 juillet 1318. (Is.)
(2) Nous avons vu précédemment la première ordonnance sur la chirurgie,

Le doien et les maistres de la faculté de medecine nous ont donné à entendre, que jadis pour le bien commun, certaines ordonnances furent faites et scellées du scel de nostre Chastellet de Paris, entre les dits maistres de medecine d'une part, et les apothiquaires d'autre, sur ce qui touche l'apothiquairerie, ou espicerie; et que especialement, et par exprès est contenu ès dites ordonnances, que les dits apothiquaires tous et un chascuns, qui à mestier veulent user, doivent jurer devant cil, qui de par nous y sera, ou seront establis, à icelles tenir et garder loyaument.

Par quoy nous te mandons, que comme les diz maistres des medecines sachent mieux le vrai entendement des dites ordonnances, que autres ne sçauroient, qui ne tiennent pas la science de medecine, tu contraingne les dits apothiquaires et leurs valets et les herbiers, à les tenir et garder, devant ladite faculté, ou devant le doien, ou deux, ou trois maistres d'icelle. Et que les contraignes à montrer ausdits maistres les medecines laxatives, et les opiates, qui se gardent par long temps, pour les voir, avant que elles soient confites, et sçavoir qu'elles soient bonnes et fraiches et non corrompuës et tresallées, selon ce qu'il apperra, par les dites ordonnances, qu'ils seront tenus de les montrer à leurs maistres, ou l'un des jurez.

Et ce fay si diligeaument qu'en defaut n'en convienne retour à nous.

Donné à Paris le 22°. de mai, l'an de grace mil trois cens trente-six.

N°. 66. — ORDONNANCE (1) renduë par le Roi en parlement, qui porte que l'évêque d'Amiens sera contraint par la saisie de son temporel, à ne plus lever d'amende sur les nouveaux mariés, qui cohabitent avec leurs femmes.

Paris, 10 juillet 1336. (C. L. II, 117.)

PHILIPPUS Dei gratiâ Francorum Rex : baillivo Ambianensi, aut ejus locum tenenti, salutem.

... et sur la medecine en 1531. Voici le premier règlement sur la vente des remèdes et les apothiquaires. Il fut r... fondé par le roi Jean en août 1353, par Charles VI en 1390, et par Charles VII en 1437. V. les ord. de juillet 1682, octobre 1728, mars 1731, 15 décembre 1754 et avril 1777, et les lois des 14 avril 1791, 19 ventôse et 21 germinal an XI, celle du 29 pluviôse an XIII et le décret du 25 prairial suivant. (Is.)

(1) Nos Roys se rendoient assez souvent dans leurs parlemens, et les re-

Sua nobis major, et scabini villæ Ambianensis, gravi conquestione monstrarunt, quod cum ipsi, super eo, quod officialis Ambianensis, vicegerens episcopi dictæ villæ, et aliæ ipsius episcopi gentes, Joannem de Arguenne, et plures alios dictæ villæ Burgenses nostros, coram episcopo conveniri et citari faciebant, imponentes eidem Joanni, et aliis nostris Burgensibus, quod ipsi fœminas, aliasque suas desponsatas carnaliter cognoverant, ipsos ad solvendum emendas, propter hoc compellendo, vel etiam tractando, coram fidelibus gentibus nostris parlamentum nostrum Parisiense tenentibus, in nostra præsentia conquesti fuissent, asserentes præmissa fore in magnum præjudicium nostrum, dictorum conquerentium, ac particularium omnium in dicta villa commorantium.

Cumque de præcepto gentium nostrarum prædictarum, tam ore tenus facto, ipsum episcopum ad desistendum de præmissis, per ipsius temporalitatis captionem compellerre voluisses, ta-

---

glomens generaux qui y estoient faits, en leur presence, estoient par cette raison de *veritables ordonances*. L'ord. de 1275, et celle de 1291, touchant les *francs-fiefs* et les *amortissements*, furent faites au parlement de Noël.

L'evesque d'Amiens qui estoit alors, obéit peut-estre aux ordres du Roy. Mais ses successeurs, ou leurs archidiacres ayant, le siege vacant, suivi ce mauvais exemple, sous le regne de Charles VI, en l'année 1388, le mandement fut confirmé le 5 mars, par une ord. ou arrest donné dans la même forme. (Laur.)

En 1409 ces mesmes vexations continuoient, et le 19 mars il fut dit, par arrest de la Cour, que les deffenses faites, à la requeste du procureur general et les maires et les eschevins d'Abbeville en Ponthieu, par vertu de certaines letres Royaux, à l'*evesque d'Amiens*, et aux curez de ladite ville; c'est à sçavoir audit *evesque* qu'il ne print, ne *exigeât argent des nouveaux mariés, pour leur donner congé de coucher avec leurs femmes, la premiere, deux et troisieme nuits de leurs nopces*, et autres contenuës audit arrest, avoient esté bonnes et valables, et que l'opposition dudit evesque avoit esté donnée sans excepte, au regard des exceptions generales, au regard desquelles il fut dit, les deffenses avoir esté faites sans cause. Et fut dit que chacun desdits habitans pourroit coucher *cum uxoribus suis, la premiere nuit de leurs nopces, sans le congé de l'evesque*, et que les habitans qui mourroient, *pourroient estre enterrez sans le congé de l'evesque et de ses officiers*, s'il n'y avoit empeschement canonique. Et outre que les heritiers et *executeurs* du testament d'aucun trepassé ne pourroient estre contrains, d'obéir à accomplir les *ordonances faites par les officiers* dudit evesque, ne par luy, au regard des testamens faits par lesdits *intestats*. Mais les pourroit ledit evesque admonester charitablement, qu'ils fissent bien pour l'ame dudit *intestat*, et que les heritiers et executeurs dudit testament d'aucun trepassé, pourroient dedans l'an du trepassement *submettre l'execution* d'icelui à la *justice* laye ou d'eglise, etc. V. *Baluze*, notes sur la Collection des canons de *Reginon*, p. 586, 657 et 658, et Remarques de *Laurière*, Glossaire du Droit françois, V°. *Executeurs testamentaires*. (Is.)

men tu, prætextu quarumdam literarum regiarum, tibi per ipsum episcopum directarum, continentium inter cætera, ut dicitur, quod sua temporalitas, nisi de nostro speciali mandato sublatenus arrestatur, à præmissis omnino cessasti, in dictorum conquerentium, et omnium in dicta villa habitantium damnum non modicum, ac periculum, et gravamen, sicut diximus.

Tamen auditis super his partibus, coram prædictis gentibus nostris ordinatum fuit quod dictus episcopus compelleretur ad desistendum à prædictis, per captionem temporalitatis suæ.

Commendamus tibi quatenus dictum episcopum ad desistendum à præmissis, seu desisti faciendum, per ipsius temporalitatis captionem, indilatè compellas: litteris prædictis per ipsum episcopum, seu ejus gentes tibi super hoc directis, vel ostensis, et aliis impedimentis à nobis, seu etiam impetrandis, nonobstantibus quibuscunque.

Datum Parisius in parlamento nostro, die decima julii, anno Domini MCCCXXXV.

Lecta per cameram; registrata in curia parlamenti in libro ordinationum regiarum, fol. 50, in nono anno.

N° 67. — LETTRES *permettant à tous marchands, de quelques pays qu'ils soient, d'apporter et vendre à Paris tous vendaux* (1) *bons et loyaux, et de toutes couleurs.*

Paris, juillet 1336. (C. L. XII, 53.)

N° 68. — LETTRES *portant homologation des statuts pour les épingliers de Paris, arrêtés par le prevôt le 4 octobre 1335.*

Poissy, août 1336. (C. L. IV, 124.)

---

(1) Sorte d'étoffe. Voici comment on procéda pour qu'une ordonn. pareille n'apportât aucun préjudice, ni au peuple, ni aux marchands de Paris. Le Roi envoya la supplique aux gens des comptes avec ordre d'en référer au prevôt de Paris, et à gens à ce connaissans. — Le prevôt nomma 14 merciers et teinturiers. Ceux-ci firent leur rapport qui est annexé aux lettres. Ils l'affirmèrent sur les saints évangiles, y mirent leur sceau et l'envoyèrent aux gens des comptes. (Dec.)

N°. 69. — **Déclaration** *portant règlement pour les officiers de la maison du Roi, et de celle de Jean de France, duc de Normandie.*

Paris, au Louvre, 30 décembre 1356. (Mém. Ch. des C., col. B, p. 157.— Blanchard, compil. chron.)

N°. 70. — **Lettres** *par lesquelles le Roi déclare, de l'avis des princes et barons, Robert d'Artois, réfugié en Angleterre, ennemi de l'état.*

Bois de Vincennes, 7 mars 1336. (Procès de Robert d'Artois, p. 557 (1).— Lancelot, preuves du mémoire des pairs, p. 472.)

N°. 71. — **Lettres** (2) *portant ratification du traité relatif à la réunion des comtés de Champagne et de Brie à la couronne.*

Villeneuve près Avignon, 14 mars 1336. (Mém. de l'Académ. des Inscript. et Belles-Lett., XVII, 510.)

N°. 72. — **Mandement** *au sénéchal de Beaucaire, portant défenses de rien payer de ce qui est dû aux usuriers Lombards, avec injonction aux débiteurs de faire déclaration desdites dettes* (3).

Paris, 19 mai 1337. (C. L. XII, 35.)

N°. 73. — **Lettres** *portant commission pour saisir le Duché-Pairie de Guyenne, sur le Roi d'Angleterre.*

Bois de Vincennes, 24 mai 1337. (Trésor des chartes. — Lancelot, preuves du mémoire des pairs, p. 476.)

---

(1) Cette pièce fait partie des procès faits aux grands, manuscrits, dont communication nous a été refusée. *V.* préface du tom. 1er., p. xxx. (Is.)

(2) *V.* les lettres du mois de novembre 1361. (Idem.)

(3) Ceux qui révéleront, auront une part arbitraire par les gens des comptes — Ceux qui ne révéleront pas, seront condamnés à payer au Roi une somme égale à celle qu'ils doivent. — Les tabellions et clercs dénonceront les obligations qu'ils auront reçues, sous peine de faux, de corps et d'avoir, et de plus exhiberont les protocoles et registres. (Is.)

N° 74. — LETTRES portant défenses à tous baillis et receveurs, de bailler à ferme avec les prévôtés, aucuns domaines, profits, droits de morte-main, d'espaves, d'aubaines, de forfaitures; leur enjoignant d'en compter à part, et de prendre cautions suffisantes, lorsqu'ils feront des compositions sur les paiemens.

Paris, 4 juin 1357. (C. L. XII, 36.)

N° 75. — MANDEMENT au bailli d'Auvergne, pour obliger les tenans fiefs et arrière-fiefs du Roi, de déclarer par écrit, quelles choses ils tiennent du Roi, et de quelle manière ils les tiennent.

Paris, 17 juin 1357. (C. L. XII, 37.)

N° 76. — ORDONNANCE portant que les parens des généraux maîtres des monnoies, ne pourront être officiers des monnoies.

Bois de Vincennes, 28 juin 1357. (C. L. VI, préf., 11.)

N° 77. — LETTRES par lesquelles le Roi accorde à l'université d'Angers les privilèges dont jouissait celle d'Orléans.

Bois de Vincennes, juin 1357. (C. L. IV, 474.)

N° 78. — LETTRES patentes portant pouvoir à Jean de France, duc de Normandie, et comte d'Anjou et du Maine, de donner des lettres de grâce, de plaider par procureur, d'accorder des sauve-gardes, privilèges et franchises, et toutes autres lettres de grâces, rémissions et rappeaux, tant en procès civils que criminels.

Novembre 1357. (Dutillet, des Apan. — Blanchard, compil. chron.)

N° 79. — DÉCLARATION portant règlement pour le commerce entre les sujets du Roi, et les marchands de Gênes et de Savone.

Longpont, 4 décembre 1357. (Ord. ant., cot. A, f° 13. — Blanchard.)

N° 80. — LETTRES qui règlent le subside que doivent payer les officiers du Roi.

Bois de Vincennes, 27 décembre 1357. (C. L. XII, 38.)

N° 81. — LETTRES portant autorisation à la ville de Paris de mettre un impôt sur les denrées, pour contribuer au payement du subside par elle offert.

Viviers en Brie, décembre 1357. (C. L. XII, 39.)

N°. 82. — LETTRES *portant injonction à l'évêque de Châlons, de se rendre à l'armée, à Amiens, en chevaux et en armes.*

12 janvier 1337. (Brussel, 824.)

N°. 83. — LETTRES (1) *portant que les écoliers et membres de l'université de Paris sont sous la garde et protection du prevôt, par exclusion de tous autres.*

Vincennes, 13 mars 1337. (C. L. II, 119.)

N°. 84. — ORDONNANCE (2) *portant que les dons d'offices et bénéfices, non vacants de fait, seront nuls et de nul effet.*

17 mars 1337.

N°. 85. — MANDEMENT *portant injonction au prevôt de Paris de publier de nouveau l'ordonnance touchant les examinateurs du Châtelet, et de la faire observer.*

Bois de Vincennes, 27 avril 1338. (C. L. XII, 45.)

N°. 86. — ORDONNANCE *faite à la supplication des nobles de la Languedoc, portant fixation de la solde des gens de guerre, et des dispositions générales sur les droits des barons, les droits régaliens, etc.*

Vincennes, juin 1338. (C. L. II, 120.)

SOMMAIRE.

(1). Lorsque les personnes nommées cy-dessus auront esté mandées par le Roy, pour ses guerres, il leur sera fait un prest proportionné au chemin qu'ils auront à faire, et eu égard à leurs soldes.

(2) Le Roy, ni ses successeurs n'exigeront rien d'eux, ni de leurs sujets nobles, ou non nobles, pour les frais de leurs guerres.

(3) Lorsqu'il s'agira de bornage entre le Roy et les habitans desdites seneschaussies, il sera fait avec le procureur du Roy, et avec des personnes prudes et habiles, sans forme de jugement.

(4) Les commissaires envoyez aux eglises dont le Roy est gardien, ne pourront apposer des pennonceaux, que sur les fonds dont elles sont en possession paisible. Et si à ce sujet il y a contestation, le

---

(1) V. ci-après l'art. 4 de l'ord. de janv. 1344. (Ts.)

(2) Elle est perdue, mais on la trouve relatée dans un mandement de Pescourt, du 9 juillet 1341.—C. L. II, 166. (Idem.)

...missaire sera donner ad-
...ment pardevant les ju-
...ordinaires.

5) Le Roy n'accordera point
...roit de garde, ni ses suc-
...eurs, dans les terres des
...plians, sans connoissance
...cause préalable, et après
...ir appellé les nobles.

6) Si le procureur du Roy
...a procés pour quelque im-
...ble, ou chose reputée im-
...ble, le deffendeur, qui est
...possession, ne sera point
...saisi, sans connaissance de
...se, et la chose contentieuse,
...sera mise en la main du Roy,
...dans le cas où elle y seroit
..., si le procés estoit entre
...ux particuliers.

(7) Le procureur du Roy ne
...rendra partie dans aucun
...cès, que par le mandement
...prés du juge, aprés que les
...rties auront esté entendues.

(8) En matiere possessoire
...requ'il s'agira du domaine
...de couronne, le juge ordi-
...naire en connoistra.

(9) Il pourra encore con-
...oistre du domaine au petitoi-
..., si le procureur du Roy est
...emandeur, et si la chose con-
...tieuse n'est que de cinquante
...vres de revenu par an. Et si
...e procureur du Roy est deffen-
...deur, le même juge en connoi-
...ra encore, au cas que la chose
...e produise que trente livres
...ar an.

(10) Le rapport des procés
...era fait tant en matiere ci-
...ile que criminelle, devant les
...eneschaux et autres juges, en
...presence des parties, si elles
...veulent y estre. Les juges ver-
...ront par eux-mesmes les enquestes et les procés. Ils les
rapporteront, et s'ils les donnent à d'autres, les parties
n'en devront rien.

(11) Dans toutes les causes
du Roy ou d'autres, lorsque
l'on aura renoncé, ou conclu,
et que l'affaire sera en estat,
elle sera jugée à la troisième
assise suivante; ou autrement
les juges seront punis, et elle
sera decidée par d'autres.

(12) Les seneschaux et les
autres juges ne consulteront
pas les avocats et les procureurs
du Roy, ni ceux des parties,
dans les affaires où ils auront
esté employés.

(13) Les seneschaux et les autres juges royaux ne pourront
empêcher que les seigneurs
inferieurs, hauts justiciers,
ou autres ne punissent leurs
officiers, qui auront commis
quelque délict dans leurs fonctions.

(14) S'il arrive que quelque
officier royal, de quelque autorité qu'il soit, delinque dans
le territoire d'un seigneur haut
justicier, pourvu que ce ne
soit pas dans l'exercice de ses
fonctions, la punition en appartiendra au seigneur justicier.

(15) Les obligations passées
sous le scel du Roy seront mises
à execution dans leurs terres
par leurs officiers, et non par
ceux du Roy, à moins que
les officiers des seigneurs ne
soient negligens, ou refusans.

(16) On ne constituera plus
deux ou plusieurs mangeurs
pour une dette, mais en leur
place on establira un commissaire, ou sergent, à moins qu'il

n'y ait necessité d'en user autrement, ce qui sera à l'arbitrage du juge royal. Et quand il s'agira de proceder par execution pour ce qui sera dû au Roy, il n'y aura qu'un seul mangeur, sans commissaires.

(17) Dans les seneschaussées susdites, les ecritures des cours ne seront plus vendues, ni données à ferme par les seneschaux, mais elles seront regies et gouvernées par des personnes capables. Et l'on ne payera rien pour les grosses, à moins qu'elles n'ayent esté faites à la requisition des parties.

(18) Les seneschaux et les autres officiers royaux ne pourront, sous pretexte de letres obtenues, ou à obtenir du Roy, traire devant eux en matiere civile, ou criminelle, les sujets des seigneurs hauts justiciers, à moins qu'il n'y ait mention expresse dans les letres, que telle est l'intention du Roy, par des raisons particulieres. L'on ne pourra plus pareillement proceder par voye d'execution, sur les sujets des seigneurs hauts justiciers, sous pretexte de letres nommées debita regalia.

(19) Les cris d'armes, dans les cas où il s'agira du service du Roy, seront faits dans les terres des seigneurs hauts justiciers, par eux, ou leurs officiers, sur le mandement des seneschaux, à moins que les seigneurs, ou leurs officiers ne soient negligens, ou refusans.

(20) Si un officier royal se

dit commis pour faire quelque execution, il sera tenu de montrer son pouvoir, ou sera condamné aux dépens & deuëment puni.

(21) Les seneschaux, ou autres justiciers royaux ne pourront prendre au corps aucun noble, ou quelqu'autre personne que ce soit, si ce n'est en flagrant délit, ou après information, ou à moins que le crime ne soit connu de tout le monde, et qu'il n'y ait à craindre que le criminel ne prenne la fuite. Et dans aucun cas on ne procedera à l'enqueste, qu'après que l'information aura esté faite secretement.

(22) Aucun denonciateur ne sera admis, qu'après avoir donné bonne et suffisante caution pour les dépens, dommages et intérêts.

(23) Les comtes, les barons et les autres nobles, qui sont en possession d'avoir des juges d'appel, y sont conservez, sans aucun empeschement.

(24) Les comtes, les barons et les autres seigneurs qui ont droit de faire batre monoye, y sont conservez en faisant serment au Roy.

(25) Lorsqu'il sera question du domaine d'un heritage, situé dans le territoire d'un seigneur haut justicier, les officiers royaux ne pourront attirer à eux l'affaire, sous pretexte que celuy qui en est le possesseur, l'a obligée sous scel royal.

(26) Les seigneurs qui sont d'ancienneté en possession de lever des péages par terre et par

...jouiront comme auparavant.

(27) Si le sujet d'un haut officier ou autre a violé dans le territoire de son seigneur, la sauvegarde du Roy, le sénéchal, ou autre officier royal connoistra du crime, ne condamner le coupable, qu'au tiers de la perte de biens, sauf au juge ordinaire à proceder, comme il luy appertiendra.

(28) Lorsqu'un homme pour crime aura esté banni dans une haute justice, et condamné ensuite au bannissement dans une haute justice royale, s'il est pris en ne gardant pas son ban dans la haute justice, il y sera puni comme s'il n'avoit pas esté condamné dans la justice royale.

(29) Dans les procès qu'il y aura entre le procureur du Roy d'une part, et quelque particulier d'autre, le particulier ne payera rien au procureur du Roy pour ses salaires, ni aux notaires, et aux témoins, pour dépens. Et s'il fait au contraire, ce qui aura été payé sera rendu.

(30) Aucun seneschal, juge, officier, ou sergent, etc. ne pourra contraindre un créancier à leur confier ses letres obligatoires, quoy que scellées des sceaux royaux, pour les mettre à exécution, à moins que le créancier ne juge à propos de les confier au sergent.

(31) Lorsque des biens auront esté mis en la main du Roy à la poursuite de son procureur ou d'autre, la garde en sera confiée à quelque homme de bien, en luy donnant un salaire convenable.

(32) Dans les appellations interjettées par les comtes, les barons et les nobles contre les procureurs du Roy, si les comtes et les barons ont fait leurs diligences, et qu'il n'ait pas tenu à eux que leurs causes fussent terminées aux assises, le temps fatal des appellations ne courra pas contr'eux.

(33) Le Roy ni ses successeurs n'acquerront plus rien à titre de pariage, d'eschange, d'achat et de ventes, dans les hautes justices des comtes et des barons, si ce n'est des forts s'ils sont nécessaires pour la deffense du royaume, en payant un prix convenable.

(34) Les officiers royaux qui ne seront plus en charge, resteront pendant cinquante jours au lieu de leur domicile, pour deffendre aux plaintes, qui seront faites contr'eux.

(35) Les graces, ou les privileges accordez aux comtes, aux barons et aux nobles par Saint Loüis et Philippe le Bel, leur sont confirmez.

(36) Le Roy reitere et confirme les soldes, les graces et les privileges exprimez cy-dessus.

(37) Les seneschaux et autres officiers royaux, feront publier la presente ordonance à leurs prochaines assises.

(38) Si les seneschaux et autres officiers royaux manquent à l'observation des presentes, ils seront tenus aux dépens, dommages et interests des parties.

Philippus Dei gratiâ Francorum Rex.

Ad populorum regimen et tuthelam constituti sunt in orbe terrarum ab eo per quem reges regnant, regum et principum potentes, ut in virga æquitatis et justitiæ regnent et in pace custodiant sibi subditas nationes. Cum itaque nobis ex parte dilectorum et fidelium nostrorum comitum, baronum et aliorum nobilium justitiam altam, seu merum imperium habentium, senescalliarum Tolosæ, Bellicadri, Nemausi, Carcassonæ, Biterris, Petragoricensis et Cathurcensis ac Ruthenensis et Bigorre, ressortorum earum, pro se et suis subditis plures querimoniæ nuper expositæ fuissent, inter alia continentes, quod ipsis districta, seu diminuta fuerant, in guerris nostris Vasconniæ anni præsentis stipendia, quæ in guerris Vasconniæ percipere consueverunt prædecessorum nostrorum temporibus ab antiquo.

Eapropter notum facimus universis tam præsentibus quam futuris, quod nos rectum et congruum arbitrantes, quod dicti comites, barones et nobiles, qui tam consideratione præmissorum, quam pro honore nostro et prædecessorum nostrorum, exposuerunt liberaliter se, suarum personarum pericula, et rerum stipendia non timentes, regiam debent clementiam favorabilem invenire, non solum in hiis quæ ex justitiæ debito, sed etiam de gratia requiruntur. Idcirco ad supplicationem eorum statuta, ordinationes, prohibitiones et declarationes fecimus, et eis concessimus infrascriptas irrefragabiliter et in perpetuum valituras, quibus supernâ clementiâ, speramus cultum justitiæ, pacis, et modestiæ, in dictarum senescalliarum partibus observari.

In primis ordinamus et præcipimus, per senescallos receptores, thesaurarios, seu capitaneos, aut deputatos nostros, et successorum nostrorum eisdem supplicantibus, et eorum successoribus pro se, et suis subditis, tam nobilibus quam innobilibus, cum ex parte nostra mandati fuerint, ut ad guerras nostras accedant, mutuum fieri, priusquam iter arripiant, secundum statuta cujuslibet eorumdem, super stipendiis suis plus vel minus, secundum locorum distantias, ut commodius absque suorum damnosa distractione bonorum, ad id se valeant præparare.

(2) Statuimus etiam concedentes, quod aliqua subsidia vel exactiones ab eis, vel eorum subditis nobilibus vel innobilibus ex parte nostra, vel successorum nostrorum de cetero non exigantur pro guerris nostris, vel aliàs omnimode.

(3) *Item.* Hoc edicto in perpetuum valituro statuimus,

cum limitationes fieri petentur, etiam inter nos et alios quoscumque subditos nostros, per senascallias locorum sine difficultate fiant, vocato tamen procuratore nostro, si domanium nostrum contingit, exceptis finibus regni nostri contiguis, terris vel jurisdictionibus consistentibus extra regnum, in quibus limitationes fieri non concedimus, per præsentes. Et si de jure nostro et alieno, in casu limitationis sit dubium, inquiratur super hoc cum probis viris locorum vicinorum, vocato procuratore nostro summariè et de plano, et sine strepitu judicii et figura, et ulterius fiat eodem modo, ponentes limites prout ratio suadebit : nec ob hoc procuratoribus, vel officialibus nostris salarium, vel expensæ solvantur, exceptis salariis servientium.

(4) *Item.* Edicto perpetuo prohibemus, ne amodò gardiatores ecclesiarum aut commissarii (1) à nobis, vel senescallis nostris deputati, penuncellos vel gardias ponant, nisi in rebus de quibus ecclesiæ fuerunt in possesssione pacifica, vel quasi : et si inter partes sit oppositio super re, vel jurisdictione, et utraque se asserat possidere, gardiator, vel commissarius in casu illo, partes adjornet coram suis ordinariis ad diem competentem, et prohibeat partibus ne interim in præjudicium alterutrius, pendente adjornamento, aliquid attemptent, nec aliqui pro fractione gardiæ molestentur, nisi fuerit notoria, sicut de ecclesiis cathedralibus, monasteriis aliquibus, quæ sunt in gardia regia, notoriè ab antiquo, vel nisi in assisiis publice, vel parti fuerit specialiter intimata.

(5) *Item.* Concedimus statuentes, quod amodò non concedantur per nos, aut successores nostros, in terris, aut subditis dictorum supplicantium, gardiæ, nisi causæ cognitio legitima præcesserit, vocatis nobilibus, exceptis ecclesiis et monasteriis quæ sunt in gardia regia ab antiquo, et viduis, pupillis et clericis clericaliter viventibus, viduitate, pupillari ætate, ac clericatu eorum durantibus dumtaxat.

(6) *Item.* Hac in perpetuum valitura constitutione statuimus, ut si quis procurator noster amodò movere voluerit, vel moverit litem, super re, vel jurisdictione quacumque, contra aliquem eam possidentem, non dissaziantur, seu turbentur possidentes,

---

(1) *V. l'ord. de Philippe-le-Bel, 5 may 1302, avec les notes; Beaumanoir, cout. du Beauvoisis, ch. 46; Chopin. de Doman., lib. 1, tit. 6, n. 1; Du Cange, V. Regalia et Warda. (L'au.)*

nisi prius causa cognita, nec ad manum nostram (2) res litigiosa ponatur, nisi in casu, quo si lis esset inter privatos, res contentiosa ad ipsam manum nostram tamquam firmiorem poni deberet. Et si possidens, seu saisitus, lite pendente, utatur in casu præmisso jurisdictione vel re contentiosa, declaramus ipsum non posse vel debere de attemptatis (3) condemnari propter hoc, vel etiam molestari.

(7) Statuimus etiam prohibentes ne quis procurator regius partialiter se admergetur in causa quacumque, nisi prius a judice coram quo lis pendebit, habuerit in judicio, partibus præsentibus et auditis, mandatum expressum.

(8) *Item.* Præsenti constitutione, quam irrefragabiliter præcipimus observari, diximus ordinando, quod quandocumque agetur de patrimonio, seu dominio regio in possessorio dumtaxat, ordinarius loci de hoc valeat cognoscere, et etiam judicare.

(9) Si vero in petitorio agatur et procurator regius actor fuerit in causa, ordinarius loci valeat de illa cognoscere et eam judicare, dum tamen causa illa valorem annuum quinquaginta librarum turonensium non excedat. Et si procurator regius sit defensor, et causa illa ultra valorem triginta librarum turonensium annuatim non ascendat, de ea possit similiter ordinare, cognoscere et etiam terminare.

(10) Præterea statuimus et mandamus relationes processuum et causarum, tàm civilium, quàm criminalium, amodò fieri coram senescallis et judicibus aliis, in partibus supradictis, in præsentia partium litigantium, si ad id voluerint interesse. Addimus etiam statuto hujusmodi, quod judices per se ipsos inquestas et processus amodò videant, et referant; et si per alios eas videri faciant vel referri, partes proinde nihil solvere teneantur, nec ad id compellantur, nisi de earum voluntate procedat.

(11) *Item.* Præcipiendo statuimus, ut cum in causis, tàm nostris quàm aliis, renuntiatum fuerit et conclusum, et fuerint

---

(1) Il en estoit ainsi dans nos pays coustumiers, où la chose contentieuse estoit mise en la main du Roy, d'où la regle que le Roy ne plaide pas dessus. *Quand aucun debat de nouvelleté est meu entre un sujet et le Roy, adonc la chose est mise en la main du Roy, mais il ne nuit point, car aucun preud'homme est esleu, qui gouverne la chose au nom de l'un et de l'autre.* L'auteur du grand Coutumier, liv. 2, chap. 21, p. 150, V. l'art. 31 cy après. (IDEM.)

(2) V. l'auteur du grand Coutumier, liv. 2, ch. 21, p. 149. (*Idem.*)

in statu judicandi, judices, infra tertiam assiziam immediate sequentem, ad tardius sententiam proferant in eisdem; alioquin id per alios facientes, fieri si petatur, eos propter hoc debite puniemus.

(12) Prohibemus insuper statuentes, ne senescalli aut alii judices consulant patronos, seu advocatos vel procuratores nostros, aut alios, vel cum eis deliberent qualiter pronunciare habebunt, vel judicare in causis nostris vel aliis, in quibus ipsi procuratores fuerint vel patroni, sed eos a consilio, seu deliberatione hujusmodi omnino repellant, ne ibidem intersint (1)

(13) *Item.* Inhibendo statuimus, ne senescalli, aut quicumque alii judices nostri altos justitiarios, seu merum imperium habentes, aut eorum aliquem, impedire præsumant, quominus in suos officiales delinquentes in suis officiis, vel aliis, infra jurisdictionem ipsorum, et quemlibet eorumdem, suam jurisdictionem valeant exercere, et eos pro suis culpis et excessibus debite corrigere, et punire, nisi ad nos hujusmodi jurisdictio pertineat, de consuetudine jam præstita.

(14) Statuimus etiam ut si quis officialis noster, cujuscumque auctoritatis existat, infra jurisdictionem cujuscunque alti justitiarii, seu merum imperium habentis, de cetero reperiatur delinquens, puniatur, non exercendo suum officium. Et non impediatur dictus altus justitiarius, per quemcumque justitiarium nostrum, quominus in delinquentes hujusmodi, suam jurisdictionem exerceat, ipsumque puniat justitia mediante.

(15) Præterea declaramus statuentes, executiones obligationum factarum ad vires cujuscunque nostri sigilli, per altos justitiarios vel merum imperium habentes in terris et jurisdictionibus suis debere fieri, nisi legitime requisiti id facere negligerent, vel etiam recusarent.

(16) *Item.* Præsenti constitutione statuimus, quod amodo non ponantur comestores (2), nec duo vel plures simul, sed unicus dumtaxat serviens, sive commissarius, eadem vice, pro executione solius debiti deputetur, nisi plures mittendi sint ex causa rationabili, per judicem nostrum ordinarium arbitranda. Et fiant executiones locorum consuetudine observata; et qui contrarium

---

(1) *V.* le président *Henrion de Pansey*, autorité judic., p. 193, note. (Is.)
(2) *V.* Glossaire du Droit françois, V. *Mangeurs;* Du Cange, Glossaire, V. *Comestores.* *Idem.*

fecerit debite puniatur. Adjicientes constitutioni hujusmodi, ⁊
pro nostris debitis exequendis, vel exigendis, con nisi unus ⁊ ⁊⁊⁊
eadem vice absque commissario seu commissariis, vel aliis quibusvis adjunctis servientibus deputetur. Et de recognitione solutionis
cum facta fuerit, volumus et statuimus dari et concedi petenti ⁊⁊⁊
publicum instrumentum.

(17) *Item.* Præsentium autoritate statuimus, quod scripturæ
Curiarum nostrarum, in partibus illis, licet consueverint vendi
vel ad firmam tradi, per senescallos, amodo tradantur personis
idoneis per eas gubernandæ: adjicientes, quod nullus cogatur
solvere pro scriptura grossata, vel extratta, nisi ad requisitionem ipsius grossata fuerit, vel extratta.

(18) *Item.* Statuto perpetuo prohibemus, ne aliquis senescallus aut alius officialis noster subditos altorum justitiariorum, seu
merum imperium habentium, aut eorum aliquos, prætextu litterarum nostrarum ad eos contra dictos subditos obtentarum, vel
obtinendarum coram se trahat civiliter aut criminaliter, nisi in
dictis literis nostris fieret mentio, quod non obstante, quod essent subditi dictorum altorum justitiariorum, et contineant
commissionem et causam commissionis rationabilem, nos moventes, aliàs enim eas ex nunc subreptitias reputamus, nec
volumus executioni mandari, nihilominus inhibentes jurisdictionem qualemcumque amodo exerceri in subditos altorum justitiariorum, seu merum imperium habentium, prætextu litterarum
quæ debita regalia nuncupantur, a nobis vel justitiariis nostris
quibuslibet obtentarum, seu obtinendarum.

(19) Statuimus præterea ut proclamationes armorum (1) ⁊ ⁊⁊⁊
faciendæ fuerint pro casu nos tangente, in terris et jurisdictionibus altorum justitiariorum, seu merum imperium habentium,
per eos fiant, ad mandatum senescallorum nostrorum, nisi in
casu quo justitiarii ipsi legitime requisiti id facere negligerent,
vel etiam recusarent; nec in aliis casibus aliquis senescallus ⁊⁊⁊

---

(1) Ces proclamations, quand elles estoient faites pour le Roy, n'est
ce semble, autre chose que le *ban*. Car anciennement on disoit *crier le*
crier au ban, comme on le peut voir chap. 11 et 42 de l'anc. cout. de Flandres
et dans l'art. 35, chap. du stile de Liege. V. l'ord. de Philippe-le-Long,
1319, art. 17, où les cris appelez icy *proclamationes*, sont nommez *proclama-*
tiones; et note sur le chap. 61, du 1er livre des Establissemens. Il ne faut
confondre ces *cris* avec les *cris de guerre*, dont Du Cange a traité dans les
chap. 11 et 12 de ses Dissertations sur Joinville. (Laur.)

dex aut officialis noster, infra jurisdictionem alicujus justitiarii. jurisdictionem, aut cognitionem aliam in casibus ad ipsum justitiarium altum spectantibus, exerceat, ressorti tamen casibus, et aliis ad nos jure regio spectantibus, nobis salvis.

(20) Et si aliquis officialis noster se dixerit ad executionem aliquam faciendam, vel ad aliud deputatum, volumus quod de potestate, seu commissione sibi tradita doceat requisitus, alioquin ad dampna et expensas illius teneatur et alias debite puniatur.

(21) *Item*. Irrefragabili prohibemus edicto, ne senescalli, aut quicumque alii justiciarii nostri, quemcumque nobilem, aut alium capiant, pro quocumque delicto, nisi in facto præsenti, vel prius de commisso delicto informati contra eum, fuerint legitime et mature, aut esset fama de hoc publica, vel vehemens præsumptio contra eum, seu verisimiliter de fuga illius timeretur; nec in aliquo casuum prædictorum procedatur ad inquestam, nisi informatione præmissa. Et cum informationes secrete fient contra delatos de crimine, vel excessu, notarii, seu commissarii scribere et examinare teneantur depositiones testium, quantum facient pro innoscentia, vel excusatione debati, et fiant sine custa aliquo delatorum.

(22) Adjicimus etiam huic edicto, quod aliquis denuntiator, Instructor, Instigator, seu alius, quocumque nomine censeatur, non admittatur ad prosequendum denuntiationem suam, nisi prius de dampnis et expensis refundendis dederit idoneam cautionem.

(23) *Item*. Statuimus et concedimus ut comites barones et alii nobiles qui judices appellationum habuerunt et habeat de consuetudine, antiqua, vel de privilegio competenti, et de appellationibus suorum inferiorum judicum cognoverunt et in sayzina cognoscenda remanserunt, deinceps habeant et de dictis appellationibus cognoscant, nec super hoc impediantur a quocumque.

(24) Et quia nonnulli ex ipsis comitibus, baronibus et nobilibus solent facere cudi monetam, ut dicunt, concedimus ipsis et eorum cuilibet, quod facta nobis fide de jure suo, de forma et de cuno earum, cudi faciant, ut solebant.

(25) *Item*. Super eo quod dum quæstio vertitur contra subditos dictorum supplicantium, aut eorum aliquem, super domino rei hereditariæ, in eorum alta justicia, vel ubi habent merum imperium, situatæ, justitiarii nostri occasione illa, quod possessor dictæ rei rem illam obligavit, sub aliquo sigillorum,

nostrorum, dictos altos justitiarios, vel merum imperium habentes, in cognitione quæstionis dominii dictæ rei impedire nituntur, ordinamus prohibentes ne aliquis justitiarius noster id amodo faciat, vel attemptet.

(26) *Item.* Concedimus quod nobiles habentes ab antiquo pedagia in terris et fluminibus suis, non impediantur per aliquem, seu aliquos de officialibus nostris, quin illa levare possint a mercatoribus per eorum leudarium, seu districtum transeuntibus, prout hactenus consueverunt, licet iidem mercatores à nobis, seu gentibus nostris nomine nostro eis vendentibus emerint res prædictas, non obstantibus literis in contrarium impetratis, nec impedimento, a pauco tempore citra, eis apposito in hac parte.

(27) Statuimus etiam præcipientes, quod si in jurisdictione alti justitiarii, seu merum imperium habentis, aliquis subditus suus, vel alius deliquerit vel commiserit nostram gardiam violando (1), quod senescallus vel judex noster, qui de violentia gardiæ cognoscet, non possit multare delinquentem, seu violatorem gardiæ, quantumcumque delictum grave sit, ultra valorem tertiæ partis bonorum delinquentis et infra, prout qualitas commissi exegerit et requiret, et dictus ordinarius non impediatur quominus contra delinquentes impune procedat, ut ad ipsum pertinebit. salvo quod in capitali crimine retardabitur sententia ferenda per ordinarium, quousque sententia ratione dictæ salvæ gardiæ per senescallos vel judices nostros lata fuerit contra accusatum prædictum.

(28) Concedimus insuper dictis altis justitiariis, vel merum imperium habentibus, et eorum cuilibet, quod si contingat aliquem per ipsos, aut eorum aliquem bannire, et postmodum ille bannitus per gentes nostras pro eodem casu vel alio banniatur. ac deinde banniens invenerit dictum bannitum in sua alta jurisdictione, et ibidem eum ceperit, non impediatur per gentes nostras, occasione dicti secundi banni per gentes nostras facti, quominus dictum bannitum justitiare valeat, prout ad eum pertinuerit, quamdiu fuerit diligens in hac parte.

(29) *Item.* Statuimus prohibendo, ut cum post aliquem pro-

---

(1) *V.* Glossaire du Droit françois, V° *Sauvegarde,* et Beaumanoir, *coût. de Beauvoisis,* chap. *des Treves et asseuremens;* Loisel, liv. 6, tit. 1, règle 7, 8, et tit. 2, règle 9. (Laur.)

curatorem regium, pro jure regio ex una parte, et quemcumque privatum ex altera, super jurisdictione, vel re aliqua litem amodo moveri contigerit, privatus non compellatur ad solvendum procuratori regio, vel pro ipso salarium, pro dictis, vel pro actis, seu notariis, vel testibus aut alios sumptus litis (1); et si contrarium factum fuerit decerpimus recipientem compelli ad restituendum solventi, una cum dampnis et expensis quas sustinuerint in hac parte.

(30) Inhibemus insuper ne aliquis senescallus, judex, officialis, receptor aut serviens creditorem aliquem compellat invitum ad tradendum suas obligatorias litteras, etiam sub aliquo sigillorum nostrorum sigillatas, ut fiat per manus eorum executio de eisdem, nisi creditor executionem, per receptorem seu servientem fieri requisierit, quin imo creditor per se, vel per privatum nuntium, debita sua possit si velit, absque compulsione vel exactione requirere et levare.

(31) Et cum bona, vel res aliquas ad manum nostram, ad instantiam procuratoris nostri, vel alterius cujuscumque, vel propter debatum partium poni contigerit, ordinamus et præcipimus ea non officialibus, ministris, aut servientibus nostris, aut eorum alicui, sed alicui probo viro privato tradi (2) custodienda et regenda, competenti salario mediante, qui de eis debeat loco et tempore reddere rationem, deductis rationabilibus expensis. Et si quis officialis, minister, seu serviens noster ea recipere præsumpserit contra præsentem ordinationem nostram, etiam partium intervenientium consensu, recipientem compelli jubemus ad restituendum levata, absque salario et expensis.

(32) *Item.* Duximus statuendum, ut in causis appellationum prosequendis, contra procuratores regios, si dicti comites, barones, et nobiles ac eorum subditi fuerint diligentes adeò, quod per eos non steterit quominus fuerint terminatæ, sed per dilationes petitas ex parte procuratorum nostrorum, vel quia assiziæ non sederent totiens, quod causæ ipsæ potuerint terminari, non currant, nec currisse dicantur fatalia contra ipsos.

(33) Et quia ex parte comitum, baronum et aliorum nobi-

---

(1) F. J. Galli et du Moulin, *Quæst.* 500; Racquet, Droits de justice, ch. 5, n. 15, 22 et 24; Despeisses, tom. 3, tit. 11, tit. 2, p. 74, n. 16. (*Laur.*)
(2) V. l'auteur le grand Coutumier, liv. 2, ch. 21, des cas de nos offices, p. 150, et cy-dessus, art. 6. (*Laur.*)

lium prædictorum extitit supplicatum, quathenus a faci* pariagiis (1), et ab acquirendo ; emptionis vel excambii titu* vel aliàs quoquomodo, in feudis, retrofeudis, villis, locis castris, ubi ipsi altam justitiam, seu merum imperium hab* noscuntur, abstineremus. Volumus nos, et dictæ eorum sup* cationi pro nobis et successoribus nostris annuimus conced* dum, quod nisi dumtaxat pro necessitate regni, fortalitia nec* saria vel utilia pro securitate regni nostri et tuitione ipsius * riùs acquiremus, in locis prædictis vel eorum aliquo, titulis * prædictis, aut aliquo eorumdem, et de acquisitis in casu illo * compensationem debitam faciemus.

(34) Cum autem senescalli, judices, procuratores, et quic* que alii officiales nostri, officium suum, quacumque causa, * occasione dimiserint, ordinamus et statuimus, quod post d* sionem dicti officii in illo loco, debeant per quinquaginta di* immediate sequentes continue residere, et querelantibus d* * habeant respondere, ut possint ipsi querelantes facilius cons* jus suum contra eos.

(45) Privilegia autem, seu ordinationes eisdem comitibus * ronibus, et nobilibus quæ a beato Ludovico, et a caris* quondam patruo nostro Philippo regibus Francorum, conce* mus et præcipimus eis tradi, sub sigillo nostro, per gentes * tras Cameræ computorum, quæ eis, nobilibus pro nobis * successoribus nostris, tenore præsentium confirmamus, reno* mus et teneri ac inviolabiliter observari mandamus.

(56) Cæterum nos præmissa omnia et singula per nos, ut p* mittitur, statuta, edicta, concessa, inhibita et ordinata, p* superius sunt expressa, seu concordata, volumus ex parte c* tum, baronum et nobilium prædictorum, pro se et subditis * prædictis super percipiendis stipendiis supradictis obser* et inviolabiliter nos et successores nostros reges, ad ea ex p* nostra servanda, et facienda servare, obligamus expresse.

(57) Et ut inviolabilius et inconcusse serventur, omnes et * gulos senescallos præsentes et futuros dictarum senescalli* in prima Assizia quam tenebunt, necnon et judices, procu* res et officiarios, thesaurarios, ministros, et servientes r*

---

(1) *V. Glossaire du Droit français*; Coubin, Droits de patronag* p. 405, et Du Cange, dans son Glossaire. (Laur.)
(2) *V. l'ordon. de S.t Louis, décembre 1254, art. 31, de 1256, art. 3*

præsentes et futuros, per juramentum eorum dictis senescallis astringi volumus, ad irrefragabilem observantiam eorumdem, nonobstantibus quibuscumque ordinatione, lege, privilegio, usu, stilo, observantia, consuetudine contrariis, vel statuto, causis, processibus seu litibus pendentibus aut litteris per nos, vel successores nostros concessis, seu concedendis, quæ quoad hoc de certa scientia, de plenitudine regiæ potestatis tollimus, cassamus, annullamus, irritamus et viribus penitus vacuamus, ut nullus ad excipiendum de ipsis contra præmissa, vel præmissorum aliquod, admittatur ex nunc, prædictis officialibus nostris præsentibus et futuris et cuilibet eorum super prædictis silentium perpetuum imponendo.

(38) Si quis autem ea, vel eorum aliquod transgressus fuerit, et requisitus, reformare, seu reparare noluerit, teneatur ad resarciendum expensas et dampna illius vel illorum, in cujus, vel quorum præjudicium circa hoc fuerit attemptatum, et nihilominus pro transgressionibus hujusmodi taliter puniatur, quod pœna illius cedat aliis in exemplum. Notarii etiam et tabelliones, qui in suis officiis contra præmissa vel eorum aliquod attemptare vel facere præsumpserint, ad expensas et dampna similiter teneantur et etiam puniantur.

Quod ut firmum et stabile perpetuò perseveret, præsentibus litteris nostrum fecimus apponi sigillum, nostro in aliis, et alieno in omnibus jure salvo.

Actum apud Boscum Vincennarum, anno Domini MCCCXXXVIII, mense junio.

N°. 87. — EDIT *portant règlement pour la juridiction des prevôts et des juges des justices royales.*

Paris, 10 juillet 1338. (Traité de la police, liv. 1, tit. 2, ch. 4. — Blanchard.)

N°. 88. — LETTRES *pour obliger, les baillis et receveurs à compter aux temps fixés; les nouveaux officiers à prêter serment à la chambre des comptes; et les commissaires à y venir prendre leurs commissions, qui y seront enregistrées.*

Paris, 31 juillet 1338. (C. L. XII, 44.)

N°. 89. — Lettres *par lesquelles le Roi donne pouvoir à* *reine de gouverner le royaume en son absence.*

Clermont en Beauvoisis, août 1338. (C. L. XII, 45.)

Philippe, par la grace de Dieu, Roys de France, savoir fai[sons] tous presens et à venir, que nous jà meuz d'aler à nostre sem[once] de gens d'armes, que faite avons pour la deffension de no[stre] royaume, et pour contester à nos anemis le roy d'Angleterre, [ses] alliez et ses aidans, qui ont empris à venir seur nous et en[trer] efforciément en nostre royaume; voulans endemetiers q[ue] nous serons en nos presentes guerres, pourveoir au gouver[ne]ment de nostre royaume, aus besoingnes qui demeurent à fai[re] et à celles qui porroient sourdre, et especialement à ce que po[ur] nosdites guerres fournir et maintenir grandement et puissam[me]ment, nous aiens sens deffaut, frais et mises necessaires; esta[b]lissons et laissons en lieu de nous, jusques à nostre retour, no[s]tre très-chiere et très-amée compaigne la Royne (2), com[me] celle que nous savons qui aime, veult et desire de tout son cue[r] nostre honneur et le profit de nostre royaume, comme le si[en] propre, et de qui plus que de toute creature mortele nous no[us] povons et devons fier. Pour ce nous en toutes choses toucha[nt] le gouvernement de nostre royaume et en toutes besoingnes, donnons plain povoir et auctorité par-dessus tous autres, et vou[lons que elle en puisse faire, ordener et commander par voie [de] justice, de grace et de expedient, et par toutes autres voies et m[a]nieres, aussi et autant comme nous feriens en nostre personn[e] et avec ce donnons, octroions et baillons par ces présentes lettres à nostredite compaigne, plain povoir et auctorité, ô general [et] especial mandement de requerre et recevoir pour nous et [en] nostre nom, de quelconques personnes et de toutes manieres [de] gens, aides, subsides, prestz, empruns et finances de deniers [et] de toutes choses necessaires et proffitables pour noz guerres [et] noz besoingnes, et pour la garde et deffension de nostre royaum[e] et de obligier à rendre et paier ce que par li sera pris et emprun[té] nous, nos hoirs et successeurs, et les biens de nous et de ceus [de] nostre royaume, et de en faire assignations en quelconques lie[ux] que elle vouldra, seur noz debtes, seur noz receveurs ou seur [noz] rentes ou amendes, et en donner ses lettres sous tele four[me]

---

(1) Mémorial B. de la Chambre des comptes de Paris, fol. VI.

...me elle vouldra, lesquelles nous promettons renouveller et ...faire souz nostre séel, et faire le debte et le fait nostre, à la ...charge de nostredite compaigne, toutesfoiz que requis en se...rons; et aussi voulons que nos hoirs et successeurs, lesquels ...nos obligons à ce, soient tenuz du faire. Et encores donnons en ...mandement par ces présentes lettres, à noz amez et feauz gens ...de nos comptes, que de tous prestz, empruns et finances faiz et ...à faire par nostredite très-chiere compaigne, desquelz il leur ap...parra par les lettres de nostredite compaigne, donnent et facent ...donner cedule ou escroc de nostre trésor, à tous ceux qui les re...cevront, en retenant les lettres qu'il auront de nostredite com...paigne; non contrestant que lesdiz prestz, empruns et finances ...aient esté faiz ne receuz en nostre trésor. Et là où nostredite ...compaigne verra que aucunes graces, proffit ou biensfaiz soient ...à faire à ceus qui à sa requeste auront fait ou feront et pourcha...ceront aides, prestz, dons ou finances pour nos guerres et besoin...gnes devant dites, nous donnons et ottroions à nostredite très-...chiere compaigne, plain povoir et autorité du faire, et de ...donner et ottroier privileges, franchises et noblesces à villes et ...communitez et à singulieres personnes, à temps, à vie, ou à ...perpetuité; de rappeller bannissemens, tant de cas criminels ...comme civils; de remettre, quitter et pardonner toutes peinnes, ...mulctes, amendes, condempnations et fourfaitures, en tant ...comme à nous pourroit touchier; et de faire quelconques autres ...graces teles et si grans comme il semblera bon à nostredite com...paigne, et comme nous pourrions faire en nostre presence, et de ...en donner les lettres, lesqueles nous promettons pour nous et ...pour nosdiz hoirs et successeurs, tenir et garder, et de les renou...veller, refaire ou confermer en la meilleur fourme et maniere ...que elles porront plus estre faites valables et estables.

Et que ces choses tiegnent et aient vigueur de perpetuel fer...meté, nous avons fait mettre nostre séel à ces présentes lettres. Donné à Clermont en Beauvoisin, l'an de grace mil trois cens ...trente huit, ou mois d'aoust.

Originale redditum fuit magistro, J. Chambelle, domine ...regine secretario. Collatio hujus transcripti facta fuit cum origi...nali signato sic. Par le Roy, qui l'a leue. R. de Molins. Parisiis. ...In Camera comptorum, die XXIII Septembris, anno Domini ...millesimo trecentesimo trigesimo octavo. Per me J. de Bouche...riaco, et me Leodeg. Morient.

N°. 90. — LETTRES *portant que les remises que le Roi fait des émolumens du sceau, doivent s'étendre à la portion que les notaires, ou autres, y pourraient prétendre.*

Amiens, 8 septembre 1338. (C. L. XII, 46.)

N°. 91. — LETTRES *portant qu'il sera fait une fabrication d'espèces d'or et d'argent, et qui fixent le prix de l'un et de l'autre.*

Au Bois de Vincennes, dernier octobre 1338. (C. L. VI, préface.)

N°. 92. — LETTRES (1) *du Roi de Bohême, lieutenant du Roi* (2), *in partibus Occitaniæ, qui accordent aux habitans de la Réole le droit de disposer de leurs biens par testament ou autrement.*

Marmande, 6 janvier 1338. (C. L. XII, 561.)

JOHANNES, Dei gratiâ, Bohemiæ Rex, locumtenens domini regis Franciæ in partibus occitanis, universis præsentes inspecturis salutem.

Auditâ per nos supplicatione seu requestâ juratorum et consulum villæ de Regulâ, continentes quòd cum in Vasadesio sit expressa consuetudo, ut nullus habitater dictæ villæ de bonis suis immobilibus testari vel aliter ordinare possit seu disponere, quod in corum et prædecessorum suorum magnum redundat præjudicium et non modicum detrimentum, ut super præmissis nostræ provisionis remedio provideremus.

Iisdem nos eorum supplicationi annuentes, attentis meritis et gratis serviciis domino prædicto Regi et ejus prædecessoribus per eos impensis, dictis juratis seu consulibus et aliis villæ prædictæ et ejus pertinentiarum habitatoribus qui nunc sunt vel fuerunt pro tempore, ac cum successoribus universis, tenore præsentium licentiam et liberam potestatem CONCEDIMUS.

Ut ipsi de bonis eorum omnibus mobilibus vel immobilibus, sive dicta bona sint feudalia sive non, à quibuscumque dominis

---

(1) Elles furent confirmées par lettres du Roi, de Saint-Germain-en-Laye, février 1340.

(2) Il y a d'autres exemples pendant ce règne de la délégation du pouvoir royal.

feudum teneantur; infra tamen juridictionem et districtum dictæ villæ constitutis testari, vel de ipsis in testamento vel aliter disponere et ordinare possint prout ipsis et eorum hæredibus et successoribus placuerit vel videbitur faciendum, quacumque consuetudine præmissis contrariâ seu adversâ (quam, si sit, tenore præsentium totaliter revocamus, cassamus et irritamus), in quo non obstante;

Mandantes senescallo Agennensi et Vasconiæ qui nunc est vel erit pro tempore, et aliis officiariis quibuscumque vel eorum locatenentibus, ut dictos juratos seu consules et habitatores dictæ villæ eorumque hæredes et successores hâc nostrâ præsenti gratiâ quam eisdem ex certâ scientiâ et speciali gratiâ concedimus, uti et gaudere pacificè et liberè faciant et permittant.

Quod ut firmum et stabile permaneat in futurum, præsentibus litteris nostrum fecimus apponi sigillum.

Datum Marmandæ, die 6ª januarii, anno post dominicam incarnationem MCCCXXXVIII.

N° 93. — MANDEMENT *pour augmenter le prix de l'or.*

Paris, 18 mai 1339. (C. L. VI, préface.)

N° 94. — MANDEMENT *pour faire une fabrication d'espèces d'or, et pour fixer le prix de l'or.*

Paris, 8 juin 1339. (C. L. VI, préface.)

N° 95. — LETTRES *sur le paiement des gages, robes et manteaux des notaires du Roi, et des gens d'armes.*

Bois de Vincennes, 18 juin 1339. (C. L. II, 174, note B.)

N° 96. — LETTRES *portant qu'en la ville de Tournay, aucun échevin ou juré ne pourra assister au procès d'un de ses parens au 3° degré.*

Conflans, juin 1339. (C. L. II, 134.)

N° 97. — LETTRES *portant concession de privilèges aux marchands étrangers.*

Vincennes, novembre 1339. (C. L. II, 135.)

PHILIPPE par la grace de Dieu, Roys de France : savoir faisons à tous presens et à venir.

Comme plusieurs marcheans, et gens des royaumes d'Arragon et de Maillorques (1) aient propos et entention, si comme il dient, de frequenter nostre royaume, et de y mener leurs marchandises, especialment en la ville et port de Hareflen. Et pour ce nous aient fait supplier, qu'il nous pleust eslargir nostre puissance royal envers eux, et leur pourvoir de seureté, par quoy il puissent demorer dores-en-avant paisiblement en ladite ville de Harefleu, et y mener leurs denrées et marchandises, si comme font nos subgets demourans en ladite ville. Nous, qui si comme il appartient, voulons les subgets et marcheans frequentans nostre royaume gouverner en paix et en tranquillité, pour l'amour et affection que nous tenons, que les subgets et marcheans desdits royaumes ont tousjours eu, et ont à nous, et à nostre royaume, et esperons qu'il ayent ou temps à venir.

(1) Volans que en ceste partie apperçoivent nostre liberalité royal : à leur requeste, de grace especial, de certaine science et de nostre autorité royal avons octroié, et par ces lettres octroions ausdiz marchans et gens desdiz royaumes, que euls avec leurs nefs et denrées puissent venir et aler par mer, et demorer paisiblement, et sauvement en ladite ville et port de Hareflen, et que toutes leurs denrées et marchandises qu'il voudront emener par mer, et faire venir en ladite ville, il y puissent vendre franchement, sans rien payer pour le vendage. Mais se il achatent en ladite ville aucunes denrées, et les y revendent, il en paieront les redevances et coustumes anciennes, sans payer pour ce nulle imposition, ne les quatre deniers pour livre, que l'en paie pour les denrées que l'en meine hors de nostre royaume. Et se il chargeoient laines pour mener hors de nostre dit royaume, il en paieroient toutes les redevances accoustumées.

(2) *Item*. Voulons et leur octroions comme dessus, que se il avoient fait descharger leurs denrées au port de la ditte ville, et ne les y peussent vendre à leur profit, que il les y puissent faire recharger et mener quelque part que il leur plaira, pour faire leur profit, sans paier pour ce coustume, ne nulle nouvelle imposition, fors tant seulement la caage du lieu où il les chargeront pourveu toutesvoyes qu'il ne les portent, ou facent porter en

---

(1) Il y a de semblables lettres pour les marchands de Castille et pour les marchands portugais; Philippe le Bel, janvier 1309; Philippe de Valois, mai 1339. C. L. II, 158. — (Is.)

terre, ou pais de nos anemis, ou qui se portent pour le temps pour anemis de nous, ou de nostredit royaume.

(3) *Item.* Volons que le prevost de ladite ville, par le conseil et bourg. de ladite ville, leur baillent et ordennent corratiers bons, souffisans, et loyauls, pour leur vendre leur marcheandises. Et se applegeront lesdiz corratiers pardevant ledit prevost, et feront serement qu'il se porteront loyaulment audit corretaige : parquoy se il faisoient ausdiz marchans bailler leurs denrées à gens dont il fussent mal asseyiés, lesdiz marchans puissent recourrer sur eulz et leur pleiges, somierement et de plain, de jour en jour, le dommage qu'il auront ainsin encouru par leur deffaut.

(4) *Item.* Voulons et leur octroyons comme dessus, que se, pour aucuns contraux fais entre eulx et autres marchans, debat ou question mouvoit entre eulx et autres marchans, le prevost de ladite ville, appelé avec luy deux des Bourgeois de ladite ville, oys les corratiers et autres qui auroient esté ausdits contraux, leur face bon et brief droit sommairement et de plain, et de jour en jour, le plustost qu'il pourra estre fait bonnement.

(5) Et est nostre entente que se pour aucuns excez, il estoient approchiez pardevant le prevost de ladite ville, dont il fussent encoru en amende, que l'en ne lieve d'eux point plus excessive amende que l'en feroit d'un de nos autres subgets demourans en ladite ville, et selonc les merites don fait. Et avec ce voulons que se par aventure il feroint de la main un de leurs valés ou bernis (1), il n'en paient autre amende que feroit un des bourgeois de ladite ville en cas semblable.

(6) *Item.* Nous voulons et ordenons, et par ces letres defendus, que les maistres des nefs, et vesseaux, et ceuls qui chargeront, ou deschargeront leurs denrées, ne puissent faire aliances, ou harelles (2) de prendre, ou avoir d'eulx, plus excessif salaires qu'il ne appartiendroit, et que si sur ce naist debat le prevost de ladite ville, par le conseil des bourgeois et bonnes gens

---

(1) Au regist. 80, il y a *Bernaus*. (Laur.)
(2) Vexations, importunitez, exactions, de l'ancien mot françois, *harier*, qui signifie *fatiguer*, *tourmenter*. Sous Charles VI, il y eut à Rouen une sedition, dont il est parlé dans la seconde partie du *Rosier de France*, qui fut appelée *harelle*. V. Juvenal des Ursins, *Histoire de Charles VI*, sous l'an 1382. (*Idem.*)

4. 29

(7) *Item.* Voulons, en tant comme en nous est, et leur octroyons comme dessus, qu'il puissent avoir des maisons de ladite ville à loyer, ou par achast, et par juste pris, pour demourer et mettre leurs denrées, au regart des bourgeois et bonnes gens de ladite ville.

(8) *Item.* Voulons et leur octroyons, comme dessus, que pour leurs denrées, qu'ils vendront en ladite ville, ils ne soient tenus de riens nous payer pour le poids (1), mais ceuls qui les achateront d'euls, et eux meismes de denrées, qu'ils achateront en ladite ville, paieront pour le poids, les redevances accoustumées.

(9) *Item.* Leur octroions, comme dessus, que des marchandises qu'il chargeront pour porter en Flandre, ou ailleurs, en nostre royaulme, ou ailleurs, ils ne paieront nulle nouvelle imposition quelle que elle soit, fors tant seulement les coustumes anciennes, pourveu que ce qu'ils chargeront ainsi, il ne portent en terre, ne ez païs de noz anemis, ou qui se portent pour anemis de nous, ou de nostredit royaume.

(10) *Item.* Nous voulons et leur octroyons, que pour cause des marques (2), à donner contre les subgets desdiz royaumes, ou aucuns d'yceuls, ils, ou aucun d'euls, ne leurs biens, ne puissent estre arrestez, ou empeschez en ladite ville, ou port de Harefleu, jusques paravant l'en leur ait fait savoir notoirement un an et un jour avant, ce que l'en les puisse arrester pour cause desdites marques. Et voulons, ordenons et declarons, que pour cause des marques données contre les marchans, ou subgés desdiz royaumes, se aucunes desja en sont données, l'en ne puisse faire arrester sur euls, ne en leurs biens, esdites ville, ou port, jusques par deux ans, avant ce que l'en puisse faire ledit arrest, et que l'en leur ait fait savoir comme dit est.

---

(1) Ainsi alors ce poids estoit au Roy. Anciennement il y en avait deux. En 1179, le Roy Loüis VII donna celuy-cy en fief à Henry de Puella. Quant à l'autre, qui estoit celuy de la cire, qu'on ne nommoit pas le poids du Roy ou le Roy, il estoit tenu en fief du grand chambellan de France. Le poids le Roy estoit dans la ruë des Lombards en un grand logis, qui estoit appelé par cette raison *le Poids le Roy*; et le poids de la Cire se tenoit dans des maisons appellées *le poids de la Chancellerie*. (Laur.)

(2) *V. le* Glossaire du Droit françois, sur ce mot. (*Idem.*)

(11) En sur que tout voulons, ordenons et leur octroyons comme dessus, que se par aventure (ce que ja n'aviegne,) guerre, ou dissention mouvoit entre nous et lesdiz Roys, ou aucuns d'euls, parquoy il ne nous pleust plus que lesdiz marchans demourassent en nostredit royaume, qu'ils aient soixante jours francs de vuidage, depuis ce que l'en leur aura fait savoir qu'ils vuident de nostredit royaume, avant ce que l'en puisse faire arrest sur euls, ou en leurs biens pour la cause dessusdite.

Si mandons par ces lettres à tous les justiciers et subgets de nostredit royaume, et à chascun pour soy, si comme à luy appartendra, que lesdiz marchans et gens desdits royaumes, au aucun d'euls, ores, ne ou temps à venir, ne molestent, ou facent ou suefrent molester en aucune maniere, contre la teneur de nostre presente grace, de laquelle nous voulons que ils et chacun d'euls usent et joissent paisiblement, et puissent aler et venir et mener leurs marchandises et denrées dudit port de Harefleu, quelque part qu'il leur plaira, en nos villes et ports de nostredit royaume, et es autres villes et ports de nostre tres cher filz le duc de Normendie, par la riviere de Seine, sans aucun contredit, ou empeschement, selonc la teneur de nos presentes letres et en la maniere dessusdite.

Et pour ce que ce soit ferme chose et estable à tousjours, nous avons fait mettre nostre scel en ces presentes, sauf nostre droit en autres choses, et en tout le droit d'autre.

Ce fu fait ou bois de Vincennes, l'an de grace mil trois cens trente-neuf ou mois de novembre.

Par le roy en son conseil à la relation de sondit conseil ouquel Mons. de Beauvez et vous esticz.

N.º 98. — LETTRES *portant délégation à la Chambre des comptes de Paris, pour un temps fixé, d'une portion de l'autorité royale* (1).

Bois de Vincennes, 13 mars 1339. (C. L. XII, 53.)

PHILIPPE, par la grace de Dieu, Roy de France, à noz amez et feaux les gens de nos comptes à Paris, salut et dilection.

Nous sommes ou temps présent moult occupez de entendre au

---

(1) Villaret, Hist. de France, IX, p. 54, la cite comme très-importante. F. Traité de la majorité des Rois, par Dupuy, aux preuves. (Is.)

fait de nos guerres, et à la deffense de nostre royaume et de nostre pueple, et pour ce ne povons pas bonnement entendre aus requestes délivrer, tant de grâce que de justice, que plusieurs gens tant d'Eglise, de religion, que autres nos subjets, nous ont souvent à requerre : pour quoi nous qui avons grant et plaine fiance de vos loyautez, vous commettons par ces présentes lettres, plenier povoir, à durer jusques à la feste de la Toussains prochaine à venir.

De octroier de par nous à toutes gens, tant d'Eglise, de religion comme séculiers, graces sur acquests tant faits comme à faire à perpetuité ; de octroyer privileges et graces perpetueiles à temps, et à personnes singulières, eglises, communes et habitans de villes, et impositions, assis et maletostes pour leur proufit et du commun des liex ; de faire grace de rappel à bannis de nostre royaume ; de recevoir à traictié et à composition quelques personnes et communitez sur causes tant civiles que criminelles, qui encores n'auront été jugées, et sur quelconques autres choses que vous verrez que seront à octroyer, de nobiliter bourgois et quelconques autres personnes non nobles, de légitimer personnes nées hors mariage, quant au temporel et d'avoir succession de pere et de mere ; de confermer et renouveller privileges, et de donner lettres en cire vert sur toutes les choses devant dites et chascune d'icelles, à valoir perpétuellement et fermement sans révocation et sans empeschement ; et aurons ferme et establi tout ce que vous aurés fait ès choses dites et chascune d'icelles.

En témoin de laquelle chose nous avons fait mettre notre seel à ces présentes lettres.

Donné au bois de Vincennes, le 15ᵉ jour de mars, l'an de grace mil trois cens trente-neuf.

N°. 99. — LETTRES *portant que la marque des draps de Châlons ne pourra être contrefaite* (1).

Maubuisson, avril 1339. (C. L. XII, 551.)

PHILIPPES, par la grâce de Dieu, Roys de France, sçavoir faisons à tous presens et à venir,

---

(1) L'art. 142 du Code pénal de 1810 punit ce délit de la réclusion. — Les règlemens sur cette matière sont fort nombreux. — Celui-ci est le premier. V. les

Que comme de par nos amez les gardeurs de la drapperie de Châlons, nous eust esté signifié jadis pour eulx et pour les drappiers de ladite ville, que ladite drapperie d'icelle ville avoit esté d'ancienneté devant toutes autres drapperies faite et introduite sur certaine fourme de loy de loyal et très-grant bonté, pourquoy les draps avoient accoustumé estre plus vendus que draps d'autres drapperies communes; et que depuis peu de temps en çà, plusieurs de nostre royaume et dehors estoient entrepris de contrefaire leurs draps, et les vendoient pour draps fais de Chaâlons, de laquelle fraude et malice le peuple et les bonnes gens qui les achetoient pour leurs usages et cuidoient avoir vrais draps de Chaâlons, avoient esté griefvement dommagiez et baretez, quant il trouvoient la fausseté de petite durée en iceulx draps faus et contrefaits, et que pour ce ladite drapperie estoit moult avalée et diffamée, et que si petit y faisoit l'en de draps à présent, car pou trouvoit-on qui les acheptast, pour ladite contrefaçon et diffame, et qu'il convenoit ladite drapperie venir au nient, se remède n'y estoit mis convenable briefvement; et il nous eust esté requis par eulx ou nom que dessus, que nous leur voussissions donner congié et licence de faire un certain signet de plon en leurs draps.

Pourquoy lesdites malices et decevances du pueple fussent du tout ostées, et ladite drapperie fût retenue en son bon et premier estat, lequel signet fut pris et tenus par la main desdis gardiens à qui en appartenoit la garde et le gouvernement de ladite drapperie, si que chascun peust cognoistre desoresmés les vrais draps de Chaâlons contre les contrefais et les faussement fais; et nous eussions envoyé au bailli de Vermandois ou à son lieutenant la requeste desdis signifians, close sous nostre contrescel et mandé qu'il sceust se les choses contenues en ladite requeste estoient de la volonté desdits drappiers ou de la plus grant et saine partie d'eulx, et quel proffit ou quel dommage nous pourroit estre ou au commun, se nous leur faisions ce qu'il nous requeroient, et que il nous rescrisist feablement sous le séel de sa baillie au plustost qu'il peust, ce que trouvé en aroit, avec son avis sur ce, affin que tout veu nous leur peussions respondre sus leurdite requeste ce que bon nous sembleroit.

---

rad. de décemb. 1379, décemb. 1485, juin 1552, septemb. 1699, février 1772, decemb. 1782, etc. (L.)

Nous adecertes, veue dilligemment par nos amez et feaux gens tenans les requestes de nostre hostel, la relation à nous sur ce faite par ledit bailly et son avis avec, et à nous rapporté féablement, avons donné et octroyé, donnons et octroyons de grace especial, de nostre plain povoir et auctorité royal et de certaine science, congié et licence ausdis signifians, en nom que dessus.

Qu'il aient un signet de plon, tel comme il leur plaira, à avoir pour tousjours et perpetuellement, pour mettre en leurs draps à la fin devant dite, lequel signet sera pris et tenus par la main desdis gardeurs à qui appartient la garde et le gouvernement de ladite drapperie comme dit est.

Mandons et commandons audit bailly de Vermandois et à tous nos autres justiciers ou à leurs lieuxtenans qui à present sont et qui pour le temps seront, que il laissent joir et user de nostre presente grace doresenavant lesdits supplians et leurs successeurs paisiblement et sans aucun empeschement y mettre.

Et que ce soit ferme chose et estable à tousjours, nous avons fait mettre nostre séel en ces presentes lettres : sauf nostre droit en autre choses et l'autruy en toutes.

Donné à Maubuisson lès Pontoise, l'an de grace MCCCXXXIX, ou mois d'avril.

Par le Roy, à la relation de messire Guillaume de Villiers, en l'abscence des autres.

N°. 100. — Mandement *portant défense aux débiteurs des ultramontains et des juifs, de payer leurs dettes à leurs créanciers, sous peine de payer une seconde fois au Roi, et enjoignant aux débiteurs de révéler au Roi le montant de ces dettes, sur lesquelles les gens des comptes leur feront bonne et grande composition, et aux officiers royaux, de faire exhiber les contrats par les tabellions.*

Paris, 2 juin 1340. (C. L. II, 143.)

N°. 101. — CARTEL (1) *de deffy d'Edouard III, Roi d'Angleterre, au Roi de France, Philippe de Valois.*

Au camp de Chyn, près Tournay, 26 juillet 1340. (Corps diplom. de Dumont, tom. II, n°. 263, p. 196.)

PHILIP DE VALEYS,

Par lonc temps avoms pursui par devers vous, par messages et toutes autres voyes, que nous savisioms resonables, au fyn que vous nous vousissez avoir rendu nostre droit heritage de Fraunce, lequel vous nous avez lonc temps detenu et à graunt tort ocupee.

Et, pur ce que nous veoms bien, que vous estes en entent de perseverer en vostre injuriouse detenue, sanz nous fayre rayson de nostre demaunde,

Sumus nous entrez en la terre de Flandres, come seigneur sovereyn de ycele, et passe parmy le pays,

Et vous signifioms que,

Pris ovesque nous le eydé de nostre Seigneur Jehu Crist, et nostre droit, ovesque le poer du dit pays, et ovesque noz gentz et alliez, regardauns le droit, que nous avoms al heritage que vous nous detenez a vostre tort,

Nous nous treoms vers vous, pur mettre bref fyn sur nostre droitur chalaunge, si vous voillez approcher.

Et pur ce, que si graunt poer des gentz assemblez, que viegnent de nostre part, et que bien quidoms que vous avierrez de vostre part, ne se purrount mie longement tenir ensemble, sanz faire gref destruction au poeple et au pays, la quele chose chascuns bons cristiens doit eschuer, et especialment prince, et autre que se tignent governeurs des gentz, si desiroms mout,

Que brief point se prist, et pur eschuer mortalite des cristiens, ensi come la querelle est apparaunt a nous et a vous,

Que la descussion de nostre chalaunge se fesist entre noz deux corps, a la quele chose nous nous offroms par les causes dessusdites, coment que nous pensoms bien le graunt nobelesse de vostre corps, de votre sens, auxi et avisement.

Et, en cas que vous ne vourriez cele voy le, que adounque

---

(1) Lancelot, preur. du mémoire des pairs, p. 507, a donné cette lettre, sous la date du 27, mais abrégée. (Ls.)

fu mis nostre chalaunge pur affiner y celle par bataille de corps de cent persyones, de plus suffisauntz de vostre part, et nous autre tauns de nos gentz liges.

Et, si vous ne voillez l'une voye ne l'autre, que vous nous assignez certeyne journe, devant la citee de Tourney, pur combatre poer countre poer, dedens ces 10 jours proscheins apres la date de ces lettres.

Et nos oeffres dessusdites volons par tout le mount estre connues, ja que ce est nostre desir nemye par orgul, ne sursquidaunce, mes que par les causes dessusdites, au fin que, la volunte nostre Seigneur Jehu Crist monstre entre nous, repos puisso estre de plus en plus entre Cristiens, et que par ce les enemys Dieu fussent resistez et cristiente ensausie.

Et la voye, sur ce que eslire voilles des oeffres dessusdites, nous voillez signefier par le portour de ces dites lettres, et par les vostres, en luy fesaunt hastive delivraunce.

Donnee desouz nostre privee seel a Chyn. sur les Champs de lees Tourney lo 26. jour du moys de juille, l'an de nostre regne de Fraunce primer, et d'Engleterre 14.

N°. 102. — RESCRIPTION à cette lettre, par le Roi (1) *Philippe de Valois*, audit *Roi d'Angleterre*.

Au camp de Saint-Andrieu-de-Lezaire, 30 juillet 1340. (Corps d'plom., tom. II, p. 196. — Lancelot, preuves du mémoire des pairs, p. 607.)

PHILIPPE, par la grace de Dieu, Roy de France, à Edouard, Roy d'Angleterre.

Nous avons veu les lettres apportées en nostre cour envoyées à Philippes de Vallois, esquelles lettres estoyent aucunes requestes, et pour ce que lesdictes lettres ne venoient pas à nous, lesdictes requestes n'estoyent pas à nous faictes, ainsi comme il appert par la teneur desdictes lettres. Et autrement que vous estes entré en nostre royaume de France en portant grand dommage à

---

(1) On dit que pendant le siège de Calais, Philippe ne pouvant attaquer les lignes des assiégeans, et desespéré de n'être que le témoin de ses pertes, proposa à Édouard de vider cette grande querelle par un combat de six contre six. Édouard, ne voulant pas remettre à un combat incertain la prise certaine de Calais, refusa ce duel, comme Philippe de Valois l'avait d'abord refusé. Jamais les princes n'ont terminé eux seuls leurs différens; c'est toujours le sang des nations qui a coulé. — Volt., Essai sur les mœurs. — (Dec.)

nous et à nostre royaume et à nostre peuple, meu de volenté sans mie de raison, non regardant ce que l'homme lige doibt regarder à son droict souverain seigneur, car vous estes entré en nostre hommage en nous recounoissant, si comme raison est, Roy de France, et nous avez promis obeissance, telle comme on le doibt promettre à son seigneur lige, si comme il appert clairement par vos lettres patentes scellées de vostre grand scel, lesquelles nous avons pardevers nous, et en debvez autres tant avoir pardevers vous.

Nostre entente est quand bon nous semblera de vous jetter dehors de nostre royaume à l'honneur de nous, et de nostre majesté royale et au proffit de nostre peuple, et en ce faire avons nous ferme esperance en Jesus-Christ, dont tous biens nous viennent, car par vostre entreprise qui est de volonté et non raisonnable, a esté empesché le sainct voyage d'outre-mer et grande quantité de gens chrestiens mis à mort et le service de Dieu apeticié, et saincte Eglise a esté aournée à maint de reverence.

Et de ce que advis vous est d'avoir l'ayde des Flamans nous cuidons estre certains que les bonnes gens et les communes du pays se porteront par telle maniere envers nostre cousin le comte de Flandres leur chef, que ils garderont leur honneur et leur loyauté. Et ce que ils ont mespris jusques à ores a esté au proffit d'eux tant seulement.

Donné sur les Champs à la Prieuré-de Sainct-Andrieu-de-Lezaire, soubs le scel de nostre secret, en absence de nostre grand scel, le 30 jour de juillet, l'an de grace 1340.

N°. 103. — LETTRES (1) *qui accordent aux écoliers et aux membres de l'université de Paris, l'exemption de la taille, des péages, et autres impôts, le privilège de ne pouvoir être traduits devant d'autres juges que ceux de Paris, en affaire personnelle, la franchise de leurs provisions, et la protection du prevôt de Paris.*

Vincennes, janvier 1340. (C. L. II, 155.)

SOMMAIRES.

(1) Aucune personne de quelque estat et condition qu'elle soit ne pourra sous prétexte de peage, taille ou autre imposi-

---

(1) V. note, p. 190, vol. Ier; les ord. de 1200, 1229, 1243 et 1337 ci-dessus;

tion personnelle, inquieter, fatiguer ni molester les maîtres et les escholiers de l'université.

(2) Les maîtres et les escholiers de l'université ne pourront en action personnelle estre traits pardevant aucuns juges laïcs hors des murs de la ville de Paris.

(3) Leurs biens et leurs provisions de bouche necessaires pour leur subsistance ne pourront estre arrestez sous quelque pretexte que ce soit, mesme à l'occasion des guerres.

(4) Le prevost de Paris qui est à present et qui sera à l'avenir, est establi le conservateur et le gardien de ces privileges.

Philippus, Dei gratiâ Francorum Rex.

Notum facimus universis, tàm præsentibus quàm futuris, quod cum opus sit singulis regibus orthodoxis, eisque cedat ad gloriam, in regnis suis habere viros industrios, decoros scientiâ, virtutibus præsignitos, fortitudine consiliis, ut singula consultâ providentiâ dirigentes, sub pacis principe, gloriose regnent et imperent ex suæ culmine majestatis.

Et universitas magistrorum, et scholarium Parisius studentium, velut fertilitatis ager fructus uberes proferens, in quo granati scientiam colligunt, producat viros varietate fæcundos, quorum gloriosa fæcunditas, in alios affluenter effunditur, parvos magnificans, rudes erudiens, et debiles efficiens virtuosos. Horum quidem in desiderio meræ bonitatis incorporalem, in Parisiensi studio acquirunt literarum et dogmatum margaritam. Et quanto majoribus fuerint libertatibus, privilegiis et franchisiis communiti, tanto ad ipsam margaritam incorporalem acquirendam ferventius et propensius, pro viribus laborabunt. Horum itaque habita consideratione, præfatis magistris et scholaribus ipsius universitatis præsentibus pariter et futuris, et ad ipsum studium accedentibus, aut se ad veniendum, sine fraude, et actualiter præparantibus, ac in ipso commorantibus, aut ad propria redeuntibus.

---

et les ordonn. de décemb. 1488 ou 1490, septemb. 1484, avril 1515, sept. 156., juillet 1576, janvier 1680. — Les priviléges de l'université ont été remis dans le droit commun des Français, par l'effet des lois de 1789, sans qu'aucune ait formellement prononcé l'abolition. — Le régime universitaire a été rétabli par la loi du 10 mai 1806, et organisé par les décrets des 17 mars 1808 et 15 novemb. 1811. Voir Nouv. Rép. V° Chevalier-ès-Lois, n. 34. (Is.)

1340.

Concedimus de gratiâ speciali et certâ scientiâ, et de nostræ plenitudine potestatis.

(1) Ne quisquam laicus, cujuscumque conditionis, vel eminentiæ existat, sive privata persona, præpositus vel baillivus, præfatos magistros et scholares, aut ad ipsius studium accedentes, vel se ad veniendum sine fraude actualiter præparantes, aut ad propria redeuntes, de quorum scholaritate constabit, per proprium juramentum, in personâ, familiâ, sive rebus, occasione pedagii, talliæ, impositionis, coustumæ et aliorum hujusmodi personalium onerum, aut alterius exactionis cujuscumque personalis inquirant, molestent, aut aliàs quovismodo extorquere præsumant.

(2) *Item*. Quod magistri et scholares Parisius studentes, per quoscumque judices regni nostri sæculares extra muros Parisienses inviti, in causâ personali ad eorum judicium, vel examen trahantur, nec citentur, nec hoc procurent facere laici regni nostri, subditi ipsius regni nostri.

(3) *Item*. Quod bona eorum, et munitiones, de quibus habent et habebunt vivere, et sustentari, in ipso studio memorato, statu eorum considerato, occasione guerrarum, nec alia occasione quacumque, per quoscumque cujuscumque status, conditionis, eminentiæ existant, pro nobis, aut nostris subditis capiantur, aut aliàs quomodolibet arrestentur.

(4) Ad præmissa vero diligenter exequenda, et sub debito terminanda, ne magistri, et scholares universitatis præfatæ vagandi, à studio assumant materiam, sed potius in ipso perseverent continue, nec interruptionem studii occasione præmissorum possent sibi aliqualiter vendicare, dilectum nostrum præpositum Parisiensem presentem pariter et futurum executorem, gardiatorem, omnium et singulorum prædictorum, per nos eisdem magistris et scholaribus dictæ universitatis concessorum, tenore præsentium deputamus, dantes dicto præposito præsenti pariter et futuro, ac etiam committentes tenore præsentium in mandatis, ut præfatos magistros et scholares nostris præsentibus gratiis, privilegiis, franchisiis et libertatibus supradictis uti faciant, et gaudere. Rebelles autem ipsos magistros, et scholares dictæ universitatis, in præfatis nostris gratiis, privilegiis, franchisiis, et libertatibus supra dictis impedientes, ut a rebellione, et impedimentis hujusmodi omninò desistant, viriliter compellendo, non obstantibus quibuscumque privilegiis indultis, vel concessis, vel in posterum concedendis, quibuscumque personis, vel patriâ,

non facientibus de verbo ad verbum expressam hujusmodi privilegii mentionem, salvo in aliis jure nostro, et in omnibus quolibet alieno.

Quod ut firmum, et stabile permaneat in futurum, nostram præsentibus fecimus apponi sigillum.

Datum apud Vincennam, anno Domini, MCCCXL., mense januarii.

Sigil. per dominum regem ad relationem consilii.

N°. 104. — LETTRES PATENTES d'*Édouard III, Roi d'Angleterre, dans lesquelles il expose ses droits à la couronne de France contre Philippe-de-Valois, qu'il déclare usurpateur.*

(Sans date.) 1340. (Corps diplom. de Dumont, tom. II, p. 189.)

N°. 105. — LETTRES ROYALES (1) d'*Édouard III, Roi d'Angleterre, adressées aux pairs, prélats, barons et communes du royaume de France, par lesquelles il les exhorte à le reconnaître pour leur légitime souverain, et promet de conserver leurs franchises, de rétablir les lois et coutumes de Saint-Louis, de ne pas altérer les monnaies, et ne rien faire sans leur conseil.*

Gand, 8 février 1340. (Corps diplom. de Dumont, tom. I, p. 190, n°. 259.)

EDWARD, par la grace de Dieu, Roy de France et d'Angleterre, seigneur d'Irlande, et ducs d'Aquitaine. as touz piers, prelatz, ducs, countes, barons, nobles et communes, du Roialme du France, de quel estat ou condiction qu'ils soient, conissauce de verite.

Por ceo, que notoire chose est, monsieur Charles, de bone memoire, n'adgaires, Roi de France, morust seisi heritablement du roialme de France,

Et que nous sumes fitz a la Soer germeyne le dit sire Charles,

---

(1) Cette pièce est remarquable en ce qu'elle conteste le principe toujours subsistant de la Loi salique, et en ce qu'elle montre en quel état se trouvait la langue française, dont les Rois d'Angleterre se servaient encore dans les actes publics. (Ls.)

apres qi mort ledit roialme de France nous est notoirement pur droit heritage escheu,

Et que sire Philip de Valoys, fitz al uncle le dit sire Charles, et easi en plus loingtisme degree que nous ne sumes, s'est abatuz, contre Dieu et droiture, en dit Roialme par poair, tant come nous estoiems de meindre age, et le detient ensi torteuousement.

Si, avoms, par bone et grande deliberacion, en affiance de Dieu, et des bones gentz, empris le noun et le governement du dit roialme, comme nous devoms,

Et si sumes en ferum purpos de faire gratiousement et debonairement od ceux, que voillent faire devers nous lour devoir,

Et n'est mye nostre entencion de vous tollir non ductement voz droitures,

Mes pensons de faire droit à touz, et de reprendre les bones leis et les customes que fureit au temps nostre auncestre progenitour Saint Lowys Roi de France,

Et auxi n'est mye nostre volentee de quere nostre gaigne, en vostre damage, par eschanges de monois, ou par exactions ou maletoltes nient dues, car (la Dieu merciz) assetz en avoms por nostre estat et nostre honour maintener,

Einz volons nos subgitz, tant come nous purrons, eefer, et les libertes et privilegs de touz, et especialment de sainte Eglise, defendre especialment et meintenir a nostre poair,

Et si volons tote foiz, es busoignes du Roialme, avoir et suir le bon conseil des piers, prelatz, nobles, et autres sages, nos foialx du dit roialme, sanz rien sodeinement ou volunteinement faire, ou commencer,

Et vous dioms adetteres, que nous desiroms sovereinement que Dieux, par travail de nous, et de bones gentz, meistra pees et amour entre cristiens, et nomement entre vous, issint que les armes des cristiens se purroit faire en haste devers la Terre Sainte, pur la deliverer des mainz des Mescreantz, a quele chose, od l'eide de Dieu, nous aspiroms.

Et voilletz entendre que nous avons sovent tenduz au dit sire Philip plusures resonables voies de pees, mais il n'ad volue assentir à nulle tiele voie, ne rien faire à nous; einz nous ad guerre en noz autres terres, et sa force de nous de faire outreement à son poair,

Et ensi, sumes chaccz, par necessite, de nous defendre et

noz droitures pourchacer; mais vrayement nous ne querons mye mortalite, ne enpoverissement du poeple, einz desirons que eux et lour biens feussent sauvez.

Par quoi Voloms et grantoms, de nostre grace et debonairete, que touz gentz dudit roialme, de quel estat ou condicion q'ils soient, que se voillent adrescer a nous en manere, come nous Chiers et foialx, les bones gentz du pais de Flandres ont fait, en regard de Dieu et de nostre droit, et nous reconnoistre lour droit Roi, et faire a nous lour devoir, entre cy et la feste de Pasque prochein avenir, soient rescevez a nostre pees, et en nostre especiale protection et defense, et q'ils eient pleinement lour possessions et lour bienz moebles et nient moebles, sanz rien pardre, ou estre greve, pur chose faite encontre nous en temps passe.

Et pur ceo que les choses susdites ne poont mye de legier estre a chescun de vous especialement notifiez, si les avons fait publier overtement, et ficher es usses des eglises, et es autres lieus publiks, q'els peussent issint venir en notice de touz, a confort de nos foialx, et terrour de nos Rebeaux, que nul desoremes par ignorance desdites choses se peusse escuser.

Don. a Gant le viiie. jour de feverer l'an ut supra.

N°. 106. — Lettres *qui reconnaissent les droits pécuniaires du connétable sur les gens d'armes en temps de guerre.*

Sainte-Jemme, février 1340. (C. L. II, 156.)

Philippe, etc.

Savoir faisons à tous presens et à venir, que sur ce que nostre tres cher et feal cousin Raoul, comte de Eu, connestable (1) de

---

(1) Sous les empereurs romains il y avoit dans leur maison, un officier qui avoit la surintendance de leurs escuries et de leurs chevaux. Il est parlé de cet officier l. 29, Cod. Theod., titre, *De annona et tributis*, liv. XI et loy 3 au même code, titre, *De equorum collatione*, où il est appelé *Comes Stabuli*, lib. 11, tit. 17.

Sous les empereurs grecs, cet officier fut conservé et fut nommé *magnus contostaulus*, et en latin *comes-stabuli*, d'où en françois l'on a fait le mot *connestable*. Du Moulin. (Comment. sur l'anc. cout. de Paris, §. 20, n. 2, pag. 29). soutient que ce grand officier a esté ainsi appelé, *quasi cuneus stabuli*. Codin. *Curopalatum, de officiis*, cap. 2, n. 10, p. 18.

france, disoit et maintenoit que ceux de nostre lignage, et les princes, prelas et barons dehors nostre royaume, et toutes manieres de gens de cheval et de pié, de quelconque condition qu'il soient, qui prennent gaiges ou argent sur nous, li doivent telles droitures, comme ses predecesseurs oudit office ont accoustumé à prendre sur les soudoiers, qui prennent gaiges ou argent sur nous, et que dore nul qui preigne gaiges ou argent sur nous ne s'en puet ou doit exempter; aucuns de nostredit lignage, et autres maintenanz et disant le contraire.

Nous voulans sur ce savoir la verité, nous en sommes ensourmez par ceux qui nous en peuent et doivent faire savoir la verité, et avons trouvé que nostredit cousin et ses predecesseurs oudit office, doivent prendre et avoir droitures de toutes manieres de gens d'armes et de pié qui prenoient gaiges sur nous, ou sommes d'argent pour nous servir à certains nombres de gens d'armes, soient avecques ceuls de nostrelignage, ou autres de nostre royaume et dehors, de quelconques estat et condition qu'il soient, qui servent és hosts de nous, ou de nos gens pour nous : exceptées toutesvoies les personnes de nostre lignage, ceulx de leurs hostieux lesquiex il maintiennent de couz et de fraiz, et qui ne prennent nul gaiges sur nous ou sommes d'argent, comme dit est, et tous ceux qui nous servent au leur, sanz prendre gaiges sur nous ou sommes d'argent en la maniere dessusdite. Et exceptés les soudoiers de la mer, esquiex nostredit cousin n'a nul droit : et ce

---

On void par le concile 13, de Tolede, que les Roys goths estab'is en Espagne avoient leurs connestables. *V.* Blanca, *Comment. rerum Aragon.*, p. 785.

Aimoin, Hist. des francs, liv. 3, ch. 71, parle de celuy qui estoit préposé dans la maison de nos Rois, pour les chevaux, *quem vulgò connestabilem vocabant.* Dans Grégoire de Tours, cet office estoit nommé *comitatus stabulorum*, lib. 5, ch. 48, 49. liv. 9. chap. 38. liv. 10, ch. 5.

Reginon, dans sa Chronique sous l'an 807, parlant d'un Burchard, *comite stabuli*, adjoûte ensuite, *quem constabulum corruptè appellamus.*

Sous la seconde race, cette dignité estoit une des premieres du royaume, comme on le voit dans la requeste d'Hincmar, *ad proceres palatii.*

Sous la troisième race, une de leurs fonctions estoit de signer aux chartes, (comme témoins), avec le senechal ou le grand maitre nommé *Dapifer*, le bouteiller et le chancelier dont la signature estoit nécessaire. (Laur.)

V. Du Cange, Glossaire, V°. Connétable et Bouteiller, somme rurale, p. 896. *V.* ci-après les ordon. d'août 1403, et juillet 1406. *V.* note 3, p. 105, 1er vol. de cette Collection. — Cette dignité, abolie en 1607, a été momentanément establie par le sénatus-consulte de floréal an XII, art. 5, et statut impérial du 30 mars 1806. Elle a cessé d'exister à la restauration. (Is.)

declarons nous par ces presentes lettres au profit de nostredit cousin et de ses successeurs oudit office, et voulons qu'il puissent demander, prendre, lever, et avoir dores-en-avant leursdites droitures, en la maniere dessusdite, sanz nul empeschement; lequel empeschement nous pour le temps à venir, mettons du tout au neant, sauf toutevoies nostre droit entre autres choses et en toutes l'autrui.

Et donnons en mandement par ces meismes letres à tous ceulx à qui il puet et pourra appartenir, que des droitures devant dites à tousjoursmais laissent joir paisiblement nostredit cousin et ses successeurs oudit office, et les baillent et delivrent à nostredit cousin et à ses successeurs connestables de France, senz nulle difficulté, et sanz autre mandement attendre de nous, ou de nos successeurs roys de France.

Et pource que les choses dessusdites soient fermes et establies à touzjours, nous avons fait mettre nostre scel à ces presentes letres.

Donné à Sainte Jemme, l'an de grace mil trois cens quarante, où mois de fevrier.

N°. 107. — MANDEMENT (1) *adressé au parlement, portant que les évocations des affaires des comtés d'Anjou et du Maine n'y seront pas reçues, si ce n'est en cas d'appel de mauvais jugement, ou de défaut de droit.*

Saint-Germain en Laye, 20 avril 1341. (C. L. II, 169.)

---

(1) Nonobstant le principe fixé par cette ordonnance, il y a des lettres datées d'Etioles, 12 mai 1341, par lesquelles le Roi a évoqué au parlement la cause du seigneur de Bu, sous prétexte qu'il était officier de la maison de la Reine, et qu'il s'agissait de l'exécution d'un testament dont la connaissance appartient au Roi; mais par d'autres lettres de Becoisel, juin 1341, cette affaire fut renvoyée aux juges des lieux, sur la revendication du comte d'Anjou, avec la clause, que si par importunité d'impetrans, le Roi en accordant à l'avenir, le parlement n'y aurait aucun égard.

Laur. remarque que les canons avaient attribué la connaissance des exécutions testamentaires aux évêques et aux officiaux, comme délégués du Saint-Siège. (Concile de Trente, session 22, chap. 7.) Nonobstant cette prétention, les officiers royaux se sont maintenus en France dans la connaissance des testamens.

N° 108. — ARRÊT (1) *de la Cour des pairs, présidée par le Roi, qui, sur le différend élevé entre le comte de Montfort, et Charles de Blois, adjuge à ce dernier le Duché-Pairie de Bretagne, comme époux de Jeanne de Bretagne.*

Conflans, 7 septembre 1341. (Mémor. de la Chambre des comptes, reg. St. Just, f°. 16. — Lancelot, preuves du mémoire des pairs, p. 519.)

N° 109. — ORDONNANCE *portant révocation de toutes pensions accordées aux officiers royaux, excepté dans le cas de long services, maladie, vieillesse, infirmités, ou suppression d'emploi* (2).

Saint-Christophe en Halate, 19 mars 1341. (C. L. II, 172.)

PHILIPPE, par la grace de Dieu, Roy de France, à nos amez et feaulx gens de nos comptes à Paris, salut.

Comme plusieurs gens de nostre conseil et de noz officiers qui prennent gaiges de nous, ont, si comme l'en dit, empetré lettres de nous, de avoir leurs gaiges à leur vie, hors et ens, facent, ou ne facent leurs offices, et ainsy sont noz offices mains souffisament exercées et gouvernées, pource que chascun qui ainsy prendroit gaiges vont hors, ou pourroit aller où temps à venir, et laissent à faire leursdiz offices, en grant domage et préjudice de nous, et de ceux qui ont à faire pardevers lesdits officiers.

Pourquoy nous voulans obvier à tieux malices et inconveniens, avons ordené et ordenons, en declairant nostre entente, qui ne fut oucques au contraire, que telles lettres, ne telles graces ne puissent valoir à ceulx qui empetrées les ont, ou empetreront ou temps advenir, ne qu'il en puisse joir, fors tant seulement en cas que en verité il seroint en telle maladie, ou telle veilece, ou impoteuse, pourquoy en verité ne peussent bonnement desservir leurs offices, ou que après nostre trepassement aucun de nos suc-

---

(1) Cet arrêt porte que Jean de Montfort a comparu devant le Roi, dans sa cour, en grand conseil, suffisamment garnie de pairs de France, prélats et barons. A la fin on lit : *Datum in parlamento nostro.* (Is.)

(2) C'est la première loi spéciale sur les pensions. *V.* cependant l'ord. du 11 mai 1333 ci-dessus, et la loi du 24 août 1790 qui a fixé les principes en cette matière. (Idem.)

cesseurs emprés nostre decés les mettroint hors de leurs offices sans leur culpe.

Et si n'est mie oncquoies nostre entente de la avoir octroiée à aucun, ne octroier où temps à venir, se ce n'est à personne qui nous aint bien et longuement servi, parquoy telle grace y doie bien estre employée. Et ne voulons que autrement, ne en autre cas que comme dessus est dit, aucun desditz empetrans en joissent. Et ce voulons estre gardé entre toutes les personnes qui prennent gaiges de nous, de quelque estat qu'il soient.

Si vous mandons que ainsy le faciez publier et garder, et aussi le commandons garder à touz noz tresoriers et receveurs, chacun en sa recepte.

Donné à Saint Christophe en Halate, le 19°. jour de mars, l'an de grace mil trois cens quarante-un.

Par le Roy en ses requestes (1).

N°. 110. — ORDONNANCES *du grand conseil, sur la réduction des notaires secrétaires du Roi, sergens, maîtres des requêtes, l'examen de leur capacité avant réception, ainsi que celle des baillis, sénéchaux, et autres grands officiers, des membres du parlement, la révision des dons royaux, l'incompatibilité des fonctions, des baillis et gouverneurs, avec celles des maîtres des requêtes, ou maîtres du parlement, et sur les abus de la pourvoierie.*

Paris, 8 avril 1342. (C. L. II, 173.)

PHILIPPES, par la grace de Dieu, Roy de France : à nos amez et feaux les gens de nos comptes à Paris, salut et dilection.

Sçavoir faisons, que nous avons fait en nostre grand conseil certaines ordenances contenantes ceste forme.

Premierement. Que tous nos notaires, et sergents d'armes, qui sont, et ont esté assignez à prendre leurs gages sur nos receptes de nostre royaume, par les receveurs d'icelles, ou autre part, en quelque lieu que ce soit, prenront doresnavant leursdits gages en nostre thresor à Paris, ou en nostre hostel, si comme

---

(1) C'est la première fois qu'il est fait mention des requêtes du palais. Nou[v]. ... Requêtes du Palais. (Is).

...atienement a esté fait, et non ailleurs, nonobstant quelconques lettres d'assignation qu'ils en ayent de nous, lesquelles nous voulons estre rappellées, et dés maintenant rappelions du tout, exceptez nos sergents d'armes, qui sont establis à garder nos chasteaux des frontieres, devers les advenuës de nostre royaume.

(2) *Item.* Que tous nos receveurs de nostre royaume seront changez et muz de leurs receptes en autres. Et jureront aux saincts Evangiles de Dieu, qu'ils ne prenront robes, ne pensions (1) de quelque personnes que ce soit, ou ils renonceront à leurs offices.

(3) *Item.* Que nous ne ferons doresnavant aucuns sergents d'armes, jusques qu'ils soient venus au nombre de cent, ne ferons aussi aucuns notaires, jusqu'ils soient venus au nombre de trente.

(4) *Item.* Que nos notaires, qui à present sont, ne prenront aucuns gages, jusqu'ils seront examinez par nostre parlement, assavoir s'ils sont suffisans pour faire lettres, tant en latin comme en françois, et que nostredit parlement nous ait rescript la suffisance d'eux. Et se fera ladite examination tantost après Quasimodo.

(5) *Item.* Que nous ne ferons doresnavant aucun notaire, jusqu'ils seront examinez par nostre chancelier, assavoir s'ils seront suffisants pour faire lettres, tant en latin, comme en françois, comme dit est, selon ce que l'office le requiert, et qu'il nous en ait fait sa relation.

(6) *Item.* Qu'aucuns de nostre conseil, de quelque estat qu'ils soient, ne nous requerront, ne prieront, par leurs sermens, de faire baillys, seneschaux, receveurs, ou autres grands officiers, s'ils ne cuident les personnes bien suffisantes, pour lesquelles ils nous requerront ou prieront, jusques nous soyons bien advisez et enformez par autres, que par lesdits requerants.

(7) *Item.* Que quand nostredit parlement sera finy, nous

---

(1) *V.* notes sur l'art. 1er de l'ord. de février 1327; l'art. 6 de l'ord. de nov. 1302, p. 750, tom. 1er.; les lettres de Philippe-le-Long, accordées aux habitans de Quercy et de Perigord, ci-dessus; l'ord. de St. Loüis pour l'utilité du royaume, art. 3 et 7; celle du 25 mars 1302, pour l'utilité du royaume, art. 40, 42, 43, et l'ord. du 1er. juin 1331, ci-dessus. (Laur.)

manderons nostredit chancelier, les trois maistres presidents de nostredit parlement, et dix personnes tant clercs comme lais, de nostre conseil, tels comme il nous plaira, lesquels ordonneront selon nostre volenté, de nostredit parlement, tant de la grand'chambre de nostredit parlement, et de la chambre des enquestes, comme des requestes, pour le parlement advenir; et jurront par leurs serments, qu'ils nous nommeront (1) des plus suffisants, qui soient en nostredit parlement, et nous diront quel nombre de personnes il devra suffire, pour ladite grand'chambre, pour les enquestes et requestes.

(8) *Item*. Pource qu'aucuns faussaires, lesquels ont esté justiciez, pour leurs faussetez et mauvaistiez, ont cognu et confessé qu'ils ont escrit, scellé et passé plusieurs lettres de dons d'offices, et de plusieurs autres choses depuis dix ans en çà, il sera mandé à tous nos baillys, seneschaux, receveurs, et à tous autres, à qui il appartiendra, que tous amortissements et annoblissements faits et octroyez aux personnes demeurants en leurs bailliages, Seneschaussies, ou jurisdictions, soient envoyez avec leurs lettres en la chambre de nos comptes à Paris, ou pardevant ceux que nous y commettrons, dans la feste Saint Martin d'hyver, prochain venant, et que lesdits baillys, seneschaux, ou autres, dessous quelle jurisdiction il seront, ne souffrent que depuis ladite feste Saint Martin, ils joüissent desdits amortissemens et annoblissements, jusqu'ils monstrent lettres de leurs delivrance de nous, ou de ceux qui seront commis à ce faire.

(9) *Item*. Que nous ne ferons doresnavant aucun maistre des requestes de nostredit hostel, jusqu'ils soient venus au nombre de six, c'est assavoir, trois clercs et trois lais; et desdits maistres qui à present sont, il n'y aura que quatre, c'est assavoir deux clers et deux lais, qui prennent aucune chose en nostredit hostel, fors tant seulement en la maniere que les maistres des requestes de nostredit hostel souloient, et ont accoustumé à prendre antiennement.

(10) *Item*. Qu'aucuns seneschaux, gouverneurs et baillys,

---

(1) C'est le droit de présentation, *V*. l'ordon. du 12 novemb. 1465; l'art. 19 de la constit. du sénat, 6 avril 1814; l'art. 2, ch. 5, tit. 3, constit. de 1791; 5[?], acte addition. de 1815; 90 et 91 du projet de 1815; Hénrion de Pansey, autorité judiciaire. (Is.)

ne seront deresnavant maistres des requestes de nostredit hostel, ne de nostredit parlement, ne ne seront en nostredit parlement comme maistres (1). Et ne voulons que doresnavant aucuns seneschaux, baillifs, ou officiers de nos senechaussées et baillies, soient appellez gouverneurs, fors seulement seneschaux, ou baillys.

(11) *Item.* Que si nous avons donné, ou donnons au temps advenir, à aucun des gens de nostredit hostel, aucun office, et que nous leur ayons fait, ou facions grace de les desservir par autres personnes souffisans, à leurs perils, que pour aucune chose, ils ne pourront traitter, ne faire adjourner quelque personne de là où seront leurs dits offices, fors tant seulement devant les juges ordinaires de la jurisdiction de leursdits offices, et que leurs lieutenants seront tenus de respondre de tout ce qu'on leur voudra demander devant leursdits juges.

(12) *Item.* Que nuls preneurs pour nous, ne soient si hardis, sur quand que il se peut meffaire, de prendre aulcune chose pour nous, s'ils n'ont lettres nouvelles de nous, ou du grand maistre de nostredit hostel, nous adcertes, voulants nos ordenances (2) dessusdites estre gardées et accomplies de poinct en poinct.

Vous mandons, et fermement enjoignons sur la foy et serment, que vous avez à nous, que lesdites ordenances, et chacunes d'icelles, vous faciez tenir, garder et accomplir de poinct en poinct, selon le contenu d'icelles, et ne souffrez qu'aulcune chose soit faite, doresnavant au contraire par quelque personne que ce soit.

Donné à Paris, le 8e. jour d'avril, l'an de grace mil trois cens quarante-deux.

---

(1) On ne peut être à la fois juge de première instance et d'appel. Alors les fonctions administratives n'étaient pas séparées dans les mains des baillis, des fonctions judiciaires. (Is.)

(2) *V.* l'ord. du jeudi avant Pasques 1308, tom. 1er., p. 864, et le discours du chancelier Bacon au parlement, à la fin du règne d'Elisabeth, tom. IV, p. 305 et 306 de ses œuv.; Mémoires de Birch, vol. 1er., p. 155; *Hume*, Hist. d'Anglet., pour l'an 1589, tom. VI, p. 253 — 255. (*Idem.*)

N°. 111. — **Lettres** *portant homologation des statuts de la confrairie* (1) *des procureurs du Palais.*

Paris, avril 1342. (C. L, II, 176.)

Philippes, etc.

Savoir faisons à tous presens et à venir, que nous avons veu unes lettres patentes scellées du scel de nostre Chastellet de Paris, contenant la forme qui s'ensuit.

En nom du pere et du filz et du Saint Esprit.

C'est l'ordenance de la confrairie que les compaignons clercs et autres procureurs, et escripvains frequentans le palais et la court du Roy nostre sire à Paris et ailleurs font et entendent faire, en l'enneur de Dieu Nostre Seigneur Jesus-Crist, et de Nostre-Dame sa glorieuse mere, de Saint Nicolas, de Sainte Katerine et de touz sainz et de toutes saintes, et pour accroistre et multiplier le service divin pour le Roy nostre sire, madame la Royne, leurs enfans et leurs successeurs, les confreres et consuers, et les bienfacteurs de ladite confrairie en la maniere qui s'ensuit.

Premierement. Les diz confreres feront chanter chascun dimenche de l'an une messe du Saint Esprit, ou de Nostre-Dame.

(2) *Item.* Une messe de Nostre-Dame le jour de la my-aoust, à diacre et à sous-diacre.

(3) *Item.* Aus deux festes Saint Nicolas, et à la feste Sainte Katerine, vespres et messes à diacre et à sous-diacre.

(4) *Item.* Le soir et le jour des Morts, vigile et messe des morts : et les confreres qui ne seront aux heures, tant d'icelle, comme ausdites trois festes de Saint Nicolas et de Sainte Katerine et des Mors, payeront pour chascune heure qu'il deffandront à vespres et vigiles, deux parisis, et pour chascune messe quatre parisis, se vraye essoine n'y a.

(5) *Item.* Lesdiz confreres et ceulz qui pour le temps seront, sont et seront tenuz à leur pouer, d'estre aux messes des dimenches dessusdiz, et faire offrande selon ce qu'il leur plaira. Et qui

---

(1) V. l'ord. de mars 1704 et les statuts des notaires remontant à l'an 1300. V. ci-dessus leurs lettres de février 1316. Nous donnons ces statuts, parce que, sauf les actes de dévotion, il existe encore quelque chose de semblable aujourd'hui. Seulement ces statuts ne sont pas publiés. (Is.)

n'y sera, il paiera pour deffaut un parisis pour querir luminaire et autres choses necessaires à ladite confrarie.

(6) *Item.* Toutes personnes souffisans (1) qui vourront entrer en ladite confrarie seront receuz par paiant seze parisis d'entrée.

(7) *Item.* Le jour de la feste de Saint Nicolas d'esté, chascun an, sera à ladite confrarie et paiera chascun confrere et consuer pour aumosne trezé parisis, et pour le siege deux soulz parisis. Et seront levez par les procureurs de ladite confrarie, vigne ou non vigne (2).

(8) *Item.* Deux torches et quatre cierges seront faiz convenables pour allumer aus services dessusdiz.

(9) *Item.* Se aucun confrere de ladite confrarie trespasse, il aura vigiles et messe. Et chascun confrere qui n'y sera, il paiera pour deffaut de vigiles deux parisis, et pour messe quatre parisis; et seront les torches et cierges dessusdiz allumez au service des morts.

(10) *Item.* Se il y a aucun desdiz confreres qui dechié de son estat, il aura en aumosne chascune semaine sus ladite confrarie, ce que bon semblera ausdiz confreres.

(11) *Item.* Au siege qui sera le jour de feste Saint Nicolas d'esté, seront chascun an trois maistres et deux procureurs esleus par la plus saine partie des confreres de ladite confrarie (3).

Et seront lesdiz maistres et procureurs qui seront démis, à rendre bon compte dedens les huit jours après ledit siege, pardevant les noviaux maistres et procureurs esleuz, ou autres a ce appelez : et n'en pourra on debouter aucun des confreres de estre audit compte, qui estre et entendre y voudra (4). Et recevront les dessusdiz esleuz toutes personnes souffisantes qui entrer vourront en ladite confrarie, par paiant en ycelle confrarie, l'entrée et les autres choses dessusdittes ainsi comme dit est : et sera tout le service dessusdit, et toutes les autres choses dessus esclarcies

---

(1) Même étrangères au métier. — Les femmes y sont comprises. (Is.)

(2) Aujourd'hui, dans chaque compagnie, on lève diverses prestations. Le taux varie suivant les circonstances. De-là sont venues les bourses communes. *V.* notes sur l'ord. du 26 juin 1822, Rec. Isambert (*Idem*).

(3) D'après le décret de 1810, les avocats ne nomment pas directement, c'est le procureur général qui choisit sur une liste double. Dans les autres corporations, les membres élisent directement. (*Idem.*)

(4) Aujourd'hui ces comptes ne sont pas rendus en cette forme, qui suppose

aux despens de ladite confrarie. Promettent loyaulment et en bonne foy les dessus nommez confreres, et ceux et celles qui entrer vourront en icelle confrarie serons tenuz de promettre, par-devant les maistres ou procureurs qui pour le temps y seront, en semblable maniere tenir, garder, et accomplir toutes les choses dessus escriptes, et chascune d'icelles, et de non venir encontre.

En tesmoing de ce, nous à la relation desdiz clers, notaires jurez, ausquiex nous adjoustons pleniere foy en ce cas et en greigueur, avons mis en ces lettres le scel de ladite prevosté de Paris, le dimenche diz et sept jours de juing, l'an de grace mil trois cens quarante-un.

Et comme nous aions en grant desir l'accroissement du service de Dieu, lequel est accoustumez à estre faiz ès confreries, avec les autres euvres de cherité et de vraie amour, nous ladite confrairie ordenée comme dessus est, et toutes les autres choses contenuës esdites letres aians fermes et agreables, icelles loons et approuvons, et de grace especial, de certaine science, et de nostre autorité royal confermons.

Et que ce soit ferme et estable à touzjours, nous avons fait mettre nostre scel à ces letres, sauf en autres choses nostre droit, et en toutes l'autruy.

Ce fut fait à Paris, l'an de grace mil trois cens quarante-deux, où mois d'avril.

N°. 112. — Lettres *portant établissement de la juridiction des greniers à sel et gabelles, pour le maintien du monopole du sel* (1).

Paris, 20 mars 1342. (C. L. II, 179.)

Philippes par la grace de Dieu Roy de France:

A noz amez et feaulx conseillers mestre Guillaume Pinchon arcediacre d'Avrenches, Pierre de Villaines arcediacre en l'Eglise de Paris, mestre Philippe de Tryc, tresorier de Bayeux mestres des requestes de nostre hostel, mestre Regnau Chauviau, Guy, chev. Artus de Pommeuro, chevaliers et mestre Jacques de Boulay, salut et dilection.

---

une assemblée générale. Il est de fait que les membres de ces corporations ne connaissent pas la situation des finances de l'ordre, quoiqu'il y en ait qui achètent des immeubles et des rentes. (Is.)

(1) C'était un des tributs des empereurs romains. *L. inter publica de verb.*

Comme nous desirans de tout nostre cuer entre toutes noz pensées et besoignes, trouver voyes par lesqueles nous puissiens miex contrester à noz ennemis, à moins de grevance et de charge de nos subjetz que faire le pourrons, par grant et moure deliberation, avis, et grant conseil aions ORDENÉ (1) certains greniers, ou gabelles de sel, estre faiz par nostre royaume, et sur ce avons ordené, député et commis certains commissaires par nostredit royaume és lieux où il appartient, pour lesdits greniers et gabelle, publier, faire executer et mettre en ordre. Nous qui voulons en toute maniere, que lesdits grenier, ou gabelle ayent bon et brief effect, et soient gouvernez au plus justement et profitablement que estre pourra, enfourmez et confians à plain du senz, loyauté, diligence et discretion de chacun de vous.

Vous ordenons, establissons, et faisons mestres souverains, commissaires, conducteurs et executeurs desdiz grenier et gabelle, et de toutes choses qui sur iceulx ont esté et seront ordenées, et qui profitables, ou necessaires y sont, et vous sembleront à faire et ordener en quelque maniere que ce soit, à de-

---

rum signific., L. *si quis*, cod. de *vertigalibus*, L. *liber homo*, §. I*er*, de *heredib. instit.* Les criminels étaient condamnés à travailler aux mines et les femmes aux salines. Cujas, liv. 3, Observ., ch. 31, *Ducange*, V°. Gabelle. *Laurière*, glossaire. (Is.)

Cet impôt fit qu'Edouard III nommait Philippe de Valois assez plaisamment l'auteur de la loi salique. Il paraît cependant que ce fut Philippe-le-Long, qui, le premier, mit un impôt sur le sel. A la vérité, Philippe de Valois augmenta cet impôt, mais jusques là le sel avait toujours été marchand, ainsi qu'on le voit par sa règlement du 15 janvier 1350, sur ce qui doit être observé par les marchands de sel, et ce ne fut que, depuis la bataille de Poitiers, que le Roi se réserva le droit de le vendre, en établissant des greniers où tout le sel fut porté. La gabelle fut depuis mise en ferme par Henri II, ainsi qu'il paraît, par une adjudication qu'il fit faire en son conseil, le 4 janvier 1547, pour un premier bail de dix ans. Les pays du nord sont privés de la chaleur nécessaire pour faire le sel, et ceux situés au-delà du 41e degré de latitude, comme est l'Espagne, font un sel trop corrosif, qui mange et détruit les chairs, au lieu de les nourrir et de les conserver; la France seule se trouve dans un climat temperé propice à faire le sel, aussi est-ce une des grandes richesses de ce royaume, et le cardinal de Richelieu, dans son testament politique, (s'il est de lui), dit que ce qu'il avait connu de surintendans les plus intelligens, égalaient le produit de l'impôt du sel, levé sur les salines, à celui que les Indes rapportent au roi d'Espagne. — Hen. Abr. chr. — (Dec.)

(1) Cette ordonnance est perdue. Philippe-le-Bel est le premier qui ait établi ce monopole. *V.* ci-après, l'ordon. du 15 février 1345, et l'ordon. en 20 titres de mai 1680. Cet impôt a été aboli par la loi du 31 mars 1790, et rétabli par celle du 24 avril 1806. (Is.)

mourer pour ce à Paris ou ailleurs, ou bon et expedient vous semblera, en tele maniere que se, pour ledit fait, ou pour nos autres besoignes, plusieurs de vous s'absenteront de Paris, que au moins deux de vous y demeurent continuelement, desquels vous mestre Guillaume, ou vous Guy soyez touzjours li uns.

Et donnons à vous, à trois et à deux, plain pouvoir, auctorité et mandement especial, de mettre, ordener et deputer par voz lettres scellées de vos sceauls, touz et telz commissaires, greneтiers, gabelliers, clercs et autres officiers ez dis greniers et gabelles, commis és lieux où bon vous semblera par tout nostre royaume, de iceuls et tous autres deputez et à deputer sur ce, oster, changer et rappeller, et mettez-y autres toutesfois et quantes foiz qu'il sera et vous semblera à faire, de tauxer et faire payer à iceuls et à chascun d'eulx, gages convenables, de pourveoir de tel remede comme bon vous semblera, sur toutes doubtes, empeschemens, excès et deffaut, qui en mettant en ordre et à effet, et en gouvernant lesdiz greniers et gabelles, pourroient avenir touchant iceuls : et absolument de faire tout ce qui bon et convenable sera et vous semblera où fait desdiz grenier et gabelles et deppendances et appartenances d'iceulx, en quelque maniere que ce soit, soit contenu en l'ordonnance et instruction sur ce faites ou non :

Voulans et mandans que de tous les commissaires, greneтiers, gabelliers, clercs et officiers quelconques, deputez et à deputer ou fait desdiz grenier et gabelle, vous, quatre, ou trois, ou deux de vous seuls, et nuls autres, ayez la congnoissance, correction et pugnicion du tout, quant aus choses touchant le fait dudit sel, et de tout ce qui en peut et pourra dependre et à yceuls appartenir, et que yceuls ne puissent estre approchiez, ne poursuiz, soit par voye d'appel, ou autrement comment que ce soit, fors par vous ou devant vous, des choses touchanz ledit fait, et vous aussi à cause de voz offices sur les choses dessusdites, fors seulement pardevant nous, et des faiz d'iceulz dessus touchant, ou d'aucun d'euls, vous ne soiez en riens tenus, ne chargez de respondre : et quant à ces choses dessusdites, et toutes autres touchanz le fait desdits grenier et gabelle, et celles qui en aucune maniere en peuent, ou pourroient dependre, nous exemptons vous et chascun de vous à touzjours mais, de la jurisdiction, punicion, correction et congnoissance de toutes noz autres gens et officiaulx quelz qu'il soient, et de quelque estat et condition qu'ilz soient et seront, et de quelque pouvoir et autorité qu'il usent, ou useront,

seront ès requestes de nostre hostel, en la chambre des comptes, en parlement ou ailleurs.

Et tous lesdits commissaires, grenetiers, gabelliers, clercs, et officiers quelzconques deputez et à deputer au fait desdit grenier et gabelle, exemptons aussy de la correction et punicion de toutes noz genz et officiers, fors de vous seulement :

Et mandons et enjoignons estroitement à tous noz conseillers, justiciers et subjetz, sur les sermens et loyautez qu'il ont à nous, que tout ce que vous leur requerrez touchant le fait dessusdit, il, et chascun d'eulx vous doignent conseil, confort et aide, toutesfois que requis en seront de par vous, ou aucun de vous; voulans que à vous en ce soit entendu diligemment.

En tesmoinz de ce nous avons fait mettre nostre nouvel scel à ces presentes lettres.

Donné à Paris le 20° jour de mars mil trois cens quarante-deux.

Corrigiée avec addicion de mess. Phe. Re. et au dessus diz de la voulenté du Roy à la relation du conseil, Marueil, à present doublée, par les genz des comptes.

N°. 113. — TRAITÉ entre *Humbert, dauphin de Viennois, et Philippe-de-Valois, par lequel Humbert cède le Dauphiné au second fils du Roi de France, avec substitution en cas de décès, au profit des enfans du fils aîné, sous la condition que le Dauphiné ne sera jamais incorporé au royaume.*

Au bois de Vincennes, 23 avril 1343. (Corps diplom. de Dumont, tom. II, p. 210, n°. 281.)

N°. 114. — DÉCLARATION *portant confirmation de la donation faite par Humbert, et des privilèges du Dauphiné.*

Sainte-Colombe, juillet 1343. (Cod. juris. gent. Diplom, p. 176.)

N°. 115. — ORDONNANCE (1) *rendue de l'avis des prélats, barons, et députés des bonnes villes, pour le rétablissement des monnaies.*

Paris, 22 août 1343. (C. L. II, 183.)

---

(1) V. ci-dessus l'ord. du 15 mars 1332. (Is.)

N°. 116. — ORDONNANCE *sur le paiement des obligations contractées pendant la faible monnaie* (1).

Paris, 22 août 1343. (C. L. II, 187.)

N°. 117. — ORDONNANCE *contre les accaparemens de grains* (2), *qui oblige tous ceux qui en ont à les porter au marché, sous peine de confiscation, et qui défend les assemblées.*

Paris, 12 septembre 1343. (C. L. II, 189.)

PHILIPPE, par la grace de Dieu, Roys de France : au bailly d'Auvergne, ou à son lieutenant, salut.

Nous avons entendu par la grief complainte du commun peuple de ladite baillie, que plusieurs personnes mûes de convoitise ont par leur malice acheté et achatent, ou font achater de jour en jour grant quantité de blés, et mettent en grenier plus assés que il ne leur en faut pour la garnison de leurs hostieux, ou maisons, dont grant chierté en est venuë oudit bailliage, et plusieurs inconveniens en pouroient ensuir où temps à venir, se sur ce n'estoit pourveu de remede, si comme on dit. Pourquoy nous vous mandons, et se mestier est commettons que tantost ces lettres veuës, vous vous transportez és marchiez et villes de ladite baillie et du ressort d'icelle, et és lieux accoustumés faites crier et publier de par nous les choses qui s'ensuivent.

Premierement. Que toutes manieres de gens qui ameneront grains et vivres en ladite baillie d'Auvergne et autres villes de ladite baillie et ressort, les mainent tout droit és halles et és marchiez des lieux, sans les descendre ou mestre en hostel, ne en grenier, sur tout ce que il se puent mesfaire envers nous, especiaument de perdre les denrées, et aussi que aucuns ne soit si hardis de les recevoir, ne reception en fere en son hostel, sur ladite paine.

(2) *Item.* Que aucun marchant quel qu'il soit, ne soit si hardis d'acheter aucuns grains pour revendre, sur la paine dessusditte, excepté boulangers, qui lesditz grains pourront achepter pour convertir en pain et non ailleurs. Et n'en pourront acheter que un muy au plus à une fois.

---

(1) *V.* les ord. des 4 octobre 1306, 1308 et juin 1313. — Les principes sont le mêmes. (Is.)

(2) Des disettes factices étaient la suite naturelle de l'affaiblissement des monnaies. *V.* l'ord. de 1304, t. 1er, p. 825, et ci-dessus l'ord. du 16 avril 1350, et les ord. de mai 1408, février 1419, avril 1709, août 1785. (Idem.)

(3) *Item.* Que aucun bourgois ne autre n en puisse acheter fors tant seulement pour quinze jours au plus.

(4) *Item.* Que tous ceulz qui ont blés en greniers, facent ouvrir leurs greniers et mettre leur blé en vente, fors tant seulement tant que il leur en faudra pour le vivre d'eulz et de leurz gens.

(5) *Item.* Que tous ceulz qui ont blés en leurs hostieux, et vouldront acheter blés, pour semer, facent mener au marchié pour vendre autant de leurs blés, qui ne seront pas bons pour semer.

(6) *Item.* Que chascun puisse sauvement et seurement amener grains et vivres en ladite baillie, et és autres villes dudit bailliage et ressort, sanz que iceulz grains soient prins, ne les chevaux, ne charretiers qui les amenront, et que se aucun les veult prendre ne le souffrez pas, mais delivrez lesdis chevaux et charretiers.

(7) *Item.* Que aucun, ne aucune ne soit si hardis d'achetter pain pour revendre, c'est assavoir du pain que l'en ameine de ahors.

(8) *Item.* Que aucun sur lesdites paines ne soit si hardis de faire assemblée sus couleur de confraerie ne autrement

Et lesdites choses criées et publiées, comme dit est, faites fermement tenir et garder sans enfraindre par toute ladite baillie et ressort, en telle maniere que il n'y ait aucun deffaut. Et se vous povez savoir, ou trouver que aucun fasse le contraire, si le punissez, ou faites punir par les paines dessusdittes, si que les autres voulans faire le semblable, y preignent exemple. Et nous donnons en mandement à tous nos justiciers et subjectz que à vous et à vos deputez, en faisant les choses dessusdittes et leurs deppendences, entendent et obeissent diligemment.

Donné à Paris le 12ᵉ jour de septembre, l'an de grace mil trois cens quarante-trois, sous notre scel nouvel.

N° 118. — ORDONNANCE *qui soumet à la contrainte par corps* (1), *ceux qui achètent la marée à crédit, et ne la paient pas.*

Saint-Germain, 8 novembre 1343. (C. L. II, 588.)

PHILIPPES, par la grace de Dieu, Roy de France : au prevost de Paris, ou à son lieutenant, salut.

---

(1) On ne connait pas bien les circonstances de l'introduction de la contrainte

Comme les pauvres marchands de poisson à grand travail, et grande peine de jour et de nuit, frequentans les ports de mer, et acheptant poissons de mer en iceux ports, pour amener hastivement, pour le prouffit commun, ès bonnes villes de nostre royaume, et especialement iceux marchands qui frequentent la ville de Paris, pour y apporter lesdits poissons, nous ayent fait supplier, et leurs vendeurs desdits poissons demouraus en ladite ville de Paris, aussi disans que jaçoit ce que selon les ordonnances royaux faites ou temps de nos predecesseurs, sur le fait dudit mestier, ou usaige entroduit pour le bien commun; et pour obvier au malice des personnes prenant les poissons et denrées à creance desdits supplians, les personnes prenans, et achetans lesdits poissons desdits supplians, soient tenus de payer et delivrer iceux marchands ce qui leurs doivent, à cause de la vente desdits poissons dedans le lendemain heure de vespres, sur peine (1) de l'amende à appliquer à nous telle comme il peut apparoir par lesdites ordonnances, ou que il est accoutumé en tel cas; ce nonostant plusieurs personnes vendans poisson à estal en nostredite ville de Paris, prins çà en arriere, et prennent chacun jour à creance les poissons apportez en ladite ville par lesdits supplians, ne ne les payent selon lesdites ordonnances ou usaige, ne pour ce ne sont contraints à payer à nous amende telle comme il appartient, comme dit est, les aucuns par la pouvreté de eux qui n'ont de quoy payer, et les autres par la faute ou negligence de ceux à qui telles amendes appartiennent à lever; parquoy le peuple acheptaus poissons desdits estalliers, est grevé et domagié et nous aussi à cause des amendes qui deuës nous en sont, selon lesdites ordonnances ou usaiges, si comme lesdits supplians dient, requerrant que sur ce leur soit pourveu de remede : et comme nous oyent (2) ladite requeste et les usaiges loisibles entroduits pour le prouffit commun de nostre ville.

Vous mendons et commandons estroitement, que vous fussiez

---

par corps en matière civile. Plusieurs jurisconsultes en ont demandé l'abolition, sauf à punir correctionnellement les fraudes et escroqueries.

Nous avons cru qu'il importait de transcrire les anciennes ord. où les motifs de l'introduction de cette contrainte sont développés. *V.* d'ailleurs l'ord. de 1304, p. 818, t. 1er. (Is.)

(1) Les harengiers ont été soumis à la même contrainte par des lettres de Vincennes, du 22 novembre 1345. (*Idem.*)

(2) Ayant ouï. (Laur.)

voir et regarder dilIgemment par lesdits registres de nostre Chastellet de Paris, se lesdites ordonnances y sont ou non, et se par iceux, ou autrement, deüement il appert lesdites ordonnances ou usaiges estre tels, comme dit est, les tenir et garder de point en point.

Et se aucuns preneurs et vendeurs de poisson à estal s'efforçoient de prendre à creance lesdits poissons, et qu'ils refusassent à payer le prix du poisson qu'il aura acheté desdits supplians le jour que acheté l'auroient, ou lendemain de devant l'heure de vespres, contraignez-les à ce, et à nous payer pour ce amende convenable, et icelles amendes faites lever et exploitter par nostre receveur de Paris, tantost et sans delay.

Et pource que les pouvres estalliers qui ledit poisson achetteroient, et payer n'en pourroient le prix dedans le terme et heure dessusdite, se vouldroient par adventure avancier par leur cautele et malice de achepter à creance les poissons desdits supplians plus hardiement que les autres, en pensant de en estre quittes et purer sans aucune peine, parce que l'en ne trouveroit que prendre sur eux, ne dont ils peussent payer amende.

Nous emplians lesdites ordonnances, et pour obvier à telles malices et cautelles, voulons et vous mendons que tels estalliers, ou cas que ils n'auroient souffisament du leur à payer les amendes esquelles ils seroient encheus, et encheroient pour ce envers nous, ou le prix qu'ils devroient pour ledit poisson, pugnis par emprisonnement et detention de leurs corps, tellement qu'ils se gardent dorénavant de telles choses faire, et les autres y prengnent exemple.

Et pour les choses dessusdites, et chacune d'icelles plus diligemment executer, et contraindre lesdits acheteurs à payer et delivrer lesdits marchands presentement et sans delay, dedans l'heure et le temps dessusdits, et lever et exploiter les amendes qui deuës nous en seroient sur les biens de ceux qui feroient le contraire, commettez et establissez par especial un ou plusieurs de nos sergens, tels et si convenables qui bien duëment et loyalment le fasssent en la maniere que dessus est, et accomplissent les choses dessus dites, en gardant lesdites ordonnances ou usaige comme dessus est dit, au prouffit de nous, et du commun peuple de ladite ville de Paris.

Donné à Saint Germain en Laye le 8ᵉ jour de novembre, l'an de grace mil trois cens quarante-trois.

N°. 119. — **Ordonnance** ou *établissement portant que les débiteurs de Rentes, ou Cens, qui n'auront pas mis leurs biens en état de produire un revenu suffisant au paiement, en seront dépossédés après diverses formalités* (1).

Paris, 1343. (C. L. II, 196.)

Philippus Dei gratiâ francorum Rex.

Noverint universi præsentes pariter et futuri, quod cum cives nostri parisienses supplicassent nobis, quod nos ordinaremus et statueremus certum terminum, infra quem illis quibus debentur incrementa (2) censuum, vel redituum, possent assignare ad domos et possessiones et earum pertinentias Parisiis, vel eorum suburbiis, de quibus iisdem civibus debentur incrementa censuum et reditus de eisdem, quando domus, vel possessiones hujusmodi sunt vacuæ, et ad hoc redactæ, quod non possunt hi percipere census et reditus suos, aut possessores earumdem domorum, vel possessionum sunt deficientes in solvendo census et reditus earumdem, dicendo, quod plures domus corruerunt, et ruina deteriores erant reditus in villa Parisiensi et ejus suburbiis et loca remanserunt vacua, et plures possessiones inanes erant et vacuæ, quæ non essent, si illi quibus census, vel reditus deberentur, possent ad domos, vel possessiones assignare.

Nos ipsorum civium indemnitati, et ipsius villæ Parisiensis, quæ ex hoc difformatur immunditiis et ruinis, commoditati providere volentes, pensata etiam super hoc publica utilitate, Ordinamus et statuimus.

Quod illi, seu aliqui eorum, quibus census vel reditus hujusmodi debebuntur, per annum continuum, ter in ipso anno continuo, videlicet in crastino omnium sanctorum, in octavis nati-

---

(1) *V.* l'ord. de Philippe-le-Bel, de novembre 1303. (Is.)

(2) C'est ce qu'on appelloit *croist de cens*, *sur cens*, et *seconde rente*. Du Moulin, Commentaire sur le titre des *censives*, de l'anc. Coustume de Paris, glose 2, n. 16, pensait que le *cens* ou le *croist de cens* estoient la même chose, et que le cens ne fut ainsi appellé anciennement, que parce qu'il estoit payé en menuë monnoye, sur laquelle il y avoit une *croix* empreinte.

Brodeau, sur la nouv. Coustume de Paris, titre des *Censives*, n. 25, partageoit cet avis; mais cette opinion est détruite par l'ord. de Philippe le Bel de novembre 1303, tom. 1er., p. 806, et par celle-cy, où les *croists de cens* sont appellez *rentes*, ce qui ne peut estre entendu que des rentes assises et imposées après le chef-cens. (Laur.)

Domini, et in octavis Pentecostes citabuntur, vel ad judicium vocabuntur ad locum, vel in loco ubi census, vel reditus debentur in cujuscumque Dominio, vel trefundo existant ille, vel illi, qui domos, vel possessiones hujusmodi possidebunt, coram præposito nostro Parisiensi, et in præsentia fide dignorum et in Castelleto, et ibi monebunt eosdem, quod solvant arreragia vel ponant illas domos et possessiones in tali statu, quod illi quibus census, vel reditus debentur, possint ibi capere, pro censu et reditu, et pro arreragiis. Et fiant citationes per quadraginta dies, ante diem litis, et erit citatio sufficiens, quæ fiet ad locum, vel in loco ubi census, vel reditus debentur, et in Castelleto.

Et si citati non veniant, vel mittant sufficienter, quanquam sint absentes, vel extra patriam, noster præpositus parisiensis reputabit eos contumaces, et super contumacia illa, vel contumaciis, aut super monitione, vel monitionibus dabit literam suam sigillo præpositura parisiensis sigillatam, in qua continebitur majors pars illorum, qui erunt præsentes, in monitione prædicta, et nocebit eis contumacia, vel contumaciæ, eo modo quo noceret monitio, si facta esset coram præposito parisiensi, et in præsentia eorumdem.

Et monitionibus sic factis, vel contumaciis habitis, modo prædicto, si possessores, vel proprietarii dictarum domorum et possessionum et ante dictorum locorum, non solverint arreragia dictorum censuum, vel posuerint easdem domos, vel possessiones, in tali statu, quod censuarii possint ibidem capere, pro arreragiis censuum et redituum prædictorum, in continenti prædicto anno elapso, amittent totum jus sibi competens, aut competiturum, nec ex tunc poterunt ibidem ratione prædictorum jus aliquod reclamare. Et nihilominus illi, quibus census debebuntur, vel reditus, poterunt exigere et petere ab illis qui fuerunt proprietarii, arreragia suorum redituum et censuum eo modo, quo exigere aliàs consueverant.

Præterea ex causis prædictis statuimus et ordinamus, quod si plures sunt, qui census, super-census aliosve reditus habebunt, seu jus aliud in locis, seu domibus prædictis ruinosis, vel per annum vacuis, absque denariorum solutione, et aliquis seu aliqui ipsorum, census ceterorum jus habentes, quoscumque ipsos monuerint, seu monere fecerint, et vocare ad judicium coram præposito nostro parisiensi, per intervalla prædicta, et requiri, prout est supra inter censuarium et proprietarium ordinatum seu statutum et dicti census, super-census, reditus, seu jus aliud, ut dictum est debentes, sic citati, seu moniti non venerint, seu comparuerint sufficienter, ad hoc quod possit, inter ipsos de prædictis discuti, et fieri quod fuerit rationis, quod ex tunc, anno elapso, priventur omni jure quod habebant, ratione quacumque, in locis, seu domibus prædictis.

Volentes quantum ad privationem omnium jurium prædictorum, quod illud, quod est superius ordinatum, seu statutum inter proprietarium et censuarium in deficientes sic vocatos, seu monitos inter cæteros jus habentes, vendicet sibi locum.

Quæ ut robur perpetuæ stabilitatis perpetuo obtineant, præsentem paginam sigilli nostri munimine fecimus roborari.

Actum Parisius anno incarnationis Domini MCCCXLIII°.

N°. 120. — ORDONNANCE *qui incorpore les conseillers jugeurs et les conseillers rapporteurs, dont auparavant les uns étaient tirés de la noblesse, et les autres du peuple.*

10 avril 1344. (Hen. Abr. chr., 208.)

N°. 121. — LETTRES *du Roi et de la Reine, portant forme de partage entre leurs enfans, et pour ce que Philippe leur fils puîné est mineur d'âge, le Roi l'a éagé, et promettent, le Roi et sa femme, sitôt que ledit Philippe sera venu en âge de 14 ans, de lui faire jurer d'accomplir le contenu.*

Maubuisson-lès-Pontoise, 11 avril 1344. — Scellées des sceaux du Roi et de la Reine. (Trésor des chartes. — Dupuy, Traité de la majorité, p. 214.)

N°. 122. — LETTRES *portant don du Dauphiné au fils aîné du Roi, en échange d'autres terres données au second fils.*

Maubuisson, 16 avril 1344. (Hist. de la maison de Fr., liv. XIV, ch. 1; et XV, ch. 1.)

N°. 123. — MANDEMENT *portant injonction aux Donataires du Roi de fournir par écrit, l'état de tous les dons et grâces impétrés du Roi, ou de ses prédécesseurs* (1).

Château-Thierry, 8 juillet 1344. (C. L. II, 200.)

---

(1) Nouv. Rép. V. domaine public, S. 2. (In.)

N° 124. — ORDONNANCES *du grand conseil, sur les priviléges des foires de Champagne et de Brie* (1).
Château-Thierry, juillet 1344. (C. L. II, 202.)

N° 125. — MANDEMENT *au prevôt de Péronne, sur la police de la pêche dans la Somme* (2).
Paris, 16 août 1344. (C. L. II, 207.)

PHILIPPE, par la grace de Dieu, Rois de France, au prevost de Perronne, ou à son lieutenant, salut.

Comme par vertu de nós autres lettres empetrées de nous par P. Boudant, et plusieurs autres, tendanz et marchanz de poisson en la riviere de Somme, et tu aies fait une information, ou enqueste, appellez ceuls qui à ce faisoient à appeller, assavoir mon comment il a esté usé et accoustumé de peschier en la riviere de Somme, et il ayt esté trouvé par ladite information,

(1) Que des pieça et anciennement il fut ordonné, et à en usé et accoustumé de pescher en ladicte riviere de Somme de harnois de nostre maille, en tous temps de l'an que il plaist à peschier, et de prendre sans meffait des anguilles de la valüe de un denier les deux, au becquet de dix paux, au carpel de sief paux, et au bresmol de sept paux.

(2) Et aussi a esté ordené et accoustumé anciennement, que en toutes saisons de l'an, on puet prendre et vendre roches, fors entre mi-avril et mi-may.

(3). Et aussi anciennement n'a mie esté usé de payer amende pour petit poisson, se on le met en fosses aux becques pour leur pasture; ne que li sergens des yaües y doivent aller peschier, ne fait n'a esté, fors que depuis que Jehan de Perronne fut prevoz des yaües.

(4) *Item.* Il n'a mie esté accoustumé, fors que depuis que ledis Jean fust prevoz des yaües, de payer amende pour harnois de maure maille, autre que de nostre maille, se il est trouvé en la maison d'austre pescheur, ou marcheanz, autre que de perdre le harnois, puisque il n'est trouvé peschant.

Pourquoy tu par vertu de nosdites lettres et de ladite information, ou enqueste, lesdiz tendanz et marchanz de poisson

---

(1) V. ci-après l'ord. plus ample du 6 août 1349, et ci-dessus note sur l'ord. de décemb., 1331. (Is.)
(2) V. ci-dessus le réglement pour la pêche de l'Yonne. — Ces réglemens sont presque tous spéciaux. (Idem.)

en ladite riviere de Somme et tous autres, voulans estre tenus, maintenus et gardez en leurs usaiges anciens et accoustumez, eusses mandé et deffendu de par nous, à tous nos justiciers et subgiez, que lesdis tendanz et marchanz, et tous autres, laissassent user et joüir de leursdiz usaiges anciens et accoustumez, et que contre yceuls ne contrainsissent, ne molestassent en aucune maniere, en corps ne en biens, mais les en leissassent joüir et user paisiblement, si comme de toutes ces choses püet apparoir plus plainement par unes lettres scellées de ton seel, approuvée et vérifiée par unes autres lettres annexées en ycelles, et scellées du scel de la baillie de Vermandois, establi de par nous à Perronne, si comme l'en dist, nous aiens les choses faites par toi en cette partie, comme dist est, en fermes et agréables, en tant comme elles ont esté faites deüement.

Te mandons et se mestier est commettons, que tu iceuls faces tenir et garder et accomplir bien et deüement, et appeller ceuls qui seront à appeller.

Et si aucune chose trouve avoir esté faites encontre torchennierement, remets-là, ou faits remettre tantost et sans delay à estat premier et deu.

De ce faire te donnons plain povoir et mandement especial.

Et donnons en mandement par ces presentes lettres à tous justiciers et subgiez, et par especial au bailly, et au receveur de Vermandois, ou à leurs lieutenans, que il t'obeissent diligemment, en faisant les choses dessusdites.

Donné à Paris le 16ᵉ jour d'aoust, l'an de grace MCCCXLIII, soubs nostre seel nouvel.

N°. 126. — Ordonnance (1) *sur les appels au parlement, l'instruction criminelle, la jurisdiction de l'hôtel, les évocations, la proposition d'erreur, les causes réelles, la responsabilité des juges inférieurs, et l'abstention des magistrats.*

Paris, décembre 1344. (C. L. II, 210.)

SOMMAIRES.

(1) Si les parties ont comparu aux jours des presentations, quand mesmes il y auroit du défaut dans la qu-

---

(1) Cette ord., dit Laurière, est peut-être une des plus sages du règne.

[...] de la présentation, la Cour fera procéder les par[ties].

(2) Les parties plaideront selon l'ordre qu'elles seront appellées.

(3) Ceux qui auront interjetté appel dans les pays de coutumes, payeront l'amende de 60 livres parisis, à moins qu'ils n'ayent renoncé à leur appel dans huit jours.

(4) Si quelqu'un du baill. de Vermandois appelle avant le parlement prochain, il pourra faire executer son adjournement avant l'ouverture. Ceux des autres baillages impetreront leur adjournement pendant le parlement dans l'espace de trois mois, et le feront executer avant les jours fixez pour les presentations de leurs baillages.

(5) Il suffira aux appelans de faire adjourner les juges au lieu de la sentence, et où ils auront fait deny de justice.

(6) Lorsque des abbayes, couvents et communautez seront adjournées, dés que leurs procureurs se seront presentez, la Cour ordonnera que les parties procederont.

(7) On n'obtiendra plus de letres sous le nom du procureur du Roy, donnant pouvoir d'informer secretement contre les personnes de bonne repu-tation, si ce n'est du consentement exprés du Roy.

(8) On ne pourra faire adjourner personne devant les maistres des requêtes de l'hôtel du Roy, si ce n'est de la permission du Roy, ou dans les causes personnelles des officiers et domestiques, ou commensaux de l'hôtel.

(9) Il ne sera permis à personne, de venir directement, ni indirectement contre les arrests du parlement, ou d'impetrer des letres pour en suspendre l'execution, sous peine de 60 livres Parisis d'amende, à moins qu'on n'ait obtenu des letres de proposition d'erreur.

(10) Toutes letres surprises, par importunité au préjudice d'autruy, seront déclarées subreptices.

(11) Dans les procez de propriété les défendeurs n'auront plus qu'un seul délay pour avoir leur garand.

(12) Les baillis seront obligez d'estre au parlement, lorsqu'on y plaidera les causes de leurs baillages, si le parlement ne les en dispense, sinon ils seront privez de leurs offices, ou punis severement.

(13) Les conseillers et avocats ne pourront estre juges dans les causes, où ils auront esté consultez, et où ils auront esté employez pour les parties.

[Président] Henrion de Pansey, autor. jud. 252, 368, 380. — Nouv. Rép., V°. Chambre du plaidoyer, Bans des baillis, Committimus. — V. les ord. de 1291; mars 1302; 1304, ou 1305, p. 827; 17 nov. 1318; 3 décemb. 1319 et déc. 1320. (h.)

Philippus, Dei gratiâ Francorum rex: universis præsentes litteras inspecturis, salutem.

Quoniam facti experientia didicimus plura quæ per nos, seu prædecessores nostros ad utilitatem, tranquillitatem et favorem subditorum nostrorum fuerant salubriter ordinata, ac etiam instituta, per abutentium malicias, et cautelas, in ipsorum subditorum dampnum, et læsionem redundare. Et sicut in humana reperitur natura, quæ ad bene operandum, quandoque non aliter conservatur, vel etiam revocatur, nisi hoc quod ex sui varietate et decursu continuo ei resistere videtur, corrigitur. Sic ea quæ propter bonum subditorum utiliter fuerunt ordinata, oportet nos ex causis supervenientibus mutare, corrigere, aut totaliter quandoque revocare.

Quapropter nos subditorum nostrorum utilitatem et tranquillitatem, ut tenemur, procurare volentes, ordinationes infra scriptas, in magno nostro consilio fecimus, ac etiam ordinavimus, quæ in scriptis redigi volumus, ad perpetuam hominum memoriam, et ut nullus propter ignorantiam super hiis de cætero valeat excusari, præcedentes ordinationes aliquas, ex causis supradictis, secundum factorum qualitatem, et temporum varietatem corrigentes, declarantes, seu etiam mutantes.

(1) In primis igitur, cum secundum stilum Curiæ nostræ, et ordinationes scriptas, oportet partes, quæ in parlamento nostro litigare debebant, se certis, modo, forma seu qualitatibus præsentare. Quod si in hoc deficerent, defectus, seu licentia concedebatur contra partem non sufficienter præsentatam, ex quo sæpe pars quæ per simplicitatem, aut aliàs per negligentiam non se sufficienter secundum dictum stilum præsentaverat, suam causam amittebat, licet in Curia præsens esset, vel cadebat ab instantia suæ causæ, et adversæ parti condemnabatur in expensis. Verum cum modus, et ordinatio præsentationum, ob hoc fuerit introducta, ut partes suos adversarios, contra quos agere, et in judicio consistere debebant, scire possint, et ut partes præsentatæ, sine confusione et tumultu inordinato, in Curia nostra pro litigando, prout se præsentaverant, per rotulum secundum suum ordinem vocarentur. Nos rigorem, qui circa qualitatem dictarum præsentationum, transactis temporibus extitit observatus, temperare volentes ordinamus, ut si partes præsentatæ fuerint diebus præsentationum licet in earum præsentatione aliquis secundum stilum, in qualitate præsentationis reperiatur defectus.

Curia nostra stilo, et defectu prædictis nonobstantibus, in causa procedere faciat duas partes (1).

(2) *Item.* Quia in parlamento nostro quoque consuetum fuerat observari, quod si partes præsentatæ vocarentur per rotulum, seu cedulam, aut aliàs per illum ad quem, ex ejus officio, seu aliàs hoc fieri incumbebat, actor, qui ad cautelam et per suam maliciam, ut tardius vocaretur in fine præsentationum, se forsitan præsentabat, in præjudicium suæ partis, prætendebat, ex stilo Curiæ, aut aliàs, se non debere compelli litigare, cum vocaretur secundum præsentationem suæ partis adversæ, sed tunc solum, cum secundum ordinem suæ præsentationis vocaretur. Ex cujus observantia, curia impediebatur, et causarum expeditio retardabatur, et parti volenti procedere inferebatur præjudicium, sive dampnum : volumus ac etiam ordinamus ut talis stilus, seu ordo præsentationum in litigando de cætero non servetur, sed secundum quod vocabuntur partes, per præsentationem cujuslibet earumdem actoris scilicet sive rei, litigare teneantur.

(3) *Item.* Cum per nos in magno nostro consilio et in favorem appellantium (2) subditorum nostrorum jamdiu ordinatum fuisset, ut appellantes a nostris judicibus, seu aliis, ad Curiam nostram, dilationem trium mensium haberent ad impetrandum adjornamentum in causa appellationis suæ, et ad illud faciendum executioni demandari. Et in casu quo adjornamentum non impetraverant, vel impetrato usi non fuerant, a sua appellatione cadebant, sed propter hoc ad emendam, ob dictam appellationem minime tenebantur, prout in dicta ordinatione plenius continetur, licet antea Illico (3) cum appellaverant in emendam incidebant. Quia tamen crescente plurium malicia, hoc quod ob

---

(1) Pour entendre ce premier article, il faut lire la 1re. partie de l'ancien stile du parlement, chap. 4 et 5, composé par du Breüil, à quoi il faut joindre les notes d'Auferius, où l'on verra que dans nos pays coutumiers, l'usage estoit d'adjourner le juge qui avait rendu la sentence, dont estoit appel, et de dénoncer l'adjournement à la partie qui avoit obtenu gain de cause, et que dans les pays de droit écrit, l'usage estoit d'adjourner la partie, et de dénoncer l'appel au juge qui avoit rendu la sentence. (Laur.)

(2) *V.* stil. du parlement, part. 1, ch. 20, et l'ord. de Philippe de Valois, du 9 may 1330. (*Idem.*)

(3) *V.* Galli, quæst. 158, et la note de Dumoulin ; les notes sur le 1er. liv. des Establiss. de S.t Loüis, chap. 80, 81 ; et chap. 20 de l'ancien stile du parlement, §. 2. (*Idem.*)

ipsorum favorem, fuerat introductum, ad aliorum læsionem, et retardationem juris ipsorum pluries vertebatur, quia plures et quasi sine delectu, ab omni sententia etiam juste lata, propter dilationem prædictam. Et quia in casibus prædictis solvere aliquam non tenebantur emendam, appellabant, pluresque fraudes alias committebant, prout experientia facti, et nonnullorum relatione fideli didiscimus. Nos indempnitati subditorum nostrorum providere volentes, et fraudibus et maliciis talium obviare, volumus, ac etiam ex nostra scientia ordinamus, ut de cætero in patria quæ jure consuetudinario regitur, quicumque ad nos, seu ad nostram Curiam appellaverint, a nostris judicibus, vel aliis, a quibus ad nos, seu nostram Curiam immediate appellandum fuerit, appellantes ipsi, præfata distinctione, super impetrando et exequendo adjornamento, vel non intra tres (1) menses, quantum ad hæc per præsentem ordinationem, penitus abolita, ad emendam sexaginta librarum Parisiensium solitam nobis solvendam omnimode compellantur, nisi in causa appellationis suæ obtinuerint, vel nisi intra octo dies continue a die appellationis numerandos, suæ renuntiaverint appellationi. Et ut supra dicta renunciatione, ullum oriri non valeat debatum, nec etiam partes ex hac in factis ponantur, judex qui protulit sententiam, ipso adhuc pro tribunali sedente, personam certam ordinare, seu deputare publice tenebitur in loco, in quo suas pronuntiabit sententias, coram qua, si judicem absentare contingat, appellantes renuntiare poterunt et debebunt, infra tempus prædictum, appellationibus per eos interjectis, et ab ipso judice, seu persona per ipsum judicem ad hoc ordinata, seu deputata, ut præmittitur, literas sub sigillo alterius ipsorum, tam appellans, quam appellatus habebunt renuntiationem, et diem quo lata fuerit sententia, ac etiam diem, quo ipsi appellationi renuntiaverint, continentes, ordinatione, tamen supra dilatione adjornamentum impetrandi, et ipso infra terminum trium mensium executioni demandando, et aliis prout et secundum quod inferius in continenti declarabimus, seu interpretabimur in suis virtute et robore permanente.

(4) *Item.* Cum secundum dictam ordinationem nostram (2) super adjornamento, impetrando et exequendo infra tres menses,

---

(1) *V.* ci-dessus l'ord. du 9 mai 1330. (Is.)
(2) C'est l'ord. du 9 mai 1330. (*Idem.*)

propter nostrorum utilitatem subditorum, jamdiu per nos factam, appellantes à nostris judicibus, seu aliis ad curiam nostram, dilationem trium mensium haberent post latam sententiam, seu juris denegationem, ad suum adjornamentum impetrandum, ac etiam exequendum, et in casu quo adjornamentum non impetraverant, vel impetratum non faciebant, infra tempus prædictum executioni demandari, sed a sua appellatione caderent, nobis tamen ad emendam, minime tenebantur. Quia tamen plures quandoque ex verbis constitutionis prædictæ, calumniose occasionem malitiæ sumentes, cum ipsos ante incæptum parlamentum, condemnari, seu eis jus denegari contingebat et appellaverant ad Curiam nostram, licet tempus sufficiens ad impetrandum adjornamentum, et ad ipsum exequi faciendum haberent, ante tunc proximum parlamentum (1), minus tamen trium mensium spatio, non impetrabant adjornamentum ad tunc proximum parlamentum, sed ad aliud immediate subsequens, suam colorantes malitiam, ex eo et pro eo, quod tres menses continuos habentes ad impetrandum adjornamentum, ut præmittitur, eisdem licebat, virtute ordinationis præfatæ, ut dicebant, quandocumque, infra tamen tres menses prædictos, suum adjornamentum impetrare, et exequi. Et quia finis dictorum trium mensium, tempore jam incæpti parlamenti claudebatur, in quo, secundum stilum Curiæ, non licebat adjornamentum impetrare ad procedendum in jam incœpto parlamento (2) absque gratia speciali, concludebant, quod opportebat illud impetrare ad tunc futurum parlamentum. Ex quo, si per modum ante dictum constitutio intelligeretur, prædicti appellantes majorem dilationem haberent, quam habere potuissent, ante constitutionem prædictam, per quam intentionis nostræ fuerat dilationem, in causis prædictis, arctare, ac etiam restringere, non autem augmentare. Ea propter nos dictam ordinationem seu constitutionem declarantes, interpretantes, seu corrigentes in hac parte, volumus ac etiam ordinamus, ut si per aliquem appelletur, ante tunc futurum parlamentum, quod declarationi et arbitrio Curiæ nostræ relinquimus, infra quod tempus appellantes, si sint de Viromandensi ballivia, illud possint impetrari et exequi facere, ante initium parlamenti, ad impetran-

---

(1) *V.* la 1re. partie du stile du parlement, ch. 4, §. 1, 2 et 3. (Is.)
(2) *V.* style du parlement, part. 1re., ch. 4 et 5, §. 1 à 4. (*Idem.*)

dum et exequi faciendum ante dicti parlamenti initium et per competentem terminuum, teneantur : et alii de bailliviis, seu seneschalliis nostris, adjornamentum impetrare dumtaxat, cum illud possint, etiam durante parlamento, infra tres menses tamen præedictos et exequi facere per dilationem competentem, tamen ante dies præsentationum seneschalliæ suæ, vel bailliviæ, hoc facere teneantur, nec in hiis casibus, dilationem trium mensium habebunt, virtute constitutionis, seu ordinationis ante dictæ, quam nolumus nec etiam volumus, seu intelligimus locum sibi vindicare in causis supradictis.

(5) *Item.* Cum transactis temporibus, fuerit, ex stilo Curiæ nostræ observatum, ut si quis a sententia alicujus paris Franciæ, ducis, comitis, baronis, seu alterius domini temporalis, aut defectu, seu denegatione juris, ab ipsis, seu officialibus, et judicibus suis, ad nos, seu Curiam nostram appellabat, oportebat, ut non solum, judicem, seu officialem, ad ipsius personam, seu domicilium, sed etiam parem, ducem, baronem, vel dominum, modo consilii, faceret adjornari (1). Ex quo sæpius appellantes opprimebantur multis laboribus, sumptibus, et expensis. Nam plerumque contingebat ipsos pares, duces, comites, barones vel dominos in partibus multum remotis, etiam infra limites regni nostri, a loco, quo lata fuerat sententia, seu facta denegatio juris, suum mutare domicilium, etiam post latam sententiam, vel defectum, seu denegationem juris, quod appellantes verisimiliter ignorare poterant, et quia quoque, ob causas prædictas, juxta rigorem dicti stili, ipsos dominos, seu eorum officiales non faciebant sufficienter adjornari, suam causam etiam justam amittebant, et in partis adversæ condemnabantur expensis. Nos igitur dicti stili rigorem, secundum clementiam nostram, temperare volentes, ac tanto rigori, equitatem præferri, ordinamus, ac etiam statuimus, ut in dictis casibus sufficiat et proficiat, ac sufficere et proficere debeat, ipsis appellantibus. Si ipsos judices, qui sententiam protulerunt, aut denegationem juris fecerunt, et a quibus

---

(1) L'ancien stile du parlement parle de cet ancien usage, 1re. part., ch. 3, §. 1. *Ubi quis*, dit-il, *appellavit ab hominibus alicujus. Paris, qui super se habent homines judicantes in curia dicti Paris, qui dicuntur Franci; si per appellata, et par Franciæ se remitti petat, super dicta causa ad homines immediate judicantes, audientur.* Ita dictum fuit per dictam curiam anno 1326, où il faut remarquer que les hommes qui tenoient les grands jours des pairs, estoient appelez *Francs.* (Laur.)

appellatum, adjornari faciant, in loco, ubi lata fuerit sententia, vel facta fuerit juris denegatio, seu defectus, ad personas, seu habitatores dicti loci, si qui reperiantur, vel coram vicariis loci prædicti, si nemo reperiatur ibidem, vel quod ad personam ipsius judicis, vel locum tenentis, vel ad eorum domicilium, fiat ipsum adjornamentum, si ibidem, vel alibi infra castellaniam dicti loci casualiter, vel alias, inveniatur, si hoc appellans maluerit. Denique adjornamentum simili modo fiat, ad dominos judicis, in locis prædictis, ipsis absentibus vel etiam præsentibus, absque eo quod oporteat dominos in eorum personis, seu domiciliis facere adjornari, prout fieri solebat, ante ordinationem seu constitutionem præsentem. Et quia ex observatione antiqua consuevit fieri, ut nos literas nostras paribus Franciæ mittere debeamus, per quas ipsos adjornamus (1) et alias literas, quibus bailivis, vel judicibus mandatur, ut literas nostras paribus debeant præsentare, volumus ut literæ prædictæ

---

(1) D'abord la regle estoit qu'un pair de France ne pouvoit estre adjourné, que par deux autres pairs; ce qui avoit lieu, lorsque c'estoit un pair qui faisoit adjourner un autre pair, comme il est très bien expliqué dans l'ancien stile du parlement, Des adjournemens des pairs, part. 1re., par Bouteiller, Somme, liv. 1er., tit. 3, p. 12; par du Tillet, Recueil des Rois de France, titre Des pairs, p. 170, et dans mes observations sur Loisel, liv. 1er., tit. 1er., regle 32. Il en estoit de même dans les lieux où l'on jugeoit par pairs; mais lorsque c'estoit le Roy qui faisoit adjourner un pair, il faisoit expedier une letre en chancellerie, par laquelle il adjournoit le pair; on expedioit ensuite une seconde letre adressée à un bailli, ou à quelqu'autre personne, avec ordre de presenter la letre d'adjournement au pair. Ce porteur de commission estoit appellé *serviens regis*: et comme le pair estoit aussi bien adjourné par un tel sergent, que s'il avoit esté adjourné par deux de ses pairs, de là est venuë la regle qui est rapportée par Loisel, *sergent du Roy est pair à comte*.

Lorsqu'un simple particulier avoit affaire à un pair de France, il est évident qu'il n'auroit jamais pû le faire adjourner par deux de ses pairs, et qu'ainsi il n'auroit jamais pû obtenir justice au parlement, où les pairs plaidoient en premiere instance.

Ainsi dans ce cas le particulier estoit dans l'obligation de se pourvoir en chancellerie, d'y obtenir des letres, par lesquelles le Roy adjournoit le pair, et d'autres letres qui commettoient quelque officier pour presenter les lettres d'adjournement au pair.

Puis comme il estoit difficile de trouver le pair, qui souvent estoit absent, Philippes de Valois statua par cette ordonnance, qu'il suffiroit à l'advenir de presenter la letre d'adjournement *en cas d'appel*, qui estoit le cas le plus frequent, au juge du pair; et au lieu où la sentence auroit esté rendue. V. l'ancien stile du parlement, part. 1re., chap. 4. (Laur.)

solum ad eorum judicem, vel ad locum, ubi lata fuerat sententia, vel facta juris denegatio seu defectus similiter præsententur, absque alia solemnitate servanda.

(6) *Item.* Cum sæpe contigerit, et contingat nonnulla adjornamenta, contra abbates et conventus, capitula, scabinatus et scabinos, consulatus et consules, aut homines judicantes, in nostris et subditorum nostrorum curiis, facta impugnari, et plerumque nulla, seu insufficientia, per nostram Curiam declarari, ex, et pro eo, quod in conventu, et capitulo campana pulsata, conventu et capitulo congregato, et in scabinatu scabinis, consulatu, consulibus, aut eorum majori parte congregatis facta non extiterit, et quod judex conjurator hominum judicantium, ac etiam dominus judicis conjuratoris (1) non extiterint adjornati, seu propter alios ritus, seu solemnitates consuetudinum, seu stilorum, usuum, aut observantiarum locorum, et proprie curiarum continue observatos, unde quamplures perdiderunt et in futurum perdere possent causas suas, licet adjornati, seu procuratores, pro dictis adjornatis, in nostra Curia comparuerint, et compareant, et se præsentaverint, et præsentent. Nos tales anfractus litium, et superstitiones amputare volentes, et lites dirimere, et causarum expeditionem accelerare cupientes, volumus, ac etiam ordinamus, quod Curia nostra, prædictis nonobstantibus, quascumque personas prædictas, aut alias in nostra Curia adjornatas, ex quo comparuerint et se præsentaverint, una pars contra alteram, summarie et de plano, rejectis quibuscumque talibus allegationibus, et ipsis non auditis, ac penitus non admissis, in causa procedere faciat ipsas partes.

(7) *Item.* Quia sæpe per malivolos, et ex malitia plurimorum, a nobis impetrantur literæ, sub nomine procuratoris nostri, et ipso penitus ignorante, per quas quoque committitur, etiam personis suspectis, ut informationes secretas (2) faciant, contra personas bonæ famæ, ex quibus quamplurimi notabiliter, ac etiam enormiter læduntur, non solum in eorum bonis, sed etiam perso-

---

(1) *V.* le Glossaire du Droit françois sur *Conjure*; Charondas, notes sur Loiseleur, p. 19; Beaumanoir, ch. 1, p. 11, à la fin, et Du Cange, V°. *conjura*. (Laur.)

(2) *V.* M. Freher, *De occultis judiciis olim in Westphalia, aliisque Germaniæ partibus usitatis, postea abolitis.* (Idem.)
V. l'art. 75, ch. 5, tit. 3, Const. de 1791; art. 250, Const. de l'an 3; 80, de la Constit. de l'an 8; et le Code d'instruction criminelle, sur la défense de communiquer. (Is.)

..., et denigratione suæ famæ nam et ipsi in villibus carceribus ......, et eorum bona, in manu nostra posita distrahun... indebite dissipantur, et quoque contra officiales nostros, ... propter justitiam et observationem juris nostri, malivolen... et odium plurimorum incurrunt. Cum igitur intentionis ..... non extitit, quod subditi et officiales nostri talibus infor......bus opprimantur, ordinamus, ac etiam decernimus ut ...., virtute talium literarum, tales non fiant informatio..., nec literæ sub procuratoris nostri nomine concedantur, ... de nostra expressa emanaverint voluntate et conscientia, seu . nostra Curia tales literæ emanaverint, aut ipso procuratore .... generali, hoc in sua persona petente, vel de ipsius certo ......, aliàs autem volumus ut impetrantes hujusmodi ......, et expensas illis resarciant, et reddere, ac injurias ...... teneantur, contra quos talia impetrare præsumpserunt ... nos emendam sexaginta librarum parisiensium in tali ....tione incurrant, et in eam incidant, ipso facto, ad quam ... solvendam celeriter compellantur, nec ulla fides informa......bus adhibeatur prædictis. Si verò aliqui officiales, aut sub... nostri, virtute informationis debite factæ per literas nostras, .. voluntate et conscientia nostra, seu a Curia nostra concessas, ... ad petitionem procuratoris nostri generalis, seu ejus certi ......, ut prædictum est, emanatas, capti fuerint ipsi, ante.... in carcerem detrudantur, ad judicem, cujus autoritate .... sunt, adducantur, et factis, per informationem repertis, ... eos propositis, illico in suis defensionibus audiantur, ut .. ..tim judex de corporum elargitione, seu detentione, ac ...... suorum recredentia facienda, vel non, prout sibi jus...; et equum visum fuerit, valeat ordinare. Quod si ita ...... copia judicis haberi non possit, dicti capti honeste et ..... detineantur, donec ad judicem adduci valeant, et in suis ....onibus audiri, cumque intentionis nostræ non existat, ... præsentis ordinationis occasione, delicta remanere de.... impunita, declaramus ordinariam jurisdictionem, seu ......tatem seneschallorum, bailliviorum, præpositorum, bajulo..., aut aliorum ordinariorum, seu procuratoris, seneschallia... et balliviarum nostrarum non diminui, nec eisdem aliqua......derogari. Ordinationem tamen nostram antiquam præsen... renovantes statuimus, ac etiam ordinamus, quod procura.... nostri occasione criminum, delictorum seu excessuum contra aliquos subditos nostros persecutionem, placitum, seu dilationem non faciant, nisi præcedentibus informatione debita et præcepto judicis competentis.

(8) *Item.* Quia à pluribus fide dignis didicimus, quod plures malivoli literas a nobis impetrant, et per eorum importunitatem obtinent, ut eorum adversarii, quos laboribus et expensis fatigare nituntur, coram magistris requestarum nostri hospitii adjornentur, licet pluries hoc fieri expresse prohibuerimus et si gravius adversarios suos laboribus et expensis gravare valeant, ipsos impetrant adjornari ubicumque nos esse contingerit, ex quo quoque constat ipsos sic adjornatos esse sub periculo amittendi causas suas, propter defectum sui consilii, ac de facili non advocatos secum habere non valeant propter mutationem locorum, in quibus nos transferre ex multis causis contingit. Et quia hospitia seu alia necessaria, nisi cum difficultate possunt sæpius reperire, qui etiam a suis provinciis, seneschalliis, baillivis, præposituris, seu castellaniis, contra ordinationes regias, et antiquas trahuntur illicite, quod in subditorum nostrorum grave præjudicium et jacturam dignoscitur redundare. Nos subditorum nostrorum indemnitatibus in hac parte providere volentes, ordinamus ac etiam statuimus de cætero, ut nulli liceat coram dictis magistris requestarum nostri hospitii, aliquas personas adjornari facere, seu etiam evocari, nisi de nostra expressa procedat scientia, vel in causis officiorum per nos concessorum, ut inter officiales, seu familiares et domesticos dicti hospitii nostri, et in causis mere personalibus, quas unum officialem, seu domesticum et officialem contra alium officialem, familiarem et domesticum habere contingat, vel eum aliquis alius a familiari et domestico hospitii nostri aliquid petere voluerit super actione mere personali, et quæ officium ejus tangat, quæ quidem causæ tunc coram dictis magistris requestarum poterunt agitari, ne domestici et familiares hospitii nostri a nostris distrahantur, et impediantur officiis. Alias vero quascumque personas, etiam hospitii nostri, tam agendo, quam etiam defendendo et in causis quibuscumque, volumus coram suis ordinariis judicibus remitti. Et si secus actum vel factum fuerit ipsum declaramus nullum, irritum et inane.

(9) *Item.* Cum jamdudum per nos in nostro magno consilio sit ... erit ordinatum, ut nulli liceat contra arresta curiæ nostræ aliquid proponere, vel dicere, nisi a nobis impetraverit gra-

... errores contra hujusmodi arresta proponendi (1), quo ... casu cautionem, antequam reciperetur ad aliquid propo... , dare debet, et tenetur, de solvendo nobis duplicem ... , in casu, quo non invenirentur errores in arresto, ac ... de solvendo expensas, atque dampna, illi qui pro se re... ...verat. Dicta tamen ordinatione nonobstante, plures nitun... ... etiam de facto, per eorum importunitatem, a nobis impe... ... literas, absque eo quod asserant errores intervenisse in ... ut contra arrestum, et intellectum ejus, et arresto non... ...ante, quod etiam per nostras literas annullamus, audiantur? ... quod est gravius parti, quæ arrestum pro se reportavit et ... , ut arresti executio usque ad certum tempus etiam sus... ...datur, vel quod partes super hiis, super quibus arrestum fuit ... , coram aliis, quam coram gentibus parlamenti nostri, ... non in ipso parlamento adjornatæ audiantur. Cum tamen ... per prædecessores nostros Franciæ reges, semper fuit, et ... autoritatem parlamenti inviolabiliter observatum, ne ... Curiæ nostræ, aliquatenus, nisi per ipsas gentes parla... ...menti nostri, in nostra præsentia, cum hoc præcipimus, vel ... absentibus, per ipsas quæ personam nostram immediate ... ...sentant, vel per ipsas, et aliquot alios consiliarios nostros, ... ad hoc cum ipsis mittimus, aliquo modo corrigantur, vel ... moveantur. Nos igitur mores antiquos, et facta prædecesso... ...rum nostrorum laudabilia, in quantum possumus, tenere, et ob... ...servare cupientes, volumus, ac etiam statuimus, ut de cætero ... liceat contra arresta parlamenti nostri directe, vel per obli... ...quum, expresse, vel tacite, aut aliàs quovismodo contrà ire, vel ... impetrare, per quas arrestorum executio retardetur, vel ... impediatur, vel contra ea dicant, seu veniant impetrantes. Quod ... fecerint in emendam sexaginta librarum Parisiensium nobis ... applicandam, incidam, et illico teneantur, nisi a nobis literas ... habuerint, de gratia speciali et ex certa nostra scientia, ut ad ... proponendum errores contra arresta, juxta ordinationes nostras ... prædictas, audiantur. Quæ quidem literæ impetrabuntur, per ... hunc modum videlicet, ut ille qui asserere intendit intervenisse ... errores in arresto, ipsos errores in scriptis, gentibus requesta... ...rum hospitii nostri, vel aliis gentibus nostris per quas talia impe... ...trare intendit, tradat, ut ipsæ gentes nostræ deliberare habeant

---

(1) *V.* l'ordon. de 1351. (Is.)

et possint si, ut a prima facie apparere poteat, gratiam pœ‑
nendi errores concedere debeamus. Qui, quidem errores sic
scriptis traditi, ne pars quæ forsitan ad cautelam errores i‑
mmutaret, post gratiam impetratam, sub signis illorum au‑
diantibus, quibus gratia fiet, seu transibit, et sub contra‑s[?]
nostro, gentibus parlamenti nostri, cum literis super gratia c‑
cessis, transmittantur. Quibus sic in scriptis traditis, et p‑
vocata, dictaque solita cautione præstita de refundendis s‑
bus et expensis, secundum alias ordinationes nostras, errores p‑
parlamentum nostrum, non alibi, neque per alias, ut præ‑
tum est, vel nisi solum in præsentia nostra, si hoc ordinave‑
mus fieri, ipsis etiam præsentibus, corrigantur. Volumus in‑
per quod nulli concedatur de cetero gratia, ut arresti execu‑
suspendatur, propter errores in ipsum proponendos, quia p‑
arresto, quod debite, et absque interventu errorum latum,
factum fuerit ab omnibus, est verisimiliter præsumendum. I[?]
forsitan contingat verisimiliter dubitari, quod pars quæ p‑
arrestum reportavit, sit, vel efficiatur sic, quod fructus perci‑
piendos virtute arresti, in casu quo in arresto erratum fu‑
reddendi, seu restituendi facultatem non haberet, ipsa C‑
nostra supra ordinari valeat, prout videbitur faciendum. Statu‑
mus etiam quod de cetero, nulli concedatur gratia proponen‑
errores contra arrestum interlocutorium, quod si secus factum
fuerit, nullum esse decernimus, ac etiam non valere.

(10) *Item.* Quia sepe contingit, quod plures literæ per impor‑
tunitatem petentium, et quanquam per inadvertentiam a n‑
impetrantur, ex quibus, vel per quas, jus partis enormiter læ‑
tur, quod nobis displicet. Volumus, ac etiam præcipimus, p‑
etiam in propria persona recolimus, nos pluries gentibus, s‑
magistris parlamenti dixisse, ac etiam injunxisse, ut talibus li‑
teris, in læsionem juris partium, sic concessis, non obediant,
vel etiam obtemperent quoquomodo, imo eas nullas, iniquas,
vel subreptitias pronuntient, ac annullent, vel si eis expedien[?]
videatur, secundum naturam causæ, vel formam literarum, no‑
bis super hoc referant, et nostram advisent conscientiam, super
hoc quod videbitur rationabiliter faciendum.

(11) *Item.* Cum a magnis retroactis temporibus, quibus parla‑
mentum bis in anno quolibet teneri solebat, fuerit observatum,
quod in causis proprietariis (1), seu proprietatis, reus post libel‑

---

(1) *V.* le style du parlement, part. 1, ch. 17. (Is.)

...criptis traditum, seu demandam, et post diem consilii
... (1) tres dilationes habeant, et per tria parlamenta, ad
...Garandum, quem nominabat faciendum adjornari, et in
...quo ille, quem in suum nominaverat Garandum non vene-
...ctum solum, habebat contra ipsum, causa proprietatis
... statu, inter partes principales remanente et dormiente.
...bus dilationibus multa pericula venire solebant, in præju-
...quoque irrevocabile petitoris, seu actoris; propter quod,
...tas perplexitates litium, et dilationes abreviare volentes,
...mus, et ex certa scientia statuimus, ut de cætero in cau-
...prietariis, ad habendum suum Garandum (2) reus nisi
... unam dilationem habeat ad proximum tum sequens par-
...tum, et quod ipsi reo, adeo jus suum, seu actio sua,
...illum, quem in Garandum nominavit et adjornari fecit,
...olum et salva remaneat, ac si per tria parlamenta, ipsum,
... solebat, adjornari fecisset.

... *Item*. Cum baillivi nostri parlamento nostro diebus bail-
... suarum, comparere et remanere continue teneantur,
...nabiliter debeant, ut eorum sententias a quibus appella-
...beant sustinere, et ut si quis de ipsis in parlamento nostro
...oniam (3) facere voluerit, ipsis super hoc auditis, per
... parlamentum ordinetur, et apparere possit, ac cognosci
...orum gestu, moribus, et vita, et qualiter per ipsos digne
...tur provinciæ iis traditæ, sub eorum regimine, et ut etiam
... possit injungere, si quæ duxerit ordinanda. Quia tamen
...tingit ipsos baillivos, ipsis tunc temporibus absentare et
...ones, quæsito colore, tam per literas nostras, aut alias
...dere, ex quo subditi nostri, cum de ipsorum bailliviorum
...onibus, propter eorum absentiam, veritas, haberi non
... oppressi remaneant, et aliàs multipliciter prægravati. Vo-
... ac etiam ordinamus ut baillivi nostri ad dies suarum bail-
..., in parlamento nostro personaliter, omni excusatione
...e, comparere, et causis suæ bailliviæ durantibus, rema-

---

(1) *V.* style de l'anc. parlement, part. 1, ch. 11, *De dilationibus tentæ*. (Is.)
(2) *V.* style de l'anc. parlement, part. 1, ch. 12. (*Idem.*)
(3) Cecy est très remarquable. Les baillis et les seneschaux doivent estre pre-
...parlement, dans le temps qu'on y plaide les causes de leurs baillages,
...venir leurs sentences, pour deffendre aux plaintes faites contr'eux, et
...le parlement puisse s'informer de leur vie et de leurs mœurs. (Laur.)

neve teneantur, nisi de ipsius parlamenti licentia, si forte eam sufficiens interveniat, ipsos absentare contingat: Si vero absque causis prædictis, seu gravi infirmitate non venerint, vel postquam præsentes fuerunt, si absentaverint, volumus, ac etiam præcipimus ipsos ab officiis nostris privari, seu suspendi, aut aliter graviter puniri, per ipsum nostrum parlamentum, prout videri faciendum.

(13) *Item*. Ordinamus omnibus seneschallis, baillivis, et aliis judicibus nostris, et sub eorum juramentis districte injungendo, ne advocatos seu consiliarios, super causis in quibus consilium, seu patrocinium suum partibus præstiterunt, quoquomodo permittant, in dictis causis judicandi, cum ipsis judicibus in consilio præsentes interesse. Et si quandoque forsitan judices nostri advocatorum contingat petere consilium, in causis judicandis, ipsos prius jurare faciant quod in causis prædictis numquam consilium, seu patrimonium præstiterunt. Quod si contrarium factum reperiatur, tam judices, quam etiam nos advocatos graviter, ut perjuros, puniemus. Has vero ordinationes, seu constitutiones volumus ad perpetuam rei memoriam observari. Et ne aliquis super ipsis valeat pretextu ignorantiæ excusari, præcipimus dilectis et fidelibus gentibus nostrum parlamentum tenentibus, ut dictas ordinationes, seu constitutiones per Regnum nostrum in seneschalliis et bailliviis nostris solemniter faciant publicari. Quod ut firmum et stabile perseveret, præsentibus literis nostrum novum, absente majore, fecimus apponi sigillum.

Datum Parisius. Anno Domini millesimo trecentesimo quadragesimo quarto. Mense decembri.

N°. 127. — Mandement *au parlement* (1), *d'observer les ordonnances délibérées au grand conseil, et envoyées secrètement à la Chambre des comptes, contenant aussi des dispositions sur les Chambres du parlement, des enquêtes et des requêtes.*

Au Val-Notre-Dame, 11 mars 1344. (C. L. II, 220.)

De par le Roi, nos gens du parlement, nous avons faite cer-

---

(1) Cette ord. n'est pas en forme, elle est tirée des registres du parlement. (Is.)

[...] ordenance, sur le fait de nos chambres du parlement, des [enquestes] et de nos roquestes du palais, par deliberation de nostre grant conseil, laquelle nous avons envoyé, sous le seel de nostre secret enclose, à nos gens des comptes, qui vous en bailleront la copie. Si vous mandons et commandons estroitement, et sur les sermens que vous avez à nous, que ladite ordenance, laquelle nous voulons garder et estre gardée, sans enfraindre, vous gardez, et faites garder et tenir, en ce qui à vous apartient. Et se aucun mandement vous venoit, qui fût en rien contre ladite ordenance, ne le mettez à aucune execution, jusques vous nous en ayez avisés, et que vous en sçachiez autrement nostre volonté.

Donné au Val Nostre-Dame, le 11e jour de mars l'an MCCCXLIV.

Ordonnances secrètes.

A nos amez et feaulz les gens tenanz nostre parlement à Paris.

(1) Li Roys en son grand conseil, par bonne et meure deliberation, a ordené pour l'honneur et profit de luy, et de son pueple, et pour plusieurs causes justes et raisonables, que pour gouverner sa justice capital, c'est à sçavoir, son parlement, seront en sondit parlement, prenanz gaiges accoustumez, quinze clercs, et quinze lais, outre les trois presidens, qui ont gaiges separez, et autres que les dessusdiz, et sans ceux, à qui li Roys a donné leurs gaiges à vie.

(2) Item. En sa chambre des enquestes, quarante, c'est à sçavoir, vingt-quatre clercs et seize lais.

(3) Item. En ses requestes du palais, huit, c'est à sçavoir, cinq clercs et trois lais.

(4) Et combien que moult grant nombre de personnes ayent été et soient és dessusdits estaz, par ce meisme conseil, les personnes cy-dessous nommées, sont esleuz à demourer, pour exercer et continuer lesdiz estaz, aux charges accoustumez. Et toutes voyes se il plaist aux autres venir esdiz estaz et offices, il plaist bien au Roy, que il y viennent, mais ils ne prenront gaiges, jusques à tant, que il seront mis au lieu des susdiz nommez esleuz.

(5) Item. Li Roys par ce meisme conseil, a ordené que nul ne soient mis au lieu et nombre de l'un des dessusdiz esleuz,

quand il vaquera, se il n'est tesmoigné au Roy, par le chancellier, et par le parlement, estre suffisant à exercer ledit office, et estre mis audit nombre et lieu.

(6) *Item.* Les dessusdiz au nombre demoureront continuelment oudit parlement, pour faire leur office, et ne s'en partirout durant le parlement, se ce n'est par la licence du parlement.

(7) Et veult li Roys et Ordene, ainsi comme il a fait de ses notaires (1), et de ses sergens d'armes, que cette presente ordenance soit tenuë et gardée à toûjours, sans enfraindre pour quelconque cause que ce soit, et dés maintenant li Roys declaire et decerne estre nul, et de nulle valeur, tout ce qui de cy en avant seroit au contraire.

Et pour ce que li Roys veult que ceste presente ordenance soit ferme et estable, tenuë et gardée à tousjours, il a commandé que elle soit seellée de son scel en cire verte, et en soye.

Pour ce que, nous avons eû plusieurs complaintes de nos subgiez, que les commissaires de nostre parlement, et de par nous, prenoient granz salaires et excessifs, par quoi les parties sont si oppressées, qu'il en sont mis à poureté, ou convient souvent qu'il en cessent à poursuir leur cause, ou leur droit. Ordenons, et voullons que nul commissaire envoyé de par nous, ou nostre parlement, ne puist penre pour son salaire, plus que cy-dessous est par nous ordené. Et quiconque fera le contraire, nous le punirons, comme parjure, ou autrement, si comme bon nous semblera.

Primo. Nous ordenons et voullons, que nulz commissaire ne pourra penre chascun jour pour chascun cheval, qu'il menra avecques luy, que dix sols parisis, ou pays, où en alloue parisis, ou dix sols tournois, ou pays, où en alloue tournois.

(2) *Item.* Nous voullons, et ordenons, que nos gens de parlement, qui seront envoyez en commission, ne puissent penre que pour six chevaux au plus, combien que plus en y menassent. Nos gens de nos enquestes, ou requestes du Palais, pour quatre chevaux, és quels nombres seront comptez les chevaux que leur

---

(1) *V.* l'ord. du 8 août 1342. (Is.)

cinq chevaucheront, qui labourront en l'audition. Et se il advenoit que aucuns commissaires des personnes dessusdites, selonc sa condition, deust mener moins de chevaux que le nombre dessusdit, il s'en devrait passer à moins, et faire aussi comme se il alloit pour ses propres besoingnes, se ce n'estoit pour cause du fait de la commission, et convenist mener notaire, ou clerc, ou sommier plus que il ne feroit en la besoigne, où quel cas il ne pourroit penre pour chevaux, outre le nombre dessusdit.

(3) *Item.* Les clercs des commissaires ne pourront penre des parties, chascun clerc que cinq sols seulement, chascun jour qu'il feront besoigne, tournois, ou parisis, selon le pays où il sera, tant pour parchemin, pour escripture, copies, grossement d'enquestes de procez, et de toutes autres escriptures qu'il fera; et tout ce enjoignons nous aux commissaires par leurs sermens, et seur peine d'encourre parjure.

(4) *Item.* Nous enjoignons aux commissaires estroitement, en leur conscience et loyaulté, et seur leurs sermens, que les commissions là où il seront envoyez il labourent bien, et loyaulment, et continuelement chascun jour; car qui feroit le contraire, et penroit mauvaisement l'argent des parties, et l'en puniriens griefment, s'il venoit à nostre cognoissance. Car nous avons entendu que moult de commissaires commence moult tard chascun jour à entrer en besoigne, et labourent moult lachement. De quoy il nous desplaist.

(5) *Item.* Que les commissaires par le parlement deputez, et à deputer à taxer despenz, séant parlement, ne pourront penre salaires à Paris. C'est à sçavoir, que chascun commissaire dix sols parisisis, pour le jour qu'il y entendra, avec les gaiges du Roy.

(6) *Item.* Pour examiner tesmoings à Paris, seant parlement, en autele maniere.

(7) *Item.* Nous deffendons étroitement, que nuls des maistres du parlement, soient president, ou autre, ne empeschent, ne entrerompent les besoignes ordinaires du parlement, pour leurs propres besoignes, ou autres, et que il ne tiengnent leurs consaulx en la chambre du parlement, et que puisqu'il seront assis en la chambre, il ne se lievent, pour aller parler, ou conseiller accques autres, de quelconque besoingne, se ce n'estoit besoigne de la cour, ne ne fassent venir à eulx aucune personne,

grant, ou petite, pour parler, ou pour conseiller, à luy, jusques qu'il soirent. Et ce en chargeons nous, et commandons especialment à chascun d'eulx par leur serment, se ce n'est du corps des presidens, à celle fin que les besoingnes du parlement n'en soient empeschiées.

(8) *Item.* Moult deshoneste chose est que, la court seant, aucuns des seigneurs voisent tourneant, et esbatiçant par la salle du Palais. Et se li seigneur ont à aucun à faire, il doivent prendre l'eure et lieu de parler et de besoigner après dyner : et si besoing avoient de parler à aucuns ou autre, il pourroient parler à ceuls à qui ils auroient à faire, au matin, où palais, et lieux plus secrez. Mais la cour seant, souvent sont venus plusieurs des seigneurs pietoiant par salle du palais, dont c'est blâme et deshoneste chose, à euls et à la court.

(9) *Item.* Que les dix seigneurs doivent venir bien matin, et continuer tant que la court soit levée. Et souvent advient que trop tard viennent, et trop tost se partent.

(10) *Item.* Quant li president vient au siege pour plaidoier, ou pour conseillier, on ne le doit l'empeschier, de requestes, ou autrement, pourquoy son office ordinaire, et la delivrance de parlement soient empeschiez, et retardez, ou dilaiés. mais doit on prendre et capter heure convenable, et qui ait moins de encombrier, et de empeschement, que on peut. Et par especial en ce, on le greve moult, au jour du conseil, quand il a conté les plaidoiries, pour rapporter au conseil, et on le empêche et embesoingne, en autres choses.

(11) *Item.* Quan li president met une cause au conseil, tous se doivent taire, jusques à tant, que il ayt dit tout ce que il aura conçû, et après, se il a aucune chouse oubliée, qui façe a recilier li soit ramenteu : et se la chouse n'est assez debatuë, par les advocaz, soit requis au president, qu'il la face debatre, et lors ne parle nul, que les debatans, se par le president, ne li est demandé. Et trop souvent advient que sanz demander chascun parle, parquoy l'en devrait faire quatre arrests, où l'en n'en fait que ung.

(12) *Item.* Au conseil, quand aucun dit son opinion, il ne doit touchier, ni dire nommément ce qui ait été touchié, ne dit en sa presence.

(13) *Item.* Nulz ne doit alleguer, loys, canon, ni decret,

Amendé, ne li est par le president, et aussi se cen'est en pure matiere de droit.

(14) *Item.* Depuis que les arrests sont prouoncicz et publiez, il ne loist à nul, quel que il soit, dire, ne reciter, de quel opinion li seigneur ont esté. Car en ce faisant, il enfraindroient ne serment que il a fait, de garder et non reveler les secrez de la court.

(15) *Item.* Que combien que l'en doive croire fermement, que chascun garde son serement, se toutevoyes est-il advenu, et advient souvent que les secrez de la court, et ce que l'en fait au conseil, est revelé (1). Et en pourroit-on donner moult de exemple, que pluseurs des seigneurs soivent. Et peut advenir que aucun seigneur, par inadvertence, le dit, où que aucun seigneur le dit à un autre du conseil du Roy, en autre estat, ou qui n'y a mis esté, et cuide que iceluy seigneur le doit tenir secrez, ou que aucun huissier en passant, en oyt aucune chose, ou autre qui y vient, sans mander, le dit, ou autrement. Et pour ce, se au conseil ne demourassent que li seigneur, et li registreur de la cour, et allassent tous autres en la tournelle besoingner, bon seroit. Et ainsi soit fait doresnavant.

(16) *Item.* Par ce que les seigneurs se lievent si souvent, ce empesche moult, et retarde le parlement, si doit suffir, et suffise soy lever une foiz, en la matinée, pour une personne, excepté les prelaz et les barons, qui tiengnent le honneur du siege.

(17) *Item.* Nulz ne se lieve devant autruy, fors que le president, qui tient le siege, se levera.

(18) *Item.* Nulz des seigneurs, ne fassent empetrer, que non-obstant parlement, il voisent en commission, car ce n'est, ne ne seroit leur honneur, et contre les ordenances du parlement anciennes.

Les seigneurs des enquestes, seur leurs sermens, doivent faire, et accomplir les choses qui s'ensuient.

Premierement. Qu'il donnent, et facent obedience, reverence, et audience, telle comme il appartient à leur president.

---

(1) *V. Nouv. Rep. V°. Opinion; le président Henrion, autor. jud., p, 16).*
M.)

(2) *Item.* Que il ne conseillent, parlent, ne connoissent, quant il devront entendre à leur office; c'est à sçavoir en escontant le rapporteur, et en jugeant. Et ne se lievent mie si souvent, como en disoit que il le seulent faire.

(3) *Item.* Enjoint leur est sur leur serment, que dedenz six jours au plustard, après que l'arrest aura esté conseillé en la chambre, il rapporteront l'arrest fait, pour corrigier en la chambre, et se il ne le pouvoient l'avoir fait si-tost, il en prendront congié au president (1).

(4) *Item.* Que il lisent leur arrest, pour corrigier en seant, et que tantost, que on leur dira la correction, il la facent, et escisent et rélisent.

(5) *Item.* Qu'ils ne baillent leurs arrests, devers la court pour prononcier, jusques à tant, qu'il soit seellé du seel de l'un de leurs presidens.

(6) *Item.* Que tantost, et sans délay, qu'il sera ainsi corrigié et seellé, il l'apporte au registre, pour le faire prononcier.

(7) *Item.* Que pour ce que par leurs sermens, euls en leurs personnes, de leur propre main, doivent escrire leurs arrests, ou par aucuns de leurs compaignons de la chambre, et non pas autres, soient leurs clercs, ou autres, ils escrisent leur arrest large et loing à loing, si que en les puist mieux lire.

(8) *Item.* Que combien que leur arrest soit accordé, aident a jugier les autres, et fassent leurs arrests en leurs maisons, après dyner, ou de nuit, et non pas en la chambre des enquestes, se il n'estoit besoing d'en parler à leurs compagnons.

(9) *Item.* Que tous rapportent, se il n'en sont excusé par leurs presidens, car tous doivent estre rapporteurs et jugeurs.

---

(1) *V:* Nouv. Rep., V°. Signature, §. 2; le président Henrion, p. 98, 176, 370 et 371. (Is.)

N° 128. — ORDONNANCES *du parlement sur les huissiers, les avocats et conseillers, les procureurs et les parties* (1).

1344. (C. L. II, 225.)

I°. — *Ordonnances touchant les huissiers.*

Premierement. La Court commande et enjoint estroitement à tous les huissiers du parlement, que oultre le huissier qui appelle les presentations, tuit li autre huissier soient chascun jour continuelement audit parlement, pour faire leur office, et y demeurent continuelement, et tant que li seigneurs seront partis de la court, ou au mains y soient continuelement six huissiers sans nul défault; c'est à sçavoir deux pour le premier huis du parlement, deux pour les deux guichez du parc garder, et deux pour oster et garder la noisse de derriere les bancs, et de toute la chambre du parlement, et pour faire et accomplir les commandemens de la court.

(2) *Item.* Les six huissiers dessusdiz, qui devront servir continuelement en parlement par deux mois, se viennent nommer, et faire escrire au registre, pour faire le service desdiz deuls premiers mois du parlement, en commancié, et les autres six, par les deux autres ensement, et ainsi de deux mois en deux mois, jusques à la fin du parlement : toutes voyes n'est pas l'intention de la court, que cil, qui serviront durant les mois de leurs compaignons, soit pour ce excusez de servir en leurs mois, quant il escherrout.

(3) *Item.* La court leur commande et enjoint, come dit est, que il mainent en prison tous ceuls qui noiseront en la chambre du parlement, et empescheront l'audience du siege; et le fassent sanz nulle doubte, et sanz nulluy espargner, et ne souffrent mie que les clercs des avocatz, ou d'autres fassent leurs escritures en la chambre du parlement.

(4) *Item.* Li seigneur seant au conseil, li huissier ne seuffrent, que aucun viengne ou siege, se du gré et autorité du president tenant le siege, n'est accordé, ou octroyé.

(5) *Item.* Li huissier ne viegnent pas au conseil, mais parlent

---

(1) V. Nouv. Rép. V°. Avocat général; Henrion de Pansey, autor. judic.

de l'huis. Et se venir les y convient, que ce soit le mains que il pourront, tant pour garder leur honneur, comme pour eschiver la soupeçon, que on pourroit avoir contreuls, de reveler le conseil.

(6) *Item.* Gardent se, li huissier de vendre l'entrée du parlement, et aussi de refuser l'entrée à ceuls, qui entrer y doivent, especialement se gardent de la refuser, pour cause de ce que on ne leur fourre la paume. Car se il venoit à la connoissance de la court, elle les en puniroit griefment.

(7) *Item.* Partent et divisent entr'euls égaument les courtoisies, que on leur fera, pour cause de l'office, et leur enjoint la court par leur serment.

II°. — *Ordonnances touchant les avocats* (1) *et conseillers.*

Primo. Ponantur in scriptis nomina advocatorum; deinde, rejectis non peritis, eligantur ad hoc officium idonei et sufficientes.

(2) Advocati totius curiæ jurabunt articulos qui sequuntur; videlicet,

Quod diligenter et fideliter istud officium exercebunt.

Quod causarum injustarum patrocinium scienter non recipient.

Quod si non ab initio, ex post facto tamen viderint eam esse injustam, statim eam dimittent.

Quod in causis, quas fovebunt, si viderint tangi regem, ipsi de hoc curiam avisabunt.

Quod causa placitata, et factis negatis, ipsi de recenti intra biduum, vel triduum facient, et curiæ tradent articulos suos nisi ex causa, de licentia curiæ, ulterius differrent.

Quod impertinentes articulos scienter non facient.

Quod consuetudines, quas veras esse non crediderint, non proponent, nec sustinebunt.

Quod causas, quas suscipient, cito expedient pro posse suo.

Quod in iis dilationes, et subterfugia maliciose non quærent.

---

(1) *V.* le décret de décembre 1811, et ci dessus, notes sur l'ordon. de février 1327. (Is.)

Quod pro salario suo, quantumcumque sit magna causa, ultra triginta libras Parisienses, non recipient, nec etiam aliquid ultra, in salarii majoris fraudem. Minus tamen recipere possunt.

Quod pro mediocri minus, et pro minori causa multo minus recipient, secundum quantitatem causæ, et conditiones personarum.

Item quod non paciscentur de quota parte litis.

Hoc idem juramentum præstabunt, illi qui advocatis propositalibus, ut consiliarii assistent. Injungatur iis præter juramentum.

Quod bene mane veniant, et bene venire faciant partes suas.

Quod illum cui data fuerit audientia, non impediant.

Quod stando, et retro primum scamnum patrocinentur.

Quod primi scamnum non occupent.

Quod licet sint plures advocati in una causa, unus tantummodo loquitur.

Quod facta impertinentia non proponant.

Quod ipsi de curia non recedant, quamdiu magistri in camera erunt.

(3) Et est sciendum quod nullus advocatus ad patrocinandum recipietur, nisi sit juratus et in rotulo nominum advocatorum scriptus. Et prohibet curia ne ipsi ingerant se, ad patrocinandum, nisi sint jurati.

Item. Quia ex advocatorum discretione et industria partim pendet causarum abreviatio, quod cedit ad eorum honorem, et utilitatem suæ partis, eisdem injungit curia, in vim sacramenti sui, ut ea facta, vel rationes solum, quæ, vel quas ad illum finem faciunt, in quo verisimiliter prævident debere poni in arresto, proponant, facta et rationes, replicationes, seu duplicationes inutiles et supervacuas omittendo, licet illi pro quibus suum impendunt patrocinium, sæpius eos molestent, et velint fieri, quibus obtemperare non debent, propter eorum honorem, et ut potius curiæ pareant in hac parte.

(4) *Item.* Advocatis juxta antiquas ordinationes, et per sacramentum injungit curia, ut articulos causarum, quas litigaverunt, infra triduum curiæ tradant, nisi per ipsam curiam super hoc, eum eis fuerit dispensatum et postea quod citiùs fieri pote-

rit eos concordent. Cum intentionis curiæ sit amodo super factis et articulis partium in fine cujuslibet bailliviæ præpositurae, seu seneschalliæ, de commissariis, et commissionibus ordinare, et partibus providere, ut sic ipsæ partes, citius quam consueverint, possint, cum commissariis suis loqui, et de pecunia ac aliis necessariis ad causæ suæ prosequutionem maturius, et commodius valeant providere. Intentionis tamen curiæ propter hoc non existit, quod parlamento sedente, contra ipsius ordinationes antiquas, commissarii de curia habeant procedere in causa, sed confestim, finito parlamento, celerius poterunt procedere in eadem.

(5) *Item.* Quia circa advocationis officium facti experientia, et observantia stili curiæ multum prodest, advocati, qui de novo ad hujusmodi officium, per curiam sunt recepti, abstinere debent, propter eorum honorem, et dampnum quod partibus propter eorum forsitan negligentiam provenire posset, ne ex abrepto, et impudenter advocationis officium exerceant; sed per tempus sufficiens advocatos antiquos, et expertos audiant diligenter, ut sic de stilo curiæ, et advocandi modo primitus informati, suum patrocinium præstare, et advocationis officium laudabiliter, et utiliter possint et valeant exercere.

(6) *Item.* Dicti advocati novi debent deferre majoribus, et antiquis advocatis, tam in sedibus, quam in aliis, nec sedere præsumant in primo scamno, in quo advocati, et procuratores regii, baillivi, seneschalli, et alii potentiores, et nobiles esse debent, et sedere consueverunt.

III°. — *Ordonnances touchant les procureurs.*

Primo ponantur in scriptis, post nomina advocatorum.

(2) Procuratores prædicti jurabunt hæc quæ sequuntur;

Quod diligenter et fideliter officium procuratoris exercebunt.

Quod causarum injustarum officium procuratoris scienter non recipient.

Quod si non ab initio, sed ex post facto viderint causam esse injustam, statim eam dimittent.

Quod in causis quas fovebunt, si viderint tangi jus regis, ipsi de hoc curiam avisabunt.

Quod causa placitata, et factis negatis, ipsi de recenti intra

...lium, vel triduum fieri, et tradi procurabunt articulos suos, nisi ex causa de licentia curiæ, ulterius differrent.

Quod impertinentes articulos scienter non facient, nec fieri facient, seu permittent.

Quod facta, nec consuetudines quas veras non crediderint, non proponent, nec proponi facient.

Quod causas quas suscipient, cito expediri procurabunt pro posse suo.

Quod in eis dilationes et subterfugia, maliciose non quærent.

Quod pro salario suo, quantumcumque sit magna causa, ultra decem libras Parisienses, pro uno parlamento non recipient, nec etiam aliquid in salarii majoris fraudem. Minus tamen recipient secundum qualitatem causæ, et conditiones personarum.

Item. Quod non paciscentur de quota parte litis.

Item. Quod non facient forum de causa ducenda in fraudem salarii advocati, vel alterius.

Item. Quod non impetrabunt, vel impetrari facient literas injustas et iniquas, contra rationem et stilum curiæ.

Quod non inducent magistros suos ad corruptionem aliquam faciendam, nec etiam ad informandum aliquos, duorum de causis suis ad partem extra judicium.

Item. Quod per favorem, preces, pecuniam, aut alias indebit, non quærent advocatos ad modum (Proxenetæ) vel mediatoris.

Injungatur eis præter juramentum.

Quod mane veniant.

Quod illum cui data fuerit audientia, non impediant.

Quod retro advocatos stent, vel sedeant.

Quod primum scamnum non occupent.

Quod ipsi de curia non recedant, quamdiu magistri, in camera erunt.

(3) Et est sciendum quod nullus procurator generalis parlamenti, admittetur ad officicium procuratoris exercendum; nisi sit juratus, et in rotulis procuratorum generalium scriptus. Et prohibet curia, ne ipsi ingerant se ad procuratores generales in parlamento, nisi fuerint jurati.

(4) Item. Prohibet curia procuratoribus, in vim juramenti,

ne indistincte, possent fieri sæpius præsumptuosius, infra parcum curiæ intrare præsumant, ex quo audientia, propter eorum inordinatum tumultum, et strepitum sæpius impeditur, sed juxta advocatos partis suæ stare retro scamnum. Et hoc eisdem injungit curia. Quod si contra fecerint, graviter per dictam curiam punientur.

(5). *Item.* Quia plerumque, ex eo quod procuratores partium unus alteri adjornamenta, relationes et alia, quæ parti adversæ debent exhiberi, recusant exhibere, causarum expeditio retardatur, curia injungit procuratoribus prædictis per sacramentum suum, et sub pæna privationis sui officii, ut de cætero prædicta exhibenda, suæ parti adversæ, antequam ipsos oporteat litigare.

IV°. — *Ordonnance touchant les parties.*

Premierement. Que tuit cil qui auront à faire en parlement, soient presentez dedanz le premier jour, ou le second au plus loing, de leur baillie, ou de leur seneschaucie, avant que le siege de parlement soit levé, ou au mains dedanz soleil couchant, ou autrement, sanz nulle esperance de grace, et demander dessmi, il ne soient plus reçeuz. Ainçois seront tenuz pour purs defaillanz. Et sera le deffaut puis la en avant, bailliez à leur partie, toutefois que il sera requis.

(2) *Item.* Que tout cil qui se presenteront, fassent especial presentation en chacune baillie, ou seneschaucie, en laquelle il arount à faire; et se il ont à faire en diverses baillies, ou seneschaucies, ou en une seule, que en chascune presentation, il facent escrire touz ceulz, contre qui il se presenteront, ou autrement de tout le parlement, il ne seront reçeuz, encontre nul autre, mais que contre ceulz contre qui il seront presentez.

(3) *Item.* Que toutes manieres de parties, selon ce que elles seront presentées, seront delivrées, par l'ordre des presentations, sanz nul avantage de donner audience à autre personne, mais que selon l'ordre, que il seront presentées. Et bien se gardent les parties, que elles soient trouvées à l'huy de la chambre, presentes et garnies de leur conseil, quand elles seront appelées, car les parties presentes seront tantost delivrées sans delay. Et se l'une est presente et l'autre est absente, la presente emportera deslors autel profit, comme se il ne fust point presenté. Et se toutes les deux parties sont deffaillans, remaguert à l'autre par-

[...]ment, sans nulle esperance d'estre oïz où parlement present, [...] la cour ne veoit, que il eussent fait en fraude, d'aucune chouse, [...] touchast le Roy. Et ainsi se delivrera chacune baillie et seneschaucie, avant qu'on commence l'autre.

(4) *Item.* Que la partie, qui ne seroit oye, et delivrée, par [de]ffaute de son advocat, qui devroit plaidoier sa cause, et seroit certain que ce seroit par la deffaute de l'advocat, serait oye [...]. Mais lors il en payeroit dix livres d'amende, tout ce ainsi que il fust oyz en autre cause. Et est à entendre des advocaz residenz en parlement, car nulle partie ne seroit excusée pour attendre advocat etrange, ne de son pays. Et commande li Roys, que cette peine soit levée, sans nul deporter.

(5) *Item.* Que nule cause ne prendra delay contre quelque personne que ce soit, soit pair, ou baron, que elle ne se delivre selon l'ordre dessus dit, pour grace que li Roys fasse, se ce n'est à aucun qui soit absent, pour le proufit commun, et lors de grace sa cause soit mise à l'autre parlement, ou en cas de droit demaine des pairies, ou des baronies, lesqueles li Roys mettroit pardevant luy à sa venuë, et que la cause pour quoy il voudroit que sa venuë fust attenduë, fust écrite en la letre, par laquelle il manderait, que la cause fust attenduë à sa venuë, ou autrement qu'on la delivreroit sans luy attendre. Et n'est mie l'entente le Roy, que nulle grace soit octroiée, ne donnée par luy au contraire, ains la tendroit, et veut estre tenuë comme octroiée hors de sa conscience, se il n'apperroit clairement que elle fut donnée et octroiée de sa certaine science. Et semond la cour aux diz avocaz, par leurs sermens, que contre cette ordenance ils ne fassent requeste en la cour.

(6) *Item.* Que nulle baillie, ne seneschaucie ne sera commanciée à delivrer, devant ce que tuit li arrest de l'autre, seront tuit conseillez et pronunciez. Se n'estoit ou cas, où la cour pour aucune grand cause voudroit attendre le Roy, auquel cas la court diroit aux parties que elles se en pourroient aler en leur pays, jusques à tant que li Roys fust revenuz, se il leur plaisoit.

(7) *Item.* Que bonnes personnes et apprestées pour delivrer, soient aux requestes de la langue d'oc, et de la langue françoise, et que ils aient trois ou quatre notaires, un de...... et le remanant des autres, qui par leur serment soient tenus d'estre aux requestes, tant comme les maîtres des requestes yssent, sans faillir et sans aller en la chambre, et que par leurs sermens, il puissent faire autres letres, tant que il aient letres des requestes

à faire, et que les letres, que ils feront, et apporteront escrites au matin à leurs maistres des requestes, liquel les corrigeront, se il voient que elles fussent à corrigier et les signeront du signe que l'un d'eux portera, connu au chancellier. Et les envoyeront au chancellier toutes corrigiées pour seeler. Et se il y avoit aucun defaut il en seroient blâmez, cil qui les auront signées et passées. Et n'y aura au siege des requestes qu'un signet, tel comme li roys a ordonné. Et ne pourront cognoitre, ne prenne cognoissance de causes, ne de querelles, especialment du principal des causes, qui doivent estre demenées en parlement, ou devant les baillis et seneschaux, ains se partie s'oppose contre la requeste, à la fin que letre de justice n'en soit donnée, il pourriont bien cognoitre et oyr les parties à la fin, se il donneront letres de justice ou non.

(8) *Item.* Que li jour, que li Reys vendra à Paris, pour oyr les causes que il aura réservées, pour oyr pardevant li, le parlement de toutes querelles cessera, et seront publiées, lesquelles causes il ara reservées, en pleine court, pour ce que nul ne demeure, se il n'y a à faire. Cependant, et sitot come les causes reservées au Roy, seront delivrées, le parlement cessera quant aux causes qui estoient reservées devant le Roy. Et retournera l'en à délivrer les autres causes, qui estoient pour la venüe du roy, mises en suspens, non contrestant requestes que aucun grant homme ayt à faire au Roy. Et puis en près toutes causes delivrées, le parlement finira et publiera l'en le nouvel parlement. Et si veult li Roys et ordonne, si come dit est, jusques à tant qu'il détermine liever ordonnance contraire.

(9) *Item.* Que li Roys enjoint à tous ceuls du parlement, soient de la chambre, soient des enquestes, ou à ceuls de requestes, seur leur sermeut, que de nule cause qui en parlement sera, il ne reçoivent, enfourment, ne parolent, prennent en leur maison, ni ailleurs quelque personne qui leur en veuille parler, ou enformer par lettres, ne par messages, ne en autres manieres, fors seulement en parlement, les parties plaidantes et monstrans leur droit.

(10) *Item.* Que li Rois a ordonné que durant le parlement, les maistres du parlement, ne clercs, ne lais ne soient pas envoyez en commissions pour faire enqueste durant le parlement, et que continuellement ils soient à la delivrance des besoingues du parlement, tant comme il durera.

(11) *Item.* Que à aucun notaire, on ne fasse aucune commission par tout l'an.

(12) *Item.* Que des besoingnes extraordinaires, on ne empesche pas le parlement, mais praigne on des maîtres à part, pour conseiller lesdites besoingnes extraordinaires.

(13) *Item.* Li Roys n'entend pas tant comme parlement sera au matin, d'empeschier ceuls qui tiendront le parlement, mais se il a à faire d'euls, il les mandera à autre heure, que on ne tendra plus les plaits dudit parlement.

(14) *Item.* Quand li Roys vendra en parlement, que le parc soit tout vide. Et aussi soit tout vuide la place qui est devant son siege, si que il puist parler secretement à ceuls que il appellera pour parler à luy.

(15) *Item.* Que nul ne se parte de son siege, ne ne vienne soir de lez le lict du Roy, les chambellans exceptez, ne ne vienne conseillier à luy, se il ne l'appelle.

(16) *Item.* Que cil qui tendront le parlement, ne boivent, ne ne mangent avec les parties qui ont à faire pardevant euls, ne les parties avec eulx. Car on dit pieça, que trop grande familiarité engendre grant mal.

(17) *Item.* Que cil qui tendront le parlement, ne souffrent pas euls vituperer par oultrageuses parolles de avocat, ne de parties. Car la honeur du Roy de qui il representent la personne, ne le doit mie souffrir.

(18) *Item.* Que tous ceulx qui seront presentez aux jours de leurs baillages, prevostez et seneschaucies et par estat sont continuez ou autrement, à autre jour dudit parlement, ne se devront presenter au jour de sa continuation, mais souflit la premiere presentation.

N° 129. MANDEMENT *au sénéchal de Beaucaire* (1) *de lever un impôt sur les bestiaux étrangers, amenés en France pour y paître pendant l'été.*

Paris, 19 août 1345. (C. L. II, 253.)

---

(1) La limite de la France était alors au Rhône. (Is.)

N° 130. — Edit *sur le privilége des foires de Champagne, relativement à l'exécution des engagemens contractés en foires, etc.*

Aux Jours de Troyes, septembre 1345. (C. L. II, 234.)

Philippus Dei gratiâ Francorum Rex, etc.

Notum facimus universis, tàm præsentibus, quàm futuris, quod cum, prout nobis exponi fecerunt mercatores, nundinas nostras Campaniæ et Briæ frequentantes, et nonnullæ aliæ personæ notabiles, quod cum retroactis temporibus, mercatores inibi frequentantes, ob defectum solutionis debitorum suorum, faciebant executionem fieri in bonis immobilibus debitorum ipsorum, juxta antiquos usus, ac consuetudines dictarum nundinarum, in executionibus hujusmodi, sic exstiterit observatum, quod custodes nundinarum ipsarum, ad instantiam creditorum literatorie, mandabant locorum justiariis in quibus dicta bona consistebant, ut dictam executionem facerent : et si quis se opponeret in contrarium, diem opponenti coram ipsis custodibus assignarent. Si vero nullus se opponebat, aut alias debitor ab oppositione cadebat, justitiarii locorum ipsorum, dicta bona immobilia in sua jurisdictione situata, venditioni faciebant exponi, virtute mandatorum dictarum nundinarum, et subhastari, et publice proclamari, per debita et competentia intervalla, ut inde venalia ad utilitatem, tam creditoris, quam debitoris, plus offerentibus traderentur. Et si qui in contrarium se vellent opponere, possent ad proclamationes hujusmodi publice apparere, et causam oppositionis suæ, in judicio coram dictis magistris nundinarum deducere; propter quæ hujusmodi solemnitatibus observatis, solutoque venditionis pretio, per emptores, in registro nundinarum ipsarum, et de præcepto dictorum custodum, et ipsis emptoribus, per locorum justitiarios literis venditionum traditis, et exinde sub sigillo dictarum nundinarum literis confirmationis obtentis, tales venditiones sic factæ stabiles et firmæ perpetuo permanebant, nec exinde obligati, heredes sui, aut causam ab eis habituri, seu quicumque alii admittebantur in aliquo, ad impugnandum venditiones prædictas, et sic emptores sub spe securitatis hujusmodi emebant libentius, et mercatores ad dictas nundinas habundantius confluebant. Nihilominus tamen, a viginti annis citra, vel circa quorumdam abusus, seu malicia adinvenit cautelas, ut post solemnitates hujusmodi, obligati, seu causam habentes ab eis, seu quivis alii, ad impugnandum venditiones ipsas audiantur, et de facto de die in diem admittantur. Et quod est gravius, secundum usus et consuetudines dictarum nundinarum, conquerentes audiantur contra mercatores, ad quarum requisitionem res fuerunt venditioni expositæ, possessoribus seu detentoribus rerum venditarum non vocatis, nec auditis; unde interdum post multa tempora venditiones ipsæ, sicut pluries accidit, in causis justissimis, per eventus judiciorum dubios, revocantur et adnullantur, contra aliquos usus et laudabiles consuetudines nundinarum ipsarum, et de facto ipsæ res venditæ ab emptoribus, seu quibuslibet possessoribus et detentoribus aufferuntur, et contra ipsos non vocatos, et non auditos, sententia contra mercatores lata executioni demandatur. Nec audiantur præfati possessores, seu detentores in contrarium, nisi per eos proponatur collusionem inter conquerentes et mercatores factam fuisse, seu novationem et accordum inter dictum conquerentem possessorem seu detentorem intervenisse, super re, per dictum possessorem, seu detentorem retinenda, quamobrem emptores timentes hujusmodi pericula se abstinent ab emptionibus nundinarum, et mercatores prædicti gravantur, opprimuntur, et plerumque ob defectum emptoris legitimi, suis debitis defraudantur, in eorum grave prejudicium, atque dampnum, et juris nostri lesionem non modicam, sicut dicant; supplicantes super hoc provideri de remedio opportuno. Cum igitur expediat, ut ea quæ fuerunt, pro securitate contrahentium antiquitus salubriter introducta, debitis observentur mensuris: et si forsan præveniente quorumdam astutia fuerunt tempore prætermissa, quod sub regulis moderatis in statum pristinum revocentur.

Nos habita, cum dilectis et fidelibus gentibus nostris di-ccenses tenentibus, ac cum custodibus, cancellario et quatuoribus notariis dictarum nundinarum, cum advocatis et aliis peritis, nundinas ipsas frequentantibus, super præmissis deliberatione pleniori, ordinamus et edicto perpetuo statuimus.

Ut prædictis venditionibus adimpletis, servatis præscriptis solempnitatibus, nemo in regno nostro larem, sive domicilium habens, aut alias moram trahens, post annum completum, a tempore confirmationis prædictæ quomodolibet audiatur, seu admittatur, sed infra annum in regno nostro, ut prædictum, habitans, aut commorans, et foraneus, seu extra regnum nostrum habitans, et ab eo penitus se absentans, per annum continuum et integrum, ab initio subhastationum et proclamationum prædictarum computandum, infra biennium, a dictæ confirmationis tempore numerandum, ad impugnationem præfatæ venditionis rationabiliter audiatur et admittatur simul, et semel contra mercatorem et possessorem, seu detentorem rei venditæ, ut præfertur. Et si alter ipsorum adjornatorum defecerit, alter vero comparuerit, causa supersedebit in statu, contra comparentem, donec deficiens, seu in deffectu positus, super utilitate deffectus readjornatus fuerit; qui si dictum defectum purgaverit, contra ambos simul processus continuabitur, et perficietur, si vero defectum non purgaverit, utilitas actori, seu conquerenti adjudicabitur, talis, quod si diffinitivam conquerens, sive actor reportaverit, contra alterum, quemadmodum et antea solebat, executioni demandabitur contra ambos, realiter et in effectu emptori, tamen pretio emptionis seu venditionis per ipsum ad registrum soluto, ut antiquitus primitus, et ante omnia reddito per registrum. Post annum vero, omni incolæ regni nostri, et post biennium omni extraneo, seu foraneo dicti regni, ut præ tactum est, super impugnatione dictæ venditionis, seu contractus, omnis audientia denegetur, et ex tunc in perpetuum emptor, seu ab eo causam habens, ac etiam mercator securi indesinenter permaneant et consistant.

Damus autem prædictis nundinarum ipsarum custodibus, cæterisque justitiariis nostris, aut eorum Loca-tenentibus et eorum cuilibet, tenore præsentium, in mandatis, quatenus ordinationem prædictam ab omnibus teneri faciant et servari, et ne quis prætextu ignorantiæ super hoc valeat excusari, prout expedierit debito publicari.

Quod ut firmum et stabile permaneat in futurum, præsentibus literis sigillum nostrum, pro diebus trecensibus ordinatum duximus apponendum.

Actum trecis in diebus. Anno Domini MCCCXLV°., mense septembri.

N° 131. — ORDONNANCE *sur la continuation provisoire des gabelles; l'abolition forcée des emprunts royaux; le droit de prises, exercé par autres que les princes du sang; la juridiction des maîtres des requêtes et des eaux et forêts; les enquêtes et les usures.*

Notre-Dame-des-Champs, 15 février 1345. (C. L. II, 258.)

Philippe, par la grace de Dieu, roy de France, à touz ceuls qui ces presentes letres verront. Salut.

Comme pour ce que à nostre cognoissance estoit venu, que la Gabelle du sel et les impositions de quatre deniers pour livre estoient moult deplaisans à nostre peuple, et que tant par icely comme pour les prevoz, fermiers, et les excessif nombre des sergerz, et les commissaires envoyez par nostre royaume sur plusieurs cas, nostredit peuple se tenoit moult agrevez, nous eussiens fait appeler pardevant nous, au jour de la feste Nostre-Dame Chandeleur derrenierement passée, les prelaz, barons, chapitres et bonnes villes de nostre royaume pour pourveoir à leurdit conseil sur lesdiz griez, au plaisir de Dieu et au proufit commun de nostre peuple, auquel leur feismes dire et exposer nostre entention en nostre presence. Sur laquelle euë deliberation par aucuns, puis il nous ont fait reponse bonne et gratieuse.

Sçavoir faisons que nous consideranz la bonne volonté et grande affection que il ont euë à nous ou temps passé, et encor ont, et les grans charges qu'il ont eu et soustenu especialement pour le fait de noz guerres. Desiranz nostre royaume mettre et tenir en bon estat au proufit de noz subgiez, avons ordené sur les choses dessusdites, et sur pluseurs autres qui sont venues à nostre cognoissance, desquelles nostre peuple se tenoit agrevez, en la maniere que s'ensuit.

Premierement. Sur ce qui se doubtoient que la gabelle du sel, et les impositions fussent encorporées en nostre domaine, et qu'elles durassent à perpetuité, nous leur feismes dire et declarer que nostre entention n'estoit pas que lesdites gabelles et impositions durent à touzjours, et que elles soient mises à nostre domaine. Ainçois pour la deplaisance que elles font à nostredit peuple (1), veuldrions moult que par leur bon conseil et avis,

---

(1) Merlin en donne la raison, Nouv. Rep. V°. Sel. (Is.)

bonne voie et convenable fust trouvée, par laquelle l'en meist bone provision sur le fait de nostre guerre, et lesdictes gabelles et impositions fussent abatuës à touzjours mais, et parmy ladite voye, touz prevoz, fermiez fussent ostez, et les prevostez de cy en avant, fussent baillées en garde à bonnes personnes et souffisans (1).

(2) *Item.* Nous voullons et ordenons que touz empruns de nous, de nostre tres chiere compaigne la Royne et de nostre tres chier fils le duc de Normandie, cessent dès maintenant. Et que aucun ne soit par aucune maniere contraint de faire prest, se ce n'est de leur bon gré et volonté, sans aucune contrainte.

(3) *Item.* Des sergenz et sergenteries, nous voulons et ordenons qu'il soient touz ramenez à l'estat et au nombre ancien, selon les ordenances royaulx autrefois faites sur ce, et noz seneschaulx et baillis facent venir en leurs presences, touz noz sergens de noz seneschaucies et baillages au temps passé, et audit nombre les restraignent, soit, et lesdites bonnes genz ne voient que il soit très grant nécessité de plus y en avoir, et que par le conseil desdictes bonnes gens, ils en laissent et eslissent des plus suffisanz, tant et en tel nombre comme bon leur semblera, en ostant les autres tout à plain desdiz offices. Et voulons et deffendons que nulz sergens, quelz que il soit, ayt puissance de sergenter en seneschauchie et baillage generalement, mais voulons que il ayent puissance, chascuns singulierement, de sergenter par prevostez ou chastellenies, selon ce que à noz seneschauz et baillis semblera bon à faire par le conseil des sages du pays. Et si par avanture nous avons donné, ou donnons aucunes lettres au contraire, nous les rappellons dès maintenant, et mettons du tout au neant. Et au cas que aucun d'iceuls, à qui nous aurons donné lesdites sergenteries, ne voudroient, ou ne pourroient en leurs personnes faire leurs offices, et il auront puissance de substituer; nous voulons que aucun substitut ne soit pris, ou reçeuz, si ce n'est par le conseil des diz, ou de douze des plus suffisanz du pays, si comme dessus est dit : et que cilz qui sera substitué donne toute et autelle caution, et si grant, pardevant les seneschaux, ou baillis à qui il appartiendra, comme se il estoit pur sergent. Non contrestant qu'en noz dites letres soit contenu, que cilz qui les establiront ayent donné caution pardevers nous, ou

---

(1) *V.* Loiseau, Traité des offices, liv. 5, ch. 1er., nomb. 67, 68, 69, 70, etc. (Laur.)

...cuns de noz gens, et soient tenuz d'obéir aux seneschaux, ou ...aillis en toutes choses, ou se ce non, lesdiz seneschaux, ou bail-...is les ostent tantost.

(4) *Item.* Quant aux prises des chevaux, des charrettes, et des chevaux à chevauchier, aux prises des bleds et des avoines, et autres grains, et des vins, et des bestes et de tous autres vivres; pour lesquelles prises (1) nostre peuple s'est devers nous doluz griefment, et exposé plusieurs inconveniens qui de ce puent ensuir. Nous avons ordené et ordenons en cette maniere, que nuls fors de nostre lignage, ne autre, soient nostre lieutenant, connestables, mareschauz, ou admirauz, maistres de noz comptes, de nostre hostel, des requestes, d'icelluy, de parlement, ou de quelsconques noz estaz, ou offices, princes, barons, ne chevaliers, facent aucunes prises en nostre royaume des choses dessus dites; et voullons et deffendons que aucuns ne leur obéissent en cest cas, se ils ne payent deniers comptanz, ou pris que les choses vauldront, par communs cours, et que elles seront exposées en vente; et se aucuns s'efforce de faire contre leur volenté aucunes prises, nous voullons que l'en ne soit tenuz d'obéir, ainçois voulons que tels preneurs soient pris par la justice des lieux, où ils feront lesdites prises; et commandons à toutes les justices, par la teneur de ces letres, que il les preignent, et mettent en prison sanz les rendre, se ce n'est par noz letres passées par nous, et signées par secretaire, sanz relation d'autruy: et quant à ce voulons et ordenons que chacun ayt autorité de faire office de sergent, pour les prenre et les mettre en prison, sanz encourre en aucune maniere nostre offence: et quant aux prises des chevaux pour chevauchier, nous les deffendons sur la peine dessusdite à touz les dessusdiz, et aussi les deffendons à touz chevaucheurs et preneurs, se ce n'estoit ou cas que nous envoyrions nos chevaucheurs pour noz propres besoingnes, et que ils n'en puissent trouver nulz à loier: ou quel cas nous ne voulons pas que il en puissent prenre de leur autorité, mais parmi la justice des lieux, où lesdiz chevaux seront.

(5) *Item.* Toutes prises de chevaux de harnois, et de charrettes nous deffendons à tous generalement, se ce n'est pour la necessité de nostre hostel, celuy de nostre tres chiere compaigne la Roine et de noz enfanz, ou quel cas nous voulons que cil qui les pren-

---

(1) *V.* ci-dessus, notes sur l'ord. du 8 avril 1342. (Is.)

ront, ayent commissions de preuve, par letres scellées de nostre seel, et signées de secretaire, sans relation d'autruy, et autrement que nul n'obéïsse à euls.

(6) *Item.* Comme pluseurs de noz subgiez se soient doluz de ce qu'il sont souvent travailliez pardevers les maistres de noz requestes, nous ordenons que les maistres des requestes de nostre hostel n'ayent povoir de nul faire adjourner pardevant euls, ne en tenir court, ne cognoissance, se ce n'est pour cause d'aucun office donné par nous, duquel soit debat entre parties, ou que l'en fist aucunes demandes pures personnelles, contre aucun de nostre hostel.

(7) *Item.* Par tele maniere ordenons que les maistres de nostre hostel, de nostre dicte compaigne, et de noz diz enfanz n'ayent aucune cognoissance de cause, se ce n'est de persones de nostre hostel, ou cas que l'en leur feroit aucunes demandes pures personnelles.

(8) *Item.* Comme pour letres de respiz et estaz, que nous donons, et pluseurs autres, ou nom de nous, mesmement en faveur de ceuls, qui dient qu'il sont, ou veulent aller en noz guerres, pluseurs grands pertes, et domages viennent de jour en jour aux bons marchauz de nostre royaume, dont il nous deplaist: nous voulons et ordenons, que dores-en-avant nulz ne donnent telz letres d'estat, se ce n'est pour nous, ou noz lieuxtenanz. Et si par avanture aucuns autres de noz gens, ou officiers les donnoient, nous voulons, ordenons que nulz n'y soit tenuz à obeir, et aveegues ce voulons, que ceulz à qui, nous, ou noz diz lieuxtenanz auront donné lesdites letres d'estat, que d'icelles ne se puissent aidier, ne ne portent aucun proufit, se il n'estoient en leurs persones en noz dites guerres, ou se par maladie, ou impotence de leurs corps, il n'estoient excusé, et que il y eussent souffisamment envoié, selon leurs estaz.

(9) *Item.* Pour ce que pluseurs se deulent desdiz maistres de noz hostelz, de ce qu'il taxent pluseurs amendes excessivement, et en prennent grands proufiz, nous ordenons que nule amende ne soit taxée par euls, se ce n'est en nostre presence, quand nous orrons noz requestes.

(10) *Item.* Pour ce que nous avons oy pluseurs plaintes des maistres de noz yaues et forez, et de leurs lieuxtenanz, nous ordenons que de cy en avant il n'ayent nulz lieuxtenanz, et que en leurs personnes il cognoissent des exez et deliz commis en noz yaues et forez tant seulement; et ou cas que il feront aucun al-

rmer pardevant euls, nous voulons que ce soit à certain jour, à certain lieu, et en la chastellenie dont l'adjourné sera, ou là où il aura meffait; et aussi voulons que les uns d'euls soient en un pays, pour entendre en leur office, et les autres és autres, ouxi l'ordonnance que nous en ferons seur ce.

(11) *Item*. Comme nous aions entendu, que noz seneschauz, baillis, prevoz, et leurs lieuxtenanz, és causes qui pendent pardevant euls, il retiennent aucune foiz pardevers euls l'audition, et l'examination des temoins, et aucunes foiz les commettent à leurs clercs et à leurs afins, dont pluseurs domages s'en ensuivent. Nous voulons et ordenons que de cy en avant aucuns de noz seneschauz, baillis, ou prevoz, ou leurs lieuxtenanz ne fassent faire enquestes (1), se ce n'est par commissaires bons et suffisans, et du consentement des parties, au cas que les parties seront de accort des commissaires; et se nous avons donné, ou donnons aucunes letres au contraire, nous voulons que elles soient nulles, et de nulle valeur. Et pour ce que aucune foiz en nostre parlement viennent plusieurs querelles, qui sont de peu de chose, et aucune foiz de genz de petit estat, il nous plaist et voulons, que ou cas, où parties seront à accort, en nostre parlement, de prendre commissaire en leur pays, que il leur soit octroié, afin que chascun puisse poursuir sa cause, au mains de fraiz et de couz, et que par defaut de poursuite, ne laissent à poursuir leur droit.

(12) *Item*. Pour ce que l'en a fait depuis peu de temps, offices nouveaux pour examiner tesmoins, nous voulons que touz telz offices soient ostez, et l'examination soit commise à bonnes personnes et suffisanz, ou à ceuls qui seront eslus du consentement des parties, si comme dessus est dict.

(13) *Item*. Touz commissaires donnez sur le fait d'usures, sur transgressions de monoies, des ordonnances de noz monoies traites hors de nostre royaume, et sur autres cas semblables, nous rappellons des maintenant, et ne voulons que il leur soit en riens obéy, par povoir, ou letres que il ayent sur lesdiz cas, ou aucun d'iceuls. Si donons en mandement à touz les justiciers de nostre royaume, et à leurs lieuxtenanz, que noz dites ordenan-

---

(1) *V*. l'ord. de 1667, liv. XXI, des Descentes sur les lieux, des nominations et des rapports d'experts, et tit. 22, des Enquestes; et ci-dessus, l'orden. de février 1327. (Is.)

ces, et chascunes d'icelles, en la maniere et fourme que cy-dessus sont exprimées, facent, gardent, tiennent, et accomplissent, et facent garder, tenir, et accomplir chascun en droit soy, sans faire, ou attempter en quelque maniere que ce soit au contraire.

Et voulons que en toutes les choses dessusdites, et chascunes d'icelles, chascun en droit soy, si come il li appartiendra, obeisse, sans autre mandement attendre de nous; et que nulz ne soit si hardiz de ycelle enfraindre, sur quanques il se puent meffaire envers nous.

En tesmoin de laquelle chose, nous avons fait mettre nostre scel à ces presentes letres.

Donné à Nostre-Dame des Champs lez Paris, le 15ᵉ jour de fevrier, l'an de grace mil trois cens quarante-cinq.

N°. 132. — ORDONNANCE *du duc de Normandie, fils du Roi, et lieutenant, en vertu de la délégation de l'autorité royale, sur les monnaies.*

Aux tentes devant Aiguillon, 27 avril 1346. (C. L. II, 241.)

N°. 133. — ORDONNANCE *sur les eaux et forêts* (1).

Brunay, 29 mai 1346. (C. L. II, 245.)

PHILIPPE, par la grace de Dieu, Roys de France, à tous ceulz qui ces presentes lettres verront. Salut.

Sçavoir faisons que nous, par deliberation de nostre grant conseil, avons faites ordenances sur le fet de noz forez et des caus, et de noz chers filz les dux de Normendie et d'Orliens, en la fourme et maniere qui s'ensient.

---

(1) La première est celle de 1219, tom. 1ᵉʳ, p. 158, de 1280, p. 666, juin 1319 V. notes sur l'ord. du 11 juillet 1333. — V. aussi celles de mai 1362, juillet 1376, mars 1388, avril 1392, avril 1402, mars 1515, mars 1516, janvier 1518, mai 1523, décemb. 1532, septemb. 1535, fév. 1554, décemb. 1555, juillet 1558, août 1573, janv. 1583, avril 1588, novemb. 1589, 1595 et mai 1597, mars 1619, décemb. 1639, et la fameuse ord. de 1669 encore en vigueur.

V. Saint-Yon et le recueil de Beaudrillart. Nouv. Rép. Vᵒ chasse, §. 5; Bois, §. 1ᵉʳ; garde-bois, sect. 1, §. 2. (Is.)

Premierement. Il y a dix mestres des forez et des eaues, dont les noms sont cy-dessous, lesquelz feront le fet desdites forez et eaues, és lieux cy-dessous nommez. Et selon ce que culs sont ordenez, et en la maniere que cy-après est dit. Et seront tous autres mestres et gruyers ostez par cette ordenance. Et ne pourra nul autre faire le fait desdites forez et eaues és lieux dont mention est faite cy-dessous, exceptez lesdiz mestres. Et est assavoir que yceulx mestres selonc ce que il sont ordenez feront ledit fait és lieux où il sont ordenez, sans ce que eulx puissent entreprendre les uns sur les autres.

(2) *Item.* Nous voulons et ordenons que ledit Bertaut soit chargiez et face venir les poissons des estangs des lieux dessusdiz pour nostre hostel, et les hostiex de nostre tres chiere compaigne la Royne, et de noz enfans. Et que des poissons qui seront profitables à vendre, dont profit ne seroit pas de les faire venir esdiz hostiex, ledit Bertaut recevra les deniers des poissons ainsi venduz, et les convertira en poisson de mer, qui vendront esdiz hostiex. Et ceste ordenance se fera miex et au plus proffitablement qu'il pourra estre fait pour nous, par nos amez et feaulx gens de nos comptes à Paris.

(3) *Item.* Tout l'argent qui sera levé desdites forez et bois, sera baillié et delivré à Jehan Poillevillain, pour tourner et convertir és chars et poulailles desdits hostiex, et és autres choses à luy commises, par l'ordenance de nosdits genz.

(4) *Item.* Les mestres des forez dessusdiz, selon ce qu'il sont ordenez, enquerront et visiteront toutes les forez et bois qui y sont, et seront les ventes, qui y sont à faire, eu regart à ce que lesdittes forez et bois se puissent perpetuellement soustenir en bon estat.

(5) *Item.* Aucun desdiz mestres, pour cause desdites forez et bois, ou d'enquestes, ou de rentes, ou d'autres causes quelles que elles soient, ne pourront prendre droiz, ou proffiz aucuns, exceptez leurs gages de dix sols par jour, et cent livres par an, fors tant seulement quand eulx yront hors pour faire le fait desdites forez et eaues, que eulx prendront par jour quarante sols tournois. Et de ce leur seront deduiz et rabatuz leurs gages dessusdiz et pensions, selon ce qu'il a esté accoustumé ou temps passé, sus peine de perdre leurs services ou offices.

(6) *Item.* Aucun desdiz mestres ne pourra pendre merrien, ne busche pour edifficr ou ardoir, excepté quant il sera prés d'au-

cune forest, pour faire son fait, que il en pourra prenre pour soi chauffer, ou lieu, où il sera prés d'icelle tant seulement.

(7) *Item.* Aucun desdiz mestres, ou autres officiers des forez et des eaues, ne pourront penre dores-en-avant robes, ne pensions d'aucuns seigneurs, ou dames, ne aucunes maisons à ferme, ne à vie, de abbez, prieurs, ou d'autres quiex qu'il soient.

(8) *Item.* Aucun gruier ne fera dores-en-avant aucun fait de forez. Quar euls sont tous ostez, comme dessus est dit.

(9) *Item.* Verdiers, ou chastellains, ou mestres sergenz de forez, ne pourront faire dores-en-avant aucune vente, se ce n'est du commandement desdiz mestres, qui y sont ordenez, és lieux de là où il seront. Se euls n'auront cognoissance de cause, fors que des prises faites par euls, et par les sergenz qui seront dessous euls, jusques à la somme de soixante sols, tant seulement. Et se aucun se veult douloir desdiz verdiers, chastellains, mestres sergenz, du fait desdites forez, il en pourra appeller devant les mestres desdiz lieux, qui li en feront raison. Et se il avenoit aucun cas dont il sembleroit que l'amende deust monter plus de soixante sols et que lesdiz verdiers, chastelains ou mestres sergenz ne voussissent avoir mis que à soixante sols, quant les mestres des lieux vendront pour visiter et enquerir, euls pourront icelles amendes mettre au neant, ou les retauxer à plus grant somme, pour le prouffit du seigneur, selon ce que le cas le requerra, et que par raison bon leur semblera.

(10) *Item.* Aucun desdiz verdiers, chastellains et mestres sergenz ne pourront dores-en-avant avoir lieutenant, se ce n'est tant seulement pour recevoir l'argent de leur recepte, ou de leur fait, qui sera deü à Nous pour cause desdites forez. Et se il font le contraire, lesdiz mestres les pourront oster, et punir selon ce que il verront qu'il sera à faire, excepté toutesvoyes ceuls qui sont demourant en nos hostiex, et de nosdiz enfans.

(11) *Item.* Se esdites forez, ou bois, avoit aucuns sergens, qui ne se cogneussent ou fait, ou ne fussent profitables, ou ne se portassent à point, lesdiz mestres les pourront oster, et punir selon l'article precedent.

(12) *Item.* Les officiers qui servent en nosdits hostiex, et de nosdiz enfans seront tenus de respondre du fait de leurs lieutenans, se il y avenoient aucune mesprison, tout aussi comme se euls meismes avoient fait le meffait en leurs personnes.

(13) *Item*. Aucun desdiz mestres ne pourra aucune personne approchier (1) de ce dont la congnoissance li appartiendra jusques à tant qu'il en soit bien enfourmé.

(14) *Item*. Quant il voudra aucun approchier, il l'orra en ses bonnes raisons et deffences, et ne le pourra traire hors de sa chastellenie. Et des sentences que donnent lesdiz mestres, l'en ne pourra appeller fors devant nous.

(15) *Item*. Aucun desdiz mestres desdiz forez ne pourra vendre, ne bailler aucunes ventes des forez à aucun de son lignage, conjoint par mariage, ne à gentilhomme, ou nostre officier, advocat, ou clerc beneficié.

(16) *Item*. Les verdiers, chastellains ou mestres sergenz seront tenuz à rendre compte de leurs fais des forez deux fois l'an, pardevers lesdiz mestres. C'est assavoir en Normandie, cinq semaines ou un mois avant Pâque, et cinq semaines ou un mois avant la Saint Michiel, et és autres pays semblablement, avant l'ascension et avant la Toussains. Et lesdiz mestres seront semblablement tenuz de envoyer pardevers les seneschaux, bailliz et receveurs, par les temps que dessus est dit, les ventes nouvelles que il auront faites, les rentes, pasnages, herbages et exploiz des forez ordinaires qui sont accoustumez à rendre par comptes des seneschaux et bailliz, afin que avant les termes de compter, les baillis et receveurs les puissent mettre en leurs comptes. Et seront lesdiz mestres aux comptes, quant les bailliz et receveurs rendront compte du fait desdittes forez, afin que eulx rendent bien tout ce que il devront rendre.

(17) *Item*. Les marchandz des bois et forez se pourront faire payer de ce qui deù leur sera, à cause desdiz bois, par lesdiz mestres, ou par quelconques autres justiciers que bon leur semblera des chastellenies, où seront leursdiz bois.

(18) *Item*. Lesdiz mestres seront tenus de chascun an, rendre compte en la chambre des comptes, tant du fait de leurs enquestes, comme d'autres choses dont il s'entremettront touchant le fait des forez et des eaues, excepté de ce qui sera rendu par compte de seneschaussée, ou de baillie.

(19) *Item*. Nous ne donrons dores-en-avant aucuns usages en nos forez, quar de tant comme de nous donnons de usages, se

---

(1) *Atteindre*, terme encore usité dans les arrests et sentences renduës au criminel, où le condamné est déclaré *atteint* et convaincu. (Laur.)

demeurent noz forez, où Nous sommes grandement dommagiez.

(20) *Item.* Que lesdiz mestres ne accomplissent, ne delivrent aucunes lettres de don à heritage, à vie ou à voulenté, ou à une foiz, se euls ne sont passez par la chambre des comptes.

(21) *Item.* Pour ce que nous avons donné à pluseurs personnes la chace d'aucunes de noz forez, pour chacier à toutes bestes, lesquelles personnes ont donné et donnent à autres leur dites chaces en icelles, ordené est que nulz ne pourra chacier si ceulx à qui il sont donnez n'y sont, ou leurs gens, et que ce soit pour euls et en leurs noms.

(22) *Item.* Ainsi comme nous avons ordené que les mestres de noz forez ne prendront nuls droiz, fors que leurs gages et pensions dessusdiz, ainsi voulons nous que nulz de noz bailliz, contes, receveurs, verdiers, sergenz, ne autres, qui s'entremettent des forez, ne preignent dores-en-avant nulz droiz, ne émolumens pour cause desdites forez, ou ventes, en quelque maniere que ce soit, excepté tant seulement, que lesdiz mestres verdiers, mestres sergenz et autres prendront leurs droiz qu'il ont accoustumé à prendre, des prises qu'il feront en leurs personnes tant seulement.

(23) *Item.* Dores-en-avant nulz desdiz mestres ne pourront faire sergenz à tenre penneaux, filez, ne autres hernois touchant garennes, se ne sont les sergenz de noz forez, ou autres de noz sergenz. Et se aucuns en sont faiz, nous voulons qu'il soient ostez.

(24) *Item.* Que s'il avoit aucuns sergenz instituez, oultre l'ordonnance des forez, où il seroient establiz, ou qu'il preigent plus granz gaiges qu'il ne souloient avoir, ou qu'il y eût plus de sergens qu'il ne soit necessaire, nous voulons qu'il soient ostez et les gages retranchez et ramenez aux gages anciens.

(25) *Item.* Pour ce que noz marchanz des forez ne soient grevez, nous voulons que quant il yront devant les receveurs pour applegier leurs marchiez, et il convenist qu'il s'obligassent en lettres de tabellion, il ne paieront pour seel et pour l'escripture de la lettre, que trois sols.

(26) *Item.* Li sergent qui les executeront, s'il deffailloient de payer, ne prendront par jour que trois sols.

(27) *Item.* Li clercs des bailliz, receveurs et vicontes ne prendront pour lettre, ou cedule de quittance de chascun payement que douze deniers.

28) *Item.* Les principaux marchans de noz forez pourront faire et charroyer leurs denrées des bois par tout païs, sans en travers, ne peage.

29) *Item.* Combien que les marchanz qui prennent les paissonnages et pasnages de nozdittes forez, ayent accoustumez à avoir les forfaictures et amandes, qui eschient pour ceste cause, voulons que dores-en-avant, nous y aions la moitié, et le marchant l'autre, afin que nostre droit et le droit desdiz marchans soient mieux gardé, et afin que nulz ne s'en puisse exempter souz l'ombre de ce dores-en-avant.

30) *Item.* Que nul verdier, mestre sergent, ou aucun autre gent des forez ne puisse marchander és poins, ne és meetes, ne gardes de leurs offices.

31) *Item.* Que aucuns bailliz, seneschaux, receveurs, previcontes ou autres officiers quelzconques dores-en-avant ne cognoissent ne s'entremettent en aucune maniere, du fait des fleuves, rivieres, et garennes, ne de chose qui en dépende, se aucune chose en ont encommencié, qu'il renvoyent la ou causes, en l'estat où elle est, pardevant les mestres des eaux, commis au païs dont il seront, pour en jugier et determiner, si comme de raison sera.

32) *Item.* Nous voulons et ordenons, que tous les deniers qui sont deuz pour vente de bois, pour exploit de justice, ou par autre cause, de termes à venir, lesquiex les mestres des forez par-..., et li gruyer de Champaigne devoient recevoir, et dont fussent chargez de compter, lesquiex nous avons ostez par ceste presente ordenance, que les receveurs des lieux les reçoivent, et lesdiz maistres et gruyer en baillent les escrips ausdiz receveurs, et que lidit marchand et ceuls qui les devront en entrent mains desdiz receveurs dès maintenant : et se aucun estoit contredisant de faire les choses dessusdittes, que lesdiz mestres les contraignent à le faire.

33) *Item.* Chascun desdiz mestres fera puepler les estangs es païs qui leur sont baillez, et se il leur faut argent pour ce faire, il le prenront sur leurs exploiz, se tant en ont, et se defaut y a, il les prenront sur les ventes de nos bois, ou il vendront à argent comptant au moins de dommage que il pourront pour nous.

34) *Item.* Pour le fait des eaux et des forez est ordené en la maniere qui s'ensuit. Les mestres des forez dessusdiz visiteront les

estangs des lieux, où il sont ordenez, et iceuls feront mettre en estat et puplier, et mettre de lieu en autre, et les feront pescher en saison et en temps, et ceux qui seront profitables pour les hostiex de nostre tres chiere compaigne et de nosdiz enfans, delivreront à Bertaut Bardilly, et les autres profitables pour estre venduz, vendront, et les deniers desdiz poissons venduz, baudront et delivreront audit Bertaut Bardilly, pour payer le poisson de mer desdiz hostiex.

(35) *Item.* Quant aux rivieres, l'en tendra les vieilles ordenances, lesquelles les mestres dessusdiz feront publier par les lieux et bonnes villes là où il sont ordenez, ainsi que nulz ne le puisse ignorer.

(36) *Item.* Aucuns desdiz mestres ne pourront faire commettre sergens en autres lieux que és lieux là où il sont commis.

(37) *Item.* Des petiz estangs qui sont à nous et à nosdiz enfans de petite valuë, et semblablement des petiz buissons qui contenent à garder, lesdiz mestres les pourront bailler à ferme, comme bon leur semblera, appellé avecques eux le bailly, le procureur des lieux où il seront, ou leurs lieuxtenans, ou l'un d'euls, et des bonnes gens et mieux notables, sans les bailler à nulz gentilzhommes, ne à autres noz officiers, ne de nosdiz enfans.

(38) *Item.* Nulz baillis, ne chastelains n'auront dores-en-avant nul usage de pescher, ne de chauffer, se ce n'est pour eschauffer les cheminées de noz chastiaux. Et ce qu'il leur en faudra, prendront par les mains des mestres de noz forez.

(39) *Item.* Se noz grenetiers ont besoing de bois, pour les reparacions de noz chastiaux, il ne le pourront prendre en noz forez fors que par la main desdiz mestres.

(40) *Item.* Lesdiz mestres gouverneront noz estans, comme dit est, et touz autres gouverneurs, tant ceulz de noz estans de Moret, comme autres, nous voulons qu'ilz soient ostez.

(41) *Item.* Pour ce que nostre peuple a esté moult grevé par les sergenz des eaües, et que plusieurs grans clameurs en sont venus des grans excés qu'il ont fait, nous voulons et ordenons que de cy à un an, nulz sergenz de eaüe ne soient faiz, en rappellant du tout ceulz qui faiz ont esté, et voulons que de tout qu'il ont receu, il viengnent compter en la chambre de noz comptes à Paris, et ainsi chascun desdiz mestres és pays où il sont ordenez, s'enformeront le plus loyalment qu'il pourront, de

[...]re qu'il ont reçû, et tout ce qu'il trouveront qu'il auront [...] pour ceste cause, il envoyeront à nosdittes gens des comp[tes], pour faire contraindre ceuls qui les auront levez où cas qu'il [ne] monstreront leur paye, et comment il les auront baillez par [...] nous, ou noz tresoriers: et avecques ce se aucun se veut [plain-]dre desdiz sergenz, lesdiz mestres, chascun ou lieu où il est [or-]donné, en feront bon droit. Et ne pourra nulz desdiz mestres [faire] sergenz desdites caües l'année passée, en nul païs, fors chas[cun] au lieu où il est ordonné. Et y fera l'en le moins de sergenz [que] l'en pourra bonnement, afin que nostre peuple ne soit gre[vé]. Et chascun sergent qui sera fait, donra caution, avant toute [choses]e, de deux cent livres tournois, de loyalment faire son office. [Et] chascun desdiz mestres qui lesdiz sergenz feront, respondra [pour] lesdiz sergenz des excés qu'il feront, jusques à ladite [som-]me, ou cas que lesdiz pleges qu'il prendront ne seroient sol[va-]bles.

Toutes les choses dessusdites, et chascune d'icelles, nous [vou-]lons estre gardées et tenuës sans corrompre en aucune ma[nie-]re.

Mandons et commandons à noz amez et feaulx les mestres de [noz forez], et à chascun d'eulx, et à tous nos seneschaux, baillis, [re-]ceveurs, vicontes, prevoz, chastellains, verdiers et sergenz, [que] les choses dessusdittes, et chascunes d'icelles, tiennent et [gar-]dent, facent tenir et garder, chascun en droit soy, sans cor[rom-]pre en aucune maniere. Et deffendons aus mestres de noz [fo-]rez, et à chascun d'eulx, que dores-en-avant, à lettres qui [leur] viegnent au contraire, il n'obéïssent en aucune maniere, se [el-]les ne sont commandées de nous, signées par l'un de noz secre[tai-]res, seellées de nostre scel, et passées par nosdites genz des [comptes].

En tesmoing de laquelle chose nous avons fait mettre nostre scel [à] ces presentes lettres.

Données à Brunay, le 29°. jour de may, l'an de grace MCCCXLVI. Par le Roy à la relacion des gens des comptes.

N°. 134. — ORDONNANCE *sur la composition de la Chambre des comptes.*

Maubuisson, 14 décembre 1346. (C. L. II, 251.)

DE par le Roy, chancelier, nous avons ordené qu'en la chambre de noz comptes à Paris, aura trois clercs et quatre laiz, maistres de noz comptes, et douze clercs sous eux, pour veoir et corrigier nosdits comptes, et un clerc en nostre trésor.

Si vous mandons que iceux vous instituez en nostredite chambre et nostredit tresor en la maniere dessusdite, aux gaiges, prouffiz et émolumens accoustumez, ostez tous autres maistres et clercs qui paravant y estoient instituez, auxquels ostez nous entendons à pourveoir de bons et convenables estats, selon leur bonté et service du temps passé.

Donné à Maubuisson-les-Pontoise le quatorzième jour de decembre, l'an de grace mil trois cens quarante-six.

N°. 135. — MANDEMENT *par lequel le Roi déclare qu'il a droit de battre monnaie, et d'en fixer le cours* (1).

Paris, 16 janvier 1346. (C. L. II, 254.)

PHILIPPE, par la grace de Dieu, Roys de France. Au seneschal et receveur de Beaucaire, ou à leurs lieutenans, Salut.

Nous ne povons croire que aucun puisse ne doit faire doute, que à nous et à nostre Majesté royal n'appartiengne seulement et pour le tout, en nostre royaume, le mestier, le fait, la provision et toute l'ordenance de monoie, et de faire monnoier teles monnoyes, et donner tel cours, pour tel prix comme il nous plaist, et bon nous semble pour le bien et proufit de nous, de nostre royaume et de noz subgiez, et en usant de nostre droit. Et pour ce que il nous avait esté rapporté que en nostredict royaume, tout communement se mettoient et prenoient toutes monnoies d'or et d'argent de quelques coings que il fussent, tant du nostre, comme d'autrui, et mettoit chascun sur lesdites monoies, tant d'or comme d'argent, tel pris comme il li plaisoit,

---

(1) Il paraît résulter de cette ordonnance, que le Roi était seul en droit de battre monnaie dans son royaume. — Hen., Abr. chr. — (Dec.)
V. Nouv. Rép., V°. Bar. (Is.)

et à la volenté, dont l'un decevoit et defaudroit moult souvent l'autre.

Neantmoins par grant clameur des marchandz et d'autre pueple de nostredit royaume et d'ailleurs, est venuz à nostre cognoissance, que pluseurs malicieuses genz et cauteleus, en venant presomptueusement contre nostredit cry et deffense, et pour decevoir et defrauder les bons marchandz et les autres bonnes genz, qui ladite fraude pas ne cognoissent, prennent encore et mettent toutes monnoyes d'or et d'argent, en leur donnant tel prix comme il leur plaist, et greigneur que il ne vallent, ne ne puissent valoir, de chascun jour croissent et montent le prix à leur volenté, et meismement esdiz denier d'or à la chaiere, en telle maniere que par leurdicte fraude et malice, noz monnoies ne puevent avoir ferme priz, ne estable, dont il advient chascun jour que quant li bon marchandz vendent leurs denrées à certain priz, selon la value de la monnoie qui court au jour de la vente, et iceux marchandz donnent aucun terme de leur payement, le priz desdictes monoies est si creu par les voies desdites, avant ledit payement, que lesdiz marchandz perdent une grande partie de leur debte, et toy receveurs meismes, prins et mis, si comme nous attendons lesdites monnoyes deffenduës. Si avons grant merveille comment aucun ose prenre, si fol hardement ne si grant outrage, car il n'est pas double qu'en ce faisant, il ont forfait et encourru envers nous les corps et les biens, à nostre volenté, et avons juste cause de les en faire punir toutesfois que il nous plaira. Et combien que nous en doions avoir très grand deplaisance, et qu'à l'égard de ladite punition peussiens dûment proceder dès maintenant, toutesfoiz par les griez que il ont souffert pour cause de noz guerres, nous n'avons pas voullu encore garder rigueur en cest cas contre eulx, ainçois les voullons plus sommer et aviser de leurs defautes.

Pourquoy nous vous mandons, que vous faciez encores crier et deffendre solemnelinent par touz les lieux notables de votre jurisdiction, que aucun, sur peine de forfaire les corps et les biens à nostre volenté, comme autrefoiz, ne soit si hardiz que il preigne, ne mette aucune monnoie d'or, ou d'argent, quelle que elle soit, de nostre coing, ou de quelque autre, pour aucun priz, exceptez lesdiz deniers d'or à la chaiere, pour le priz de seize sols Parisis sanz plus, et les doubles noirs pour deux petiz Parisis, ainçois soient toutes les autres mises au marc pour billon. Et faites bien exposer et exprimer par ledit cry, toutes les choses dessusdictes, et especialement que si aucun de quelsconques estat que il soit, en est dores-en-avant trouvé coupables, nous n'en entendons faire aucune grace, ne remission, ne aussi du temps passé.

Et de nostre autorité et povoir royal, nous ordenons et establissons par ces presentes letres, que touz les meubles de touz ceuls qui pourront estre attainz, ou convaincuz, que aucunes desdictes monnoyes deffendues ayent mis, ou pris depuiz ledit criz, soient dès lors acquis et confisquez à nous, et levez et exploitiez pour nous, et apportez à nostre tresor. Et en outre-plus retenons à les punir autrement à nostre volenté. Et à toi receveur, deffendons et enjoignons sur les peines dessusdictes, que aucun n'en reçoive et mette pour aucun priz.

Et maintenanz pour ce que nous puissiens mielx scavoir les coupables, nous voulons que vous deputez par touz les lieux de vostre dicte jurisdiction, où vous verrez que bon sera, bonnes personnes et loiaux, dont vous ayez cognoissance, et puissiez respondre, tant comme vous semblera, lesquiex puissent penre toutes lesdites monnoyes deffenduës; que il trouveront mettant et prenant, et lesquels soient tenuz à vous rapporter les monnoyes que il aront prises, et les noms des personnes, sur qui il les aront ainsi prises, afin que nous puissions penre lesdiz meubles, et que vous nous en puissiez certifier, pour pourvoier en oultre sur la punicion d'iceuls, si comme bon nous semblera : et pour ce que lesdictes personnes qui ainsi seront par vous deputées, en soient et doient estre plus diligenz, nous voulons que toutes les monnoies que il aront prises, et à vous rapportées, que vous leur bailliez et delivrez la quinte partie, et que les autres quatre parties, avec lesdiz meubles, et le rapport que il vous aront fait, vous envoyez tantost en nostre tresor à Paris, en signifiant à nos amez feaulx conseilliers les abbez de Saint Denis et de Mairmoutier et de Corbie, generaulx deputez de par nous sur nos besoingnes à Paris, et à nostre tresorier, les sommes, et les pieces de monnoies, que vous arez envoiées, avec la copie dudit rapport des deputez de par vous, comme dessus est dit. Et gardez bien chascun en droit soy, que vous soyez si diligenz de toutes les choses dessusdictes, que dores-en-avant si grant outrage ne soit fait contre nostre deffense, car nous nous en prenrions à vous, et vous en punirious en tele maniere, que touz autres y devroient premier exemple. Et soyez certainz que nous y avons mis et mettons tele provision que nous en pourrons toûjours sçavoir la verité. Donné à Paris le seize jour de janvier, l'an de grace mil trois cens quarante-six.

Par le Roy, à la relation du conseil.

N° 136. — DÉCLARATION (1), *par demande et par réponse, sur des questions nées à l'occasion de l'ordonnance des monnaies.*

Enregistrée au parlement le 12 février 1346. (C. L. II, 193, note.)

N° 137. — LETTRES *portant abolition de la confiscation de biens, en faveur des bourgeois de Béthune.*

Vincennes, février 1346. (C. L. IV, 145.)

N° 138. — MANDEMENT *portant que les sergens et soldats employés à la garde des châteaux sont justiciables, en première instance, des chastelains; en appel, des sénéchaux; et en second appel, du Roi* (2).

Mondidier, 1er mai 1347. (C. L. II, 261.)

PHILIPPE, par la grace de Dieu, Roy de France : au seneschal de Beaucaire, ou à son lieutenant, salut.

Nos chastelains de nos chasteaux de Beaucaire, d'Aigues-

---

(1) Il n'y a de remarquable dans cette ordonnance que la forme, qui a de l'analogie avec la loi des 12 et 15 mars 1791, sur la loi du 17 nivôse an 2. (IS.)
(2) C'est le premier exemple d'établissement de la juridiction militaire, qui est depuis étendue jusques sur les non militaires. — Loi, 13 brumaire, an 5. — Arrêt de cassation sur l'embauchage, 22 août 1822. (*Idem.*)
Depuis l'establissement des communes, les bourgeois des villes se gardèrent eux-mesmes pendant la paix. Ils n'avaient des garnisons, qu'en guerre, et lorsqu'ils étaient menacez de sieges. Cependant lorsqu'il y avait des châteaux dans les villes frontières, nos rois, comme on le void par ce mandement, y mettoient des chastelains pour y commander, lesquels avaient sous eux un petit nombre de sergens ou de soldats qui estoient à la solde du Roy, mesme en temps de paix.
Charles VII ayant institué quinze compagnies d'ordonnances, il en envoya en garnison dans les villes, des brigades de vingt ou de trente gendarmes. Et de-

mortes, de la Tour d'Avignon, de Rochemore, et d'autres chasteaux assis en vostre seneschaucie, sur les frontieres de nostre royaume, nous ont monstré, en complaignant, que comme nous leur avons donné la garde desdits chasteaux, avec certain nombre de sergens en chacun châtel, et il soit ainsi que quand aucun, ou aucuns desdits sergens se meffont par aucune maniere, lesdits chastelains, et chacun d'eux, si comme il leur appartient, ayent la premiere cognoissance desdits sergens, et vous seneschal dessusdit en ayés la seconde, en cause d'appel, et nous, ou nostre deputé de par nous, en ayons la tierce, en cause de second appel, et aussi lesdits sergens ayent leurs juges ordinaires, tels comme il leur appartient pour eux corriger ; neantmoins aucuns juges, ou autres justiciers de ladite seneschaucie s'efforcent d'avoir cognoissance de cause sur lesdits sergens, ou sur aucun d'iceux en leur grand grief, prejudice et dommage, si comme ils dient, suplians que sur ce leur vueillions pourvoir de remede convenable.

Pourquoy nous vous mandons, eüe consideration aux choses dessusdites, s'il est ainsi, que vous ne laissiez molester, ne constraindre lesdits sergens, ne aucuns d'eux à répondre d'aucun cas, devant autres juges, ou justiciers temporels, que pardevant lesdits chastelains, suivant l'usage, et coûtume approuvée, et par la maniere accoûtumée : mais si aucune chose estoit au contraire, si la remettés, ou faites remettre, sans delay, au premier estat et deub, nonobstant lettres subreptices impetrées, ou à impetrer au contraire.

Donné à Mondidier le premier jour de may, l'an de grace mil trois cens quarante-sept.

---

puis l'establissement des sergens d'armes, qui fut fait par le roy Philippe Auguste, les chastelains envoyez dans ces chasteaux furent pris de ce corps, comme on le voit dans l'ord. du 8 avril 1342.

Louis XI, engagé dans de longues et fâcheuses guerres, fut obligé de mettre dans ses villes, de plus fortes garnisons. Louis XII, François I*er* et Henry II les augmentèrent. Et enfin, sous Henry IV, les habitans d'Amiens, qui avoient offert de se garder eux-mesmes, s'estant laissez surprendre par P. Carrem, gouverneur espagnol, nos Rois pour le bien de l'estat ; ont mis depuis dans leurs villes des garnisons aussi nombreuses qu'ils l'ont jugé a-propos, et ils n'en ont plus voulu laisser la défense aux bourgeois. (L.)

N° 139. — Ordonnance (1) *sur les monnaies.*

Paris, 21 juillet 1347. (C. L. VI, 263.)

N° 140. — Lettres *portant permission à ceux des bourgeois et habitans d'Aire, qui seront reconnus par le maire être bons et loyaux, de porter en voyage des armes défensives.*

Saint-Christophe en Hallatte, octobre 1347. (C. L. III, 509.)

N° 141. — Ordonnance *sur les formalités de la complainte.*

Au parlement de la Saint-Martin d'hiver, 1347. (C. L. II, 266.)

Philippus, Dei gratiâ, etc. Omnibus justiciariis nostris salutem. Ex relatione dilectorum et fidelium gentium, nostrum præsens parlamentum tenentium, intelleximus quod licet de stilo et usu ab antiquo approbatis, cum literæ nostræ in causâ novitatis, vobis, seu vestrum alicui, per aliquem conquerentem, seu dicentem se turbatum in suâ possessione, seu saisinâ de re aliquâ indebite, et de novo, committuntur, aut etiam diriguntur, deberent dictas literas exequendas alicui vestro servienti tradere, et eidem committere per vestras literas sententiales, ut partes ipsas super locum contenciosum, si casus sit talis, quod sit opus inspectione, seu ventâ convocaret, seu adjornaret, ut ipsis ibidem exequentibus, actor qui ipsas literas impetravit, suam querimoniam, secundum dictarum seriem literarum, facere contra ipsam reum, seu deffensorem; quâ factâ reus ipse deberet statim se opponere, vel cedere, et oppositione factâ, ipse serviens deberet ipsum reum compellere ad loca ressaisianda, si aliquid inde fuerit levatum, seu ablatum, aut alias explectatum, antequam ipsum ad oppositionem reciperet, locis vero ressaisitis deberet idem serviens capere debatum, seu rem contenciosam, in manu nostrâ tanquam superiori, et per eandem manum factâ recredentiâ, si et ubi esset facienda, diem certum coram judice competente assignare, et hæc omnia deberet facere idem serviens uno die, imo unâ horâ, sine aliquâ figurâ judicii, cum ipse in

---

(1) Elle ne diffère guère des précédentes.

prædictis, non judicis, sed fere meri executoris fungatur officio.

Vos nihilhominus, seu plures vestrûm, dictos stilum, usum, et observanciam licet utilem, justam et racionabilem temere contempnentes, seu negligentes, lites ipsas protelando, cum vobis dictæ literæ per ipsum impetratorem offeruntur, ut est dictum, ipsum reum coram vobis in judicio ad diem certum, et interdum nimis longum, facitis adjornare, visurum dictas literas executioni demandari, qui reus fugere cupiens, ut est moris, diem petit consilii, quem cum habuit, diem petit ventæ in alia dilacione, et nonnumquam ipse reus calumpniosus volens fugere, non solum petit dilaciones prædictas, imo contra dictas literas, seu procuratorem actoris, surrepciones et alias dilaciones, seu excepciones dilatorias, declinatorias, loci, vel temporis, aut alias frivolas et derisorias; ex quibus lites, quæ in casu novitatis maxime deberent esse breves, efficiuntur immortales, imo vix potest usque ad litis-contestacionem deveniri, in magnum gravamen et dispendium subditorum.

Hinc est quod vobis, et vestrum cuilibet, prout ad ipsum pertinuerit, præcipimus et districte injungimus (1),

---

(1) Anciennement l'huissier, ou le sergent, qui estoit executeur d'un mandement, ou complainte en cas de saisine et de nouvelleté, devoit appeller les parties pardevant luy sur le lieu. Et la complainte par le complaignant, si l'autre partie en parlant, se confessoit dessaisie, ou confessoit avoir mis l'empeschement, ou qu'elle ne s'opposast point, l'executeur ressaisissoit le complaignant, et en le restablissant, ostoit l'empeschement, et assignoit jour pour voir confirmer son exploit, et depuis la partie n'estoit plus reçûë à opposition. Mais si la partie disoit que ce qu'elle avoit fait, avoit esté en usant de son droit, et qu'elle contendoit posseder ladite chose, alors pour raison du debat, la chose estoit mise en la main du Roy. V. l'auteur du Gr. Coutumier, liv. 2, chap. 22, p. 146; l'ancien stile du parlement, part. 1re, ch. 18, §. 4; et le ch. 11 de la Coutume de Lille; l'ord. de François 1er, de 1539, art. 61, 62, 63; et celle de Louis XII, de 1512, art. 51, 52, 53, etc.

Quand la chose contentieuse estoit mise en la main du Roy, on examinoit laquelle des deux parties avoit joüi par an et jour. Et celle des deux qui prouvait sa dernière joüissance d'an et de jour, estoit maintenuë dans sa possession et saisine. Et si aucune ne prouvoit clairement qu'elle avoit joüi pendant l'espace d'un an et d'un jour, ou si le cas estoit douteux, on donnoit la joüissance par provision à celle des deux qui avoit le droit le plus apparent. Ce qui est tresbien expliqué par M. Loisel, Institutes coutumieres, liv. 5, tit. 4, reg. 9, 10, 11, 12.

Selon le droit romain, quand quelqu'un avoit été expulsé, par force ou par violence de son héritage, le preteur luy donnoit dans l'année l'interdict unde vi,

Quatenus dilaciones prædictas et alias superfluas et frivolas penitus resecantes, dictos observanciam, stilum et usum antiqui-

---

pour recouvrer la possession qu'il avoit perdue. Et après l'année il ne luy donnoit plus que l'action, *in factum, de eo quod ad adversarium pervenerat.* L. 1° *in fine dig. Unde vi, leg.* 15, *de oblig. et actionibus.* Ce qui estoit contraire à l'edit de ce magistrat.

A l'exemple de cet interdit, dont il est parlé dans quelques interprétations de loix du Code Theodosien, on establit anciennement en France, que celuy qui avoit usurpé par violence un heritage, n'en devenoit le possesseur, que quand celuy qui avoit esté spolié, laissoit passer un an et un jour sans faire aucune poursuite.

Et de là vient que par la loi salique il est décidé, que *si quis migraverit in villam alienam, et ei aliquid infra duodecim menses, secundum legem, contestatum non fuerit, securus ibidem consistit, sicut et alii vicini.* V. les interprétations du Code Theodosien, tit. *Unde vi,* et tit. 47 de la loi salique, art. dernier.

Il n'y a donc constamment nul doute, que cette disposition de la loi salique n'ait esté pratiquée en France sous la première et la seconde race de nos Roys. Mais sous nos Roys de la troisième, on establit un droit nouveau, et l'on distingua les possessions, en les divisant en possessions de fait, ou naturelles, et en possessions de droit, ou civiles. V. l'auteur du Grand Coutumier, p. 140, lig. 24.

Par la possession de fait, ou naturelle, on entendit la simple détention d'un immeuble.

Et par la possession de droit, ou civile, on entendit d'abord toute possession continuée par an et jour, quand bien mesme elle auroit esté acquise, par force, ou violence.

Mais dans la suite, on entendit par la possession de droit, ou civile, une possession continuée pendant une année et un jour, et acquise *non vi, non clam, non precario,* ce qui fut pris de l'interdit *uti possidetis* du droit romain. V. Beaumanoir, Coutumes du Beauvoisis, ch. 32, p. 168, et l'auteur du Grand Coutumier de France, liv. 2, ch. 21.

Ces deux possessions différoient;

En ce que la simple possession, ou la détention de fait, n'estoit pas toûjours reputée juste, ce qui n'estoit pas sans raison.

Au lieu que la saisine estoit toûjours reputée juste, selon l'auteur du Grand Coutumier, praticien excellent, et duquel on peut tirer beaucoup de notions, pour l'intelligence de la coutume de Paris, ainsi que des coutumes toutes notoires du chastelet et des décisions de messire *Jean des Mares,* ou *des Marés.* Saisine, dit cet auteur, liv. 2, ch. 21, p. 159, est reputée juste de soy, *propter adminiculum temporis,* mais possession non, *quia temporis adminiculum non requirit.*

Et elles différoient encore en ce que celuy qui avoit esté expulsé par force de l'heritage qu'il détenoit, ou possedoit naturellement, en perdoit la possession suivant la loy 3. §. *Si quis,* la loy 7, dig. *de acquirenda possessione,* et le ch. 9, *de appellationibus in tertia compilatione.*

Au lieu que celuy qui avoit esté spolié par force et violence de l'heritage qu'il possedoit civilement, en conservoit toûjours la possession de droit, ou la sai-

tus observatos, et meritò, ut est dictum, approbatos, teneatis et teneri faciatis, et inviolabiliter observetis et observari faciatis,

sine, jusques à ce qu'un autre l'eust acquise, par une autre possession posterieure d'an et de jour.

Et puisque celuy qui avoit esté expulsé par force et violence du fonds qu'il possedoit civilement, en conservait ainsi la possession civile ou la saisine, on introduisit dans la pratique, qu'il n'agiroit pas contre le spoliateur, pour estre resaisi, parce qu'il n'avoit pas esté dessaisi, mais qu'il agiroit pour estre maintenu sans trouble dans la saisine qu'il avoit; ou si l'on veut, on ne luy donna plus, pendant l'année et le jour, à compter de la violence, suivant les loix romaines, l'interdict *Unde vi, recuperandæ possessionis*, mais on luy donna l'interdit *Uti possidetis, retinendæ possessionis*. Ensorte que c'estoit une precaution à celuy qui vouloit user de ce dernier interdict, de se dire toûjours saisi et de demander d'estre conservé dans sa saisine. V: sur ce sujet l'auteur du Grand Coutumier de France, ch. 2, p. 151, et l'ancien stile du parlement, ch. 18, §. 1.

Quelques-uns se sont imaginez, sur l'autorité de Guy Pape, decision 551, que Saint Loüis avoit introduit ce droit en France. Et quoique l'auteur du Grand Coutumier de France écrive positivement, que c'est luy qui a le premier us sur, le cas de nouvelleté, il n'y a presque personne qui ne croye que cet auteur nous en a imposé, parce que Saint Loüis a fait un chapitre de saisine, dans ses establissemens, et que Philippe de Beaumanoir, qui écrivoit en 1283, en a traité dans le ch. 32 de ses coutumes du Beauvoisis.

Mais il faut sçavoir, ce qui n'a pas encore esté remarqué, que sous le regne de Saint Loüis et du temps de Beaumanoir, il y avoit trois cas où l'on se pouvoit complaindre en matiere possessoire; le cas de force, le cas de dessaisine, et le cas de trouble.

Ainsi il y avoit alors trois complaintes en France, ou dans nos pays coutumiers, sçavoir: la complainte de force, la complainte de dessaisine, et la complainte de nouveau trouble.

Voicy comme Philippe de Beaumanoir, bon jurisconsulte françois, et dont on ne peut se passer pour entendre plusieurs dispositions de nos coutumes, s'explique à ce sujet.

Cy meffets dont nous voulons traittier, sont divisez en trois manieres, c'est à sçavoir Force, nouvelle Dessaisine, et nouveau Trouble.

Nouvelle dessaisine est se aucuns emporte la chose de laquelle j'aurais esté en saisine an et jour paisiblement.

Si l'on me vient oster ma chose à grand planté de gens, ou à armes. En tel cas ay bonne action de moy plaindre, de force ou de nouvelle dessaisine, et vous pouvez voir que nulle tele force n'est sans nouvelle dessaisine, mais nouvelle dessaisine est bien sans force.

Nouveaux troubles, est si j'ay esté en saisine, an et jour, d'une chose paisiblement, et l'en m'empesche, si que je n'en puis pas joüir en autele maniere, comme je faisois devant. Et me puis plaindre, si que la chose soit mise arriere en paisible estat.

Dans les deux premiers cas; c'est-à-dire dans celui de force et de dessaisine, le complaignant se disoit dessaisi, et il agissoit pour recouvrer la possession ou saisine qu'il avoit perduë.

Mais dans le dernier cas, qui estoit celuy de trouble, ou de complainte en cas

substantibus quibuscumque usibus, vel abusibus, quibus, ut dictum est, usi, imo abusi fuerunt temporibus retroactis.

Actum in nostro parlamento, anno quadragesimo septimo, post festum beati Martini Yemalis.

N° 142. — ORDONNANCE (1) *sur les paiemens des obligations contractées pendant la faible monnaie.*

Paris, 6 janvier 1347. (C. L. II, 270.)

N° 143. — ORDONNANCE *adressée au conseil secret* (2), *portant révocation de tous les receveurs de deniers royaux, sous réserve de rétablir ceux qui auront bien géré, avec exclusion des étrangers, et défense aux comptables de recevoir des présens, gages ni profits.*

Lisy, 28 janvier 1347. (C. L. II, 281.)

PHILIPPES par la grace de Dieu, Roys de France, à nos amez

---

de saisine et de nouvelleté, il se disoit saisi, parce qu'il l'estoit en effect, et il demandoit seulement que le trouble fust osté.

Comme on s'appliquoit alors au droit romain, sans l'entendre parfaitement, parce que le renouvellement des lettres ne commença que sous François Ier, on corrompit en cette matiere, nostre droit françois, en le voulant reformer, quoy-qu'il eust esté jusques-là conforme aux lois romaines. Et parce qu'il y a dans la loy *si quis nunc. et de acquirenda possessione*, que la volonté suffit pour retenir la possession, Simon de Bucy reduisit ces trois cas en un, en introduisant, que la desaisine et la force pourroient estre regardées comme nouveaux troubles, et que dans un cas comme dans l'autre, la complainte en cas de saisine et de nouvelleté auroit lieu, ce qui avoit esté auparavant ainsi décidé par Dynus. *V. Faber, Institut., de interdictis*, §. *Retinendæ*, n° 5; mais depuis on a suivi le droit romain, et la *Reintégrande*, qui a lieu dans le cas de force et de violence, a esté distinguée de la complainte en cas de saisine. *V. Cujas*, liv. 19. *Observ.* ch. 16, tit. 18, des complaintes de l'ord. de 1667. (Laur.)—*V. Henrion de Pansey, justices de paix.* (Is.)

(1) Elle ne differe pas essentiellement des ordonnances antérieures. C'est une loi de circonstance, en 25 art. (*Idem.*)

(2) Il était alors composé du chancelier, de Math. de Trie, seigneur de Moucy, et de P. de Beaucou, chevaliers, d'Enguerrand du Petit-Celier et de Bernard Fermont, trésoriers. Chaque conseiller d'état avait mille livres de gages. Le Roi ne faisoit rien que par leur avis. Reg. C. de la Ch. des comptes. (Laur. Note 6, p. lix.)

Le conseil secret était une espèce de conseil des ministres. (Is.)

et seaulz les gens de nostre conseil secret, les gens de noz comptes, et noz tresoriers à Paris; salut et dilection.

Sçavoir faisons, comme nous oy plusieurs complaintes et clameurs à nous rapportez, par plusieurs dignes de foy, tant nobles comme non nobles, d'aucuns de noz receveurs de nostre royaulme, de plusieurs maléfices et deffaus qu'ils ont faiz et perpetué en nozdittes recettes, tant en noz fermes baillées, et en ce qu'il ont reçû pour nous, comme és payemens des assignez sur lesdites recettes, et aussi qu'il ont reçû plus fortes monoyes qu'il n'ont payé ausdits assignez, de quoy il ont tourné et appliqué à leur prouffit la mendre vaillance desdites monoyes, sanz ce que il nous en ayent pou, ou rient rendu; et ont delayé et delayent à venir compter et rendre compte, et eulx affiner devers vous les gens de noz comptes, afin que leur estat et la verité ne soient sceuz; combien que chascun ait, où il ayent esté mandé aux termes accoustumez, et mesmement par noz autres ordenances, pour venir rendre compte à raison des recettes et mises qu'ils ont faictes pour nous et de plusieurs subsides, impositions, finances et prets que il ont levé de nostre peuple, de quoy il ont encore à compter, laquelle chose est et seroit en grant dommage de nous, de nostre peuple, et desdiz assignez, se par nous n'y estoit pourvû de remede; nous qui toujours voulons et desirons pourveoir au bon gouvernement de nostre royaulme et de noz offices, pour le prouffit de nous, et de nostredit peuple.

Premierement. Avons ordené et ordenons que tous lesdiz receveurs de nozdittes receptes seront souspenduz et ostez de leurs offices, jusques nous en ayons autrement ordené. Et ceulx qui bien et loyaulment se seront portez en leursdiz offices, desquels nous, ou noz genz aront bon raport, seront miz et establiz noz receveurs en noz autres receptes, esquelles ilz n'auront pas esté noz receveurs, ou autrement pourveuz, selon ce que bon nous semblera.

(2) *Item.* Nous avons ordené et ordenons que aucun Ythalien dores-en-avant, ne homme né hors de nostre royaulme (1), ne sera receveur d'aucunes de noz receptes; et dés maintenant se aucun en y a, nous lez en ostons, et deboutons du tout.

---

(1) *V.* l'art. 22 de l'ordon. de 1319, sur l'exclusion des étrangers de tous offices. *V.* Bacquet, du Droit d'aubaine, ch. 15, p. 889. (Is.)

(3) *Item.* Nous avons ordené et ordenons que dores-en-avant aucun de nozdiz receveurs, ne preigne, ne ait robbes, gaiges, ne pensions de prelaz, de barons, ne d'autres nobles, ou non nobles quel qu'il soit, sur peine d'estre privé dores-en-avant de tous ses offices, et d'encheoir en amende arbitraire.

(4) *Item.* Nous avons ordené et ordenons que les receveurs que nous establirons en nosdittes receptes, viengnent chascun an auz termes accoustumez, en la maniere, et sur les peines contenues en noz autres ordenances : et voulons que dores-en-avant chascun receveur, sitost comme il sera establi receveur, viengne en la chambre de noz diz comptes pardevers nosdittes genz, et qu'il jure à tenir et garder sanz enfraindre, les ordenances dessusdites, ensemble noz autres ordenances qui par nosdittes genz leur seront montrées, lesquelles ordenances, nous voulons estre tenues et gardées dores-en-avant.

Si vous mandons que nosdittes ordenances, vous faciez tenir et garder de poinct en poinct selon leur teneur, sans enfraindre en aucune maniere, et selon la teneur d'icelles, punissiez tous ceulx qui feront le contraire.

Donné à l'hospital de Lisy, le vingt-huitiéme jour de janvier, l'an de grace mil trois cens quarante-sept.

N° 144. — ORDONNANCE *contre les blasphémateurs* (1).

Lisy, 22 février 1347. (C. L. II, 282.)

PHILIPPE, par la grace de Dieu, Roy de France, au prevost de Paris, salut.

Pour ce que pieça il est venu à nostre cognoissance, que plusieurs de nostre royaume, ou autres conversans et habitans en icelluy, et non ayant Dieu avec euls, mais esmeuz de mauvais courage et comme mescognoissans leur createur et ses œuvres, ont dit par plusieurs foiz et dient par chascun jour plusieurs paroles injurieuses et blasphemes de Dieu nostre createur, et de la glorieuse Vierge Marie sa mere, et de tous saints et saintes, et autres vilains sermens en très grande déplaisance de nous, et

---

(1) *V.* l'ord. de St-Louis, 1268 ou 1269, n. 216, tom. 1er, p. 341, confirmée par Philippe-le-Hardy, en 1272, et ci-dessus l'ord. du 12 mars 1329. (Is.)

ainsi doit estre de tous bons chrestiens. Et combien que par plusieurs foiz, nous vous avons mandé et commandé moult estroitement, que punicion fust faite de tous tels mauvais chrestiens mescognoissans nostredict createur. Et en certaine maniere vous avez esté remis et negligens, et encore estes de ladite punicion faire, dont nous vous reprenons de negligence, nous qui de tout nostre cuer desirons que grande punicion et vengeance soit faite de tous ceux, qui ainsi feront, voulons et ordonons ladite punicion en estre faite en ceste maniere.

C'est à sçavoir, que celuy, ou celle qui de Dieu, ou de la Vierge Marie, dira ou mal jurera le vilain serment, sera mis pour la premiere fois qu'il luy adviendra, au pillory, et y demeurera depuis l'heure de prime, jusques à l'heure de nonne, et luy pourra-t-on jetter aux yeux boue, ou autre ordure, sans pierre, ou autres choses qui le blessent, et aprés ce demeurera au pain et à l'eau, sans autre chose.

A la seconde fois, si par adventure, il luy advenoit qu'il rechust, nous voulons, qu'il soit audit pillory, au jour de marché solemnel, et qu'on luy fende la levre de dessus d'un fer chaud, et que les dens lui apparoissent.

A la tierce fois, la levre de dessous, et à la quarte toute la balevre.

Et si par meschance, il luy advenoit la quinte foiz, nous voulons et avons ordonné et ordonnons qu'on luy coupe la langue tout outre, si que des lors en avant, il ne puisse dire mal de Dieu, ne d'autre.

Et en outre avons ordonné et ordenons que si aucun oyt dire lesdictes mauvaises paroles, et il ne les venoit dire incontinent, qu'on luy puisse lever amende sur luy jusques à la somme de soixantes livres, et s'il estoit si pauvre, qu'il ne la pust payer pecuniaire, qu'il demeure en prison au pain et à l'eau, jusques à temps que il ait souffert penitence en ladite prison au pain et à l'eau, jusque à temps qu'il ait souffert penitence en ladite prison, qui doit suffire, satisfaire et valoir ladite amende.

Si vous mandons et enjoignons estroitement que nostre presente ordonnance, vous faciez crier et publier sollenellement par tous les lieux où on a accoustumé faire cris en vostre jurisdiction et ressort; et qu'aucun ne soit si hardis, aprés ledit cry, de dire ou proférer les mauvaises paroles dessusdites, ou aucunes d'icelles, et que chascun incontinent, qu'il les aura à aucun oÿ

..er, le revele à justice, sur les peines dessus divisées : et tous
...euls qui après ledit cry seront trouvez faisant le contraire, punis-
...les sans déport, et toute faveur ostée, par la maniere cy-des-
...s éclaircie, et avec ce le faites sçavoir à tous les hauts justiciers
...vostre prevosté, afin qu'ainsi le facent crier et publier en leur
...risdiction.

Sachant si defaut y a par vous, ne par euls aussi, nous en pren-
...ons si grande vengeance, que les autres y prendront exemple.
...gardez qu'il n'y ait faute.

Donné à l'hospital de Lisy, l'an de grace mil trois cens qua-
...ante-sept, le vingt-deux fevrier.

N°. 145. — LETTRES *portant confirmation des coutumes de Lyon.*

Aux champs de Montdidier, avril 1347. (C. L. II, 257.)

N°. 146 — MANDEMENT *qui fixe le cautionnement des receveurs de deniers royaux à la recette d'une année, et leur
défend de recevoir des gages de personne, et de prêter de
l'argent.*

Fontainebleau, 4 mars 1347. (C. L. II, 283.)

N°. 147. — ORDONNANCE (1) *sur les monnaies, qui en défend
l'exportation et le courtage; interdit le change à ceux
qui ne sont pas reçus, et le billonnage; ordonne de faire la
stipulation des contrats en livres et non en monnaie;
défend de faire de la vaisselle d'argent, etc.*

Paris, 27 août 1348. (C. L. II, 296.)

---

(1) Elle ne contient aucun principe nouveau. Il y a une autre ord. donnée à
...baye du Lys, près Melun, le 23 mars 1348, à-peu-près semblable. — C. L.
II, 296. — (Is.)

N°. 148. — MANDEMENT *à la Chambre des comptes de faire payer les aumosnes, ou pensions ecclésiastiques aux religieux, avant toutes autres assignations.*

Paris, 27 mars 1348. (C. L. II, 300.)

N°. 149. — ORDONNANCE *portant que les prevôtés, écritures et clergies des baillages, seront adjugées aux enchères publiques.*

Paris, 12 juin 1349. (C. L. II, 304.)

N°. 150. — MANDEMENT *au chancelier et aux gens des comptes, portant que la nomination des receveurs de ses deniers n'appartient qu'au Roi, et qu'à l'avenir, elle sera faite par élection.*

Remilly, 14 juillet 1349. (C. L. II, 304.)

CHANCELIER et vous nos gens des comptes,

Nous vous deffendons ceste fois pour toutes que en nos receptes vous ne faites, ou mectez dores-en-avant aucuns receveurs; car quant il sont fait par vous gens de nos comptes, il ne complent point, mais s'aident de nos deniers et en demeurent riches, et acheptent terres et font grans maisonnemens et autres choses; et si en aisent ceulz qui les y mectent, aussi comme a fait et fait le receveur de Chartres, qui par vous genz de nozdis comptes a esté fait, dont nous avons eu et pourrions avoir ou temps à venir grans dommages. Et gardez vous sur ce tant que vous povez mefaire en vers nous, que par quelconque voye, ou maniere que ce soit, vous ne faites ou temps à venir le contraire : car vous genz de nozdis comptes, savez que seulement nous vous avons ordenez et establiz, pour nos comptes oir et recevoir, et nous faire payer de ce qui deu nous est, sanz ce que d'autres choses vous vous entremettiez en riens, se nous ne le vous commectons par especial : et sachiez que lesdiz receveurs nous voulons dores-en-avant estre fait par election, aussi comme nous avons ordené de nos seneschaux et baillis.

[...]ez [...] ces choses, et en faites tant qu'il nous doie estre [...]eable ; car se vous plus faites le contraire nous vous monstre[...] de fait qu'il nous en desplaist. Et vous chancelier gard[...]

e letres que nozdis genz de noz comptes passent sur l'office desdites receptes, vous ne seelliez, car il n'est pas de nostre entente que elles soient seellés, se elles ne sont passées par nous, sanz relacion d'autruy.

Donné à Remilly en Champaigne, le 14ᵉ jour de juillet mil trois cens quarante-neuf.

N° 151. — ORDONNANCE *qui, pour cause de salubrité, défend de nourrir des porcs dans les maisons d'église, nobles et autres de la ville de Troyes* (1).

Marigny, 19 juillet 1349. (C. L. II, 305.)

PHILIPPES par la grace de Dieu, Roy de France;

Sçavoir faisons à tous presens et à venir, que comme d'ancienneté ont eust accoustumé de faire seulz à Porceaux, et de les nourrir et engresser dedans les portes de la ville et cité de Troyes, tant en plusieurs maisons d'Eglise, comme en autres, et avecques ce de faire au milieu des ruës, touchans de nostre pavement desdites villes et cité, grans fosses où chieent les fiens et ordures desdiz porceaux. Et pour ce que à cette cause, ladite ville, et lieux d'icelle sont moult corrompus, et que ladite corruption est moult perilleuse, mesmement pour cause de la mortalité, qui a present quenet (2), aux bourgeois et habitans desdites villes et cité (3), et à ceux qui y conversent. Iceux bourgeois et habitans nous ayent humblement supplié, que seur ce nous leur veuillons porveoir de gracieux remede; nous pour consideration des choses dessusdites, ausdits supplians avons octroié et octroïons par ces letres, de grace especial et de nos plains pooir et autorité royaux, que aucuns porceaux ne soient doresmais en avant engressiez, ou

---

(1) Cette ord. paraît unique; elle peut être en vigueur; du moins, les maires auraient-ils le droit, en vertu des art. 1, 2 et 5 du tit. II de la loi du 24 août 1790, art. 16 de la loi du 22 juillet 1791, par leurs ordonnances, d'interdire aux habitans des villes, d'engraisser des porcs, si la salubrité et la propreté de la ville en étaient affectées. — *V.* le président Henrion de Pansey, du pouvoir municipal. (Is.) Même disposition, coutume de Nevers.

(2) C'est-à-dire, qui *queurt*, ou qui a cours parmi les habitans et Bourgeois. (Laur.)

(3) C'est le nom que l'on donnoit anciennement aux villes où il y avoit siège épiscopal. (Idem.)

nourris dedans les portes desdites ville et cité, par quelconques personnes, ne en quelconques maisons que ce soient, d'Eglise, nobles, ou autres.

Si donnons en mandement à nos bailly et boieur (1) de Troyes, qui ores sont et seront ou temps à venir, ou a leurs lieutenans, et à chascun d'euls, que de nostre presente grace il facent et laissent lesdiz borgois et habitans et leurs successeurs paisiblement et perpetuelment joir et user, et que ce soit ferme chose et estable à tousjours-mais, nous avons fait mettre nostre grant seel à ces presentes letres. Sauf en autres choses nostre droit, et en toutes l'autruy.

Ce fut fait à Marigny en Champagne, le 19ᵉ jour de juillet, l'an de grace mil trois cens quarante-neuf.

N°. 152. — ORDONNANCE (2) *sur les privilèges et la tenue des foires de Champagne et de Brie.*

Vincennes, 6 août 1349. (C. L. II, 308.)

PHILIPPES, etc.

Sçavoir faisons à tous presens et à venir, que comme notoire chose soit, et de ce soyons suffisamment informez, que nos foires de Champagne et de Brie furent fondées et créées pour le bien et profit commun de tous pays, tant de nostre royaume comme dehors, et furent assises et establies ès marches communes, pour tous les pays remplir, et garnir de denrées et marchandises necessaires. Et pour ce s'accorderent et consentirent à la fondation, creation, et aux ordonnances et coustumes d'icelles foires, prelats, barons, chrestiens et mescreans, en eux soumettant à la jurisdiction d'icelles, et donnant obeïssance. Pour lesquelles choses furent establis et donnez privileges, franchises et libertez aux marchands et frequentans icelles, et retournans jusques en leurs pays; et aussi à tous leurs biens, et conduisans de leurs denrées et marchandises, afin qu'abondamment et sauvement lesdits marchands et marchandises y puis-

---

(1) *V.* Du Cange, Gloss. V°. Boca, Boga. (Laur.)
(2) Elle est plus ample que l'ord. de juillet 1344. *V.* les ord. de 1294, tom. Iᵉʳ, p. 696; de 1261, tom. II, p. 700, juillet 1311, juin 1317, mai 1327 et décemb. 1331. (Is.)

venir de tous pays, demeurer, et semblablement retourner seurement. Et pour ce que par la fondation d'icelles, nous est eüe et donnée obeïssance par tous pays, deçà mer et de-là mer, sans contredit; et considéré que c'est le bien, honneur et profit de nostre royaume, et du commun de tout pays, comme dit est, avons par le grand plaisir et affection voulu, que lesdites foires soient et demeurent en bon estat : et suffisamment avons fait à sçavoir et enquerir l'estat d'icelles foires, esquelles ont esté trouvez plusieurs grands deffaux, tant par les fraudes et malices d'aucuns repairans en icelles, et aucunes nouvelletez induës qui ont esté faites au temps passé, comme parce que les privileges, libertez, anciennes coustumes et bons usages ont esté mal gardez, et maintenus negligemment, si comme il est de nouvel venu à nostre cognoissance, dont plusieurs bons et loyaux marchans repairans en icelles, les ont desvoyées et delaissées pour ces causes, au grand grief, préjudice et dommages de nous et de nostre royaume, et de tout le commun profit de tout le pays, et marchans frequentans et repairans esdites foires. Parquoy nous qui voulons bons et convenables remedes estre mis en l'estat et reformation desdites foires, et qui entendons maintenir et garder les privileges, et les bons et anciens usages d'icelles, afin que le peuple et tous les marchands esdites foires, et repairans et frequentans icelles ne soient doresnavant grevez, dommagez, ou molestez indeuëment, ains puissent sauvement et seurement aller et venir en icelles foires, et semblablement retourner souz nostre conduite, protection et sauvegarde. De nostre authorité royal et de nostre certaine science, ayans eu sur ce deliberation avec nostre grand conseil pour tout le commun profit, avons sur ce ordonné et ordonnons en la maniere qui s'ensuit.

Premierement. Il nous plaist et voulons que nosdites foires de Champagne et de Brie soient mises en leur droict estat ancien, et ordonnons que les bons et anciens usages, franchises, coustumes, libertez d'icelles soient gardées entierement, sans enfraindre, et que toutes servitudes et charges induës (si aucunes en y a mises, ou introduites depuis quarante ans en ça) soient rappellées, et mises à neant.

(2) *Item.* Ordonnons que par nous, nos successeurs, ou nos gens, ne seront aucunes graces, ou repits octroyez contre les marchans frequentans lesdites foires, ne contre les libertez et coustumes devantdites. Et si par l'importunité des impetrans, ou autrement, estoient octroyées, les gardes d'icelles foires ne se-

ront tenus d'y obéir; et ne voulons qu'ils, en aucune manière, y obéissent.

(3) Toutes les compagnies de marchans, et aussi les marchans singuliers Italiens, Outremontans, Florentins, Milanois, Lucquois, Genevois, Venitiens, Allemans, Provençals et d'autres pays, qui ne sont de nostre royaume, si marchander veulent en iceluy, et joüir des privileges et bons usages desdites foires, auront demeurances, par eux, ou leur facteurs, honnestes, esdites foires, sans avoir mansion principale autre part en nostre royaume. Et seurement viendront, demeureront et retourneront, eux, leurs marchandises, et les conduiseurs d'icelles, au sauconduit d'icelles foires, auquel nous les prenons et recevons dès maintenant, ensemble les marchandises et biens, sans ce que par autres que par les gardes d'icelles foires soient prins, arrestez, ou empeschez, si ce n'est pour meffait present. Et si aucun vient, ou fait contre ce, il en sera puny par lesdits gardes.

(4) Aucuns marchans des pays dessusdits, ou autres dehors nostre royaume, de quelque estat et condition qu'ils soient, ne pourront mener par eux ne par autres, aucunes marchandises, ou denrées par les destroits dudit royaume, si ce n'est pour les mener ausdites foires, ou que d'icelles foires soient parties ou alienées, par vendition, eschange ou autre contract, ou que par deffaut de vendre ayent demeuré esdites foires, par les jours ordonnez, selon l'ancienne coustume et observance, de la venduë ou delivrance de chacunes denrées, ou marchandises, sur peine les marchandises estre à nous acquises.

(5) Et parce que nous sommes suffisamment informez que les traites et passages de toutes laines de nostre royaume, et dehors, ont esté et sont à cause de l'amoindrissement et empirement de nosdites foires et de toutes autres marchandises de nostre royaume : et aussi que pour cause d'iceux traites et passages, grande partie de nostre royaume et nostre peuple est grandement endommagé, nous ordonnons et deffendons que aucunes laines de nostre royaume, ne d'ailleurs, ne soient traites, ne passées dores-en-avant hors dudit royaume; et rappellons dès maintenant tous commissaires et deputez sur le fait des traites et passages dessusdits. Et ce nous deffendons, sur peine d'icelles laines estre acquises à nous, et des corps et des biens de tous ceux qui seront trouvez faisant le contraire de nostre presente ordonnance.

(6) Les drapiers et marchans des dix-sept villes, lesquels sont tenus d'aller esdites foires, meneront leurs draps en icelles, si

...me ils souloient et estoient tenus anciennement, et ne les pourront vendre en gros, ne menu, autre part, pour mener hors ...stre royaume, sur peine d'iceux estre à nous acquis, jusques ... tant qu'ils les ayent premierement envoyez en une desdites ...ires, nonobstant graces quelconques, si aucunes avons fait, ...u octroyé au contraire à aucune desdites villes; lesquelles nous ...appellons dès maintenant, et mettons du tout à neant.

(7) Tous les marchans d'avoir de poix, tiendront et monstreront publiquement esdites foires toutes leurs marchandises, par ...es temps accoustumé. C'est à sçavoir dès le premier de trois ...ours des draps, jusques au sixieme après. Et après ce, au cas qu'ils n'auroient vendu, ils pourroient mener et en ordonner ...insi qu'il leur plaira.

(8) Tous marchans de chevaux des pays dessus nommez, ou autres dehors de nostre royaume, tiendront estables de leurs chevaux esdites foires, dès les trois jours des draps jusqu'aux changes abbattus. Et ne seront prins, ou empeschez par nous, ne par autres, si ce n'est par les gardes desdites foires. Et au cas que à la requeste de nos gens estimeurs (1), courratiers et autres seroient par lesdits gardes arrestez, ils ne pourroient estre tenus en arrest plus de trois jours, mais incontinent les trois jours passez, les marchands à qui ils seront les pourront prendre (2), envoyer, et faire leurs profits sans amende.

(9) Les marchans de Cordoüen (3) meneront et iront esdites foires aux lieux et aux trois jours accoustumez, et publiquement monstreront toutes leurs denrées dès le premier jour, et par les trois jours de Cordoüen, selon et ainsi que anciennement le faisoient, et en autres lieux, ne autrement ne les pourront vendre en ladite foire.

(10) Aucuns marchans, en allant demeurer esdites foires, et retournans d'icelles, ensemble leurs marchandises, ne seront point arrestez, ou empeschez par occasion de quelconques deffenses desdites foires, données de tout temps passé de la date des presentes, jusques à cinq ans continuellement ensuivans. Cependant les parties pourront accorder, et les autres qui auront les

---

(1) Dans l'art. 8 de l'ordon. de juillet 1344, il y a mieux, *Escuiers*. (Laur.)
(2) Sçavoir les chevaux en arrest. (*Idem.*)
(3) Les cuirs venaient de Cordoue, en Espagne, d'où l'on a fait *cordonniers*. (Idem.)

deffenses pourront faire contraindre les personnes principalement obligées, sans préjudicier aux deffenses.

(11) Pour ce que nous sommes suffisamment informez, que par les prises desordonnées, qui faites ont esté au temps passé par nos gens, des chevaux des marchans et frequentans lesdites foires pour doute (1) desquelles prises ils seront tenus à petites chevaucheures, pour exercer le fait de leurs marchandises, afin que desormais ils se tieguent garnis de bons chevaux esdites foires, nous deffendons expressement à tous bailliffs, prévosts, sergens, commissaires, ou officiers quelconques de nostre royaume et aussi à nos chevaucheurs, qui pour nous, nostre chere et amée compagne la Reyne et de nos enfans, ou pour autre de par nous, de quelconque estat qu'ils soient, ne prennent, ou arrestent aucuns chevaux desdits marchans, ou frequentans, ou les venans ou demeurans esdites foires, ou retournans d'icelles, si ce n'est par commandement desdites gardes, ou de l'un d'eux: et au cas que aucuns s'efforceroient de faire le contraire, nous voulons qu'on n'obéisse à eux. Et si aucuns en avoient prins ou arrestez, nous ordonnons que par les gardes, l'un d'eux, le chancelier, ou leurs lieutenans, soient delivrez lesdits chevaux, et les premiers empescheurs punissent deuement.

(12) Toutes les compagnies et changeurs desdites foires seront en leurs changes et lieux apparens, et auront tapis à leurs fenestres, ou estaux, en la maniere qui souloit estre faite anciennement.

(13) Pour ce que les bons marchans et frequentans lesdites foires ne puissent, ou doutent d'estre perdans és payemens des vuidanges de leurs denrées qu'ils feront esdites foires, par aucunes mutations des monnoyes que nous facions; nous en faveur d'eux et de nosdites foires, voulons et octroyons à tous lesdits marchans et frequentans tant de nostre royaume comme dehors qu'il leur loise, s'il leur plaist, (en faisant leurs contracts de toutes et loyales marchandises, de leurs denrées vendues et livrées en icelles foires), faire et passer convenance et promesses de faire lesdits payemens, à la valeur d'icelle monnoye, comme il courra d'or, ou d'argent au temps de leursdits contracts. Et que

---

(1) Dans l'ord. de juillet 1344, art. 2, il y a mieux : *Parquoy il ont grand defaut de chevaucheurs necessaires, pour exercer le fait de leur marchandise. Afin,* etc.

Doute, icy, signifie *crainte,* comme dans l'art. 13, cy-après. (Laur.)

dites convenances sur ce faites, soient tenuës et gardées nonobstant ordonnances faites de nous, ou à faire au contraire.

(14) Item. Pour ce que nous avons entendu que plusieurs marchans estrangers, venans et frequentans esdites foires, sont et ont esté par plusieurs fois pris, arrestez et molestez indeuément par nos commissaires deputez sur la coppe et prise des monnoyes deffenduës, et par iceux commissaires renversées leurs malettes sur les villes et passages où ils venoient, pour faire leurs achepts de marchandises esdites foires, dont plusieurs marchands, si comme on dit, ont esté robbez et depoüillez, et perdu leurs chevances, par aucuns, qui faussement et contre verité, se disoient estre sur ce nos commissaires : nous voulons et ordonnons que esdites foires, ny environ icelles, aucunes commissions ne soient ordonnées sur le fait de nos monnoyes deffenduës, fors tant seulement ez gardes et chancelier dessusdits, ou à leurs lieutenans, lesquels ils deputeront à ce faire bonnes personnes et suffisans. Et si aucuns commissaires, ou sergens faisoient, ou s'offroient de faire le contraire, que lesdits marchans et frequentans les puissent recouvrer sans amende.

(15) Pour ce qu'au mestier des espiciers et des drappiers demeurans et frequentans ez villes, où lesdites foires séent, se font et peuvent faire tous les jours plusieurs fraudes et malices couvertement, tant en poudres, ouvrages de cire et confitures, comme ez autres choses, en decevant les marchans et frequentans lesdites foires, et en diffame desdits mestiers et marchandises, pour ce qu'en icelles foires ne sont establis aucuns maistres, qui de leurs mestiers et marchandises se prennent garde : nous avons ordonné et ordonnons que les gardes des foires et chancelier facent venir pardevant eux les espiciers et drappiers, tant demeurans esdites villes où séent lesdites foires, comme frequentans icelles, et iceux feront jurer, que bien et loyaument ils esliront un, ou deux bons et loyaux personnages cognoissans esdits mestiers, qui auront povoir de visiter lesdites denrées. Et s'ils en trouvent aucunes soupçonnées de malice couverte, ou autrement, contre raison et l'ancien usage desdites foires, iceux esleus pourront prendre et arrester lesdites denrées sans sergens, et ce fait par le conseil de six, cinq, ou quatre espiciers, ou drappiers plus notables esdits mestiers appellez avec eux, se ils trouvent lesdites denrées estre mal faites, comme dit est, ils le rapporteront aux gardes et chancelier pour les condamner à nous en amende arbitraire, selon la qualité du meffait ; laquelle sera le-

vée à nostre profit : et semblablement nous voulons et ordonnons, qu'il soit fait ez autres mestiers estans et frequentans esdites foires.

(16) Nous voulons et ordonnons que tous bons marchans, sans usure et frequentans nosdites foires, et non autres, puissent faire et passer obligations, pour creance des denrées qu'ils presteront et croiront en foire, pour cause de leurs marchandises, et que d'icelles obligations puissent faire transports et partages souz nostre scel desdites foires, tant seulement, en la maniere accoustumée d'ancien temps.

(17) Aucuns Italiens, Outremontans, Provençaux, ou autres, hors de nostre royaume ne pourront user des obligations, ou seels desdites foires, pour eux aider des privileges, franchises et libertez d'icelles, s'ils ausdites foires n'ont residence, fors sauconduit, au cas qu'aucunes denrées meneront ausdites foires, ou rameneront d'icelles, si comme dessus est dit.

(18) Nous voulons et ordonnons que toutes les lettres, touchant le faict et action des foires, qui ne seront seellées du seel desdites foires, exceptez les memoriaux et actes des procez des parties tant seulement, soient de nul effect, ny à icelles lettres aucune foy soit adjoustée.

(19) Pour ce qu'ausdites foires de necessité se font prest de grande quantité, et creance de foire en foire, pour la delivrance d'icelles foires, qui sont six fois en l'an, jaçoit que nous deffendons toutes manieres d'usures deffenduës de Dieu et de sainte Eglise, et de nos predecesseurs Roys de France : nous deffendons par especial, en faveur desdites foires et des marchans et frequentans icelles, sur peine de corps et de biens à encourir pour celles fois, que nuls marchans ne prestent point un an, plus haut de quinze livres pour cent. C'est à sçavoir pour chacunes foires cinquante sols, et pour menuë quantité, ou mineur, ou greigneur temps à l'advenant. Et ce nous entendons de gain qui se prend de foire en foire, pour prest, ou pour change, ou pour autre maniere de contract semblable, souz quelque couleur que ce soit.

(20) *Item.* Pour ce que plusieurs prestent aucune fois deniers, souz couleur d'autres contracts feints, en disant et faisant escrire contre verité, que le debte est deu pour marchandise venduë, ou font autres contracts en fraude de griefves usures, qui sont encore plus griefs que ne sont prest à usure, et surmontent le gain, outre la quantité dessusdite, toutes manieres de telles cou-

tracts et telles fraudes avons tenus et tenons usuraires, et les deffendons ; et voulons tous estre punis de la peine dessusdite, qui seront contre nostre presente deffense.

(21) Nous deffendons encores que nul creancier ne face renouveller lettres de creance et obligations de sa debte, et semblables deués souz lettres, par quoy le gain se convertisse en sort, ni en autre maniere d'usure ou interest, ou en debte principale : et qui fera le contraire, encourra pour ce fait la peine dessusdite.

(22) Pour ce que plusieurs creanciers ont aucunes fois leurs debtes et contracts faits dehors nosdites foires, par telle maniere escrire et passer, comme s'ils fussent faits, ou octroyez en cour de foire, et ce ils font pour avoir les privileges de nosdites foires, et pour mieux recouvrer leurs debtes ; laquelle chose est (qui bien verité regarderoit) au grand dommage de nosdictes foires, grand lesion de ceux qui les doivent, et des autres creanciers à qui lesdicts debiteurs sont obligez, au grand prejudice aussi et moleste des autres justiciers, en quelle jurisdiction lesdits contracts sont faits en verité. Et pour ce que c'est clairement faussété manifeste, nous voulans remedier à ce, deffendons telles fraudes et voulons et commandons que tels créanciers, qui telles choses feront, et ceux qui telles lettres escriront à escient, encourent pour ce fait la peine dessusdite, et neantmoins peine de faux : et est à entendre qu'ez cas dessusdicts esquels les transgresseurs de nos deffenses encourent ladite peine, elle ne sera pas mise à execution, jusques à tant que le transgresseur soit convaincu de plein, par la poursuite de celuy à qui touchera la besongne, ou par office de justice, par confession, ou par preuve suffisante, considéré le cas de renommée, la condition de la personne, presomption et autres choses, qui par raison doivent estre considerées et gardées en tel cas.

(23) Pour abbreger les payemens desdites foires, et pour oster les parties de long procez en plaidoiries, nous ordonnons que de quelconques accessoires, qui seront proposez en la cour desdites foires, soyent declinatoires, dilatoires, ou autres, exceptez les peremptoires tant seulement, les gardes d'icelles foires pourront faire delaisser les parties, sans icelles recevoir en jugement, selon ce que leur semblera en loyauté que bon soit, mesmement là où il semblera ausdicts gardes en leurs consciences, et par le conseil de six, ou huit des plus suffisans de la foire, notaires,

ou autres sages, accordans à ce qu'il soit bien de le faire, et d'aller avant sur le principal, sans icelles parties recevoir en droit, ny en jugement interlocutoire: et si les parties en appellent, ou sont pourchas sur ce, par devers nous, ou nostre cour, nous ne voulons que à ce defferent, obéissent les gardes d'icelles foires, mais voulons que ce nonobstant ils facent les parties proceder sur ce au principal, et aller avant en outre, tant à fin comme s'il n'en estoit, ou fust onques appellé, ni fait aucuns pourchas, ou interlocutoire au contraire.

(24) Nous ordonnons que tous deffendeurs (1), soyent receuz à plaider leurs causes par procuration sans grace, en la cour des foires, si les cas ne desirent detention de corps, nonobstant coustumes à ce contraires: et que si aucune chose estoit douteuse, ou avoit mestier d'interpretation en ce cas pour le gouvernement desdites foires, les gardes qui y sont et qui seront, puissent interpreter par le conseil de la cour desdites foires, selon les anciens usages et coustumes. Et soyent la declaration et interpretation qui faites en seront par la maniere devant dite, tenuës et gardées sans enfraindre.

(25) Nous voulons et entendons que tous marchanz frequentans lesdites foires, soient subjects et justiciables desdites gardes, auxquels appartienne la cour, cognoissance et jurisdiction d'iceux marchans et frequentans, des cas et contracts faits et advenus esdites foires, et appartenances et dependances d'iceux et non autres, si ce n'est à nos gens tenans nos cours, octroyées en cas d'appeaux tant seulement. Et deffendons estroitement à nos justiciers sujets, et tous autres, qu'ils ne facent autrement, par fraude, voye ou cavillations quelconques, contre cette ordonnance, sur peine d'en estre punis par lesdits gardes grievement.

(26) Tous officiers de Champagne, tant baillif, comme autres, sont et seront subjets ausdits gardes desdites foires, pour accomplir la teneur des mandemens addressez esdits officiers, et leur manderont et commanderont lesdits gardes, sur peine d'amande à appliquer à nous, et feront contraindre les rebelles et desobeissans lesdits gardes, par leurs commissaires.

---

(1) *V.* notes de Laurière, sur les Institutes de Loisel, liv. 3, tit. 2. (Is.)

(27) Nous voulons et ordonnons que le nombre de tous les sergens desdites foires soit remis et ramené au nombre de cent tant seulement : et commandons ausdits gardes et chancelier qu'ils ostent et demettent les plus nouveaux et moins suffisans, et qu'ils eslisent et gardent l'estat des anciens, sans aucune faveur ou support, et le plus suffisant, ou honneste, pour exercer et demeurer audit office de sergenterie : desquels esleuz à demeurer audit office, nous voulons leurs cautions et seuretez estre renouvellées avant tout œuvre, en la maniere accoustumée, en cas qu'elles ne seroient bonnes et suffisamment enregistrées. Et outre nous voulons, quand il en deffaudra, ou vacquera aucun par mort, ou autrement, que lesdits gardes et chancelier conjointement et d'accord et non autrement, les y mettent bons, suffisans et honestes pour ledit office exercer, et que dores-en-avant ne soient mis aucuns transmontains, ne autres qui ne soyent de nostre royaume.

(28) *Item.* Lesdits sergens desdites foires, qui ne seront occupez desdits voyages se presenteront aux gardes et chancelier une fois à chacune desdites foires, et demeureront en ladite foire jusques à tant qu'ils ayent besongné, prins et receu congé d'iceux gardes et chancelier, pour obéir à leur commandement, sur peine de perdre leurs offices.

(29) Dores-en-avant le nombre de quarante notaires qui y sont, se trouvera, sans estre creuz, ny appetissez. Et quand lieu d'aucuns d'iceux sera vacquant, lesdits gardes et chancelier, conjointement et d'accord, et non autrement, en auront le don, et y mettront bonne et suffisante personne, en leur loyauté et serment, sans nul profit avoir, par obligation et par serment : et des premiers notaires qui y seront establis, nous commandons et ordonnons qu'ils facent quatre bons clercs et bons notaires suffisans pour escrire et dicter et en françois et en latin, par tous pays. Et si lesdits gardes et chancelier mettoient, ou recevoient quelques personnes de par nous et par nos lettres moins suffisans, nous voulons le don et reception estre de nulle valleur ; et obéiront lesdits notaires ausdits gardes et chancelier, et à chascun d'eux qui sont et seront en la maniere accoustumée.

(30) Lesdits notaires et sergens desdites foires seront tenus d'exercer ledit office en leurs personnes, et ne les pourront faire exercer par autres : et au cas qu'ils ne le feront suffi-

samment sous lesdictes gardes et chancelier, pourront lesdits offices à autres personnes suffisans pourvoir, en la maniere dessusdite.

(31) *Item.* Lesdits gardes, ou l'un d'eux seront à la foire dès la veille des trois jours, et y demeureront l'un d'eux continuellement jusques les plaidoiries soient faites, et deuëment delivrées et finies. Et quand il se partira ou vague de la foire, leur lieutenant y demeurera, jusques lesdits gardes, ou l'un d'eux, y sera retourné pour le payement. Et si-tost comme la foire sera livrée en l'une desdites foires, l'un desdits gardes, ou leur lieutenant en ladite foire, sera visiter les hales, marchans et marchandises, pour establir veuës suffisamment, afin que tous marchans ayent tout le bien et la seureté qu'on leur pourroit faire. Et aussi le chancelier desdites foires ira en chacune foire dès la veille desdits trois jours; et quand il partira, ou viendra de ladite foire, il laissera son lieutenant bon personnage et loyal, pour percevoir les octrois en la maniere accoustumée.

(32) Nous voulons et ordonnons que au cas que les gardes et chancelier desdites foires ne feroient residence suffisante en icelles, en la maniere dessusdite, (car si ainsi n'estoit, justice en pourroit deperir, et la jurisdiction d'icelle en pourroit appetisser et amoindrir; et aussi que plusieurs personnes frequentans lesdites foires en pourroient estre coustangez et endommagez) ils ne soyent payez de leurs gages de la foire, ou foires esquelles ils ne feront la residence dessusdite. Et avec ce en faveur du grand bien et de bonne justice, voulons et ordonnons que lesdits gardes ne puissent exercer la jurisdiction d'icelles, si tous deux ne sont presens. Et toutes fois, pour ce que par l'absence de l'un d'eux, aucunes personnes attendans justice et jugement esdites foires, ne fussent endommagez pour le fait de leur absence, nous y pourvoyons ainsi, qu'au cas de l'absence de l'un desdites foires, celuy qui sera prins par justice en jugement, soit tenu appeller avec soy pour celle cause, au lieu de l'autre garde absent, le chancelier desdictes foires s'il est au lieu present, ou en l'absence dudict chancelier, une autre bonne personne suffisante et non suspecte, et qu'autrement ne puisse exercer les jurisdictions : et si autrement ils faisoient, nous voulons ce qui sera fait ainsi estre de nulle valeur. Et ordonnons que toutes personnes qui pourroient encourir et soustenir dommages par le fait d'un desdits gardes, qui autrement que dit est procederoit, iceux gardes soyent

eux rendre et payer les despens et dommages qu'ils auroient soustenus pour celle cause.

(33) Si aucunes declarations et interpretations estoient à faire pour le temps à venir ès choses dessusdites, ou en aucunes d'icelles, nous voulons et ordonnons que nos amez et feaux les gens de nostre secret (1) conseil à Paris, à la requeste desdits gardes et chancelier, les puissent faire et declarer, par toutes les voyes et manieres que bon leur semblera à faire. Et au cas qu'ils n'y pourroient vacquer et entendre bonnement, il nous plaist et voulons que par nos feaux et amez les gens de nos comptes à Paris, soit declaré et ordonné en la maniere dessusdite.

(34) Voulons et ordonnons que si aucuns venoient en aucune maniere contre nos presentes ordonnances, ou faisoient aucunes fraudes, qu'ils soient punis deuement en telle maniere que ce soit signe de bonne et vraye justice et exemple à tous autres; avec ce nous voulons, ordonnons et enjoignons estroitement ausdites gardes et chancelier, et à chascun d'eux, qu'ils facent leur rapport chascun an une fois à nosdits gens de nostre secret conseil, ou de la chambre de nos comptes, de tout l'estat de nosdites foires, pour mieux sçavoir si elles seroient en aucunes manieres empirées, ou amoindries : et aussi de tous ceux qui viendront, et feront contre nosdites ordonnances, tant de presteurs excessivement, comme de tous autres personnes quelconques, à fin de les punir et corriger en la maniere dessusdite, et aussi que nosdites foires, selon nosdites ordonnances soyent et demeurent tousjours en leur bon estat, sans enfraindre.

(35) *Item.* Nous voulons et ordonnons que lesdits gardes et chancelier des foires, qui à présent sont, facent serment devant les gens de nos comptes à Paris, de faire de garder et faire garder et tenir les choses dessusdites et chacune d'icelles, sans enfraindre en aucune maniere; et aussi tous autres à venir, quand ils seront de nouvel establis au gouvernement, et chancelleries d'icelles foires.

(36) Nous donnons pouvoir et authorité aux gardes et chancelier desdites foires, qui sont et seront, de faire tenir et garder lesdites ordonnances, et contraindre à ce tous les rebelles, et

---

(1) Par l'ordon. de juillet 1344, art. 29, l'interpretation devait estre donnée aux gens des comptes. (Laur.)

cette puissance nous annexons perpetuellement en leur office, et voulons que tous les officiers de nostre royaume leur obeïssent sur toutes les choses dessus dites et dependances d'icelles. Et afin que les choses dessusdites soyent plus fermement tenuës et gardées sans corrompre, nous ne voulons que coustumes, usages, ou aucuns establissemens quelconques, graces données, ou à donner, lettres, ou commissions impétrées, ou à impetrer de nous, ou de nostre cour, contraires, ou prejudiciables auxdites ordonnances, et aux coustumes, franchises et libertez desdites foires, souz quelconques formes de paroles qu'elles soyent, ou comment on en aye usé, soyent d'aucun effet, mais entant qu'elles seroient contraires, ou prejudiciables ausdites ordonnances, et aux coustumes, usages, libertez, ou privileges desdites foires, nous les irritons, cassons, annullons, et les declarons estre nulles et de nulle valeur. Et avec ce decernons de pleine puissance et authorité royal, et de nostre grace special, que nosdites ordonnances soyent et demeurent perpetuellement en force et vertu, nonobstant quelconques lettres, graces données, ou à donner au contraire. Et est nostre intention que par les choses cy-dessus escrites, aucun prejudice ne soit fait aux graces et privileges que nous avons fait par nos autres lettres, aux marchans frequentans nostre ville de Herfleur, mais demeurent en leur force et vertu.

Donnons en mandement et commandons à tous nos justiciers, et à tous autres officiers de nostre royaume, requerons à tous autres, qu'aux gardes et chancelier desdictes foires, et à leur mandement, entendent et obeïssent diligemment d'huy en avant, ny ne presument aucune chose estre faites contre nosdites ordonnances, ny les coustumes, usages et libertez desdictes foires par eux ay leurs subjets ou justiciables, sur peine d'encourir nostre indignation.

Et à fin que chacun sçache nosdictes ordonnances, et que nous avons desir de reformer lesdictes foires, nous voulons et commandons à tous les justiciers de nostre royaume à qui seront presentées les copies de nosdictes ordonnances, souz le scel desdictes foires, (ausquelles copies nous voulons que foy soit ajoustée comme aux originaux;) que tantost sans delay ils les facent crier et publier solemnellement et diligemment, par tous les lieux notables de leurs jurisdictions en la maniere qu'elles seront escrites, si-tost qu'il seront requis par le porteur de ces presentes, ou des dictes copies; parquoy d'huy en avant marchans ou marchandises de tous pays viennent et abordent plus sauvement en nosdictes foires.

Et afin que ce soit ferme et stable à tousjours, nous avons fait mettre nostre scel à ces presentes.

Donné au bois de Vincennes, le 6° jour d'aoust, l'an de grace mil trois cens quarante-neuf (1).

N°. 153. — MANDEMENT *qui enjoint aux ouvriers des monnaies de se rendre à leur poste, sous peine d'amende arbitraire, et de perdre leurs priviléges.*

Vincennes, 4 octobre 1349. (C. L. II, 316.)

N°. 154. — LETTRES *portant qu'il sera levé, pendant un an seulement, et sans tirer à conséquence pour l'avenir, un impôt sur les marchandises et denrées vendues dans Paris.*

Vincennes, 17 février 1349. (C. L. II, 318.)

PHILIPPES, par la grace de Dieu, Roys de France, à tous ceulz qui ces presentes lettres verront, salut.

Comme nous ayens fait monstrer et exposer à noz amez les bourgeois et habitans de nostre bonne ville de Paris, les grans et innumerables fraiz, mises et despens que il nous a convenu faire et soustenir, et convient encores de jour en jour, pour le fait des guerres que nous avons euës et avons, pour la deffension de nostre royaume et de tout le peuple d'iceluy, contre le roy d'Engleterre et plusieurs autres qui se sont assemblez et aliez comme noz ennemis, pour soy efforcier à envair, et meffaire à nostredit royaume et audit peuple, à tort et sans aucune cause raisonnable, si comme à chascun est et puet estre notoire chose et manifeste; et eussiens requis et fait requerre à noz diz bourgeois et habitans nous faire subside et aide pour les fraiz, mises et despens dessusdiz supporter. Sçavoir faisons que eulz consideranz et attendanz les choses dessusdites pour et en nom de subside, ont li-

---

(1) Dans la note qui est au commencement de cette ordonnance, à la marge; elle est susdatée de 1375. (Laur.)

beralement voulu et accordé pour toute leur communité (1), entant comme il leur touche et appartient et puet toucher et appartenir : eüe sur ce premierement bonne deliberation et advis, que par l'espace d'un an entierement accomply, soit levée et à nous payée une imposition, ou assise sur toutes les marchandises et denrées, qui seront venduës en nostredite ville de Paris et es forbours, en la fourme et maniere, et sur les conditions qui s'ensuient ; etc.,

(12) *Item.* Que pendant ladite année que ycelle imposition sera levée, nous voulons de certaine science, et de grace especial, que toutes prises, tant de nous, comme de nostre tres chiere compaigne la royne, de nostre très chier filz le duc de Normandie, et de noz autres enfans, cessent sur lesdiz bourgois et habitans de ladite ville de Paris, tant en ycelle ville et vicomté de Paris, comme dehors, et ailleurs quelque part qu'il ayent leurs hostiex, manoirs, biens et marchandises, selon le contenu de noz autres lettres, que il en ont de nous sur ce.

(13) *Item.* Que pour ceste aide, lesdiz bourgois et habitans de ladite ville, durant ladite année, ne seront tenuz d'aller, ou envoyer en l'ost, pour arrereban, ou autrement, se ce n'est en cas de evident necessité.

(14) *Item.* Et que touz empruns, tant en nostre nom, comme ez noms dessusdiz, cessent.

(15) *Item.* Et avec ce voulons et octroyons de nostredite grace ausdiz bourgois et habitans, que il ne soient tenuz de nous faire aide, ou service, pour cause de noz guerres durant ladite année, que dessus est dit, pour cause de fiez, ou de tenure de fiez.

(16) *Item.* Que lesdiz bourgois et habitans, durant ladite imposition, pour cause de leurs heritages, quelque part, et en quelconque jurisdiction, ou bailliage qu'il soient assiz, ne soient tenuz de nous en faire autre aide, ou subvention.

(17) *Item.* Que se il avenoit que pais feust : nous voulons que ladite imposition cesse. Et on cas que trieves seroient, que ce que levé, ou à lever en seroit pour ladite année, soit mis en de

---

(1) Dès les Rois ne croyaient pas alors avoir le droit d'établir à leur gré de nouveaux impôts. L'ordonnance dit à quelles conditions ce subside est accordé. (Dec.)

post de par nous, et de par lesdiz bourgois et habitanz, afin que l'en le tenisse plustost, toutesfois que besoing en sera, pour cause de.... guerres.

(18) *Item*. Voulons et nous plest que se il avenoit que aucuns debas, ou discussion feussent entre les collecteurs deputez à lever ladite imposition, et les bonnes genz de ladite ville de Paris, pour cause de ladite imposition, que les prevos et eschevins dessusdiz en puissent ordener, et en ayent la court et la cognoissance, pour faire raison a ycelles : et ou cas ou il ne les pourroient accorder, nous voulons que noz genz des comptes en puissent cognoistre, et non autres.

(19) *Item*. Et que tous ceuls de ladite ville seront creuz par leurs seremenz des denrées que il vendront, et ou cas où il seroit trouvé qu'il auroient plus vendu que il n'auroient juré, il payeront ladite imposition ; et à ce seront contrainz deuëment, sans nous en payer aucune amende, laquelle imposition dessusdite, laquelle nous avons agreable, nous voulons et commandons estre levée, par l'espace d'un an tant seulement en la fourme et maniere, et sus les condicions dessus escriptes, et non autrement.

Lesquelles condicions nous voulons et commandons à touz nos justiciers et subgez estre gardées, et accomplies de point en point, selon sa teneur, sans faire, ou attempter aucune chose au contraire. Si voulons aussi, et avons octroyé et octroyons par ces presentes, de nostre grace especial, ausdiz bourgois et habitans de ladite ville de Paris, que ceste aide ou octroy que fait nous ont de ladite imposition, ne porte ou puisse porter, ou temps à venir, aucun prejudice à euls, et aux mestiers de ladite ville, ne à leurs privileges, libertez et franchises, ne que par ce aucun nouvel droit nous soit acquis contre euls, ne aussi à euls contre nous, mais le tenons à subside gracieux : en tesmoing de laquelle chose nous avons fait mettre nostre scel en ces presentes letres.

Donné au bois de Vincennes le 17e jour de fevrier, l'an de grace mil trois cent quarante et neuf.

N°. 155. — Traité définitif par lequel Humbert II, dauphin de Vienne, cède le Dauphiné à Charles, fils aîné du duc de Normandie (1).

30 mars 1350. (Villaret, Hist. de France, VIII, 484.)

———

N°. 156. — Ordonnances (2) du grand conseil, sur le paiement des obligations contractées pendant les variations des monnaies.

Paris, 3 mai 1350. (Approuvées par le Roi, le 3; enregistrées en la Chambre des comptes le 15; publiées le même jour à Paris. (C. L. II, 524.)

Toutes debtes deües pour le terme de l'Ascension nostre Seigneur dernier passé, à cause de rentes à heritages, à vie, ou à volenté, consideré que audit terme la mutation de ladite monnoie n'estoit pas publiée par tout le royaume, et que ce qui en estoit publié, avoit esté fait moult prés dudit terme. Et aussi que les rentes de ce terme sont pour cause des choses levées à ladite for-

———

(1) Avant ce traité, il y en eut deux autres, l'un de 1343, l'autre de 1344. (Hén. Abr. chr.) — La cession est faite moyennant une somme d'argent. — L'acte de transport dit: « Que le nom et les armes des dauphins seront conservés par « ceux qui leur succederont à perpétuité, et que leurs états, quoique faisant « partie dès-lors du royaume de France, seroient possédés séparément et à titre « différent par leurs successeurs, à moins que l'empire ne se trouvât réuni en leur « personne. » Aussi les déclarations et autres lettres pour le Dauphiné étaient souscrites par lui, en qualité de dauphin. Elles portaient le sceau et les armes des anciens princes. Les fils aînés de nos Rois ont toujours porté le nom de dauphins depuis ce transport, quoique ce ne fut pas une des conditions du traité, ainsi que l'ont prétendu quelques écrivains. (Villaret, VIII, 486.) — 1426, Charles VII céda cette province au dauphin, son fils, quoiqu'il n'eût alors que trois ans, cession qu'il confirma en 1440. On n'en trouve pas de postérieures faites par nos Rois à leurs fils aînés. Ils se contentèrent de leur en faire porter le nom. (Hén. Abr. chr.) — Le roi de France devenait, par cette acquisition, feudataire de l'empereur Charles IV. Il est certain que les empereurs ont toujours réclamé leurs droits sur cette province jusqu'à Maximilien 1er. Les publicistes allemands prétendent encore qu'elle doit être une mouvance de l'empire. Les souverains du Dauphiné pensent autrement. Rien n'est plus vain que ces recherches. Il vaudrait autant faire valoir les droits des empereurs sur l'Égypte, parce qu'Auguste en était le maître. — Volt., Essai sur les mœurs. — (Dec.)

(2) Cette ordonnance n'est pas en forme. — Elle est plus ample que toutes les précédentes sur la même matière; c'est pourquoi nous la transcrivons. (Is.)

ble monnoie, ou ont regard au temps precedent, que couroit ladite foible monnoye, se payeront à icelle foible monoie qui dernier a eu cours, et pour le pris que elle a couru. Et pour les autres termes à venir, elles se payeront à telle monoie comme il courra, et pour le prix que elle courra, aux termes que l'en les devra, se ainsi n'estoit que ou temps que l'en payera, ce que l'en devera pour causes d'icelles rentes, il coureust plus forte monnoie, qu'il n'aura fait au temps des termes d'icelles rentes, ou quel cas l'en sera quitte par payant, selon la valuë et au prix du marc d'argent, euë consideration de l'un temps à l'autre.

(2) *Item*. Toutes debtes deuës pour cause des arrerages, et termes passez desdites rentes se payeront à telle monoie qu'il couroit aux termes, et pour le prix que elle couroit, se ladite monoie est coursable au temps du payement, et se non, ou cas que la monoie courant au temps deu, ou seroit plus foible que celle courant au temps du payement, l'on payera à la monnoie coursable audit temps du payement, au fuer de la valuë du marc d'argent de l'un temps à l'autre. Et se la monnoie courant au terme de la debte estoit aussi forte, ou plus forte par aventure que celle qui court, ou courra au temps que l'en payera, l'en sera quitte par payant ladite somme en la monnoie qui courra, et pour le prix que elle courra au temps que l'en payera.

(3) *Item*. Tous empruns vrais, faits sans toute fraude et cautelle, en deniers, se payeront en telle monoie comme l'en aura emprunté, se elle a cours au temps du payement, et se non il se payeront en monoie coursable lors selon la valuë et le prix du marc d'or, ou d'argent, c'est assavoir selon la valuë du marc d'or, qui aura receu or, ou selon la valuë du marc d'argent, qui aura receu argent, nonobstant quelconque maniere de promesse ou obligation faite sur ce.

(4) *Item*. Tous deniers qui sont, ou seront deus, à cause de retraicte d'heritage, se payeront semblablement comme lesdiz empruns.

(5) *Item*. Semblablement sera fait de ce qui est et sera deu, pour cause d'achas de heritages, ou de rentes à heritages, ou à vie, comme en nos autres ordenances faites l'an quarante-sept, est contenu et declaré.

(6) *Item*. Toutes sommes promises en contrauts de mariage, et pour cause de mariage, se payeront en la monnoye courant au temps du contrault, se elle a cours, comme dessus, et se non au prix du marc d'argent, comme dessus, se ainsi n'estoit que en

laditte promesse, ait euē expresse convenance de certaine monnoie d'or, ou d'argent sans prix, ou pour certain et exprimé prix, lesquelles convenances en ce cas seront tenuēs et gardēes en leurs propres termes, nonobstant que la monnoie promise, ou specifiée n'ait ou n'eust point de cours, ou ait, ou eust cours pour autre prix, au temps de la promesse, que promis n'avoit esté, par telle maniere toute voie, que se ou temps du payement la monnoie promise d'or ou d'argent n'avoit cours, l'en payera pour la monnoie d'or non coursable, monoie d'or coursable, selon le prix du marc d'or, et pour la monnoie d'argent non coursable, la monnoie d'argent coursable, selon le prix du marc d'argent, tout aussi comme des empruns, ou retraits de heritages.

(7) *Item.* Les loiers des maisons, et aussi tous cens et croisde cens deus pour les termes passez, et escheuz depuis le premier jour de janvier l'an mil trois cent quarante huit, que la derreniere foible monnoie commença à avoir cours, jusques au commencement du cours de ceste présente forte monnoie, c'est assavoir les termes de Pasques, de la Saint Jehan, la Saint Remy, et Noel, trois cent quarante-neuf, et Pasques trois cent cinquante, se payeront à ladite foible monnoie, qui a couru derrenierement, et pour le prix qu'elle a couru : et pour les termes à venir, l'en payera la monnoie qui courra aux termes, et pour le prix que elle courra. Et se pour aucuns termes escheuz avant le cours de ladite derreniere foible monnoie, en est deu aucune chose, l'en payera à la monnoie qui court, et pour le prix que elle court, se ainsi n'estoit que au terme deu, eust couru plus foible monnoie que celle qui court, ouquel cas l'en payera selonc la valuē du marc d'argent.

(8) *Item.* Les fermes muables à payer en deniers, prises et assermées depuis que ladite foible monnoie prist à avoir cours, dont le terme, où aucuns des termes est escheu à ceste feste de l'Ascension nostre seigneur derrenier passé, se payeront pour ledit terme à ladite foible monnoie qui a couru, et pour le prix que elle a couru, non obstant que la forte monnoie presente ait esté publiée en aucun lieu du royaume, là où ailleurs, avant le jour de ladite feste de l'Ascension, et pour les termes à venir, elles se payeront en la monnoie qui courra, et pour le prix que elle courra ausdiz termes, se il plaist au fermier. Et se non, et le bailleur ne veult estre content de la monnoie courant au temps du contract, le fermier pourra renoncier à sa ferme dedans quinze jours après la publication de ces presentes ordenances, en

rendant toutes voies au bailleur bon et loyal compte de tout ce qu'il aura levé, et mis à cause de sadite ferme, et en ce cas iceluy fermier sera tenu de bailler, et delivrer, et payer audit bailleur tout ce qu'il aura levé de ladite ferme, ou que il en devra dedans un mois après la publication de ces presentes ordenances, et le bailleur ou cas que l'en li rendra les levées, sera tenuz de rendre et payer audit fermier, tous ceux, fraiz, mises, et despens raisonnables, que iceluy fermier aura mis et faits, pour cause de ladite ferme. Et se ledit fermier avoit renoncié dedans les quinze jours, après la publication de ces presentes, et il estoit defaillant de rendre ce que il en auroit levé, ou payer ce que il en devroit au bailleur, dedens le mois dessusdit, sadite renonciation seroit reputée et tenuë de nulle valuë, et par ainsi, se le fermier veut detenir sa ferme, par payant pour les termes à venir, la forte monnoie qui courra, et pour le prix que elle courra à iceuls termes à venir, il le porra faire, sans ce que le bailleur le puisse refuser, ne retroictier ladite ferme, comment que ce soit, sauf tant que se ez fermes bailliées, et à bailler des imposicions, ou subsides octroiées au Roy pour ses guerres, et pour la deffension de tout le royaume, et qui touchent et regardent tout le commun pueple, avoit euë deception notable, ou que les sollemnitez deuës et accoustumées, comme sont temps souffisans des enchieres, le bailleur de comparoir aux lieux, et aux heures deuës, à oir et recevoir les offrans convenables, et les autres choses semblables, n'avoient esté souffisamment gardées, en baillant et delivrant lesdites fermes, l'en pourra en ces cas, ou en l'un d'iceuls, lesdites fermes retraictier, et les lever en la main du Roy, ou les rebailler à ferme de nouvel, nonobstant que le temps de l'enchiere soit passée.

(9) *Item.* Lesdites fermes muables, prises et affermées avant le cours de ladite foible monnoie, se payeront pour le terme de l'Ascension derreniere passée à ladite foible monnoie, et pour les termes à venir, à la nouvelle, qui courra aux termes, et pour le prix que elle courra à iceuls termes, sans ce que ledit fermier puisse renoncier aucunement à sadite ferme.

(10) *Item.* Se aucune ferme muable fust baillée, ou temps que il couroit aussi bonne monnoie, ou plus fort que celle qui court à present, de laquelle ferme aucuns termes, ou terme soient escheux à ceste derreniere foible monnoie, et n'a pas payé ledit fermier iceluy terme, mais le doit encore, ou partie d'iceluy, se iceluy fermier a pris ladite ferme simplement, sans exprimer à

payer telle monnoie, et pour tel prix comme il courra aux termes, il payera telle monnoie, et pour tel prix comme il court, ou courra ou temps que il payera, se ainsi n'estoit que il courust lors plus forte monnoie, que il ne faisoit au temps que il prist ladite ferme, ouquel cas il payeront la monnoie coursable, au prix du marc d'argent, comme dessus. Et se en prenant ladite ferme, le fermier a promis, ou se est obligié par après à payer la monnoie courant aux termes, il sera quitte en payant ladite monnoie courant aux termes, ou la monnoie courant au temps des payemens, avaluée à l'autre, selon le prix du marc d'argent.

(11) *Item.* Toutes ventes de bois se payeront pour le terme de l'Ascension derreniere passée à la foible monnoie, aussi comme les rentes, et autres fermes muables.

(12) *Item.* Les ventes de bois prises, depuis que ladite foible monnoie ot cours, à payer à une fois ou à termes, un ou plusieurs, soient les termes passez ou à venir, mais le bois est tout levé, se payeront à ladite foible monnoye, et pour le prix que elle avoit cours ou temps de la prise, ou à la nouvelle monnoie, selonc le prix du marc d'argent.

(13) *Item.* Les ventes de bois prises, comme dit est, dequoy les termes des payemens sont tous passez, mais le bois n'est pas tout coppé, et si en doit encore le marchant au vendeur, certaine somme d'argent pour aucuns termes passez, se payeront à la monnoie qui court, pour le prix que elle à cours. C'est assavoir ce qui en est deu pour tant de porcion de bois, comme il y a à copper, ou se ledit marchant de bois veult, il pourra renoncier à la coupe du demeurant de bois, et li sera descompté de sa debte à la value, et selon le prix du marchié, et la qualité et value du bois coppé et à copper. Et se il doit plus que ladite porcion de bois à copper ne monte, il payera le demourant à ladite foible monnoie, et se le bois à copper monte plus qu'à la somme d'argent deue, le vendeur sera tenus de payer le surplus à son marchant, à ladite foible monnoie.

(14) *Item.* Les ventes de bois prises, comme dit est, dequoy partie du bois est à copper, et les termes des payemens sont aussi à venir, ou cas que l'acheteur voudra tenir son marchié, pour payer telle monnoie, et pour tel prix comme il courra aux termes, faire ce le pourr sans contredit dudit vendeur. Et ou cas que il ne voudra ce faire, se le vendeur ne veult estre content de la foible monnoie qui couroit, et pour le prix que elle couroit au temps

du marchié, pour les termes à venir, il pourra son bois et sa vente reprendre par devers soy ou point où elle est, se il li plaist; en recevant de l'acheteur au prix que ladite vente li cousta, ce que il li pourra devoir, en ladite foible monnoie, comme dessus, c'est assavoir de et pour tant comme ledit acheteur aura exploité dudit bois, et sera regardé l'aforement, ou l'empirement de la vente, ou se le meilleur bois, ou le pire est coppé, ou exploictié, ou à copper, ou à exploictier, et de ce sera fait competent estimation.

(15) *Item.* Des ventes de bois, prises avant le cours de ceste derreniere foible monnoie, de quoy le bois est tout coppé, et les termes des payemens sont passez, mais l'on en doit encore au vendeur certaine somme d'argent, pour terme escheu au temps de ladite foible monnoie, se l'acheteur a promis à payer à termes, et de telle monnoie, et pour le prix comme elle auroit cours aux termes, il sera quitte par payant ce que il doit pour les termes escheus à telle monnoie, comme il couroit aux termes, et pour le prix que elle avoit cours, où la monnoie nouvelle, à la valuë du marc d'argent, et se l'acheteur ou contraut de son marchié ne fist point mencion à payer à la monnoie courante aux termes, et pour le prix que elle y courroit, mais promist, ou se obliga simplement à payer certaine somme d'argent, à chascun de certainz termes, il sera tenuz en ce cas à payer bonne monnoie, c'est assavoir celle qui court, ou courra au temps que il payera, et pour le prix que elle court, ou courra lors, se ainsi n'estoit que au temps du marchié, il eust courru plus foible monnoie que celle qui court, ou courra au temps du payement, auquel cas l'en payera selonc la valuë d'argent, si comme cy-dessus est dit des fermes muables.

(16) *Item.* Les ventes de bois prises avant le cours de ladite foible monnoie, dequoy le bois est tout coppé, et aucuns des termes des payemens sont à venir, se payeront à la monnoie courante aux termes des payemens.

(17) *Item.* Ventes de bois prises, comme dit est, dequoy le bois n'est pas tout coppé, et les termes des payemens sont passez, mais l'acheteur en doit encore partie de l'argent, pour termes escheuz au temps de la foible monnoie, se payeront à telle monnoie comme il court, ou courra, quand l'acheteur payera, se il li plaist. Et se non et le vendeur ne veult estre content de la monnoie qui couroit au terme du payement, il pourra reprendre sa vente et son bois, ou point que il est par la maniere que il est

(18) *Item.* Les ventes de bois prises devant le cours de ladite foible monnoie, dequoy aucuns termes des payemens sont à venir, et aussi le bois, ou partie du bois est à copper, se payeront pour les termes à venir, à la monnoie qui courra, et pour le prix que elle courra aux termes, sans ce que l'acheteur y puisse renoncier.

(19) *Item.* Se aucuns a pris ou temps que ladite foible monnoie avoit cours, aucuns labourages à faire, pour aucune somme d'argent, aussi comme terres, vignes, et autres semblables labourages, ou aussi aucuns ouvrages, comme maisons, murailles, cloisons, ou autres ouvrages quelconques, à estre payez à une fois, ou à plusieurs, sans terme, ou à terme, un ou plusieurs, le laboureur, ou ouvrier pourra faire ou parfaire son labourage, ou ouvrage, en recevant ce qui li en est ou sera deu à la monnoie courant, et pour le prix que elle couroit ou temps du marchié, ou à la nouvelle monnoie, selonc le prix du marc d'argent, se il plaist, ou se il veut il pourra renoncier dedens huit jours, après la publication de ces presentes ordenances, à son dit labourage, ouvrage, ou tache, ou au demourant qui à faire en est ou sera, en rendant et payant toutesvoies au bailleur, dedans ledit temps, tout ce que il en auroit receu, oultre le labourage, ou ouvrage que il auroit fait, et autrement non.

(20) *Item.* Tous autres contrauts communs fais, ou denrées accreuës ou temps que ladite foible monoie avoit son cours, à payer sans terme, ou à terme passé, ou à venir, sans faire mencion d'aucune monoie exprimée par especial, se payeront ladite foible monnoie, ou à la nouvelle courant à present, à la valuë d'icelle selonc le prix du marc d'argent, non obstant que ou contraut eust esté dit, ou feust obligié le debteur à payer telle monoie, comme il courra aux termes, et pour le prix que elle y courra.

(21) *Item.* Se lesdiz contraus fais en denrées accreuës avant que ladite foible monoie eust cours, à payer sans terme, et en est encore deu tout ou partie, se payeront à la monoie qui court à present, et pour le prix que elle court, se ainsi n'estoit toutesvoyes que celle monoie qui court fust plus forte que celle qui avoit cours ou temps du contract, ouquel cas l'en payeront a monoie qui court, selonc la valuë du marc d'argent comme dessus.

(12) *Item.* Se lesdiz contraus furent fais, ou les denrées furent accreuës, comme dit est, en baillant toutesvoyes terme, ou termes de payer la somme d'argent du contraut, se aucune chose en est deuë pour les termes à venir, le debteur sera tenuz de payer pour les termes à venir, la monoie qui courra aux termes, et pour le prix que elle courra, se ainsi n'estoit que la monoie courant au temps du payement feust plus forte que celle du contraut, ouquel cas l'en payera selone le marc d'argent, comme dessus; et se il en est deu pour terme, ou termes escheuz ou temps que il couroit aussi bonne monoie, ou meilleure que ceste qui court, le debteur payera la monoie courant à present, et pour le prix que elle court, se ainsi n'estoit que ou temps que il payera, il courust plus forte monoie que ou temps du contraut, ouquel cas l'en payeroit à la valuë du marc d'argent, comme dessus; et aussi se il en est deu aucune chose pour aucuns termes escheuz ou temps qu'il couroit foible monoie, ou moins forte que ceste qui court à present, ou aussi moins forte que celle qui couroit au temps du contraut, le debteur sera tenus payer pour ce que il en doit encore à la bonne monoie qui court, et pour le prix que elle court, en la maniere que cy-dessus est dit, c'est assavoir la monoie qui courra au temps du payement, et pour le prix que elle courra, se ainsi n'estoit que la monoie courant ou temps du contraut fust plus foible que celle du payement, ouquel cas l'en payera selonc le marc d'argent.

(52) *Item.* Des denrées accreuës, et tous autres contraus à deniers, soient fermes muables, ventes de bois, et autres quelconques, exceptez empruns et promesses en mariage, dont cy-dessus est déclairié souffisamment, fais et accreuës en quelconques temps que ce soit, soit ou temps de forte monoie, ou de foible, se le debteur a promis ou il s'est obligié à payer une fois, ou à plusieurs, certaine somme d'argent, en certaine et expresse monoie, pour certain et exprés prix, se la monoie contenuë en la promesse, ou obligation qui avoit cours ou temps du contraut, ou de l'obligation. Et aussi cours pour tel prix comme il est dit ou contraut, ou contenu en l'obligation, le debteur nonobstaut chose qui soit dite cy-dessus, est, ou sera tenus payer au creancier, ladite somme d'argent eu la monoie, et pour le prix contenus ou contraut, ou obligation, se icelle monoie est coursable au temps que le debteur payera, et se non il payera à la monoie coursable adone, selon la valuë du marc d'argent, comme dessus; et se le debteur esdiz cas avoit promis, ou s'étoit obligié à payer

ladite somme d'argent en monoie qui n'eust point de cours au temps du contraut, ou en monoie coursable, pour mendre peu que elle n'avoit lors cours, l'en n'auroit pas regart à la maniere de la promesse, ou obligacion, mais au temps du contraut, ou des termes, selonc les cas cy-dessus devisez. Et neantmoins ceulx qui auroient fait tiex contraus, l'amenderoient au Roy l'une partie et l'autre, car tiex contraus sont deffendus de pieça par plusieurs ordenances royaulx.

(24) *Item.* Est ordené que tous marchans et tous vendeurs quelconques avenablent (1) selonc la monoie, toutes manieres de vivres, vestemens, chaussementes, et toutes autres choses necessaires à vie, et à sustentacion, et gouvernement de corps humain, et aussi tous laboureurs et ouvriers facent de leurs labours ouvrages et journées. Et que en ces choses soit pourveu par les seneschaus, baillis, prevosts, et autres justiciers et commissaires des lieux, par toutes les manieres, et soubs toutes les paines, qu'il pourra estre fait.

(25) *Item.* Et pour ce que cy-dessus est faite mention en plusieurs lieux de payer à la valuë du marc d'argent, nous declairons que l'en aura regart à la valuë du marc d'argent, que l'en en donne en noz monoies, ou donnoit au temps de la debte, contraut, ou terme, et non pas à la valuë de la traite; et neantmoins se en aucuns des cas dessusdis, ou en autres quelconques, avoit aucun trouble, ou aucun doubte, nous reservons la declaration par devers noz amez et feaulx, les gens de noz comptes à Paris.

Ces ordenances ont esté apportées par mess. Pierre Belagent, chevalier et conseiller du Roy, et le prevost, samedy veille de la Penthecouste, quinze jour de may, l'an mil trois cent et cinquante : et ce jour furent publiées à Paris.

REMARQUES SUR CE RÈGNE.

Exécution, sans jugement, d'Olivier de Clisson, seigneur breton, de 10 autres gentilshommes de la même province, et de 3 chevaliers normands.

Il paraît, par des registres de la Chambre des comptes de l'an

---

(1) Il faut ce semble *avaluëront*. (Laur.)

1343, que les clercs du secret avaient alors le titre de secrétaires des finances. — Philippe-de-Valois en avait 7. — (Hen. Abr. chr.)

Époque des armes à feu, prouvée par un compte de Barthelemi de Drach, trésorier des guerres, rendu en 1338. (Hen. Abr. chr.

Invention de la poudre. Suivant quelques historiens, Édouard avait, à la Bataille de Creci, quelques petites pièces de canon dans son armée. Il y avait dix ou douze années que l'artillerie commençait à être en usage. Ce fut un bénédictin Allemand, nommé Berthold Schwartz, qui inventa la poudre. Un autre bénédictin anglais, Roger Bacon, avait, long-temps auparavant, parlé de grandes explosions que le salpêtre enfermé pouvait produire. Mais pourquoi le Roi de France n'avait-il pas de canon dans son armée, aussi bien que le Roi d'Angleterre? Et si l'Anglais eut cette supériorité, pourquoi tous nos historiens rejettent-ils la perte de la bataille sur les arbalétriers génois, que Philippe avait à sa solde? La pluie mouilla, dit-on, la corde de leurs arcs; mais cette pluie ne mouilla pas moins les cordes des Anglais. Ce que les historiens auraient peut-être mieux fait d'observer, c'est qu'un Roi de France, qui avoit des archers de Gênes, au lieu de discipliner sa nation, et qui n'avait pas de canon quand son ennemi en avait, ne méritait pas de vaincre. Il est bien étrange que cet usage de la poudre ayant dû changer absolument l'art de la guerre, on ne voie point l'époque de ce changement. Une nation qui aurait su se procurer une bonne artillerie, était sûre de l'emporter sur toutes les autres. C'était de tous les arts le plus funeste, mais celui qu'il fallait le plus perfectionner. Cependant, jusqu'au temps de Charles VIII, il resta dans son enfance; tous les anciens usages prévalurent : tant la lenteur arrête l'industrie humaine! On ne se servit d'artillerie au siége des places que sous Charles V, et les lances firent toujours le sort des batailles dans presque toutes les actions, jusqu'aux derniers temps de Henri IV. — (Volt., Essai sur les mœurs.)

Originairement, un maître d'hôtel, un écuyer, un échanson étaient des principaux domestiques d'un homme, et avec le temps ils s'étaient érigés en maîtres d'hôtel de l'Empire romain. C'est ainsi qu'en France celui qui fournissait le vin du Roi s'appelait *grand-bouteillier* de France; son panetier, son échanson devinrent grands-panetiers, grands-échansons de

France, quoi qu'assurément ces officiers ne servissent ni pain, ni vin, ni viande à l'Empire et à la France. L'Europe fut inondée de ces dignités héréditaires, de maréchaux, de grands-veneurs, de chambellans d'une province. Il n'y eut pas jusqu'à la grande-maîtrise du gueux de Champagne, qui ne fût une prérogative de famille. — (Volt., Essai sur les mœurs.)

Philippe-de-Valois, avant de mourir, recommanda à ses enfans qu'ils eussent à garder la concorde entre eux, à faire la paix si l'on pouvait, à maintenir l'ordre de la justice, surtout à soulager les peuples, et autres belles choses, dit Mézeray, que les princes recommandent plus souvent à leurs successeurs, en mourant, qu'ils ne les pratiquent en leur vivant.

Edouard III prend le titre de Roi de France. — Il institue l'ordre de la Jarretière. — L'archevêque de Trèves et celui de Cologne lui vendent leur alliance moyennant des sommes considérables, dont une partie leur est payée comptant, et le reste assuré par de bons gages. — On remet, à ce titre, au premier la couronne du Roi, au second celle de la Reine.

Décret par lequel les princes allemands déclarent que la dignité impériale ne relève que de Dieu seul, et que l'approbation du Pape est inutile.

Institution de la fête de la Sainte-Trinité et de l'Angelus, par le Pape Jean XXII. — Ce Pape fonde une université à Cahors, sa patrie. — Il ajoute une troisième couronne à la thiare pontificale. Hormidas avait mis la première, Boniface VIII la seconde. — La Reine Jeanne vend Avignon au Pape Clément VI, pour 80,000 florins d'or, qu'il ne paya jamais. (Dec.)

JEAN (1)

Succède à Philippe-de-Valois, son père, le 22 août 1350; sacré et couronné à Reims, le 26 septembre; mort à Londres, 8 avril 1364.

Chanceliers ou gardes-des-sceaux. — 1° Pierre de Laforest, en 1350; 2° Gisles Ascelin de Montaigu, en 1356; 3° Jean de Dormans, en 1357; 4° Pierre de Laforest, en 1359; 5° Jean de Dormans, en 1361.

N°. 157. — Lettres *portant confiscation au profit du Roi, des dettes dues aux Lombards usuriers, et qui libère les débiteurs envers lesdits usuriers, en payant au Roi seulement le principal, et qui ordonne à cet égard des poursuites contre les débiteurs refusans.*

Paris, 18 septembre 1350. (C. L. IV, 80.)

N°. 158. — Lettres *confirmatives de celles de Philippe-de-Valois, données à Meaux, en novembre 1348, qui annulent l'usage où l'on était à Aire, de prononcer, en matière civile, des amendes contre des personnes absentes, quoique non duement appellées.*

Paris, à l'hôtel de Nesle, 7 novembre 1350. (C. L. IV, 5.)

N°. 159. — Mandement *par lequel on suspend le paiement des rentes accordées par Philippe-de-Valois.*

Paris, 19 novembre 1350. (C. L. IV, 6.)

---

(1) Si Jean Ier, fils de Louis le Hutin, avait réellement régné, on aurait raison de l'appeler *Jean II* ; mais comme il est le seul prince de ce nom, qui ait régné sur la France, on ne le désigne que par son nom de Jean. — Il a été surnommé *le Bon*, mais fort mal-à-propos, car, dans les commencemens de son règne, il a commis des actes de barbarie. (Is.)

N°. 160. — ORDRE *du Roi, qui condamne le connétable comte d'Eu* (1), *à être décapité, sous prétexte de trahison.*

Paris, 19 novembre 1350. (Villaret, Hist. de France, IX, 24.)

N°. 161. — ORDONNANCE *concernant la police* (2) *du royaume.*

Paris, 30 janvier 1350. — Publiée au mois de février suivant. — (C. L. II, 350.)

SOMMAIRES.

(1) *Des pauvres mendians dans la ville, dans la prévosté et la vicomté de Paris*, art. 1, 2, 3, 4.

(2) *Du pain, des boulangers, et des meuniers de la ville de Paris*, art. 5, 6, 7 et 8.

(3) *Du poids des pastes, du pain cuit, suivant le four, ou l'estimation qui en fut faite après une seconde épreuve, etc.* Art. 10, 11, 12, 13, 14, 15, 16, 17, 18, 19, 20, 21, 22, 23, 24, 25, 26, 27, 28, 29, 30, 31, 32, 33, 34, 35, 36, 37.

(4) *Des talmeliers, et des pastissiers, qui cuisent pour autruy*, art. 58, 39.

(5) *Des 24 mesureurs des Halles et des autres places de la ville de Paris*; art. 40, 41, 42, 43, 44, 45, 46, 47, 48, 49, 50, 51.

(6) *Des meuniers de la ville de Paris et d'ailleurs*, art. 55, 56.

(7) *Des marchands de vin, des taverniers, des vendeurs et des courratiers de Paris*, art. 46, 47, 48, 49, 50, 51, 52, 53, 54, 55, 56, 57, 58, 59, 60, 61, 62, 63, 64, 65, 66, 67, 68, 69, 70, 71, 72, 73.

(8) *Des déchargeurs de vin*, art. 74, 75, 76, 77, 78, 79.

(9) *Du poisson de mer qui sera vendu dans la ville de Paris*, art. 80, 81, 82, 83, 84

---

(1) Il fut arrêté le 16 novembre par le prévôt de Paris, en sortant de l'hôtel de Nesle où logeait le Roi, emprisonné et exécuté le 19 du même mois, dans le même hôtel, sans forme de procès, du commandement du Roi, en présence du duc de Bourgogne, des comtes d'Armagnac et de Montfort, de Gaucher de Châtillon, duc d'Athènes, des seigneurs de Boulogne et de Raoul et de plusieurs autres seigneurs et chevaliers. — Les dépouilles furent partagées entre les favoris du Roi. (Villaret.) — Cette violence, au commencement d'un règne, aliéna tous les esprits, et fut cause en partie des malheurs du Roi. (Hen. Abr. chr.) — Ce n'est pas cet assassinat qui l'a fait surnommer le Bon. (Dec.)

(2) *V*. le livre des métiers du prévôt Boileau, sous Saint-Louis; l'ord. de Charles VI, février 1415, et ord. de la ville, décembre 1672. Cette ord. est le type de tous les réglemens de police qui régissent la ville de Paris. (Is.)

Ce réglement mérite encore aujourd'hui d'être lu et médité. — Henrion de Pansey. — (Dec.)

5, 86, 87, 88, 89, 90, 91, 92,
3, 94, 95, 96, 97, 98, 99, 100,
91, 102, 103, 104, 105, 106,
07, 108, 109, 110, 111, 112,
13, 114, 115, 116, 117.

(10) *Du poisson d'eau douce*, art. 118, 119, 120, 121,
122, 123.

(11) *Des bouchers et des
chandeliers*, art. 125, 126, 127.
128, 129, 130, 131, 132, 133.

(12) *Des poulailliers*, art.
134, 155, 136, 137, 138.

(13) *Des marchands de
draps, et de leurs courratiers*,
art. 139, 140.

(14) *Des courroyeurs, baudroyeurs, tanneurs, cordonniers et savetiers*, art. 141,
142, 143, 144, 145, 146, 147,
148.

(15) *Des forains qui apporteront et ameneront leurs
marchandises à Paris, pour
les y vendre*, art. 149.

(16) *Des vignerons*, art. 150.

(17) *Des soyeurs de bleds*,
art. 151.

(18) *Des vignerons et autres manouvriers*, art. 152,
153, 154, 155, 156.

(19) *Des tonneliers et des
charpentiers*, art. 157.

(20) *Des laboureurs*, art.
158.

(21) *Des femmes qui tra-
vaillent aux vignes*, art. 159.

(22) *Des laboureurs*, art.
160.

(23) *Des faucheurs*, art.
161, 162.

(24) *Du salaire de ceux qui
menent et gardent les bestes*,
art. 163.

(25) *Du salaire des boscherons*, art. 164.

(26) *Du salaire des batteurs
de grange*, art. 165.

(27) *Du salaire des charretiers, des vachers, des bergers
et des porchers*, art. 166, 167,
168, 169 et 170.

(28) *Du salaire des chambrieres*, art. 171, 172.

(29) *Du salaire des nourrices et des recommanderesses*,
art. 173, 174.

(30) *Des charrons*, art. 175.

(31) *Des ferrons, et des Vendeurs de fer*, art. 176, 177.

(32) *Des fevres et des mareschaux*, art. 178 et 179.

(33) *Des bourreliers*, art.
180.

(34) *Des couturiers*, art.
181, 182.

(35) *Des pelletiers et des
foureurs de robes*, art. 183.

(36) *Des chaussetiers*, art.
184, 185.

(37) *Des tondeurs de draps*,
art. 186.

(38) *Des maçons et des cou-
vreurs*, art. 187.

(39) *Des plastriers*, art. 188,
189.

(40) *Des marchands de sel
à Paris*, art. 190, 191, 192,
193.

(41) *Des marchands de foin*,
art. 194, 195.

(42) *Les marchandises seront venduës au prix des foires*, art. 196.

(43) *De la vente du charbon*, art. 197, 198.

(44) *Des marchands de bois
et de charbon, des mouleurs
de bois, et des mesureurs de
charbon*, art. 199, 200, 201,
202, 203, 204, 205, 206, 207.

(45) *De l'eschange de l'es-*

(46) Personne ne peut acheter des tuilles et des carreaux pour les revendre, art. 209.

(47) Des tueurs et des saleurs de pourceaux, art. 210, 211.

(48) Des porteurs d'eau, de grains, de bois, et de vivres, art. 212.

(49) Du salaire des porteurs de charbon, art. 213.

(50) Nul maistre de mestier, en donnant plus à des valets, ne les peut tirer de chez un autre maistre, art. 214.

(51) Celuy qui est marchand pourra encore faire un autre negoce, s'il en est capable; et ceux qui ne seront pas marchands auront la même liberté, art. 215.

(52) Chacun dans son mestier peut avoir le nombre d'apprentis qui luy sera nécessaire, art. 216, 217, 218.

(53) Les marchands qui ne sont pas ouvriers, ne prendront que deux sols pour livre des marchandises qu'ils debiteront, art. 219, 220.

(54) De l'estat des vuidangeurs, appellez maistres Fifi, art. 221.

(55) De tous les marchands en général, art. 222, 223, 224, 225, 226, 227 et 228.

(56) Nul ne peut estre courretier, s'il n'en a la qualité, art. 229.

(57) Du salaire des hosteliers pour les chevaux, et des lavandières, art. 230, 231.

(58) Du salaire des gens de quelques mestiers, art. 232.

(59) En toutes sortes de marchandises et en tous mestiers, il y aura visite, art. 233.

(60) Les terres et les gravoirs seront d'abord posés sur la voirie du Roy, et de là transportez sur le champ aux lieux accoustumez, art. 234.

(61) Nul ne pourra nourrir des porcs dans la ville de Paris, art. 235.

(62) Pendant l'hiver nul ne pourra faire ballayer devant sa porte, qu'après que la pluie sera finie, art. 236.

(63) Des boüeurs, art. 237.

(64) Du rétablissement des chaussées, art. 238.

(65) S'il y a à corriger cette ordonnance, les personnes que le Roy commettra à cet effet auront soin de le faire, art. 239.

JEAN, par la grace de Dieu, Roy de France, etc.

TITRE Ier. — (1) Des Mandians.

(1) Pource que plusieurs personnes, tant hommes que femmes

---

(1) *Novellam Justiniani 80, cap. 5, et Julianum Antecessorem, cap. ?. Codicem Theodosianum, lib. 14, tit. 18 et ibi J. Gothofred, et Codicem Justinianeum, lib. 8, tit. 25.* (Laur.)

se tiennent oiseux parmi la ville de Paris, et es autres villes de la prevosté et vicomté d'icelle, et ne veulent exposer leurs corps à faire aucunes besongnes, ains truandent les aucuns, et les autres se tiennent en tavernes et en bordeaux; est ordonné que toute maniere de telles gens oiseux, ou joüeurs de dez, ou enchanteurs és ruës, ou truandans, ou mandians, de quelque estat, ou condition qu'ils soient, ayans mestier ou non, soient hommes, ou femmes, qui soient sains de corps et de membre, s'exposent à faire aucunes besongnes de labeur, en quoy ils puissent gaigner leur vie, ou vuident la ville de Paris, et les autres villes de ladite prevosté et vicomté, dedans trois jours après ce cry. Et si après lesdits trois jours ils y sont trouvez oiseux, ou joüans aux dez, ou mandians, ils seront prins et menez en prison au pain, et ainsi tenuz par l'espace de quatre jours; et quant ils auront esté delivrez de ladite prison, s'ils sont trouvez oiseux, ou s'ils n'ont biens dont ils puissent avoir leur vie; ou s'ils n'ont aveu de personnes suffisans, sans fraude, à qui ils facent besongne, ou qu'ils servent, ils seront mis au pillory; et la tiercefois il seront signez au front d'un fer chaud, et bannis desdits lieux.

(2) *Item*. On pourchassera avec l'evesque, ou official de Paris, et avec les religieux Jacobins, Cordeliers, Augustins, Carmelites, et autres, qu'ils disent aux freres de leur ordre, que quand ils sermoneront és paroisses et ailleurs, et aussi les curez en leurs propres personnes, ils dient en leurs sermons que ceux qui voudront donner aumosnes, n'en donnent à nuls gens (1) sains de corps et de membres, n'a gens qui puissent besongne faire, dont ils puissent gaigner leur vie; mais les donnent à gens aveugles, mehaignez, et autres miserables personnes.

(3) *Item*. Qu'on dise à ceux qui gardent et gouvernent les hopitaux ou maisons-Dieu, qu'ils ne hebergent tels truans, ou telles personnes oiseuses, s'ils ne sont mehaignez, ou malades, ou pauvres passans, une nuict seulement.

(4) *Item*. Les prelaz, barons, chevaliers, bourgeois, et autres, disent à leurs aumosniers, qu'ils ne donnent nulles aumosnes à tels truans, sains de corps et de membres.

---

(1) Ceci est conforme aux sentimens des Saints Peres. *Ambrosius, lib.* 4; *Officiorum, cap.* 16. (Laur.)

Titre II. — *Du pain des Boulangers et des Meuniers de Paris.*

(5) *Item.* Sur le fait du pain qu'on fait à Paris et aux fauxbourgs d'icelle pour vendre, seront esleus chacun an par le prevost de Paris, ou l'un des auditeurs du Chastelet, à ce appellé le prevost des marchans, quatre prud'hommes, lesquels ne seront pas tallemelliers, qui jureront les ordonnances faites pour le pain ci-dessous escrites, toutes haines, faveur ou gain mis hors, faire tenir et garder, sans enfraindre icelles. Et visiteront iceux prud'hommes toutes les semaines deux fois le pain és hostels des boulangers de ladite ville et fauxbourgs de Paris. Lequel pain, s'il est suffisant selon le poix qu'il doit estre par l'ordonnance, creu et cuit, blanc et bis, d'un denier, ou deux deniers, ils le laisseront en icelui estat; et s'ils le trouvent de moindre poix, qu'il ne doit estre par ladite ordonnance, ils donneront pour Dieu la fournée dudit pain, soit blanc ou bis, sans nul y espargner; c'est à sçavoir, la moitié aux pauvres de l'Hostel-Dieu, et l'autre moitié aux pauvres aveugles des Quinze-Vingtz, ou là où ils verront qu'il sera le mieux employé. Et avec ce le boulanger, ou tallemellier qui sera trouvé avoir fait plus petit pain, et de moindre poix, comme dit est, pour tant de fois comme il y sera trouvé, il perdra ledit pain, et sera condamné en soixante sols d'amende. De laquelle amende le Roy nostre sire aura la moitié, et le prevost des marchands, et les prud'hommes dessusdits l'autre moitié.

(6) *Item.* Les quatre preud'hommes dessusdits appelleront avec eux le maire du pannetier de France, et feront l'essay des pois deux fois l'an, ou plus, parmi la ville de Paris (si mestier est) sauf en autres choses les droits dudit pannetier, et que ce ne lui tourne à préjudice, n'à autres, n'à leurs droicts. Et ainsi est-il ordonné, tout pour le proufit du commun.

(7) *Item.* Et par semblable maniere par les villes et chastellenies de la viconté de Paris, esquelles villes et chastellenies on fait pain pour vendre, et esquelles les hauts-justiciers des lieux mettront preud'hommes pour visiter le pain.

(8) *Item.* Nuls boulangers, ou tallemelliers venans, ou amenans pain dans Paris pour vendre, ne pourront mettre pain en un sac de deux paires de bleds, mais tout d'un grain et d'un grand, autel dessus comme dessous. Et quiconque sera trouvé

le contraire faisant, il perdra les deniers, et l'amandera à volonté.

(9) Les quatre preud'hommes dessusdits qui visiteront le pain, tant de Paris, comme des autres villes, ne seront mie tallemeliers, et seront commis chacun an par le prevost de Paris, ou l'un des auditeurs de Chastelet, et le prevost des marchans à Paris, et hors par lesdits hauts-justiciers, et au muer, en demeurera tousjours deux des vieils.

TITRE III. — *Du poids de la paste, et du pain cuit, suivant l'estimation qui en fut faite en 1311.*

(10) Bled de quarente sols le septier, sur lequel prix ladite espreuve fut faite. La paste du pain de chailly d'un denier pese cinq onces, et cuit quatre onces cinq estellins. La paste du pain de deux deniers pese dix onces, et cuit huit onces et demie.

(11) *Item.* La paste du pain d'un denier coquillé pese six onces cinq estellins; et cuit cinq onces et demie. La paste du pain de deux deniers pese douze onces et demie; et le pain cuit onze onces.

(12) *Item.* La paste du pain bis d'un denier, pese neuf onces et demie; et le pain cuit huit onces. La paste du pain de deux deniers pese dix-neuf onces, et le pain cuit seize onces.

(13) Bled couste trente-huit sols le septier. La paste du pain d'un denier de chailly pese cinq onces et demie; et le pain cuit quatre onces treize estellins. La paste du pain de deux deniers doit peser onze onces, et le pain cuit neuf onces six estellins.

(14) *Item.* La paste du pain d'un denier coquillé doit peser six onces dix-sept estellins et obole, et le cuit six onces. La paste du pain de deux deniers coquillé doit peser treize onces quinze estellins, et le cuit douze onces.

(15) *Item.* La paste du pain bis d'un denier doit peser dix onces cinq estellins, et le cuit huit onces et demie. La paste du pain de deux deniers doit peser vingt onces et demie; et le pain cuit dix-sept onces.

(16) Bled couste trente-six sols le septier. La paste du pain d'un denier de chailly doit peser six onces, et le pain cuit cinq onces. La paste du pain de deux deniers doit peser douze onces, et le pain cuit dix onces.

(17) *Item.* La paste du pain coquillé d'un denier doit peser sept onces et demie, et le pain cuit six onces et demie. La paste du pain de deux deniers doit peser quinze onces, et le pain cuit treize onces.

(18) *Item.* La paste du pain bis d'un denier doit peser onze onces, et le pain cuit neuf onces. La paste du pain bis de deux deniers doit peser vingt-deux onces, et le pain cuit dix-huit onces.

(19) Bled coute trente-quatre sols le septier. La paste du pain de chailly d'un denier doit peser six onces et demie, et le pain cuit cinq onces sept estellins obole. La paste du pain de deux deniers doit peser treize onces, et le pain cuit dix onces quinze estellins.

(20) *Item.* La paste du pain coquillé d'un denier doit peser huit onces deux estellins et obole, et le pain cuit sept onces. La paste du pain de deux deniers doit peser seize onces cinq estellins, et le pain cuit quatorze onces.

(21) *Item.* La paste du pain bis d'un denier doit peser onze onces quinze estellins, et le pain cuit neuf onces quatorze estellins. La paste de deux deniers doit peser vingt-trois onces et demie, et le pain cuit dix-neuf onces cinq estellins.

(22) Bled couste trente-deux sols le septier. La paste du pain de chailly d'un denier doit peser sept onces, et le pain cuit six onces. La paste du pain de deux deniers doit peser quatorze onces et le cuit douze onces.

(23) *Item.* la paste du pain coquillé d'un denier doit peser huit onces quinze estellins, et le cuit huit onces et demie. La paste du pain de deux deniers doit peser dix-sept onces et demie, et le cuit quinze onces.

(24) *Item.* La paste du pain bis d'un denier doit peser douze onces et demie, et le cuit dix onces cinq estellins. La paste du pain de deux deniers doit peser vingt-cinq onces, et le cuit vingt onces et demie.

(25) Bled couste trente sols le septier. La paste du pain d'un denier de chailly doit peser sept onces et demie, et le cuit six onces sept estellins obole. La paste du pain de deux deniers doit peser quinze onces, et le cuit douze onces quinze estellins.

(26) *Item.* La paste du pain coquillé d'un denier doit peser neuf onces sept estellins obole, et le cuit huit onces. La paste du

pain de deux deniers doit peser dix-huit onces quinze estellins, et le pain cuit seize onces.

(27) *Item.* La paste du pain bis d'un denier, doit peser treize onces cinq estellins, et le pain cuit onze onces cinq estellins. La paste du pain de deux deniers doit peser vingt-six onces et demie, et le cuit vingt-deux onces et demie.

(28) Bled couste vingt-huit sols le septier. La paste du pain de chailly d'un denier doit peser huit onces, et le cuit six onces dix-sept eschellins, obole. La paste du pain de deux deniers doit peser seize onces, et le cuit treize onces quinze estellins.

(29) *Item.* La paste du pain coquillé d'un denier doit peser dix onces, et le cuit huit onces dix estellins. La paste du pain de deux deniers doit peser dix-huit onces, et le cuit dix-sept onces.

(30) *Item.* La paste du pain bis d'un denier doit peser quatorze onces, et le pain cuit douze onces. La paste du pain de deux deniers doit peser vingt-huit onces, et le cuit vingt-quatre onces.

(31) Bled couste vingt-six sols le septier. La paste du pain d'un denier de chailly doit peser huit onces et demie, et le cuit sept onces deux estellins obole. La paste du pain de deux deniers doit peser dix-sept onces, et le cuit quatorze onces cinq estellins.

(32) *Item.* La paste du pain coquillé d'un denier doit peser dix onces dix estellins, obole, et le cuit neuf onces. La paste du pain de deux deniers doit peser vingt-une onces cinq estellins, et le cuit dix-huit onces.

(33) *Item.* La paste du pain bis d'un denier doit peser quatorze onces quinze estellins, et le cuit douze onces dix estellins. La paste du pain de deux deniers doit peser vingt-neuf onces et demie, et le cuit vingt-cinq onces.

(34) Bled couste vingt-quatre sols le septier. La paste du pain de chailly d'un denier doit peser neuf onces, et le cuit sept onces quinze estellins. La paste du pain de chailly de deux deniers doit peser dix-huit onces, et le cuit quinze onces et demie.

(35) *Item.* La paste du pain coquillé d'un denier, doit peser douze onces cinq estellins, et le cuit neuf onces et demie. La paste du pain de deux deniers, doit peser vingt-deux onces et demie, et le cuit dix-neuf onces.

(36) *Item.* L apaste du pain bis d'un denier doit peser quinze onces et demie, et le cuit treize onces. La paste du pain de deux deniers doit peser trente et une onces, et le pain cuit vingt-six onces.

Titre IV. — *Des Tallemelliers et Patissiers.*

(37) Toute maniere de tallemelliers, fourniers et patissiers, qui ont accoustumé à cuire pain à bourgeois, et autre gens quelconques, seront tenus de passer, bulleter, pestrir et tourner les farines qui leur seront baillées és maisons et domiciles desdits bourgeois et autre gents, et l'apporter et cuire en leurs maisons. Et seront payez de leur salaire le tiers plus qu'ils n'avoient avant la mortalité de l'épidémie. Et au cas où aucun en seroit refusant, ou faisant le contraire, il sera à soixante sols d'amende : et par semblable maniere se payeront les patissiers de toute œuvre de patisserie.

(38) *Item.* Lesdits patissiers ne pourront garder leurs pastes qu'un jour en la chair de quoy ils seront iceux pastez, sur peine de vingt sols parisis d'amende.

Titre V. — *Des vingt-quatre Mesureurs des halles, et autres places de Paris.*

(39) La place au marché où on a accoustumé de vendre bleds, farines, et autres grains és halles en champeaux par toute ladite place, servir et faire l'office de mesureur, aura vingt-quatre mesureurs tant seulement, et non plus.

(40) En la place au marché là où on a accoustumé de vendre les bleds, farines, et autres grains en Greve, aura dix-huit mesureurs, et non plus.

(41) En la place au marché là où on a accoustumé de vendre bleds, farines, et autres grains en la juifverie, aura douze mesureurs, et non plus.

(42) En la place et au marché des halles, en la place et au maché de Greve, en la place et au Marché de la Juifverie (1), es-

---

Ce marché était anciennement dans la Cité, devant l'église de la Magdelaine, dans la rue de la Juiverie. Il a été depuis réuni aux grandes Halles, dont il fait à présent partie. *V.* Sauval, dans ses Antiquitez de Paris, tom. 1er. p. 653, 654, et du Breüil, dans ses Antiquités de Paris, de l'édition de 1612, pag. 112, 113. (Laur.)

quels on a accoustumé de vendre bleds, farines, et autres grains. En chascune desdites places et marchez, seront ordonnez certains signets, et certaine personne qu'iceluy signet monstrera, ou sonnera aux heures cy-après escrites, avant que nul puisse délier, ne vendre.

(43) *Item*. Que nul qui se porte clerc, ne nulle femme, n'ayent, ne puissent avoir l'office de mesurage.

(44) Nul mesureur ne pourra estre marchand de farines, bleds et autres grains, pour revendre pour luy, ne pour autrui.

(45) Nul mesureur ne pourra porter clef d'autruy grenier, ne heberger en son grenier pour autruy, bleds, farines et autres grains.

(46) Nul mesureur, ou autres ne pourront mesurer esdites places et marchez, jusques à tant que ledit signet establi en chaque place sera sonné, ou monstré par celui qui establi y sera.

(47) Quiconque mesureur fera, ou vendra encontre les ordonnances cy-escrites, ou aucunes d'icelles, il perdra l'office de mesurage, et payera soixante sols d'amende.

(48) Quiconque sera mesureur de grain, il baillera et donnera caution et seulement de dix livres parisis, pardevers le prevost des marchands.

(49) Nul, ne nulle, de quelque condition, ou estat qu'ils soient, marchands ou autres, ne pourront aller à l'encontre d'aucuns bleds, farines, ou autres grains venans esdites places et marchez pour vendre, pour iceux acheter par témoins, ni en autre maniere, fors qu'esdites places et marchez de Paris dessus escrits : et qui fera le contraire, le vendeur perdra la marchandise, et l'acheteur le prix de l'achet; tout acquis au Roy.

(50) Nul qui amène bled, farines, ou autres grains, à charroy, ou à dos, ne pourra iceux deslier, ou vendre, fors qu'esdites places ou marchez, et à heure déterminée, et que lesdits signets à ce establis seront monstrez, ou signez par celuy qui à ce sera establi; lesquels signets ordonnez et establis seront ès halles entre tierce et midy : en Greve à heure que prime a Nostre-Dame sera toute sonnée : et à la Juifverie entre prime et tierce ; et qui fera le contraire avant l'heure, il perdra la marchandise. Et puis qu'ils auront amené et déchargé, ou destelé les bleds, farines, ou autres grains, ils ne les pourront cette journée mener, ne transporter de marché en autre pour vendre : et s'ils ne l'y peuvent vendre celle journée, ils les porteront heberger, pour revendre

quand il leur plaira. Et qui fera le contraire, il perdra la marchandise.

(51) Quiconque amenera esdites places et marchez, bleds, farines, ou autres grains où il y ait embouchure; c'est à sçavoir, qui ne soient aussi suffisans et aussi bons dessous comme en la monstre, il perdra les denrées. Et le mesureur qui les mesurera, et ladite malefaçon ne diroit, ou accuseroit à l'acheteur, à la garde du marché pour le Roy, perdra son office, et payera soixante sols d'amende.

(52) Nul revendeur, qui revend bleds, farines, ou autres grains, ne pourra iceux mesurer, outre un septier le jour; et si plus en revend, il conviendra qu'il soit mesuré par un mesureur juré autre que luy. Et quiconque fera le contraire, il perdra les denrées, et seront forfaites.

(53) *Item*. Avec les autres peines dessusdites, et sans celles à menuiser, quiconque sera trouvé trespassant l'ordonnance et establissemens dessusdits, ou aura fait au contraire, par fraude en aucune maniere, le vendeur perdra les denrées, l'acheteur le prix de l'achet.

Titre VI. — *Des Meuniers.*

(54) Pourceque mont de fois est advenu souvent, que ceux qui font moudre bled és moulins de Paris et ailleurs, ne trouvent pas bien leur compte de la farine, quand le bled est moulu, et s'en sont plusieurs dolus et deulent de jour en jour; est ordonné pour le prouffit commun, qu'en certains lieux de ladite ville de Paris sera fait et establi poids, auquel on pesera le bled, quand on le portera au moulin, qui aller et porter le voudra, et à celuy mesme poids sera pesée la farine qui issera dudit bled, afin que si deffaut y a, le musnier rende iceluy deffaut. Et seront certaines personnes ordonnées en chascun desdits poids, pour peser, et escrire le poids du bled, et de la farine, et recevront pour l'émolument de peser, c'est à sçavoir un denier, ou trois oboles, ou deux deniers pour septier, au moins.

(55) Les musniers auront et prendront à Paris, pour moudre un septier de bled, douze deniers parisis, et non plus, ou un boissel reze de bled qu'ils mondront : et s'ils font le contraire, ils l'amenderont, et rendront le dommage à partie.

Titre VII. — *Des Marchands de vin, des Taverniers, des Vendeurs et des Courratiers.*

(56) Il est ordonné que nuls marchands de vins en gros, ne pourront faire mesler de deux vins ensemble, sur peine de perdre le vin, et de l'amende.

(57) Nul marchand de vins ne pourra acheter aux ports à Paris, vins en gros pour revendre audit port, à la peine dessusdite; ne ils ne pourront, ne feront vendre leurs vins, si ce n'est par eux-mesmes, ou par l'un des vendeurs, à la peine dessus dite.

(58) Nul desdits marchands ne pourra reschier en l'eau leur refus d'une navée, ou de plusieurs de vin, et mettre en une autre nef, sur ladite peine.

(59) Les taverniers ne pourront vendre tout le meilleur vin vermeil creu au royaume, que dix deniers la pinte; de tout le meilleur blanc six deniers parisis, et non plus, et les autres au-dessous. Et s'ils font le contraire, ils perdront le vin, et l'amenderont.

(60) Iceux taverniers ne pourront donner, ne nommer nom à vin d'aucun pays, que celuy dont il sera creu, sur peine de perdre le vin, et de l'amende.

(61) Iceux taverniers ne pourront faire aucune mixtion de vins à autres, pour vendre à taverne, sur les peines dessus dites.

(62) *Item.* Iceux taverniers ne pourront refuser à ceux qui iront querre vins, et boire en leurs tavernes, et pour porter hors, qu'ils ne le puissent voire traire, s'il leur plaist, et aller en leur celier, sur ladite peine.

(63) Iceux taverniers ne pourront recevoir, ne receler aucun joüeurs de dez, n'autres gens diffamez en leurs tavernes, sur peine d'amende de soixante sols chaque fois qu'ils en seront atteints.

(64) *Item.* Iceux taverniers depuis que (1) couvre-feu sera sonné en l'église Paris, ne pourront assoire, ne traire vins en

---

(1) *V.* Sauval, dans ses Antiquitez de Paris, tom. 2, liv. XI, p. 633, 635. (Lanr.)

leurs maisons à beuveurs, sur peine de l'amende de soixante sols.

(65) Les taverniers demeurans hors de Paris, és villes de la vicomté de Paris, vendront et pourront vendre vins, selon le leur mis, et ordonné en la ville de Paris, comme dit est : c'est à sçavoir, ceux des villes qui ont semblable mesure à la mesure de Paris, six sols huit deniers le septier du meilleur vin vermeil, creu au royaume, et le meilleur blanc à quatre sols parisis le septier, et les autres vins selon la bonté et valeur qu'ils auront, au dessous desdits prix, et non plus. Et ceux qui en ladite ville, prevosté et vicomté usent de la mesure Saint Denis, laquelle est justement la tierce partie plus grande que de Paris, vendront et pourront vendre chacun septier du meilleur vin vermeil de Saint Pourcenin, de Beaune, de Saint Jean, le tiers plus du prix de Paris dessus dit : c'est à sçavoir dix sols le septier ; et vin blanc le meilleur de Bourgongne, ou autres, six sols parisis le septier, et tous vins françois et autres au-dessous d'iceux prix, selon leur bonté et valeur ; et en tous les autres lieux et villes de la prevosté et vicomté, où on use d'autres mesures que les dessus dites, ils pourront vendre selon le prix de ladite ville de Paris, eu regard de leurs mesures à celle de Paris, l'une mesure équipolée à l'autre, sans ce qui les puissent vendre à plus grand prix que les prix dessusdits, à peine, et sur peine de perdre et forfaire les denrées, et icelles estre acquises, les deux parts au Roy, la tierce à celuy qui les accusera, et l'autre aux justiciers des lieux qui cesdites ordonnances mettront à execution, et de soixante sols d'amende au Roy.

(66) Au cas qu'aucun de ladite prevosté et vicomté demeurant en aucun village, où il y aurait tavernier ou deux seulement, s'efforcera de vendre aucuns vins qui ne soient pas convenables, selon le prix dessus dit, ils seront punis d'amende, et sera le vin asseuré par la justice, appelez à ce quatre des plus preud'hommes du lieu, lesquels, sans faveur et sans haine, mettront le vin à feur convenable, sans prendre aucun salaire du tavernier.

(67) *Item.* En la ville de Paris aura quatre-vingt vendeurs de vin tant seulement, bons et suffisans, qui vendront les vins des bonnes gens au port de Paris, ou à terre, au cas où ceux à qui les vins seroient ne les voudroient vendre en leurs propres personnes, ou par leurs gens et propres mesures de leurs hostels, et

à leurs dépens, sans fraude : et seront dores-en-avant lesdits vendeurs esleus par le prevost des marchands et eschevins de la ville de Paris, qui par le temps seront, et chacun vendeur baillera bons pleges de cent livres parisis.

(68) Ne pourra chacun vendeur prendre à une fois qu'une nasselle de vin, excepté qu'au cas où il y auroit aucun marchant qui auroit plusieurs nasselles de vin à une fois, un vendeur les pourra vendre sans fraude ; et un vendeur ne pourra retenir, n'entreprendre, ne faire marché de vendre autre vin que celuy qu'il aura commencé à vendre, et qu'il soit tout vendu, si ce n'est par licence et congé de celuy à qui les vins seront qu'il aura encommencez à vendre ; et desservira chacun vendeur l'office en sa personne, sans ce qu'il le puisse faire desservir par autruy. Et ne prendront de vendre un tonnel de vin que deux sols, de la queuë douze deniers tant seulement, sur peine de vingt livres parisis d'amende, moitié au Roy, et moitié au prevost des marchans, pour la marchandise.

(69) Nul desdits vendeurs ne pourra acheter par luy, ne par autre, ne prendre en payement nuls vins du marchant duquel il sera vendeur, ne d'autre, sur ladite peine.

(70) *Item*. Et s'il y avoit aucun desdits vendeurs qui eust vins creus en ses heritages, il pourra iceux vendre, et en faire son profit en gros, ou à détail, sans fraude.

(71) En la ville de Paris, pour acheter vins en Greve, ou autre port, aura soixante courratiers tant seulement.

(72) Nul ne pourra estre reçû en l'office de courraterie, s'il ne baille plege, ou asseurement suffisant de trente livres parisis par devers le prevost des marchans : et quiconque se meslera de courraterie de vins, qui ne sera reçeu, et n'aura assuré, si comme dessus est dit, il sera banni de la vicomté de Paris par an et jour.

(73) Nul courratier ne pourra estre marchant, acheteur pour luy, de la marchandise dont il sera courratier, sur ladite peine.

(74) Nul qui se porte pour clerc ne sera receu à courratier.

(75) Nul courratier de quelque estat, ou condition qu'il soit, ne pourra prendre pour courratage d'un tonnel de vin, ou de deux queuës de quatre muids pour un tonnel, que douze deniers. Et qui fera le contraire, il perdra le mestier de courraterie, et sera à soixante sols d'amende, et l'acheteur et chacun

des vendeurs qui plus en payeront ou promettront, seront à ⟨…⟩ livres d'amende.

Titre VIII. — *Des Déchargeurs de vin.*

(76) Les déchargeurs de vin ne pourront avoir et prendre pour un tonnel de vin déchargé en celier, en terre, et à degrez, que neuf deniers, et de la queuë, que six deniers, et non plus; et de tonnel en cave six deniers, et de la queuë quatre deniers au plus, et en cellier sous terre à l'advenant, et ce à peine de soixante sols d'amende, qui plus en prendra, ou donnera.

(77) Lesdits déchargeurs ne pourront prendre, ni avoir d'un tonnel de vin, ou de deux queuës pour un tonnel, labourer, oster des nefs, et mener à l'hostel de celuy à qui il sera, du grand port de Greve par tout dedans les portes de Paris, par deçà le grand Pont, et par toute la cité, que quatre sols au plus haut, et non plus. Et outre lesdites portes, deçà le grand Pont; et outre petit Pont dedans les portes, que six sols, et non plus. Et des lieux qui seront plus près, au-dessous desdits prix; et qui meilleur marché en pourra avoir, si le prenne.

(78) *Item.* Il ne prendront et n'auront d'un tonnel de vin, ou de deux queuës pour un tonnel, labourer, oster des nefs, mener à l'hostel du petit port de Greve, partout deçà Petit-Pont, dedans les portes de Paris, que deux sols six deniers au plus loin, et de plus près à l'advenant : et hors des portes, de delà Petit-Pont, soit dedans, soit dehors, trois sols au plus haut, et non plus, et qui meilleur marché en pourra avoir, si le prenne; et le déchargeur qui fera le contraire, sera à soixante sols d'amende, et le marchant qui plus en donnera, à vingt sols d'amende.

(79) Ils n'auront et ne prendront d'un tonnel de vin deschargé et chargé, que douze deniers au petit port ; et de celuy qui sera mis en nasselle au grand port, que deux sols au plus, sans mener : et au cas où ils ne feroient fors que charger et descharger seulement, sans mettre en nasselle, ils auront douze deniers.

(80) Si aucun desdits mestiers refusait par fraude les mestiers dessusdits, ou aucun d'eux à faire et labourer pour le prix dessus dit au plus, puis qu'il en sera requis, il perdra le mestier, et sera banni de Paris et de la banlieuë un an, et payera soixante sols d'amende.

(81) Nul en la ville de Paris ne pourra vendre cervoise plus haut de huit deniers le septier; c'est à sçavoir un denier la pinte, et qui fera le contraire, il perdra le brasser, et sera à soixante sols d'amende.

Titre IX. — *Du Poisson de mer.*

(82) Quiconque voudra estre poissonnier de poisson de mer, il convient qu'il achete le mestier, s'il se vend de par le Roy à l'un plus, à l'autre moins, tels qu'il le baille, et en ce qu'il voit que bien est.

(83) Tout le poisson frais de mer qui sera apporté à Paris depuis Pâques jusques à la Saint Remy, sera vendu le jour qu'il vient, soit en gros, soit en détail; et qui fera le contraire, il perdra le poisson, et l'amendera de dix sols parisis.

(84) *Item.* Le saumon où le pourpris on ne gardera que deux jours, à compter du jour qu'il sera arrivé à Paris, de la Saint Remy jusques à Pasques; et de Pasques jusques à la Saint Remy, il sera vendu le jour qu'il sera arrivé à Paris: et qui autrement le fera, il payera vingt sols d'amende au Roy, toutes fois qu'il en sera atteint. Et le poisson de mer qui sera vendu dans Paris, de la Saint Remy jusques à Pasques, n'aura que deux jours de vente tant seulement, de celuy qui le vendra en gros; et celuy qui le vendra en détail, ce jour mesme le doit vendre, et qui plus le gardera en ces deux saisons, si comme il est divisé ci-dessus, le poisson sera perdu et acquis, et en sera l'amende de vingt sols.

(85) Nul poissonnier de mer, ni autres quelconques, nobles, religieux, ou autres, ne pourra aller encontre le poisson pour l'achéter, si ce n'est par-delà la rivière d'Oise, ou en la ville où il courre marché, auquel le poisson seroit descendu pour vendre. Et qui autrement le fera, il perdra tout le poisson qu'il achetera, toutes les fois qu'il en sera atteint, et payera cent sols d'amende au Roy.

(86) Tout le poisson doit estre mis au panier, aussi bon dessus, comme dessous, et au milieu. Et qui fera le contraire, il perdra le poisson.

(87) Nul poissonnier de mer ne pourra mettre rayes en paniers sur autre poisson, et qui autrement le fera, il perdra le poisson.

(88) Quiconque amenera poisson à Paris meslé ensemble en un panier, de deux marées, il perdra le poisson toutes les fois qu'il en sera atteint.

(89) Tous les maquereaux et les harangs qui seront apportés à Paris, seront vendus à compte. Et si le marchand qui l'achète ne le veut compter, il aura le serment de celuy qui l'amène, s'il lui plaist, ou l'estalier qui le luy vendra se fera croyable par foy, de tel compte comme il y trouvera.

(90) Tous ceux qui ameneront poisson de mer à Paris, pour vendre à charrette, ou à somme, ils le descendront dedans les halles à Paris, sans entrer en maisons, ni ailleurs. Et s'ils le descendaient ailleurs, ils perderoient les denrées, et l'amenderoient de soixante sols, et celuy chez qui il seroit descendu, d'antant.

(91) Les poissonniers de Paris délivreront les marchans estrangers du prix qu'ils leur devront pour leur poisson, dedans le lendemain vespres, qu'ils auront acheté le poisson; et s'ils y faillent, ils payeront cinq sols d'amende au Roy, toutes fois qu'ils en seront attaints. Et si le marchant de dehors gist le lendemain qu'il viendra à Paris, par deffaut du payement à l'estallier, l'estallier est tenu à luy rendre les dépens de la nuict, ou de plus, si plus demeure, et cinq sols d'amende au Roy.

(92) Quiconque amenera haran à Paris, pour vendre en charrettes, ou en sommes, il convient que le haran soit d'une sieule à tel tesmoin, comme les marchands l'auront monstré. Et si le vendeur et l'acheteur s'accordent que haran soit compté, le vendeur prendra une mose, et l'acheteur une autre, par main estrange, et à la revenuë que ces deux reviendront, doit revenir tout le remanant du haran.

(93) Quiconque achete haran de Fronclaye, et moruës baconnées, et maquereaux salez de marchant estrange, il convient qu'ils soient ouverts dedans tierce, et clos dedans vespres sonnans; et ce est ordonné, pour ce que les marchands s'en alloient trop tard. Et qui ainsi ne le fera, tout le poisson sera en la volonté du Roy, toutes les fois qu'il en sera attaint, et l'amendera de soixante sols parisis.

(94) Les cueilleurs du lieu des halles n'en pourront rien louer hors des couvertures des halles au poisson: et s'ils font le contraire, ils doivent payer cinq sols d'amende toutes les fois qu'ils en seront atteints.

(95) Les vendeurs de poisson donneront chacun plege de soixante livres parisis aux maistres qui gardent le mestier, par devant le prevost de Paris, avant qu'ils s'entremeslent de vendre

d'acheter pour nully, et l'ont ordonné les preud'hommes, pour amender les meffaits que les autres pourroient faire. Et si nul d'eux le vend avant la plegerie, il sera à soixante sols d'amende. Et c'est establi pour les vendeurs en gros.

(96) Quiconque est vendeur de poisson de mer à Paris, il ne peut, ni ne doit partir, ni avoir part ne compagnie à poisson qu'il vende, ou achete, ne luy, ne sa femme, ou mesgnie; et s'il le fait, il est en la mercy du Roy de tout son avoir; toutes les fois qu'il en seroit atteint.

(97) Nul vendeur ne pourra envoyer hors en son nom, n'avoir compagnie à marchant de dehors : et si aucun est trouvé faisant le contraire, il perdra l'office, et payera vingt livres d'amende au Roy, dont l'accuseur aura le quart.

(98) Audit mestier n'aura que dix vendeurs tant seulement, lesquels vendront lesdits poissons en leurs personnes, sans ce qui le puissent faire vendre par leurs femmes, par leurs dens mesmes, ne par aucune autre personne que par eux. Et qui sera trouvé faisant le contraire; il payera soixante sols d'amende : mais ceux à qui les poissons seront, ou ceux qui pour eux les auront amenez, les pourront vendre en leurs personnes, s'il leur plaist.

(99) Toutes fois qu'aucun desdits vendeurs iroit de vie à trespas, il faudra qu'aucun y soit mis. Et celuy qui mis y sera, sera esleu par les commissaires, appelez à ce les plus suffisans et convenables dudit mestier de harangiers et poissonniers; afin qu'il soit le plus convenable, et expert pour y estre.

(100) Lesdits vendeurs auront et prendront de chacun panier de poisson qu'il vendront, six deniers parisis, et du millier de harans, douze deniers, et non plus. Et si plus ils en prennent, ils payeront dix livres d'amende, par la maniere que dit est.

(101) Nul desdits vendeurs ne sera preneur de poisson pour le Roy, pour madame la Royne, pour nosseigneurs leurs enfans, ne pour autres de nos seigneurs quelconques, n'ayant droit, ne pouvoir de faire prise de poissons; ni ne prendront robbes, ou bienfaits d'aucuns. Et quiconque fera le contraire, il sera privé dudit mestier, et payera vingt livres d'amende, dont l'accusateur, s'il est autre que des jurez, aura le quart.

(102) Lesdits vendeurs, ne les quatre jurez dont mention est faite cy-dessus, ne aussi celuy qui a gages du Roy, pour cause

des petits paniers, ne pourront, ne ne devront vendre, ne faire vendre poisson à destail et estal, n'autrement, à peine de perdre leur office, et de dix livres parisis d'amende, comme dit est.

(103) Nul poissonnier de Paris ne peut, ne doit brouïller, ou gascher poisson, comme moruë salée, maquereaux salez, ou aucun haran blanc salé. Et s'il le fait, il perdra le poisson toutes les fois qu'il en sera atteint, dont l'accusateur aura le quart.

(104) Les compteurs ne pourront avoir de chascun millier de haran à compter, qu'un denier: c'est à sçavoir du vendeur maille, et de l'acheteur maille, excepté du haran en grenier, dont partie est cy-dessus. Et qui plus en prendra, il l'amendera de cinq sols parisis, toutes les fois qu'il en sera atteint.

(105) Quiconque amenera poissons en panier à Paris, il convient que ses paniers soient emplis loyaument, ou à comble, ou sans comble, en la maniere qui est doussé par dessus. S'il advient que les vendeurs trouvent dans un panier trente harans moins qu'il ne nommera la somme, il sera en cinq sols parisis d'amende, et restituera partie.

(106) Nul marchant de poisson de mer ne soit si hardi, qu'il amene paniers à Paris moindres du patron qu'il est ordonné, et signez au seing du Roy à la fleur de lys. Et si il les amene, il perdra les denrées comme forfaites, et acquises au Roy nostre sire; et sur ce sera l'estalier dédommagé par celuy qui les cüeille pour le Roy: au cas toutesfois où il ne l'auroit aperceu estre petit en l'achetant, auquel cas il ne leur seroit rien abbatu, mais l'amenderoient de cinq sols toutes les fois qu'ils en seraient atteints.

(107) Que les poissons soient mis dans les paniers, sans fraude bien et loyaument; et si fraude y estoit trouvée, le poisson sera perdu, et celuy de qui il sera, l'amendera de cinq sols toutes les fois qu'il le fera.

(108) Nul ne soit si hardi qu'il mesle les rayes, ne chiens de mer avec autre poisson, en un mesme panier: et pource que les marchans de la mer en ont esté, et sont encore trop coustumiers, qui le fera, tous les paniers et le poisson seront forfaits au Roy nostre sire, en nom d'amende.

(109) Pour ce que les voituriers qui amenent le poisson de la mer, sçavent bien lesquels paniers sont petits, et pource qu'ils ont esté et sont coustumiers d'amener petits paniers, ils en seront punis

plus griefvement, qu'ils n'ont esté au temps passé, au regard des jurez.

(110) Nuls vendeurs, n'estalliers ne pourront vendre, n'acheter poisson de mer, ne haran mis en panier, ou en charrettes, ne autres poissons, sans response d'amender les deffauts, ou fraudes qui y seroient trouvées, ne ne pourra, ne devra le vendeur laisser partir le poisson de devant luy, sans sçavoir, et avoir pris loyal sur la vente d'iceluy, sur peine de perdre les denrées, et d'amende volontaire.

(111) Tous les marchans et voituriers de la mer, qui ameneront saumons, ou autre poisson de mer quels qu'ils soient, harans de garnisi, ou autres harans, les ameneront tout droit sans fraude és halles, au lieu accoustumé, sans aucun d'iceux descendre en nul hostel, ni ailleurs. Et qui fera le contraire, il perdra les denrées. Et si ainsi estoit que lesdits saumons, ou autres poissons, ou harans ne puissent estre vendus en la journée qu'il seroit venu, qu'il soit mis en la garde des halles, et non ailleurs, sur la peine dessus dite.

(112) Nul ne soit si hardi qu'il achete, ou vende poisson qu'és halles, ou és lieux accoustumez, soit de Paris, ou dehors. Et qui fera le contraire, il perdra les denrées, et cinq sols d'amende.

(113) Tout selerin sera vendu à compte, ainsi que le haran et maquereaux, si comme il est dit cy-dessus.

(114) En un panier de maquereaux doit avoir soixante maquereaux frais. Et si le maquereau est goulsi, si en doit avoir au panier cinquante maquereaux du moins, par droit compte.

(115) En un panier de truites doit avoir douze truites de saison, du moins. Et doit avoir chacune truite pied et demi entre queuë et teste, du moins; et si elles sont trop menuës, on en doit compter deux pour une en la douzaine.

(116) Tout le haran, le selerin, les moruës, et les marlans salez qui seront amenez en broüettes et en manne, seront vendus à broüettes, ou à mannes, ou en tressoumel.

(117) Item. Nul marchant ne pourra remuer poisson de paniers en autres, puis qu'ils seront empanerez en la mer, ne ne pourra faire de deux paniers trois, sur peine de perdre toutes les denrées.

(118) Nul, ne nulle ne pourra sorer haran, si ce n'est haran

frais, ou haran de Garnisi, et que le haran soit veu par deux des jurez dudit mestier, sçavoir s'il est bon et suffisant pour sorer, sur peine de perdre le haran, et de soixante sols d'amende.

(119) Nul ne pourra gacher le haran pour vendre, qu'au jour la journée, sur peine de perdre le haran.

(120) Tous marchans qui amenent poisson à Paris, viennent dedans heure de prime de Saint Magloire, ou leurs denrées ne seront venduës jusqu'au lendemain, et seront mises en la garde des halles, si les poissons ne viennent de chasse de jour à autre, ou s'ils ne peuvent monstrer loyal exoine.

(121) Nul, ne nulle ne face, ne dise vilanie, ne despit aux jurez du mestier, n'a aucun d'eux, en gardant les droits du Roy, les forfaitures, les droictures et ordonnances dudit mestier, sur peine d'estre encheus en grosses amendes devers le Roy, toutes fois que l'on s'en plaindra, et ils en seront attaints.

(122) Nuls garsons, n'autres personnes desormais ne voisent, n'aillent contre les marées hors des halles de Paris, ne ne prennent aucuns poissons en panier, s'ils ne l'achetent, sur peine d'estre tournez au pillory, et d'estre privez de la marchandise, et bannis de la ville de Paris, jusques au rappel du prevost de Paris.

(123) Toutes manieres de gens vendans poisson en estail, auront et prendront gain convenable pour leur peine, selon l'ordonnance du poisson, cy-dessus escrite.

(124) Nuls poissonniers, ou marchans venans de la mer à Paris, et apportans poisson de la mer, ne pourront mettre, n'apporter en leurs paniers à poissons frais, foin, feurre, ni autres choses quelconques, que poisson, sur peine de perdre les poissons, et estre acquis au Roy.

(125) Nul ne soit si hardi de vendre caque de haran à detailleur en gros, que si-tost comme il sera mis en vente, il ne die à son marchand si ledit haran est de la presente année, ou de l'année precedente. Et ceux qui desdits grossiers auront acheté celuy qui sera suranné, ils ne le pourront vendre, qu'ils ne le disent estre tel qu'il sera, et non pas avec le nouvel. Mais sera le suranné vendu devant la croix des halles, et non ailleurs : et qui sera trouvé faisant le contraire, il perdra les denrées, et l'amendement de dix sols, toutes fois qu'il fera le contraire, et l'accusateur aura le tiers.

(126) Toutes manieres de gens vendans poisson de mer à destail en la ville de Paris, seront tenus d'acheter les poissons par telle quantité, qu'ils puissent vendre les poissons qu'ils achepteront le jour mesme. Et au cas où ils se chargeront d'en achepter plus que raison, ou qu'ils s'efforceroient de le plus vendre que juste prix, pourquoy il leur en demeureroit à vendre jusqu'à l'heure de couvre-feu sonnant, en toutes saisons, (nonobstant ce que de la sainte Croix en septembre, jusques à la sainte Croix en may, ils ayent deux jours de vente) l'estallier à qui il en demeurera, l'heure sonnée, sera tenu de porter, et faire porter en la garde, où on a accoustumé mettre les poissons en garde, et pourra monstrer ce qu'il y portera à la garde du mestier, qui à peine de cinq sols d'amende, sera tenu de rendre tout ce qui par telle maniere luy sera baillé. Et qui sera trouvé le portant en sa maison, ou autrement faisant le contraire, il perdra les denrées, et payera dix sols d'amende, toutes fois qu'il en sera atteint, dont l'accusateur aura le tiers.

(127) Celuy qui demeurera à Petit-Pont, et à (1) la porte Baudoyer, comme dit est cy-dessus, sera en semblable maniere, et sur les peines dessus dites, mis en garde.

(128) Il est ordonné que quatre preud'hommes seront esleus chacun an doresnavant par le prevost de Paris, ou l'un des auditeurs du Chastelet, appellez à ce le procureur du Roy, le prevost des marchans, et plusieurs des plus loyaux et suffisans, bonne gens de la ville de Paris, estans et demeurans és halles, et environ, tant jurez, vendeurs, estalliers, comme autres. Lesquels quatre preud'hommes ainsi establis, jureront par leurs sermens, leurs mains mises, tenuës, et touchées aux saintes Evangiles de Dieu, que lesdites ordonnances, et tous les poincts dudit mestier cy-dessus nommez et esclaircis, ils tiendront, et feront tenir pleinement, sans enfraindre, ne le lairront, pour raison de déport, de faveur, de frere, de cousin, de parent, ni autrement, en quelque maniere que ce soit. Et au cas qu'il seroit trouvé que sçachamment fissent le contraire, ils seroient privez dudit mestier, reputez pour parjures, et punis d'amende volontaire.

---

(1) *V. Sauval*, dans ses recherches des Antiquitez de Paris, t. 1er., p. 20, et 35. Il y avoit à cette porte un marché qui a été transféré au cimetière saint Jean. *V. Sauval*, t. 1, p. 614. Et celuy du Petit Pont a été transféré à la place Maubert. (Laur.)

(129) Lesdits jurez seront tenus par leurs sermens, toutes fois qu'aucun encourera en aucune peine, ou fera contre aucun des poincts dudit mestier, de le raporter pardevers le prevost de Paris, ou l'un des auditeurs, et le procureur du Roy, pour les punir en la maniere que dessus est dit, et autrement si mestier est, et le cas le desire. Et chacun an quatre fois, et à quatre termes, se presenteront pardevers lesdits establisseurs, ou l'un d'eux, pour sçavoir si aucune correction sera à faire audit mestier.

(130) Quand ce viendra au bout de l'an qu'iceux jurez establis auront ainsi servi, et gardé ledit mestier, comme dit est, ils seront tenus de retourner, et eux traire pardevers lesdits establisseurs, et leur presenteront leurdite commission, et lesdits establisseurs seront tenus de sçavoir comment lesdits jurez establis seront portez en leurdit temps. Et par la maniere dessus dite, seront, et establiront, et institueront deux d'eux, et autres nouveaux preud'hommes qu'ils prendront en iceluy mestier, ou d'autres, s'il semble que bon soit, pour ledit mestier garder, comme dit est. Et ceste authorisation fait-on, de peur que lesdits jurez ne soient accointez de trop de gens, ne qu'ils ne prennent faveur avec lesdits poissonniers, ou autres, ainsi comme a fait au temps passé.

(131) Afin que les quatre jurez dont parlé est cy-dessus, n'ayent cause d'eux douloir, pour leur labeur et service, pour lequel ils ont laissé toute marchandise de poisson, ils auront la moitié des amendes qui par eux viendront à clerté.

Titre X. — *Du poisson d'eau douce.*

(132) Sur le fait et marchandise du poisson d'eau douce, il est ordonné que nul, ne nulle, ne peut, ne ne doit aller en contre le poisson d'eau douce qu'on apporte à Paris pour vendre, ne l'acheter pour revendre à Paris, n'ailleurs, de deux lieues en tous sens; mais tant seulement à Paris aux boutiques en (1) la Saunerie, ou (2) és Pierres le-Roy d'entour Chastelet, et le Petit-Pont. Et

---

(1) C'est ce qu'on appelle à présent la ruë de la *Sonnerie*, à costé du grand Chastelet, vers le quay de la Megisserie. (Laur.)

(2) Elles étoient encore auprès du grand Chastelet, dans une petite ruelle nommée par cette raison *la Ruelle aux Poissons* et *Pierres Poissons*, *V. Sauval*, t. 1er., p. 157 et 162. (*Idem.*)

qui fera le contraire, il perdra la marchandise, et l'amendera de soixante sols parisis.

(133) Si aucun estoit trouvé pour vendre leur poisson en repost, ou autrement, il perdra les poissons, et l'amendera à volonté, et aussi celuy chez qui il sera mussé, luy sçachant, ou ses gens.

(134) Nul, ne nulle ne pourra son poisson musser, ne rapporter çà ne là, puisqu'il est mené de son hostel pour l'apporter à Paris pour vendre; ains le doit apporter aux Pierres-le-Roy à Paris, et non ailleurs. Et s'ils le font autrement, ils perdront le poisson, et l'amenderont au Roy. Et illec vendront leurs poissons à toutes manieres de gens qui en auront affaire pour leurs vivres, jusques à l'heure de midy sonnée, ou sceuë à Nostre-Dame de Paris, sans ce que marchands, ou autres quelconques en puissent acheter pour revendre en la ville de Paris, n'ailleurs, jusques après ladite heure sonnée, ou sceuë.

(135) Nul n'ira contre les marchans de lemproyes, achepter pour revendre, et qui autrement le fera, il l'amendera à volonté.

(136) Toutes manieres de marchands de lemproyes, dés ce qu'ils seront partis de leurs hostels pour venir à Paris, feront apporter leurs denrées, et descendre aux boutiques, ou aux Pierres-le-Roy, et ne pourront entrer en la ville de Paris, si ce n'est en plein jour, sur peine de perdre le poisson, et d'amende volontaire.

(137) Nuls poissonniers de Saint Denis n'achepteront nuls poissons d'eau douce venans à Paris, pour revendre en la ville de Paris, à peine de forfaire le poisson, et d'amende volontaire.

(138) Pour garder lesdites ordonnances en leur forme et teneur, sans enfraindre, seront establis par le prevost de Paris, ou un des auditeurs du Chastelet, appellé à ce le procureur du Roy, et le prevost des marchans, deux preud'hommes qui seront esleus par le commun du mestier, et d'autres bonnes gens anciens du mestier, si mestier est, lesquels jureront par leurs sermens, de leur mains nuës touchées aux saincts Evangiles de Dieu, tenir et garder fermement lesdites ordonnances, sans enfraindre. Et aussi leur sera enjoint de le faire, sur peine de leurs biens perdre, et eux estre confisquez et appliquez au Roy à sa volonté, ou ses establissans; et auront la moitié des amendes pour le salaire desdits jurez.

Titre XI. Des Bouchers.

(139) Nuls bouchers, n'autres personnes, puis que le bestail sera esmeu amener au marché, ne pourront aller au-devant des denrées menés à venir au marché vendre, achepter aux estables, n'en autres lieux, se ce n'est aux lieux à ce accoustumez, et ordonnez par toute la vicomté de Paris. Et aussi ne les pourra l'on vendre n'achepter à Paris, n'és fauxbourgs d'icelle, si ce n'est en la place que l'on dit la Place aux Pourceaux, excepté tant seulement bestail et lard, et après heure de midy ; excepté bouchers et détailleurs, qui les pourront achepter dedans ladite heure, pour vendre à destail et estal, et non autrement, sur peine de perdre les denrées, et d'amende volontaire.

(140) Nuls valets à bouchers ne pourront aller, n'achepter denrées, en quelque lieu que ce soit, s'il n'est tailleur et expert, ayant sçavoir et pouvoir d'acheter et payer. Et quiconque fera le contraire, il perdra les denrées, et l'amendera.

(141) Si aucun veut partir à aucun marchand, il y peut et pourra partir, et payer sa portion du prix de telle partie comme il en devra avoir, et sans ce qu'il y ait nul encherissement, outre le premier marché.

(142) Toutes manieres de bouchers de la ville, prevosté et vicomté de Paris, jureront et affirmeront par leurs sermens, que loyaument et veritablement ils mettront en somme tout ce que les bestes qu'ils tueront et vendront à estal leur auront cousté, et que de chacun vingt sols, rabbatu tout le profit qui desdites bestes leur demeurera, ils prendront pour leur acquest tant seulement deux sols parisis pour livre, et non plus. Et qui sera trouvé faisant le contraire, il forfera le mestier, et sera puni d'amende volontaire, et aura l'accusateur la quarte partie de l'amende. Et au cas où les bouchers de la ville de Paris seroient de ce refusans, et ne le voudroient faire, ils seront privez du mestier, et donneroit l'on congé à toutes manieres de gens de faire et eslever boucherie, en quelque lieu qu'il leur plairoit en la ville de Paris, mais qu'ils vendent chairs bonnes, loyaux et suffisans.

(143) Nuls chandeliers de suif ne pourront mettre saing, oing, ne flambeaux, n'autres graisses en leur suif, ne nuls bouchers aussi. Et y aura visiteurs qui visiteront les denrées pardevers les bouchers et les chandeliers, qui auront la quarte partie des forfaitures qu'ils trouveront.

(144) Quiconque aura plus de trois milliers de suif, qu'il se cesse d'en achepter plus, tant qu'il ait vendu les deux parts. Et quiconque fera le contraire, il perdra les denrées, et si l'amendera.

(145) Nul boucher ne vendra chair sursemée, ne aussi ne gardera chair tuée plus de deux jours en hyver, et en esté jour et demi au plus. Et au cas où il fera le contraire, il l'amendera chacune fois de vingt sols.

(146) Pour visiter ledit mestier de bouchers, et celuy des chandeliers, seront establis quatre prud'hommes, qui jureront par leurs sermens, que loyaument et justement, sans déport d'aucun, ils visiteront et verront és hostels, celiers et maisons, et autres lieux desdits bouchers et chandeliers, et que toutes les deffautes qu'ils trouveront, sans deport, aucun ce jour mesme que trouvé l'auront, ils rapporteront pardevers le prevost de Paris, ou l'un des auditeurs, le procureur du Roy, et le receveur de Paris, qui en ordonneront ainsi comme raison sera. Et seront lesdits jurez renouvellez chacun an de leurs sermens par ledit prevost de Paris, ou l'un des auditeurs, le procureur du Roy, et le prevost des marchans; et auront lesdiz jurez pour leur salaire, le tiers des amendes et forfaitures qui en issiront.

(147) Lesdits chandeliers jureront par leurs sermens, et aussi les moustardiers et les huilliers, qu'ils prendront sur chacun vingt solidées de denrées qu'ils vendront, deux sols parisis de pur acquest tant seulement. Et qui sera trouvé plus en prenant, il perdra les denrées, et l'amendera, sans ce qu'ils puissent compter aucuns autres depens, ou salaires, que le pur principal que suif et lumignon leur coustera, et le labeur de ceux qui feront les chandelles.

Titre XII. — Des Poulailliers.

(148) Nul quel qu'il soit, ne pourra acheter pour revendre poulailles, œufs, fromages, perdrix, connils, agneaux, veaux, sauvagines, n'autres vivres quelconques en la ville de Paris, s'ils ne les achetent és places publiques, et lieux où les marchez sont, et ont accoustumé d'estre, et en plein marché; et ne les pourront les poulailliers, ou regratiers acheter pour revendre en la ville de Paris, si ce n'est après l'heure de midy sonnée à Nostre-Dame de Paris. Et seront tenus toutes manieres de gens et marchans apporter leurs denrées quelconques, sans descharger, n'aler aux marchans, ne regratiers aucuns, se ce n'est és places et

marchez publics et accoustumez, afin que chascun s'en puisse garnir, et en avoir pour en vivre dedans ladite heure, et avant que les marchands les acheptent pour revendre, sur peine de perdre et forfaire les denrées, et punis de peine et d'amende volontaire : et aura l'accusateur de la deffaute la quarte partie du profit des amendes. Et au cas qu'aucun apporteroit à Paris aucunes des denrées et marchandises dessus dites, et les baillast et jurast à marchant, en feignant et taisant verité, qu'ils fussent dudit marché, et sans les mener és places dessus dites, ils perdront la marchandise, et l'un et l'autre l'amenderoient. Et sont les places à vendre poulailles, et les dependances du mestier, en ruë Neuve Nostre-Dame, devant Chastelet à la Porte de Paris, et és Halles en la Cossonnerie; et les œufs et fromages devant Saint Christofle, et au Cimetiere Saint Jean, et non ailleurs, sur lesdites peines.

(149) Et si aucuns des marchans des denrées et marchandises dessus dites, alloient, ou envoyoient par les villes où il y a marché, achepter aucunes des marchandises dessus dites, ils ne le pourront achepter, ne faire achepter en jour de marché, devant l'heure de prime sonnée et sceuë és villes où le marché est. Et s'ils faisoient le contraire, ils perdront la marchandise, et l'amenderont d'amende volontaire.

(150) Au cas qu'aucun marchand de poulailles, d'œufs, et de fromages, s'arresteroit depuis qu'il seroit parti de sa maison, ou du lieu, où il auroit prins les denrées, par faveur desdits regratiers, en attendant que ladite heure fust passée, il perdroit les denrées, et l'amenderoit.

(151) Afin que les mestiers des Poulailliers et Coquatiers de la ville de Paris puissent estre mieux et loyaument gardez, nous avons ordonné que deux preud'hommes dudit mestier, ou autres, seront esleus : lesquels jureront par leurs sermens, que ledit mestier, et les ordonnances faites sur iceluy ils garderont, et feront garder bien et loyaument sans enfraindre, et que tantost et incontinent qu'aucun dudit mestier, ou autres s'efforceroient de faire et aller contre les ordonnances, ils les contraindront et feront contraindre à amender, selon les peines dedans les ordonnances, où les ameneront devant le premier juge qu'ils trouveront, pour les en punir, ainsi comme raison donnera.

(152) Lesdiz jurez toutes les semaines, trois ou quatre fois, verront et visiteront par ouvroüers et hostels desdits Poulailliers, tous les connils, lievres, perdrix, videcoqs, et autres bestes et oi-

ceaux sauvages, que l'on a accoustumé vendre morts à Paris. Et au cas où ils trouveront que lesdits Poulailliers, ou aucuns d'eux, ayent tenu, et gardé pardevers eux aucunes des choses dessus dites sans vendre, tant qu'il appaire icelles estre rompuës, ils seront tenus par leurs sermens, à peine d'estre reputez pour parjures, et d'amende volontaire, de les prendre, et les faire ardoir, partie devant l'hostel de celuy sur qui elles seront trouvées, et l'autre partie jettée en la riviere, ou portée aux champs. Et au cas que celuy sur qui elles seront trouvées, voudroit maintenir qu'elles fussent bonnes, que tantost sans nul delay ils portent lesdites denrées devant le premier juge qu'ils trouveront au Chastelet, et illec appellez avec lesdits jurez des autres marchands dudit mestier, en sera ordonné en la maniere que dit est.

Titre XIII. — *Des marchands de Draps, et de leurs Courratiers.*

(153) Les drappiers en gros, ou en destail, les espiciers, tapissiers, fripiers, cordiers, vendeurs de hanaps, et tous autres marchands d'avoir de prix, pourront prendre de leurs marchandises, et en leurs marchandises deux sols parisis pour livre d'acquest, en pays de Parisis, et tournois en pays de tournois, et de la marchandise de tournois, et non plus, eu égard à ce que la marchandise leur couste renduë à Paris, tant seulement sans y mettre, ne convertir autres cousts, ne frais. Et jureront lesdits maistres et marchands par leurs sermens, à ce tenir et garder, et eu egard au temps qu'ils achepteront les marchandises, et à la monnoye. Et s'ils font le contraire, ils l'amenderont à volonté, et si perdront la marchandise, et aura l'accusateur le quart de l'amende.

(154) Nul courratier de draps, de pelleterie, d'espicerie, de chevaux, de mercerie, de foin, ne d'autre marchandise quelle qu'elle soit, ne pourra marchander, n'estre marchand par luy, ne par autre, ne estre compagnon de la marchandise dont il sera courratier. Et tous les courratiers donneront bons pleiges, sur peine de perdre leur mestier, et l'amende de dix livres parisis, toutesfois qu'ils feront le contraire, dont l'accusateur aura la quarte partie de l'amende.

Titre XIV. — *Des Courroyeurs, Baudroyers, Tanneurs, Cordonniers, et Savetiers.*

(155) Les Courroyeurs de cordoën ne pourront estre marchands de cordoën, et courroyeurs tout ensemble, mais corroyeur par soy, ou marchand par soy, sur peine d'amende arbitraire; et avoir tant d'apprentifs comme il voudront, lesquels apprentifs pourront avoir leur mestier, quand ils auront esté apprentifs deux ans. Et lesdits corroyeurs sur ladite peine, ne pourront prendre de la douzaine du plus grand et du plus fort cordouën, que douze sols de corroyer, et de l'autre cordouën plus petit, à la value. Et qui fera le contraire, il l'amendera à volonté, et sera privé du mestier.

(156) Les Baudroyers pourront ouvrer de nuit depuis la Toussaint jusques à la mi-mars, et pourront avoir tant d'apprentifs comme il voudront; lesquels apprentifs, quand ils auront esté apprentifs deux ans, pourront avoir leur mestier, et gagner là où ils voudront. Et ne pourront prendre de corroyer un dos de la taille de Paris et de Pontoise, que deux sols six deniers, et de tout autre cuir de quelque taille que ce soit, à la value. Et qui fera le contraire, il perdra le mestier, et l'amendera à volonté.

(157) Les cordonniers pourront avoir et prendre pour souliers de cordoën, à clerc, ou à bourgeois, des meilleurs, deux sols quatre deniers, et non plus, et des autres moins forts à l'advenant: et ceux de femme à vingt deniers, et les plus forts à femme deux sols, et ceux des autres gens à la value, et ceux à gens de ville trois sols six deniers. Et ne pourront vendre les plus forts et les meilleurs de cordoën, ou de vache, que quatre sols, et non plus; et ne pourront vendre en leurs maisons nuls souliers, n'estiveaux, que ceux qui seront en ouvroir: et s'ils vendent autre ouvrage que celuy qu'ils feront en leurs ouvroirs, ils le pourront vendre en la Halle et place ordonnée, et non ailleurs. Et ne prendront les valets desdits cordonniers, de coudre et de tailler une douzaine de souliers rendus presls, que quatre sols parisis, et non plus. Et qui fera le contraire, il sera en amende volontaire. Et ne pourront les cordonniers estre marchans de cordoën ensemble; mais marchans par soy, et cordonniers par soy, ne les marchands par soy de cordoën, ne cordonniers, mais cordonniers, ou marchans par soy. Et s'ils font le contraire, ils per-

dront les denrées, et payeront dix sols d'amende, dont l'accusateur aura le quart, toutes les fois qu'ils en seront atteints.

(158) Les Tanneurs de cuirs tanneront les cuirs en la guise, et en la maniere, et aussi-bien comme l'on souloit tanner anciennement, sur peine de l'amende.

(159) Nuls ouvriers et faiseurs de souliers de bazanne à Paris, ou ès faubourgs, ou en autres villes de la prevosté, vicomté et ressort d'icelle, ne pourra mettre en œuvre, ne faire souliers de peaux de mouton, ou de brebis, ou de chien tanné, ne les vendre; mais tant seulement de bazanne d'Auvergne, et de Provence, bonne et fine. Et qui fera le contraire, il perdra la marchandise, et sera privé du mestier, et l'amendera de dix sols, pour chacune fois qu'il fera le contraire, et celui qui l'accusera aura le quart. Et seront visitez par lesdits bazanniers par certaines personnes qui seront à ce ordonnez.

(160) Nul faiseur de souliers, ou de houzeaux de cordoën, ou de vache, ne pourra faire souliers, ne houzeaux de veau, ne vendre en son hostel, mais en la Halle ci-dessus ordonnée; et lors il les vendra comme de veau : et s'il fait le contraire, il perdra la marchandise, et sera en amende de dix sols pour chacune fois qu'il le fera. Et seront ordonnez certains preud'hommes, qui visiteront souvent le mestier desdits cordonniers, et aura l'accusateur le quart de l'amende.

(161) Le savetier ne pourra avoir, ne prendre et mettre souliers de son cuir, de chacune hante, que deux deniers, et non plus; et de coudre d'autruy, de chacune hante, un denier; et d'y mettre quatre carreaux de son cuir, les meilleurs douze deniers, et non plus, et d'autres à l'advenant; et de coudre d'autruy cuir, deux deniers, et non plus, et de mettre un rivet en un soulier, une maille. Et qui fera le contraire, il l'amendera de six sols, dont l'accusateur aura la moitié : et repareiller en autre maniere, à l'advenant.

(162) Combien qu'en aucun temps, pour ce qu'en la ville de Paris avoit grande abondance de cordoën d'Espagne, qui est le meilleur courroy des autres, eust esté ordonné que nul cordoën de Flandre n'y fust vendu, pour ce que ceux de Flandres estoient partie courroyez en tan : et l'on a trouvé par le serment des marchans de cordoën en gros, demeurans à Paris, des tanneurs, baudroyeurs, courroyeurs, et cordonniers, que lesdits cuirs de Flandres sont bons, loyaux et profitables, pour en user en la

ville de Paris, et ailleurs, et qu'icelle ordonnance ne fut faite, fors seulement pour la grande abondance de cordoën d'Espagne qui lors estoit et venoit à Paris: ordonné est que toutes manieres de cuirs de cordoën suffisans, seront doresnavant vendus, et acheptez, et mis en œuvre par les cordonniers de la ville, prevosté et vicomté de Paris, nonobstant toutes ordonnances, et statuts à ce contraires.

Tit. XV. — *Des Forains qui apportent leurs marchandises pour vendre à Paris.*

(163) Il est ordonné que tous marchans forains qui apporteront en la ville de Paris aucunes marchandises et denrées pour vendre, les porteront pour vendre ès halles, et ès marchez publics et accoustumez, et ailleurs ne les pourront descendre, n'ailleurs vendre, sur peine de perdre les denrées, et d'estre en amende à volonté. Et pour ce qu'aucuns marchans, tant Brabançons comme autres, apportent souvent, et ont accoustumé à apporter en la ville de Paris souliers, estiveaux (1), chapeaux de bievre et de feutre, selles, brides, galoches, chandelles de suif, et autres, patins, esperons, toilles, armures, et autres denrées pour vendre: ceux qui telles choses achepteront pour revendre en la ville de Paris, ne les pourront porter en leurs maisons pour revendre, fors qu'esdits marchez et places publiques, sur les peines dessus dites. Et au cas que l'on rappelleroit en doute qu'aucune des denrées et marchandises ne soient loyaux et suffisans, les maistres des mestiers n'en pourront connoistre, sans appeller le prevost de Paris, un des auditeurs de Chastelet, le procureur du Roy, et le prevost des Marchans. Et se aucuns faisoient le contraire, ou y commettoient aucune fraude, ils perdroient la marchandise, et l'amenderoient à volonté. Et celuy qui les accusera aura la quarte partie de l'amende. Et pour ce que chacun sçache où il doit descendre, et vendre ses marchandises, il est ordonné qu'ils les descendront et vendront en la Halle neuve par terre, devant la Halle au bled. Et si aucuns des marchans de Paris alloient, ou envoyoient en aucun pays estrange, achepter aucunes marchandises, ils ne les pourront porter, descendre, vendre, ne faire vendre en la ville de Paris, fors qu'en la Halle et places dessus dites, ou en celles qui à la marchandise sont pieça ordon-

---

(1) C.-à-d. de poil de Castor. *V. Cangium in Gloss.* (Laur.)

..., et ce sur peine de l'amende dessus dite : et aussi le pourront faire tous marchans forains et autres, et non autrement. Et tous marchans de dehors qui marchandise voudront faire ainsi, pourront venir seurement sans aucun doute, en la ville de Paris.

Titre XVI. — Des Vignerons.

(164) Il est ordonné que les laboureurs de vignes auront et prendront des vendanges passées et accomplies, jusques à la mi-fevrier ensuivant, pour ouvrer és vignes des façons accoustumées en icelles, c'est à sçavoir les tailleurs dix-huit deniers par jour sans despens : les foüeurs seize deniers par jour sans despens : ceux qui font les autres labeurs desdites vignes, douze deniers par jour, et audessous, sans despens, et non plus, et de la mi-fevrier jusques à la fin du mois d'avril, deux sols six deniers parisis par jour, les meilleurs tailleurs ; et les foüeurs deux sols, et les autres au-dessous sans despens, et non plus ; és lieux toutefois où ils ont accoustumé de faire leur journée loyaument, du soleil levant jusques au soleil couchant, et és lieux où ils ont heure accoustumée d'ancienneté, au-dessoubs desdits prix, sans despens, et non plus ; et és lieux où ils usent desdites heures, au-dessoubs selon lesdits prix, et lesdites heures de-là.

Titre XVII. — Des Soyeurs de grains.

(165) Les meilleurs ouvriers soyeurs de bleds, et autres gaignages, durant les moissons, ne pourront prendre n'avoir que deux sols six deniers, et les autres au-dessous, en pays de parisis, parisis, et de tournois, tournois.

Titre XVIII. — Des Vignerons, et autres Manouvriers.

(166) Ceux qui puis vendanges dernieres passées ont prins à faire vignes en tasche, auront et prendront pour icelles le tiers plus que l'on souloit donner devant la mortalité, et non plus, nonobstant de plus grandes sommes leur en ayent esté promises, ou convenuës ; et ce qu'ils en auront eu tiendra lieu aux bailleurs. Et ne pourront lesdits preneurs laisser lesdites tasches le temps durant, que prises les auront ; ains seront contraints à les tenir, et pourront ouvrer les vignes qu'ils auront ainsi prises, et en celles qu'ils prendront, et en leurs propres vignes, trois jours de la semaine tant seulement, c'est sçavoir le lundy, mardy, et le samedy, ou veille de feste, si elle eschoioit en la semaine ; et les

trois jours ouvrables de la semaine, ils seront tenus d'ouvrer ès autres vignes. Et qui plus leur en donnera que dit est par journée, et aussi qui plus en prendra, ne en ce commettra aucune fraude sous ombre de courtoisies, ou autrement, le preneur et le donneur l'amendera chacun de soixante sols parisis, dont l'accusateur aura la quinte partie. Et si les aucuns n'ont de quoy payer l'amende pecuniaire, ils seront en prison au pain et à l'eau par quatre jours, et la seconde payeront lesdits soixante sols, s'ils ont de quoy, ou seront mis au Pillory, et marquez de la fleur de Lys, ou de graigneur punition, si le cas y eschet.

(167) Les trois jours qu'ouvreront en leurs tasches toutes manieres d'ouvriers, qui n'auront tasches, ou propres vignes qui leur soient à ouvrer par la maniere que dit est cy-dessus, seront tenus les jours ouvrables d'eux aller allouër ès lieux et ès places accoustumez, ne se devront ou pourront allouër hors desdites places; et demeureront esdites places, tant qu'ils seront alloüez, sans eux partir d'icelles. Et au cas où ils seroient trouvez oiseux lesdites heures passées, et les gens et ouvriers partis d'icelles places, ils seront pris et emprisonnez, et punis en la maniere dessus dite. Et si aucun par aucune fraude s'avoüoit, ou disoit estre alloüé à aucun dont il seroit desavoüé, ou en commettroit aucune fraude, il seroit puni par la maniere que dessus est dit; et pourra chacun estre sergent pour les prendre, au cas où ils seroient refusans d'aller ouvrer, et les bailler à la justice du lieu, où ils seront prins.

(168) Nul ne pourra allouër, ne retenir lesdits ouvriers, si ce n'est ès places accoustumées, aux peines dessus dites.

(169) Et si ainsi estoit qu'aucun, ou plusieurs ouvriers de vignes, ou d'autre labeur quel qu'il soit, se feignissent de faire leurs journées telles et si convenables qu'on a accoustumé d'ancienneté, et avant le temps de la mortalité, il leur seroit rabatu de leur salaire, et seroient punis par la maniere que dit est dessus.

Titre XIX. — *Des Tonneliers et des Charpentiers.*

(170) Toutes manieres de tonneliers et charpentiers de tonneaux, auront et prendront pour chacun tonnel relier, et mettre à poinct, ès villages seize deniers, à Paris dix-huit deniers, et trois queuës pour deux tonneaux la valuë; et de faire aucun autre repareillement à l'advenant, et non plus. Et qui fera à

ntraire, il l'amendera de dix sols parisis, soit au preneur, ou donneur.

Titre XX. — Des Laboureurs.

(171) Nuls laboureurs de houë ne pourront labourer de houë, ou de besche qu'en vignes, excepté és terres où les chevaux ne pourroient labourer, et aussi les terres à (1) guesdes et cortillages.

Titre XXI. — Des Femmes qui travaillent aux vignes

(172) Les femmes ne pourront prendre pour journée entiere des vendanges jusques à la Chandeleur, pour les meilleures, que huit deniers, sans despens, et les autres au-dessous : et de la Chandeleur jusques à l'entrée d'aoust, que douze deniers, et non plus.

Titre XXII. — Des Charretiers laboureurs.

(173) Les charretiers qui ont prins, et prendront terres à faire en tasche, ne pourront avoir, ne prendront pour la façon d'un arpent de terre à bled de quatre façons, que vingt-quatre sols, et non plus, des plus forts à faire, et des autres à l'advenant : et pour faire mars en fortes terres, d'une bonne façon, que huit sols; et en garennée et és lieux sabloneux, que six sols pour arpent, et non plus. Et qui meilleur marché en pourra avoir, si le prenne ; et qui plus en donnera et prendra, et fera le contraire, le preneur et le donneur l'amenderont chacun de soixante sols, dont l'accusateur aura dix sols.

Titre XXIII. — Des Faucheurs.

(174) Faucheurs de prez ne pourront prendre de l'arpent en tasche des meilleurs, que quatre sols, et non plus : et des autres à la value, ou à journée à l'advenant. Et qui plus en prendra et donnera, le preneur et le donneur l'amenderont.

(175) *Item.* Faucheurs des avoines de chacun arpent à la grandeur, mesure de vingt-deux perches, et au-dessous, dix-huit de-

---

(1) La Guesde est une plante appelée en latin *isatis domestica, sativa,* *glastum sativum,* que l'on cultive dans les pays chauds, et principalement dans le Languedoc. Quant au mot *Cortillages*, il signifie *des Jardins*, et vient du latin barbare *cortile*, et *curtillum*, qui ont donné le nom au lieu qu'on appelle à Paris *la Courtille*.

niers; et des autres mesures au-dessous, selon le prix, et plus. Et qui plus en prendra, et donnera, il l'amendera.

Titre XXIV. — *Du salaire de ceux qui menent et gardent des bestes.*

(176) Nul quel qu'il soit, qui ait prins, ou tienne chevaux, brebis, et autres bestes à garder et mener à provender, pour certaine somme d'argent et de grains, ne pourront prendre et avoir pour leur salaire, tant grain comme argent, que le tiers plus seulement de ce qu'ils prenoient avant la mortalité de (1) l'épidemie : et ne pourront laisser leurs maistres à qui ils seront loüez; mais seront leurs loüages ramenez ausdits prix, et tiendra au bailleur lieu tout ce qu'il auront en avant, par ces presentes ordonnances.

Titre XXV. — *Du salaire des Boscherons, et des ouvriers des bois.*

(177) Toutes manieres de boscherons et ouvriers ès bois, sayes, et aunois quelconques, ne pourront prendre et avoir pour leurs labeurs et journées que le tiers plus outre ce qu'on en souloit donner avant la mortalité, tant en tasche comme en journée, et non plus. Et qui fera le contraire, le preneur et le donneur l'amenderont, comme dessus.

Titre XXVI. — *Du salaire des Batteurs de grange.*

(178) Batteurs en grange ne pourront prendre de la Saint Remy jusques à Pasques, que dix-huit deniers par jour, sans despens, et non plus; et s'ils battent en tasche d'argent, douze sols du muid de bled, et huit sols du muid d'avoine, et d'autres mars à la mesure de Paris, et non plus. Et s'ils battent du bled, ils auront et prendront au vingt, et non au-dessous, et non plus. Et qui fera le contraire, le preneur et le donneur l'amenderont, comme dessus. Et seront tous marchez faits avant ces presentes ordonnances ramenez audit prix.

---

(1) Epidemoc. Maladie populaire. (Laur.)

XXVII. — *Du salaire des Charretiers, des Vachers, des Bergers, et des Porchers.*

(179) Ceux qui meneront fiens ès terres, ou ès vignes, ne prendront pour journée à deux chevaux à charrette, ou à tombered, que huit sols par jour, sans despens, et non plus. Et qui fera le contraire, il l'amendera comme dessus.

(180) Ceux qui meneront charroy, vins, grains, fruicts, feurres, ou autres choses, n'auront, ou prendront pour deux chevaux que douze sols par jour, et à trois chevaux, quinze sols, sans despens et non plus, et de moins de journée à l'advenant, et à un cheval à l'advenant, et un tomberel à un cheval quatre sols, de la Toussaints jusques au premier jour de mars; et de mars jusques à la Toussaint cinq sols, et non plus. Et qui fera le contraire, il l'amendera, comme dessus. Qui meilleur marché en pourra avoir, si le prenne.

(181) Un vacher qui gardera trente vaches ou plus, n'aura, ou gagnera que cinquante sols l'an, et non plus. Et qui moins en gardera, à la valuë; avec tels despens comme on a accoustumé donner à vacher avant la mortalité. Et qui fera le contraire, il l'amendera comme dessus.

(182) Vachers, porchers, et bergers de commun, auront et prendront ce qu'ils souloient prendre anciennement avant la mortalité, pour la garde des bestes qu'ils garderont : et bergers qui seront à maistres speciaux, septante sols l'an, et non plus. Et qui pour moins les pourra avoir, si le prenne. Et qui fera le contraire, il l'amendera, comme dessus.

(183) Un charretier aura de la Saint Martin d'hiver jusques à la Saint Jean, soixante sols, et non plus; et de la Saint Jean jusques à la Saint Martin, quatre livres, et non plus, les meilleurs, et les autres au-dessous, avec leurs despens de boire et de manger, tels comme l'on a accoustumé donner à charretiers avant la mortalité; et nul ne leur en pourra donner plus grand loyer. Et ceux qui ja sont alloüez, reviendront audit prix, et ne pourront laisser leurs maistres, ains seront contraints à parfaire leur temps. Et tiendra lieu au bailleur ce qu'il aura baillé outre le prix dessus dit, et les charretiers qui ont accoustumé aller à journée à l'hyver, six deniers, et l'esté huit deniers, et leurs despens jusques au souper. Et si aucun en y avoit qui plus en donnast, ou fist à aucun courtoisie par maniere de salaire, le donneur et le preneur l'amenderont, comme dessus.

Titre XXVIII. — *Du salaire des Chambrieres.*

(184) Les chambrieres qui servent en houbillant les vaches, et font le service des villes, gagneront, et auront de la saint Martin jusques à la saint Jean, vingt sols ; et de la Saint Jean jusques à la saint Martin d'hyver, trente sols, le plus fort, et non plus ; et les autres à la valuë, avec leur chaussement : et celles qui à present sont en service, ne le pourront laisser, jusques à la fin de leur terme. Si elles sont plus alloüées, si n'auront-elles plus. Et qui fera le contraire, il l'amendera, comme dessus.

(185) Chambrieres qui servent aux bourgeois de Paris, et autres quelconques, prendront et gagneront trente sols l'an, le plus fort, et non plus ; et les autres à la valuë, avec leur chaussement. Et Nourrices cinquante sols, et non plus : et si elles sont en service ne le pourront laisser jusques à la fin de leur terme. Et qui fera le contraire, il l'amendera.

Titre XXIX. — *Du salaire* (1) *des Nourrices, et des recommanderesses.*

(186) Nourrices nourrissans enfans hors de la maison du pere et de la mere des enfans, gaigneront et prendront cent sols l'an, et non plus ; et celles qui ja sont alloüées, reviendront audit prix, et seront contraintes faire leur temps. Et qui fera le contraire, il sera à soixante sols d'amende, tant le donneur comme le preneur.

(187) Les recommanderesses qui ont accoustumé à loüer chambrieres, et les nourrices, auront pour commander, ou loüer une chambriere, dix-huit deniers tant seulement, et d'une nourrice deux sols, tant d'une partie, comme d'autre. Et ne les pourront loüer ne commander qu'une fois l'an. Et qui plus en donnera et en prendra, il l'amendera de dix sols : et la commanderesse qui deux fois en un an loüera chambriere, ou nourrice, sera punie par prinse de corps au Pillory.

Titre XXX. — *Des Charrons.*

(188) Charrons auront et prendront d'une roüe neuve de bon bois seize sols, d'un aissel vingt deniers, d'une herse deux sols, d'un chartin neuf garni huit sols, et du meilleur dix sols, et des

---

(1) *V*. déclaration du 1er. mars 1727. (Laur.)

choses du mestier, à la valuë, et d'une charruë neuve dix sols, et non plus; et de ce qu'ils rappareilleront, le tiers plus de ce qu'ils avoient avant la mortalité. Et si plus prennent des choses dessus dites, ils l'amenderont.

Titre XXXI. — Des Ferrons, et Marchands de fer.

(189) Toutes manieres de ferrons, et vendeurs de fer en gros, et à destail, auront et prendront deux sols parisis d'acquest pour livre, et non plus; et ce jureront tenir et garder, à peine de forfaire la marchandise, et d'amende volontaire.

(190) Ceux qui ferreront les charrettes, ne prendront, n'auront pour ferrer de neuf une charrette, que six sols, et des autres cinq sols, et non plus.

Titre XXXII. — Des Fevres, et des Mareschaux.

(191) Les fevres, et les mareschaux qui font houës, picqs, scies, clefs, ferrures, et autres œuvres de fer, ne prendront, ou auront que le tiers plus outre ce qu'ils en prenoient avant la mortalité. Et s'ils font le contraire, ils l'amenderont comme dessus.

(192) Les mareschaux qui ferrent les chevaux, ne pourront prendre n'avoir d'un fer neuf à palefroy, ou à roussin, de fer d'Espagne, que dix deniers, et de fer de Bourgongne neuf deniers; et pour chevaux de harnois des plus grands sept deniers, et des autres six deniers, et au-dessous, et non plus: et seront les tasches prises pardevant ramenées à la valeur. Et s'ils font le contraire, ils l'amenderont comme dessus.

Titre XXXIII. — Des Bourreliers.

(193) Toutes manieres de bourreliers n'auront, ne prendront d'une selle de limons que douze sols de la meilleure, et au-dessous: du collier de limons garni de brasseures, d'astellets, douze sols, du collier de traiz garni d'astelets et de billois, huit sols: d'une avaloere garnie de merliers de cuir la meilleure huit sols, et les autres au-dessous: d'une dossière la meilleure huit sols, et au-dessous: de foureaux de traiz à tout la dossiere et la ventriere les meilleures sept sols, et pour charruë cinq sols, et autres choses dependues du mestier, à la valuë. Et prendront d'appareiller aucunes des choses dessus dites, le tiers plus qu'ils ne prenoient avant

la mortalité. Et si plus en prennent, ils l'amenderont comme dessus.

Titre XXXIV. — *Des Couturiers.*

(194) Les tailleurs et cousturiers de robbes ne prendront et n'auront pour faire et tailler robbes de la commune et ancienne guise, de surcot, cotte et chaperon, que cinq sols, et non plus, et si le chaperon est double, six sols : et pour la façon d'une cloche double trois sols, et la sangle à l'advenant. Et pour la façon d'une housse deux sols ; et de la façon d'une housse longue et à chaperon, trois sols, et non plus : et des robbes à femme comme elles seront. Et qui voudra avoir robbes déguisées autres que la commune et ancienne guise, il en prendra le meilleur marché qu'il pourra. Et s'ils font le contraire, ils l'amenderont, comme dessus.

(195) Les cousturiers qui feront les robbes-linges, prendront et auront de la façon d'une robbe-linge à homme, d'œuvre commune, huit deniers ; et de la chemise à femme, d'œuvre commune, quatre deniers, et non plus, et des autres œuvres de linge à la valuë. Et qui fera le contraire, il l'amendera, et de rappeller comme dessus.

Titre XXXV. — *Des Pelletiers, et Foureurs de robbes.*

(196) Les pelletiers pour fourrer robbes de neuf (1) de vair, ou d'agneau, prendront et auront pour fourer (2) surcot et chaperons, de robbes faites à la commune et ancienne guise, deux sols. Et pour fourer une housse, ou cloche, et chapperon, trois sols, et non plus : et des robes à femme à la valuë, si comme elles seront. Et qui voudra fourer sa robbe autrement qu'à la commune et ancienne guise, comme de trop longues manches, ou de les faire (3) herminer, prenne le marché meilleur qu'avoir il en pourra. Et qui fera le contraire, il l'amendera.

---

(1) *V.* du Cange dans la premiere dissertation sur Joinville, p. 133 ; Fauchet, des Chevaleries, ch. 2. (Leur.)

(2) *V.* du Cange sur Joinville, et *in Glossario columna*, 902, 1027, 1028. (Idem.)

(3) C.-à-d. fourer d'hermine, qui est une espece de rat, dont parle Pline, liv. 8, ch. 37, et Ælian, liv. 6, ch. 40, 41, liv. 1, chap. 11. Comme ces peaux venaient d'Armenie, qu'on nommait anciennement *Hermenie*, elles ont été nommées *hermines*. *V.* du Cange dans sa premiere dissertation sur Joinville, pag. 130, 131. (Idem.)

Titre XXXVI. — Des Chaussetiers

(197) Les chaussetiers ne prendront, n'auront pour la façon d'un paire de chausses à homme, que six deniers, et à femmes et enfans, quatre deniers, et non plus.

(198) Ceux qui les appareillent, ne prendront pour mettre un avant-pied en une chausse, que deux deniers, et s'ils sont neufs, que trois deniers, et s'ils font de leur drap, que quatre deniers, et non plus : et pour mettre une piece ès avant-pieds, ou de coudre la chausse, deux deniers. Et s'ils font le contraire, ils l'amenderont.

Titre XXXVII. — Des Tondeurs de draps.

(199) Les tondeurs de draps ne prendront, n'auront pour retondre une aune de Roy, que quatre deniers, et d'un marbre, ou d'autres draps de vingt aunes, que quatre deniers pour aune : et d'un drap de vingt-quatre aunes, que cinq deniers pour aune : d'une escarlate, que douze deniers de l'aune ; et si elle est tondüe à l'envers, que dix-huit deniers de l'aune, et non plus, et des gros draps pour valets et laboureurs, trois deniers de l'aulne. Et si plus ils en prennent, ils l'amenderont, comme dessus.

Titre XXXVIII. — Des Maçons, et des Couvreurs.

(200) Les maçons et les recouvreurs de maisons ne prendront, ni n'auront de la sainct Martin d'hyver jusques à Pasques, que vingt-six deniers pour journée, et leur aide que seize deniers, et non plus : et de Pasques jusques à la sainct Martin, que trente-deux deniers, et l'aide que vingt deniers. Et semblablement tailleurs de pierres et charpentiers, et leurs aides non plus. Et si plus en prennent, ils l'amenderont ; et aux villages au-dessous, selon le feur.

Titre XXXIX. — Des Plastriers.

(201) Nul plastrier ne pourra vendre plastre cuit le muid, depuis la sainct Martin d'hyver jusques à Pasques, outre petit pont, que vingt-quatre sols, rendu dedans les portes, et non plus, et outre le grand pont, rendu dedans les portes, que vingt sols, et non plus : et depuis Pasques jusques à la Toussaincts, le muid

outre petit pont rendu dedans les portes, ne sera vendu que dix-huit sols, et dehors à l'advenant, et non plus; et outre le grand pont dedans les portes, que quinze sols, et non plus, et dehors à l'advenant, et qui meilleur marché en pourra avoir, si le prenne. Et qui plus le vendera ou donnera, il sera en amende de soixante sols chacune fois qu'il le fera, en laquelle celuy qui l'accusera aura le quint : et sera cette ordonnance chacun an une fois, ou deux remuée, si mestier est.

(202) Batteurs de plastre auront et prendront pour journée, du muid, le tiers plus qu'ils n'avoient avant la mortalité, et aussi en tasche. Et qui plus en donnera et prendra, il l'amendera.

Titre XL. — *Des marchands de sel à Paris.*

(203) *Item.* Tous marchans qui ameneront sel pour vendre à la saulnerie à Paris, depuis qu'ils l'auront entamé, et mis à feur, ou à prix, ils ne le pourront encherir, ne mettre à plus haut prix en la nef, que celui qui mis y sera. Et si ainsi estoit que pour cause, ou pour la volonté du marchand, ou vendeur, ils le voulsissent lever et mettre en grenier, faire le pourront. Mais ils pourront estre contraints par le prevost de Paris, ou l'un des auditeurs du Chastelet, appelé le Procureur du Roy, et le prevost des marchands, après quarante jours, mettre leur sel à taverne, si mestier est, et à prix convenable, eu égard au prix qu'ils l'achepteront, et au temps qu'ils le vendent, et à la monnoye, et par leur serment. Et leur sera ordonné sur ce prix convenable par les dessus nommez, eu regard au temps dessus dit : et ne le pourront encherir puisque le grenier sera ouvert, et mis à feur. Et seront aussi contraints à le faire lesdits marchands qui auront sel en grenier par les dessus dits, ou par l'un d'eux. Et s'ils font le contraire, ils l'amenderont à volonté, et prendront la marchandise.

(204) *Item.* Que depuis que le sel sera meu d'aucuns lieux pour venir à Paris, nul ne le pourra, ne devra acheter, par terre ne par riviere, pour revendre à Paris, si ce n'est par la maniere dessus dite, n'au port aussi. Et quiconque fera le contraire, il perdra la marchandise, et l'amendera.

(205) Nul marchand de Paris qui achetera sel en la nef, ou en grenier, pour revendre à Paris, ne pourra acheter à une fois, ne tenir en son hostel, ni ailleurs, qu'un muid de sel : mais en

pourra chacun acheter hors de Paris, et le mettre en grenier pour revendre, en la manière que dessus est dit. Et s'ils font le contraire, ils perdront la marchandise, et l'amendera.

(206) Les honnoüars porteur de sel, auront et prendront en la manière qu'ils ont accoustumé de long-temps, selon le registre de la marchandise, et non plus, sur peine d'amende, et de perdre leur office.

Titre XLI. Des Marchands de foin.

(207) Nul marchand de foin, n'autre, ne pourra aller contre le foin qui vient à Paris, par terre, ou par eau, pour acheter, ne marchander avant que ledit foin soit venu au port à Paris, ne quand il sera venu au port, pour le revendre en gros au port, sur peine d'amende. Et auront les lieurs de foin pour lier un millier de foin de l'œuvre de Paris, à deux liens, deux sols, et à trois liens deux sols six deniers : et de l'œuvre de Roüen, trois sols, et non plus n'en pourront prendre. Et qui plus en prendra et donnera, il l'amendera à volonté.

(208) Nul ne pourra descharger nef, ou charrette à charge de foin, que l'on portera pour vendre à Paris, puisque la première fois sera chargée, jusques à tant que ladite nef, ou charrette chargée soit venuë en la ville, ou au port de Paris, si ce n'est en cas de nécessité : ne n'osera aussi nul mesler foin avec celuy qui sera en la nef, sur peine de perdre le foin, et de l'amende. Et ne pourront pigner, deslier, n'estancher le foin de Roüen pour appetisser ; mais le vendront tel comme il sera venu, à la peine dessus dite.

Titre XLII. — Toutes les marchandises, à l'exception du sel, ne seront venduës plus chèr qu'aux foires.

(209) Nuls marchands, puisque les choses dont ils marchanderont seront asseurées, ne les pourront mettre en greigneur prix, excepté marchandise de sel, dont il est ordonné autrement cy-dessus, sur peine de perdre les denrées, et de l'amende.

Titre XLIII. — De la vente du charbon.

(210) Si-tost comme le charbon sera chargé en la nef dedans l'eau, qu'il n'ait que deux jours de séjour, et ceux qui l'ameneront le mettront à la voye de l'amener, ou à la ville, ou ils vou-

dront venir, si par nécessité de temps ne demeure. Et quand ils seront arrivez au port à Paris, ils l'auront asseuré, et mis à taverne dedans le tiers jour au plus tard. Est deffendu et crié de par le Roi, que nul n'achete en riviere, n'en ville, charbon pour revendre à Paris, entre Pasques et la Toussaincts, sur peine de perdre le charbon, et de l'amender au Roy.

(211) Quiconque voudra amener charbon à Paris, à charroy, ou à sommage, faire le pourra, si en telle maniere, que dès qu'il sera parti du lieu où il sera pris pour venir à Paris, et sera entré en la ville de Paris, il sera tenu de mener le charbon parmi ladite ville, et le vendre s'il peut sans descharger, ne mettre en sa maison, ou grange, ne muer de sac en autre : et au cas qu'ils ne le pourront vendre icelle journée, ils seront tenus de le mener, porter, et faire descendre en la place de Greve à Paris, devant la maison en la Tournelle, qui est le droit lieu accoustumé à Paris à vendre charbon, Et qui fera le contraire perdra ses denrées, et l'amendera chacune fois qu'il en sera repris.

Titre XLIV. — Des Mouleurs de bois, des Mesureurs de charbon, et des marchands qui les vendent.

(212) En la ville de Paris n'aura que cinquante mesureurs de busches tant seulement : et ne pourront prendre de compter un cent de busches, ne mouler busches, plus que par ordonnance faite anciennement, au parloüer aux bourgeois, a esté ordonné.

(213) Si-tost que la busche et le charbon seront arrivez au port, lesdits mesureurs viendront pardevers le prevost des marchans, et aux échevins de la ville de Paris, pour asseurer la busche et le charbon près le tiers jour, sur peine de perdre leur office, et de soixante sols d'amende.

(214) Si-tost que la busche et le charbon seront arrivez au port en Greve, et en la place aux marchans, celuy à qui la busche et le charbon sera, ne le pourra vendre, si ce n'est par luy, ou sa femme, ou sa mesgnie, couchans et levans en son hostel, sur peine de perdre la marchandise. Et qui en ce commettra aucune fraude, il sera puni, comme dessus.

(215) Nul ne soit si hardy de vendre charbon ailleurs qu'en la nef, et sera tenu le juré de la nef de bailler minot et demi minot, boissel et demi boissel, au prix du sac de charbon. Et qui trouvera à vendre charbon ailleurs qu'en la nef, il perdra le charbon,

et l'amendera de soixante sols parisis, si ce n'est braise, ou charbon venant à somme.

(216) Nul buscher, vendeur de busches, ou de charbon, puisque sa busche, ou charbon aura esté une fois à prix, ou asseuré, ne le pourra rencherir, ne mettre à plus haut prix; mais chacun en ait pour le prix, qui prendre en voudra. Et qui fera le contraire, il perdra les denrées.

(217) Item. Que toutes fois qu'aucunes denrées seront baillées par compte à quelconques voiturer, tant par terre comme par eau, les voituriers seront tenus de les rendre par compte. Et quiconque fera le contraire, il sera en amende volontaire, et rendra le dommage.

(218) Puisque busche est chargée en la nef, qu'elle soit amenée à Paris, là où ils voudront vendre, sans séjourner, ainsi comme charbon : et quand elle sera arrivée au port, elle sera asseurée hors feste dedans le tiers jour, et mise en vente, et qu'elle soit en la nef, ou en la place aux marchands, ou en Greve, et soit vendu dedans le tiers jours après, et que toutes manieres de gens ayent de la busche les trois jours, et sera asseurée par le prevost des marchans, si comme bon luy semblera.

(219) Que depuis qu'elle sera chargée en la nef, et mise à chemin pour venir à Paris, et qu'elle sera arrivée à Paris, que nul ne la puisse acheter pour revendre audit lieu, sur peine de perdre les denrées, et d'amende volontaire.

(220) Nul marchand depuis qu'il aura les choses dessus dites asseurées hors grenier, ne les puisse mettre en grenier; mais qu'il les vende, si comme dessus est dit. Et qui fera le contraire, il perdra la busche, et l'amendera au Roi.

TITRE XLV. — *De l'eschange de l'estain neuf avec le vieil.*

(221) Nul faiseur de pots et d'escuelles d'estain, ne pourra prendre, ne changer le marc vieil avec le neuf, à l'œuvre de Paris, que le tiers plus qu'ils souloient avant la mortalité, et denrées d'autres pays à l'advenant : et de ce qu'ils vendront neuf, sans changer, ils prendront gain à l'advenant du prix de change : et ne pourront vendre nul œuvre d'estain, si elle n'est faite à Paris : et les marchands qui les apportent à Paris, les porteront pour vendre à la halle ordonnée dessus dite, et non ailleurs. Et ne pourra nul acheter à Paris œuvre d'estain ouvré audit lieu,

pour y revendre, sur peine de perdre le mestier, et d'amende volontaire.

Titre XLVI. — *Personne ne pourra acheter des tuilles et des carreaux pour les revendre.*

(222) Nul ne pourra acheter à Paris pour revendre, tuilles ne carreaux, sur peine de perdre tuilles et carreaux, et d'amende arbitraire.

Titre XLVII. — *Des Tueurs et Saleurs de pourceaux, et des faiseurs de boudins et d'andouilles.*

(223) Les bouchers qui tueront les pourceaux, ne pourront prendre pour tuer un pourceau, et saler, que dix-huit deniers, et non plus, et de langayer trois deniers.

(224) Les femmes qui laveront le ventre d'un pourceau, ne pourront prendre pour le laver que quatre deniers : et si l'on veut qu'elles facent andouilles et boudins, elles auront dix deniers pour tout, et non plus.

Titre XLVIII. — *Des Porteurs d'eau, de grains, de bois et de vivres.*

(225) Tous porteurs d'eau, et tous autres porteurs de grains, de busches et de vivres, et des autres choses, ne pourront prendre pour leur salaire et portage, que le tiers plus, outre le prix qu'ils prenoient avant la mortalité, eu regard aux lieux où ils porteront. Et qui plus leur donnera, il l'amendera, et celui aussi qui le prendra sera puni de prison, et autrement, si mestier est, qui le refusera.

Titre LIX. — *Du salaire des Porteurs de charbon.*

(226) Ceux qui portent le charbon, ne pourront prendre pour porter un sac de charbon, dedans les portes de Paris, que quatre deniers, et hors les portes, que six deniers, et non plus ; car il est ainsi ordonné d'ancienneté. Et qui fera le contraire, il perdra le mestier ; et l'amendera à volonté.

Titre L. — *Nul maistre en donnant plus à des valets, ne les pourra tirer de chez un autre maistre.*

(227) Nul maistre de mestier, quel qu'il soit, n'encherisse

l'autre maistre des valetz du mestier, sur peine d'amende arbitraire.

Tms LI. — *Celuy qui est marchand, pourra encore faire un autre négoce, et celuy qui n'est pas marchand aura la mesme liberté.*

(228) Toutes manieres de gens quelconques, qui sçauront eux mesler, et entremettre de faire mestier, œuvre, labeur, ou marchandise quelconque, le puissent faire, et venir faire : mais que l'œuvre et marchandise soit bonne et loyale, excepté ceux dont il est par special ordonné en ces presentes ordonnances, et leur marchandise apporter et vendre à Paris, en la maniere que dessus est ordonné.

Tms LII. — *Que chacun peut avoir autant d'apprentifs qu'il en aura besoin.*

(229) Toutes manieres de mestiers, laboureurs, et ouvriers, de quelque mestier qu'ils se meslent, ou entremettent, pourront avoir, prendre et tenir en leurs hostels, tant d'apprentifs comme ils voudront, à temps convenable, et à prix raisonnable.

(230) Toutes manieres de valets servans à année, de quelque mestier ou service qu'ils soient, et s'entremettent, desquels expresse mention est faite cy-dessus en special, ne pourront prendre selon ce qu'ils feront, et sçauront faire, que le tiers de ce qu'eux, et autres semblables de leur mestier faisoient et prenoient, avant la mortalité de l'épidémie. Et quiconque s'efforcera, soit bailleur, ou preneur, de faire le contraire, il sera en amende volontaire.

(231) *Item.* Nulle personne qui prenne argent pour son salaire, pour journée, ou pour ses œuvres, ou pour marchandise qu'il face de sa main, ou face faire en son hostel pour vendre, et desquels il n'est ordonné en ces presentes ordonnances, ne pourra pour sa journée, salaire ou deniers, prendre que le tiers plus de ce qu'il prenoit avant la mortalité, sur les peines dessus contenuës.

Titre LIII. — *Les marchands qui ne sont pas ouvriers, ne prendront que deux sols de profit par livre des marchandises qu'ils débiteront.*

(232) Nuls marchands, vendeurs de denrées qui vendent en leur hostel pour regaigner, et ne les font pas, desquels il est ordonné par spécial dans ces presentes ordonnances, ne pourront prendre de vingt sols que deux sols d'acquest seulement, et le jureront.

(233) *Item*. Les femmes qui se loüeront pour aucune besougnes faire en la ville de Paris, ne pourront prendre par jour que douze deniers, sans despens, et si elles ont despens, six deniers, et non plus.

Titre LIV. — *De l'estat des Vuidangeurs, appellez maistres Fifi.*

(234) Pourceque grande necessité est d'avoir plus d'ouvriers és chambres basses (que l'on dit courtoises) qu'il n'a à present en la ville de Paris, et ailleurs, toutes manieres de gens, maçons, ou autres ouvriers, de quelque mestier que ce soit, pourront faire ledit mestier, et retourner à leur mestier, sans que pour cause de ce ils puissent estre contraints par les ouvriers et jurez du mestier, qu'ils ne puissent, et ne doivent ouvrer du mestier dont ils seront paravant, et qu'ils ne puissent ouvrer avec eux, sans ce qu'ils les en puissent, ou doivent débouter. Et qui fera le contraire, il l'amendera, et sera privé du mestier. Et quiconque leur dira vilenie, il l'amendera d'amende volontaire, autres qu'amendes accoustumées en cas d'injures, et à volonté, selon les persones.

Titre LV. — *De tous les marchands en general.*

(235) Tous marchands de soye, d'armure, toilles, suifs et gresses, laines, de draps d'or, de tout avoir et poids, et de joyaux d'or, ou d'argent, ceintures, couronnes, et paremens petits, de toute mercerie, et de toutes autres marchandises et denrées, quelles qu'elles soient, lesquels ceux qui les vendent ne les font mie, mais les vendent pour regaignier, et desquels marchandises il n'est ordonné en ces presentes ordonnances par spécial, ceux qui les vendront ne pourront prendre que deux sols pour livre d'acquest, eu esgard, à ce qu'elle leur avoit cousté rendue

en leur hostel à Paris tant seulement ; et ce jureront tenir lesdits marchands. Et s'il est trouvé le contraire, ils l'amenderont, et perdront la marchandise; et celuy qui les accusera aura le quint de l'amende.

(236) Tous tisserans de draps, teinturiers, faiseurs de toiles, foulons, filerons, pigneresses, ne pourront prendre pour leur salaire que le tiers plus outre de ce qu'ils prenoient avant la mortalité. Et s'ils font le contraire, ils l'amenderont.

(237) Tous vendeurs d'huile, qui l'acheteront des marchands de dehors pour revendre, ne pourront prendre que deux sols d'acquest pour livre, et autant de celle qui est en leur maison, comme celle de dehors; et ce jureront. Et s'ils font le contraire, ils l'amenderont à volonté.

(238) Lanterniers et souffletiers ne prendront pour leur marchandise que le tiers plus qu'ils faisoient avant la mortalité. Et s'ils font le contraire, ils l'amenderont.

(239) Toutes manieres de marchands de parchemin en gros, ou autres, ne pourront prendre pour acquest de revendre leur parchemin, que deux sols parisis pour livre; et toutes manieres de regratiers de parchemin auront acquest, selon le feur dessus dit.

(240) Toutes manieres de ratureurs de parchemin ne pourront prendre de la plus grande douzaine de parchemin raire d'une part et d'autre, et pour ce, que huit deniers parisis, de la moyenne après, six deniers, et de l'autre quatre deniers, et non plus.

(241) Toutes manieres de marchans, espiciers, drappiers, pelletiers, lingiers, ferrons, armuriers, et selliers, jureront par leurs sermens, eux, leurs femmes, et leur mesgnies, et valets, que lesdites ordonnances ils tiendront et garderont fermement, et prendront tel acquest en leurs denrées, comme par icelles leur est ordonné et enjoint; sans ce qu'ils s'efforcent de demander, n'avoir par eux, par leurs femmes, mesures, ou autres, plus grand n'autre salaire que celuy qui leur est enjoint. Et qui sera trouvé faisant le contraire, il sera à la volonté du Roy, en corps et en biens.

TITRE LVI. — *Nul hostelier, ou autre, ne peut estre Courretier, s'il n'en a la qualité.*

(242) *Item.* Nul quel qu'il soit, hostelier, ou autre, ne se puisse entremettre de faire courraterie aucune, s'il n'est or-

donné à ce. Et au cas où il fera le contraire, il sera puni d'amende volontaire.

Titre LVII. — *Du salaire des* Hosteliers *pour les chevaux, et des* Lavandieres.

(243) *Item.* Les hosteliers de Paris ne pourront prendre pour chacun cheval qui sera hebergé en leurs hostels, ou maisons, pour foin et avoine le jour jusques au soir, que seize deniers parisis, et pour jour et nuict trois sols, et pour dinée et matinée, selon le prix.

(244) Toutes manieres de lavandieres ne pourront prendre de chacune piece de linge lavé l'un parmi l'autre, qu'un tournois, en toutes saisons, et non plus. Et qui fera le contraire, il l'amendera à volonté.

Titre LVIII. — *Du salaire des gens de mestier.*

(245) Toutes manieres de voiriers, charpentiers de huches, gantiers, boursiers, taxetiers, tombiers, et imagers, faiseurs de doubles, et voituriers d'eau, ne pourront prendre pour leurs peines, labeurs et salaires, que le tiers plus de ce qu'ils prenoient avant la mortalité. Et qui fera le contraire, il sera en soixante sols d'amende au Roy, toutes fois qu'il en sera reprins, et en aura l'accusateur la quinte partie.

Titre LIX. — *En toutes sortes de marchandises, et en tous mestiers, il y aura* visite.

(246) En tous les mestiers, et toutes les marchandises qui sont et se vendent à Paris, aura visiteurs, regardeurs et maîtres, qui regarderont par lesdits mestiers et marchandises, et les visiteront, regarderont, et rapporteront les deffauts qu'ils y trouveront, aux commissaires, et au prevost de Paris, et aux auditeurs du Chastelet.

Titre LX. — *Les gravois, les terres, etc. seront d'abord portez sur la voirie du Roy, et sur le champ transportez aux lieux accoustumez.*

(247) Quiconque fera maçonner, ou faire aucuns édifices en la ville de Paris, parquoy il luy sera mestier de mettre aucuns terreaux, pierres, merrein, gravois ou autres choses sur la

voirie du Roy nostre sire, faire le pourra, par si et en telle manière, que si-tost comme il commencera à mettre lesdits terreaux, pierres, merrein, gravoirs, et autres choses sur ladite voirie, il ait les tombereaux, hotteurs et porteurs tout prests pour porter lesdits gravoirs, pierres, merrein, ou autres choses aux lieux accoustumez, en la manière, et selon qu'ils seront ostez, et mis hors dudit hostel dont ils seront issus. Et quiconque sera trouvé faisant le contraire, il sera tenu de payer au Roy nostre Sire dix sols d'amende.

Titre LXI. — *Personne ne pourra nourrir des porcs dans la ville de Paris.*

(248) Nul ne soit si hardy d'avoir, tenir, nourrir, ne soustenir dedans les murs de la ville de Paris, en repos, n'en part aucuns pourceaux. Et qui sera trouvé faisant le contraire, il payera six sols d'amende : et seront les pourceaux tuez par les sergens, ou autres qui les trouveront dans ladite ville, et aura le tuant la teste ; et sera le corps porté aux Hostel-Dieu de Paris, qui payeront les porteurs d'iceux.

Titre LXII. — *Pendant l'hyver personne ne doit ballayer devant sa porte, jusqu'à ce que la pluye soit passée.*

(249) Pour quelconques pluyes, ou autres choses descendant des cieux, nuls ne soient si hardis de curer, ballayer ou nettoyer devant son huys, jusques à ce que la pluye soit passée, et esgoutée ; mais laissera-t-on l'eau avoir son cours, si comme elle peut avoir de raison : Mais l'eau passée, quiconque voudra bouter, ballayer, ou nettoyer devant son huys, faire le pourra et devra, par tel si, que tantost ladite cureure, ou nettoyeure sera ostée, et portée aux lieux accoustumez. Et qui sera trouvé faisant le contraire, il sera tenu en ladite amende.

Titre LXIII. — *Des Boüeurs.*

(250) Nuls qui portent boüe, où menent terreaux, gravoirs, ou autres choses, de nuict, ou de jour, ne soient si hardis de les laisser choir, espandre, ne mettre en ruës, mais les portent et meinent entierement aux lieux accoustumez. Et au cas où aucuns seront trouvez faisant le contraire, ils seront ar-

restez, et contraints à les oster à leurs despens, et seront tenus de payer amende au Roy nostre Sire.

Titre LXIV. — *Du rétablissement des chaussées.*

(251) Chacuns en droit soy facent refaire les chaussées, quand elles ne seront suffisantes, tantost et sans delay, en la maniere, et selon qu'il est accoustumé à faire d'anciennete des ruës, dont le prevost des marchands est tenu de faire.

Titre LXV. — *S'il y a quelque chose à changer à cette ordonnance, le Roy députera à cet effet des Commissaires.*

(252) *Item.* Nous voulons et ordonnons que si en nos presentes ordonnances, ou en aucunes d'icelles, avoit aucune correction, ou aucune chose à adjouster, ou à oster, muer, interpreter, ou de nouvel faire, tant pour le temps present, comme pour celuy à venir, que les commissaires qui sur ce de par Nous sont députez, le puissent faire, ou la greigneur partie d'iceux, et sur ces choses déliberent, et conseillent avec les gens de nostre parlement.

Ces presentes ordonnances furent faites par le Roy Jean l'an mil trois cent cinquante, le penultiéme jour de janvier, et publiées au mois de fevrier suivant, l'an premier de son regne.

N°. 162. — *Lettres portant défense à tous autres qu'aux gradués, d'exercer la médecine à Montpellier* (1).

Montpellier, janvier 1350. (C. L. IV, 35.)

Johannes Dei gratia Francorum Rex :

Notum facimus universis presentibus pariter et futuris, quod cum nos quem ille regum Rex eternus, qui clavem et perfectionem omnis scientie secum habet, gregi Francorum, ut ipsum (2) poscamius virtutibus et doctrinis, preesse voluit fiat dignacione, regali mageste (3) fulgere in regno nostro multorum diversitatem studencium, qui divicias scientiarum amabiles in sinu ejusdem

---

(1) *V.* ci-dessus l'ord. du
(2) Ce mot est corrompu, peut-être faut-il lire *pascamus?* (Laur.)
(3) *Majestate.* (*Idem.*) — Ce qui suit jusqu'à *considerantes imperitiam,* est tellement corrompu, qu'il est impossible de le restituer et de l'entendre. Heureusement ce preambule n'est pas fort nécessaire pour l'intelligence du dispositif.

.... spacio et in corporibus hominum, tanquam in (1) .... grava salutis inferant (2) stabil. Principis diligentia .... laboremus, tamen in facultate laudabili medicine eo li-............. in studio nostro Montispessulani nutrire cupimus filios ...., quo frequencius absque peritorum in facultate ipsa .... fructuoso (3) tabescante vigore scientiarum in cor-pore (4) conger. mortalitatis humane dissolvuntur, et per m'-............. ipsius sanitatis integritas solidatur, per quem in eo .... fructus amabiles regno nostra successunt, nec non .... (5) univers.; considerantes imperitiam medicorum qui .... causas ignorant vitio artis nimio (6) accelerante, ... sibi exercitium praticandi, per quod non solum no-............. fama predicti studii denigratur, statusque magisterii villis ...., sed etiam multa mala incumbunt; mortis enim pericula .... dispendia inferantur ; igitur ut illorum audaciam repri-............., in favorem predicti studii intendentes.

Prohibemus imperpetuum omnibus volentibus (7) per medici-............. exercitio aliquo pgaticare, ne quis in villa Montispessulani et suburbiis, audeat in facultate medicine exercere aliquod offi-cium praticandi, nisi magister fuerit :

Quod si forte aliqui presumpserint attemptare, rectori nostro Montispessulani et Bajulis nostris presentibus et futuris, districte precipimus et mandamus ut ad simplicem requisicionem cancel-larii ipsius studii seu vices ejus (8) gerentibus (9), de hoc cons-titerit legitime, pugniant hujusmodi transgressores; videlicet quod pro qualibet vice quo commiserint, solvant nostre curie duas marchas argenti (10) : et nisi habuerint, luant in corpore civiliter; ita quod pena unius, aliorum temeritas à similibus ar-ceatur.

---

(1) *Fort.* horreum, grana, (Sec.)
(2) Il y a une marque d'abréviation sur l'*t*. (*Idem.*)
(3) Tabescente. (*Idem.*)
(4) Il y a une marque d'abréviation sur ce mot. (*Idem.*)
(5) *Fort.* Universo. (*Idem.*)
(6) Autre endroit obscur. (*Idem.*)
(7) Par paroist inutile. (*Idem.*)
(8) Gerentis. (*Idem.*)
(9) Sede. (*Idem.*)
(10) S'ils n'ont pas d'argent. (*Idem.*)

Quod ut firmius et stabile perpetuo perseveret, presentem paginam sigilli nostri quo ante susceptum regimen regni, utebamur, munimine fecimus roborari.

Actum et datum in Montepessulano, anno domini millesimo trecentesimo quinquagesimo, mense januarii.

Per dominum regem in suis requestis. Lecta in sede.

N°. 163. — LETTRES *portant concession des privilèges de Committimus et autres, pour les membres de l'université (1) de Montpellier.*

Montpellier, janvier 1350. (C. L. II, 515, et IV, 34.)

N°. 164. — ORDONNANCE *qui déclare les pigeons propriété mobilière, comme accessoire des colombiers, et défend en conséquence de les tuer, ni de leur tendre des pièges* (2).

Paris, 1ᵉʳ février 1350. (C. L. IV, 40.)

JOHANNES Dei gratia Francorum Rex : preposito Parisiensi aut ejus locum-tenenti, salutem.

Ex plurimorum affectione constanti et clamosa querimonia percepimus, quod in vestra prepositura nonnulli maligno spiritu imbuti, Deum et justicie virgam in aliquo non verentes, nec advertere, sicut fecit, curantes, quod columbariorum columbe sunt bona mobilia (3) et propria, spectantia non ad alios, sed ad illos dumtaxat quorum sunt columbaria ipsa, quodque in terrarum assidentiis consueverunt et debent assidere (4), depopulant.

---

(1) Il y en a de semblables pour l'Université de Paris, janvier 1350. (T.)

(2) Art. 12, édit de Henri IV, juillet 1607. Ord. des archiducs Albert et Isabelle, 31 août 1613, art. 89, 90, 91, 92, 95, 108. (*Idem.*)

(3) Le Code civil les déclare immeubles par destination, art. 524. (*Idem.*)

(4) Peuvent venir s'abattre sur terre pour y chercher de la nourriture. V. la répression des dégats qui en résultent, les ordonn. de juillet 1777, mai et juillet 1779; on ne pouvait avoir de pigeons dans Paris. — Ord. 29 août 1368, et ord. du prevôt de Paris, 4 avril 1502; les lois du 4 août 1789, art. 2; avis du comité féodal du 23 juillet 1790; Nouv. rép. V° Colombier, n° 12. (*Idem.*)

destruuntur (1), et commeverunt eadem columbaria ad dictas columbas tendendo (2), et eas capiendo cum retibus et balistis, et aliis ingeniis (3) pluribus et diversis, rabarias (4) et furtum committendo, et dampna non modica inferendo; ex quibus, nisi super hijs provideremus, dampna et scandala sequi possint graviora.

Nos igitur tantis dampnis occurrere volentes, mandamus vobis tenore presencium, si opus fuerit committendo, quatinus per vos vel alium seu alios ydoneos à vobis deputandos, de et super premissis vos diligenter et secrete informantes, omnes et singulos per informationem, famamve publicam vel presumptiones vehementes, suspectos ubilibet, extra sacra, capiatis, una cum omnibus bonis suis, de quibus inventarium fieri legitimum, et captas personas in castellectum Parisiense aut alios carceres propinquos, de quibus videbitur, adduci sub fida custodia faciatis; et deinde vocatis procuratore nostro cum ceteris evocandis, inquiratis diligencius veritatem, qua comperta, culpabiles repertos taliter puniatis cum celeris justicie complemento, quod eorum pena et punicio ceteris transeat ad terrorem.

Si vero hujusmodi malefactores deprehendi nequiverint, eis ad jura nostra per compectantia (5) intervalla vocatis, procedatur et (6) contra ipsos ad bannum, patrie consuetudine servata, jus nostrum circa suorum confiscationem bonorum, servantes illesum : et nichilominus dampna passis restitutionem fieri facientes condignam.

Et insuper in locis de quibus expedierit, prohibetis (7) publice faciatis, ne quis sub eo quod forefacere posset, amodo dictas columbas capere vel ad eas tendere quomodolibet presumat : ab omnibus autem subditis nostris, vobis et deputatis vestris in premissis et ea tengentibus (8), quomodolibetque dependentibus et eisdem, pareri volumus et jubemus.

---

(1) *Destruunt*. (Sec.)

(2) Cet endroit paraît corrompu. Voicy le sens que je crois qu'on peut luy donner. Ceux qui tacheront d'entrer dans les colombiers, pour prendre les pigeons ; car plus bas, il y a : *Columbas capere vel ad eas tendere*, etc. (*Idem.*)

(3) *Engins, machines*. (*Idem.*)

(4) *Roberias, voleries*. (*Idem.*)

(5) *Competentia*. (*Idem.*)

(6) *Et est inutile*. (*Idem.*)

(7) *Prohiberi*. (*Idem.*)

(8) *Tangentibus*. (*Idem.*)

Datum Parisius, die prima februarii, anno domini millesimo trecentesimo quinquagesimo, sub sigillo castelleti nostri Parisiensis, in absentia nostri sigilli. In consilium per Laycos.

N° 165. — ÉTATS GÉNÉRAUX *assemblés à Paris* (1).

Février 1350.

N° 166. — LETTRES *portant acceptation du subside accordé par les députés des communes de Carcassonne, Narbonne, Béziers, Alby, Lodève, Limoux, Castres, Mirepoix, Pézenas, Clermont, et autres villes, aux conditions par elles imposées, par suite des états généraux convoqués à Paris* (2).

Paris, 15 mars 1350. (C. L. III, 674.)

JOHANNES Dei gratia Francorum Rex.

Notum facimus universis tam presentibus quam futuris, quod cum in convocacione comunitatum regni nostri facta Parisius ista vice, inter ceteros evocatos, procuratores civitatum, villarum, castrorum et locorum de Carcassonna, Narbona, Biterris, Albia, Agathen. de Lodeva, Limoso, Castris, Mirapice, Sancto Poncio, Regali-monte (3), Pendenassio (4), Crassa (5), Monte

---

(1) Nous n'avons aucun monument qui nous instruise de leur conduite. Sans doute que cette assemblée ne se comporta pas avec la docilité que les ministres en attendaient, ou qu'elle fit même des plaintes capables d'inquiéter le prince, puisqu'il ne convoqua plus d'états-généraux, c'est-à-dire, d'assemblée des représentans de toutes les provinces septentrionales et méridionales. Malgré le besoin extrême qu'il avait d'argent, il eut recours, pendant cinq ans, à la voie lente de traiter en particulier avec chaque baillage et chaque ville pour en obtenir quelque subside. Il y a même apparence que ces négociations ne lui réussirent pas; car il abusa, de la manière la plus étrange, du droit qui ne lui était pas contesté, de changer et d'altérer les monnaies. Dans le cours des quatre années suivantes, on vit le marc d'argent valoir successivement 14 liv., 5 liv. 6 sols, 13 liv. 10 sols, retomber à 4 liv. 15 sols, remonter ensuite à 12 liv. et venir enfin jusqu'à 18 liv. — Mably, Obs. sur l'hist. de France, liv. V, ch. II. — (Dec.)

(2) V. ci-après note sur l'ord. du 5 avril, p. 653. (Is.)

(3) Realmont. (Sec.)

(4) Pezenas. (Idem.)

(5) La Grasse. (Idem.)

sci (1), Monte-Regalis, Claromonte, Seynicio (2), Capite-stagno, Montaniaco (3), Villa-Vayvaco (4), Caunis (5), et Gunaco (6) ad infrascripta potestatem habentes, comparuerunt coram nobis ex parte sua prudenter exposita affectione benivola quam ad nos ipsi et comunitates locorum predictorum habent (7).

Pro subsidio et auxilio guerre nostre pro anno presenti, quinquaginta millia libras turonenses obtulerunt liberaliter et grata ter nobis solvendas sub modis, condicionibus et terminis infra scriptis; videlicet, quod quia dicti procuratores potestatem non habent offerendi nec concordandi hujusmodi subsidium, nisi a comunitatibus quarum procuratores existunt, quod dicta oblacio ipsis procuratoribus seu comunitatibus suis nocere non possit, ultra porciones eas tangentes; nec aliter valeant obligari; scilicet tantummodo pro rata eos tangenti teneantur, nec in deffectum aliarum comunitatum quovismodo valeat contra dictos procuratores aut comunitates recursus habere.

(2) *Item.* Quod virtute presentis obligationis, nullomodo possit derogari usui per dictas comunitates in talibus consueto; potissime comunitatibus que consueverunt hactenus finare ad taxam (8): cui taxe per presentam oblacionem non possit derogari, nec aliquod prejudicium ipsis comunitatibus super ipsa taxa generari, nec alia valeat nova servitus seu novus modus contra ipsas comunitates quascunque seu eorum alteram, introduci; nec etiam presens oblacio possit aliqua racione sive causa, ad consequenciam trahi contra ipsas comunitates seu alteram earumdem.

(3) *Item.* Quod ad prestationem alterius subsidii seu mutui, ipse comunitates de uno anno integro proximo venturo à data presencium computando, minime teneantur, nec possint pro

---

(1) Montolieu.
(2) Cegras ou Segras.
(3) Capestang.
(4) Monsaguac.
(5) Ville-Craire.
(6) Caunes.
(7) Lis. *Gianaco*, Gignac. (Is.)
(8) Il s'agit là sans doute, d'une maniere de repartir et de lever les impositions. Peut-estre cela signifie-t-il que les communautez se taxeront elles même pour cet impost : et en effet, il n'est rien dit dans cette ordonnance, de la maniere dont il sera levé. (Sec.)

textu illorum subsidii seu mutui, aliqua via compelli seu aliquatenus molestari.

(4) *Item.* Quod si per comunitates ipsius senescallie vel aliquo earum, aliqua financia facta esset ratione prescutis demande à predictis comunitatibus facte, per nos coram aliquibus commissariis super his quavis auctoritate deputatis, seu coram senescallo Carcassone seu quibusvis aliis curialibus ipsius senescallie, quod tales financie seu oblationes per presentem oblationem sint nulle, casse et irrite, et perinde nullam obtineant roboris firmitatem ac si nunquam facte extitissent : et si quid solutum vel realiter satisfactum pro predictis existat, quod de presenti oblacione illud deducatur, et per receptores nostros in deductionem presentis oblationis insolut. accipiatur.

(5) *Item.* Quod ad solvendum summam predictam per ipsas comunitates, duo termini; videlicet unus in festo Penthecostes domini, et alius in festo Assumptionis beate Marie, mensis Augusti proximi venturi, eisdem assignentur : citra quos terminos per gentes nostras, ad satisfactionem ipsius summe seu aliqualis partis ejusdem, ipse comunitates seu aliqua earum, minime possint compelli seu aliquatenus molestari.

Nos vero dictarum comunitatum tanquam nostrorum fidelium subditorum, affectionem benivolam attendentes, oblacionem predictam sub modis et condicionibus supradictis, gratanter admisimus et recepimus per presentes : permittentes bona fide quod omnes et singulas condiciones predictas observabimus integraliter, observarique et teneri per gentes nostras effectualiter et inviolabiliter faciemus.

Mandamus igitur senescallo nostro predicto, ceterisque commissariis deputatis seu deputandis et officiariis nostris et eorum cuilibet, ut premissa omnia et singula teneant et observent, tenerique et servari inviolabiliter faciant cum effectu, nichil in contrarium operantes aut fieri permittentes. Quod ut firmum et stabile perpetuo perseveret, nostrum presentibus literis fecimus apponi sigillum : nostro in aliis et alieno in omnibus jure salvo.

Datum et actum Parisius, die decima-quinta mensis martii, anno domini millesimo trecentesimo quinquagesimo.

Per regem in consilio suo vobis presentibus. Multiplicata quinquies sub eadem forma (1).

---

(1) Cette mention rappelle un mode de conservation et de notification des lois. *V.* Préface du 1ᵉʳ vol. nº 59 et suiv. p. 111.

N° 167. — ORDONNANCE touchant les monnaies, portant entre autres dispositions que personne ne devra s'entremettre du fait du change, s'il n'a lettres du Roi ou des généraux maîtres (1).

Paris, 19 mars 1350. (C. L. II, 389.)

―――――

N° 168. — ORDONNANCE pour la levée de l'aide accordée par les états de Vermandois (2).

Paris, 29 mars 1359. (C. L. III, 591.)

Jean, par la grace de Dieu, Roys de France,

Sçavoir faisons à tous presens et à venir, que comme nous considerans les très-grands inconveniens, qui pour cause de nos guerres sont venuz en moult de manieres, et pûent venir chascun jour; et desirans de tout nostre cuer bon et brief fin mettre à icelles, si que le peuple à nous commis puisse vivre en paix dessouz nous, laquelle chose ne pourroit estre faite, sans très-grands et innumerables missions et despens, lesquiex nous ne porriens souffrir, ne soustenir sans l'aide de nos subgiez, ayons pour ce fait, requerir par nostre amé et feal conseiller l'evesque de Laon, nos bien amez les nobles, communes, eschevinages, et autres gens des villes de nostre bailliage de Vermendois, que à ce nous voulsissent faire aide convenable; et de leur bonne volenté, ils nous ayent gratieusement ottroié et accordé en aide, pour le fait de nosdites guerres, une imposition de six deniers pour livre, en la maniere, sous les modifications, et conditions qui s'ensuivent.

―――――

(1) Le 4 mars, le Roi faisait encore usage de son ancien sceau. — *Sous notre grand seel duquel nous usions avant que le gouvernement de notre royaume nous advenît.* (Ord. du 4 mars.) *Sous notre seel nouveau.* (Ord. du 18.) (Sec.)

(2) Cette ordonn., quoique spéciale, appartient à l'histoire des Etats-Généraux, et sous ce rapport, elle est importante. Elle fut rendue sur le rapport de Robert Lecocq, évêque de Laon, qui joua un si grand rôle dans les états de ce règne; mais comme ses dispositions se retrouvent en grande partie dans l'ordonnance plus générale, relative aux états de Normandie, nous n'imprimons ici que le préambule et les articles principaux qui en different. (Is.)

Nul prince n'a si souvent assemblé les états-généraux ou particuliers des provinces. Il en assembla tous les ans jusqu'à la bataille de Poitiers. — Hen. Abr. chr. — (Dec.)

(15) *Item.* Combien que les nobles du bailliage de Vermendois, aient (1) guerre les uns aux autres, aient usé ou accoustumé depuis un peu de temps, que sitost que li un avoit deffié, ou fait deffier l'autre, ils s'entreportoient tantost dommage, sans attendre jour, ne terme, il ne pourront dores-en-avant porter dommage les uns aux autres; c'est assavoir les principaux chiefs de la guerre, jusques à quinze jours enterins et accomplis après les deffiemens, et les amis d'iceulx jusques à quarante jours, après lesdites deffiences.

(16) *Item.* Ou cas que ils voudroient faire, ou seroient guerre les uns aux autres, il ne pourront abatre, ne faire abatre maisons, ne moulins, rompre, ne faire rompre estangs, tuer chevaux, ne bestes, rompre guerniers, huches, buchiaux, lettres, vaisselles, effrondrer vins, ne autre semblable gast faire (2), et s'il ont fait, ou faisoient le contraire, il en soient punis, et seroit reparé et mis au premier estat le gast qu'il auront fait, comme dit est, aux coust des faisans, et rendront tous frais et dommages, et si en feront amende à nous, et à Partie.

(17) *Item.* Que aucuns non nobles ne pourront guerroyer, et aussi ne pourront estre guerroyez par nobles, ou autres quelconques (3).

Que pour cause dudit ottroi à nous fait de ladite imposition, et des autres ottrois faits à nostre très cher seigneur et pere, (que Dieu absolle) des impositions de six deniers, et de quatre deniers pour livre par lesdits nobles, bonnes villes, et autres dudit bailliage, conjointement, ou divisement, ne soit, ou doie estre acquis à nous, ou à nos successeurs, aucun nouviau droit, ou prejudice d'iceulx, ou d'aucuns d'eulx, en corps, ne en biens, si comme toutes les choses dessusdites, nostredit conseiller nous a rapporté, en nous suppliant de par lesdits nobles, et villes, que nous icelles voulsissions octroyer : nous par deliberation de nostre conseil, enclinans favorablement à leur supplication, de certaine science, de nostre authorité royale, et de grace especial, toutes les choses

---

(1) *V.* ci-après l'art. 27 de l'ord. du 5 avril 1350, et les ord. sur les guerres privées.

(2) C'est ainsi que le droit des gens s'est établi par une espèce de consentement tacite. Les nations, qui, en faisant la guerre, causent un mal inutile, violent ces principes. (L.)

(3) De là est venue cette maxime, qu'aucun gentilhomme n'était tenu de se battre en duel avec un roturier. (L.)

…dites, et châscune d'icelles avons ottroyé et ottroyons par ces presentes.

Si mandons et commandons au bailif de Vermendois, et à tous nos autres justiciers et officiers presens et à venir, et à chascun d'iceulz qu'ils tiengnent, gardent et accomplissent chascun en droit soy, et les facent tenir, garder, et accomplir sans contredit, et sans autre mandement de nous attendre, en la forme et maniere que dessus est divisé, et esclairci : et que ce soit ferme et estable à toujours, nous avons fait mettre à ces lettres nostre grant scel, sauf en autres choses nostre droit, et en toutes l'autruy.

Donné à Paris le pénultième jour de mars, l'an mil trois cens cinquante. In Gallico de gratia multiplicata contra stilum cancellariæ.

Par le Roy en son conseil, ouquel estoient vous, et mess. les evesques de Laon et de Chalon.

N° 169. — ORDONNANCE *qui abolit une formule particulière du serment décisoire à Lille, et la remplace par celle usitée au parlement de Paris.*

Paris, mars 1350. (C. L. II, 399.)

N° 170. — LETTRES *qui constatent le droit qu'avait le duc de Bourgogne de battre monnaie.*

Paris, mars 1350. (C. L. IV, 60.)

N° 171. — LETTRES *confirmatives de celles des commissaires, pour traiter de l'aide accordée par les états de Normandie, ensuite d'une assemblée des nobles et communes de ce duché, et de plusieurs autres du royaume* (1), *convoqués à Paris, le 15 février.*

Paris, 5 avril 1350. (C. L. II, 402.)

JOHANNES Dei gratiâ, Francorum Rex.

Notum facimus universis, tam præsentibus quàm futuris, nos vidisse quasdam patentes literas sanas et integras, sigillis dilecto-

---

(1) Ce sont des espèces d'états-généraux qui ne voulurent s'engager envers le Roi, qu'après avoir consulté de nouveau leurs commettans. Les députés du

rum et fidelium Roberti episcopi Ebroicensis, et Simonis de Bucciaco militis, consiliariorum et commissariorum nostrorum sigillatas, prout prima facie apparebat, formam quæ sequitur continentes (1).

Par vertu desquelles letres nous nous transportasmes au Pontaudemer, le dimanche 22e jour de mars, auquel jour et heure se representerent pardevant nous, et par le mandement dudit seigneur, grant quantité de gens de la ville de Rouen, et des autres bonnes villes de Normandie (2).

Et plusieurs autres habitans du pays de Normandie, pour nous dire et desclarier la volenté et entention des gens des bonnes villes dudit pays, à parfaire et accorder un Traitié d'aide et subside, duquel mention est faite en nostredite commission cy-dessus transcripte, auxquels nous exposames et deismes l'intention et la très bonne volenté de nostredit seigneur, et comment il a très grant affection de gouverner son dit royaume, à l'onneur de Dieu, et au proffit et utilité de ses subgiez, en ostant toutes oppressions de sesdiz subgiez, et comment il entent toutes ses guerres, à la grace de Dieu mettre à bonne et briefve fin, en telle

---

bailliage d'*Amiens* faisaient partie de cette convocation. Ord. du 11 avril. Peut-être y eut-il des députations qui ne voulurent donner aucun consentement; car pourquoi ne retrouve-t-on pas les lettres de concession de l'Aide ? (Is.)

(1) En tête des lettres de ces commissaires sont transcrites celles du Roi, datées de Paris, le 2 mars 1350, contenant leurs pouvoirs. Comme ces lettres sont reproduites textuellement dans l'exposé que firent les commissaires aux gens des communes, nous les passons.

(2) Il y en a 5 pour Rouen, 3 pour Pontaudemer, 3 pour Honfleur, 1 pour Manneville, 2 pour Bourchassart, 2 pour Montfort-sur-Rulle, 3 pour Preaux, 1 pour Bezeville, 2 pour Port-Lévêque, 2 pour Gonneville, 1 pour Quillebœuf, 1 pour Herbetot, 2 pour Formeville, 3 pour le Bethellouin, 2 pour Briones, 1 pour la communauté de Lisieux, 2 pour Saint-Sauveur-de-Dive, 2 pour Tangue, 2 pour Saint-Georges-de-Bouire, 2 pour le Pont-Saint-Pierre, 2 pour la Neufville-Champdoisel, 2 pour Parailly, 2 pour Louviers, tous du baillage de Rouen; 2 pour Caen, 1 pour Falaise, 2 pour Château-de-Vire, 1 pour Thorigny, 2 pour Bayeux (baillage de Caen); 1 pour Coutances, 1 pour Saint-Lo, 1 pour Avranches, 2 pour Chirebourt, 1 pour Valogne, 2 pour Karentan (baillage du Cotentin); 2 pour Aumale, 2 pour Dieppe; 1 pour Eu, 2 pour Caudebec, 3 pour Monterviller, 3 pour Harfleur, 2 pour Neufchâtel, 1 pour Gaillefond, 1 pour Bourc-Dun, 1 pour Saint-Pierre-le-Viel, 2 pour Gaillarde, 2 pour les Fontaines, 1 pour Loceville, 3 pour Baeules, 1 pour Sotteville et Espineuele, 1 pour Auraimesnil, 1 pour Gournay, 2 pour Arches, 1 pour Fécamp, 2 pour Auffay, 1 pour Longueville (baillage de Caux); 2 pour Sutreux, 1 pour Andely, 1 pour Estrepagny, 1 pour Deux, 2 pour Gisors, 2 pour Vernon (baillage de Gisors).

que le peuple soumis à luy, en son temps, puisse demourer en plaine pais et parfaite tranquillité; lesquelles choses ne puet faire sanz le conseil et aide de sondit peuple: et comme pour ces choses nostredit seigneur, le seziesme jour de février derrenierement passé, eust fait appeller devers lui à Paris, prelaz, barons, et autres nobles, et les communautez des villes dudit pays, avec plusieurs autres dudit royaume, eust eu entre eulx bonne et meure deliberation, et certain traitié sur les choses dessusdites, de faire certain aide ou subside, pour mettre bonne et briefve fin à ses guerres devant dites; lequel aide li fut gracieusement octroyé et accordé par lesdiz nobles, tant pour eulx, comme pour leurs subgiez.

Mais pour ce que lesdites communautez n'estoient pas fondées pour ledit aide accorder ou nom desdites villes, il furent renvoyées ausdites villes, pour avoir collation, deliberation et avis des gens d'icelles, et pooir dudit aide et subside accorder et octroyer, et leur eust esté assignée certaine journée de retourner au vingtiesme jour dessusdit au Pontaudemer, tous instruits et fondez pour lesdites villes, pour ledit subside ou aide ottroyer et accorder. Et en aprés ces choses, leur requeismes que sur ce nous feissent response convenable, lesquels nous requidrent temps et deliberation jusques au mardy ensuivant, pour avoir plus plenier avis et deliberation ensemble; laquelle chose nous leur ottroyames.

Auquel jour les dessus nommez se representerent pardevant nous, et nous firent dire et exposer l'obeïssance, amour, et ferme loyalté que eulx et ledit pays ont à nostre dit seigneur, et que pour luy voldroient il exposer et mettre corps et biens, et avecques luy vouldroient vivre et mourir: et que combien que eulx par les guerres devant dites, par la mortalité et autres charges, plusieurs ayent esté grevez et dommagiez grandement, tant en destruction et arsure de villes et de pays, des gens d'icellui murdris et tuez, femmes ravies, et par excessives rançons de prisons, et les biens dudit pays pris, gastez, et perilliez, et toutes marchandises dont ledit pays estoit gouvernez; aussi comme perduë et deserte durant lesdites guerres pour le fait d'icelles, en mutations de monnoie, et en prise de leurs biens, et aussi par sergens mercenaires, et par autres sergens qui se disoient generaulx, et par multiplication d'iceulx; et parce que sans information deuë, plusieurs par les officiers dudit seigneur ont esté, et sont de jour en jour travaillez, et indeuëment mis en cause, et du ce que ils sont traits hors de leur ressort, tant és causes d'office, comme en autres de personnes privées, et specialement tant devant les maistres des requestes et des hostels de nostredit seigneur, et de madame la Royne, de nosseigneurs leurs enfans, et des maistres des yaux et des forests, de l'amiral de la mer, et ses lieutenans, et devant autres juges, et par semonces de cour d'eglise, faites de l'authorité des ordinaires, et des semonces qui se font par privileges et autentiques de cour de Rome; et que durant les guerres plusieurs impositions et autres subsides ont esté oudit, et encores y en sont aucuns en aucunes villes singulieres, comme Rouen, pour les clostures et forteresses, et que il ont plusieurs privileges, tant generaulx pour tout le pays, comme especiaux pour aucunes villes singulieres, comme Rouen, et plusieurs autres, par lesquels ils ne sont tenus à faire aide, ou subside aucun, se ce n'est ou cas où il conviendroit de necessité d'Arriere-ban estre crié, et que pour occasion des choses dessusdites ils se peussent souffisamment excuser de faire aides.

Toutesvoyes parmi ce que ils vouloient premièrement que quelque aide que ils accordassent, ne quelconques choses s'en ensuivist, que ce ne feust prejudice à eux, à leurs privileges generablz et especialz, mais demourassent en leur pleine vertu, aux ce que ou temps advenir, par nouvel advenement d'autre Roy successeur de nostredit seigneur, ne autrement, il puissent estre trait à consequence, et que de ce leurs donnissions lettres souz noz seaulz, lesquelles jouxté la teneur de nostredite commission, leur feussent confirmées par nostredit seigneur en laz de soye et en cire verte, liberalement, de pleine volenté.

Et de commun assentement eulz desirans de tout leur cuer estre et demourer perpetuellement en la bonne grace et volenté de nostredit seigneur, en exposant pour luy corps et biens, esperans que ou temps à venir, par nostredit seigneur soient traitié et mené favorablement et gracieusement, et que par luy lesdites guerres puissent prendre bonne et briefve fin.

Donnerent et ottroyerent à nostredit seigneur une imposition de six deniers pour livre, de quinze sols quatre deniers et maille, de dix sols trois deniers, de cinq sols trois mailles; et au dessouz de cinq sols, neant, et des sommes entremoyennes, au prix que dessus est dit. Et est à entendre que pour les detailleurs, que se il ne font cinq sols en un jour, il ne payeront aucune chose, que le vendeur seulement payera, laquelle durera un an entierement tant seulement, et commencera le premier jour de may pro-

[...]ment venant, et finira l'an revolu : et au cas que paix se-[...]cessera du tout ladite imposition ; et le plus brief que être [...]sera baillée à ferme par criées et subhastations deuës et [...]coustumées, et delivré au plus offrant par villes, et par mem-[...] le plus proffitablement que il pourra estre fait, et finira le [...] des enchieres le dernier jour d'avril prochainement venant, [...] jour faillant.

(2) *Item.* Chascun preneur, ou fermier, pardessus, et oultre [...] que il rendra à nostredit seigneur, et sans riens raba-[...] d'icelle, payera deux deniers pour livre, pour le salaire du [...]veur d'icelle.

(3) *Item.* Les fermiers de ladite imposition se pourront faire [...] des denrées venduës l'an durant, et trois mois après passés, [...] droit, et toutes actions qui en pourroient naistre, seront es-[...]tes, et expirées du tout, se dedans le temps dessusdit ; de-[...] n'en avoit esté faite devant juge du Roy ; car en tel cas, [...]tion seroit perpetuelle.

(4) *Item.* Toutes manieres de taverniers de tous breuvages, [...]eront imposition, au prix qu'ils vendront, ou auront vendu [...] breuvages.

(5) *Item.* Tous vendeurs de autres denrées à detail, payeront [...] prix, et selon ce que il vendront, ou auront vendu, au jour la [...]rnée.

(6) *Item.* De heritage vendu, ou baillé à ferme, ne sera rien [...]yé de imposition.

(7) *Item.* Toutes manieres de vendeurs, seront creuz par [...]rs seremens, de ce que il aront vendu, se les fermiers n'of-[...]ent à prouver, et sans delay promptement le contraire, par [...]moings bons et loyaux, sans ordre de plait.

(8) *Item.* Se aucun debat naist sur ce, les sergens, tant du [...]ire de Rouen, que des autres justiciers du pays, au comman-[...]ement des juges du Roy, pourront sur ce faire adjornemens, et [...]xecutions ; et les juges du Roy auront la cognoissance et decision [...] debats.

(9) *Item.* Les fermiers desdites impositions, payeront de [...] mois en trois mois, par portion égaux, tout le prix de leur [...]

(10) *Item.* Pour obvier à multiplication d'officiers requis par [...] dessusdits, ordené fut par nous, à leur priere, et grant ins-[...]ance, que les vicomtes des lieux en seront bailleurs, et rece-

veurs; car par eulx pourra mieulx estre fait au plaisir, et proufit du pays, et à mains de grief du peuple, que par quelconques autres: et nous ouyé leur bonne, et agreable reponse sur les faits dessusdits, dont il se doloient, et sur les requestes par vertu du pooir à nous donné dudit seigneur, traittasmes et ordenasmes, pour et ou nom dudit seigneur, és fourmes, et manieres qui s'ensuivent.

(11) *Item.* Sur l'estat des monoies, traittié et accordé est que le Roy nostre sire en ordenera, en la meilleure maniere qu'il pourra bonnement, au proffit de li et de son peuple.

(12) *Item.* Des prises des chevaux et des charettes, des chevaux pour chevauchier, des blés, avainnes, grains, vins, bestes et autres vivres, et de toutes autres choses, est traittié selon que contenu est és ordenances royaulx, autrefois faites, et ordené en la maniere qui s'ensuit (1).

C'est assavoir, que aucuns, soit du lignage du Roy nostredit seigneur, ses lieuxtenans, connestable, mareschaulx, maistres des arbalestriers, maistres du parlement, de ses eschiquiers, requestes de son hostel, ou de madame la Royne, ou de leurs enfans, ou de quelconques leurs estats, ou officiers, princes, barons, chevaliers, ne facent prises quelconques en toute la duchié, et que à eulx ne soit obéi en ce cas, se il ne payent deniers comptans, au prix que les choses vauldront par commun cours, et qu'elles seront exposées en vente; et se aucun s'efforce de faire aucune prise contre la volenté des gens dudit pays, ou d'aucun d'eux, que nuls n'y soit tenus à obéir, et en ce cas les preneurs soient pris par la justice des lieux où ils feront lesdites prises, et que tous justiciers les puissent prendre et mettre en prison, sans les rendre. Et quant à ce, chascun juge, ou autres, aura auctorité de faire office de sergent, pour les prendre, et mettre en prison, sans encourir offense en aucune maniere. Et sur les peines dessusdites, les prises des chevaux pour chevauchier sont deffendues; et aussi nul chevaucheur ne pourra aucun prendre, se ce n'estoit ou cas que nostredit seigneur envoyeroit ses chevaucheurs en ses propres besongnes hastives, et qu'ils n'en peussent trouver aucun à louier, ouquel cas il ne prendront pas de leur autorité, mais par les juges sous qui les chevaux seront, et ne se

---

(1) Nous avons déjà parlé de la pourvoierie, tant en France qu'en Angleterre. (Éd.)

les chevaux des cheminans et des trepassans par les lieux ..., ne livrez ausdits chevaucheurs par quelque maniere, ne ... quelconques cas que ce soit, mais y pourra chascun de fait ... obéir, comme dessus est dit: et toutesvoies pour la necessité de l'hostel du Roy, de la Royne, et de leurs enfans, ne pourront estre pris chevaux, harnois, ne charettes, se les preneurs n'ont commission de prendre, par lettres passées par nostredit seigneur, et signées par secretaire, sans relation d'aucune, et autrement, que nul n'y obéisse: et sera par le Roy nostredit seigneur mis tel arroy, et pourveance ou gouvernement de son hostel, de madame la Royne, et de leurs enfans, et de leurs guerres, que par iceluy arroy et pourveances, toutes prises de grains, foins, vins, et de tous autres vivres, pour luy, pour nostredite dame la Royne, pour nosseigneurs les enfans, cesseront du tout, et ordenera ceus qui feront leurs provisions et garnisons, par telle maniere que son peuple n'en sera pas grevé; et se le cas avenoit que necessairement convenist faire telle prise, si ne pourroit estre fait, se ce n'est par personne ayant à ce povoir especial, par lettres signées du secretaire, sans relation d'autruy, et appellées les justices des lieux, à ce faire, pour obvier à toutes fraudes, et par juste et loyal prix, duquel payement ou satisfaction convenable seront faits sans delay.

(13) *Item.* Quant au fait des sergens mercenaires, et generaux, ordené est que selon ce que contenu est en la charte des Normans, nuls sergens d'épée, ou autre officier, de quelconque condition que il soit, ne puisse dores-en-avant loüer son office, ou service à luy octroyé, par quelque couleur. Et se autrement fait, que il perde son office, et encore et oultre ce que il ne pûent leurs offices desservir, par empeschement de maladie, de aage, ou de sexe, ou d'autre empeschement necessaire, que ils facent faire et desservir par bonne personne, et souffisant, et qui par le juge du lieu soit approuvée, et à leurs perils, couts, et despens, et sans bailler à ferme, ou à loage.

(14) *Item.* Si comme és ordenances royaulx, autrefois faites, est contenu, que toutes sergenteries generaulx soient, et désmaintenant sont ostées par toute Normandie, et que dores-en-avant n'y ait aucun sergent general, et se lettres estoient donnée de nostredit seigneur au contraire, que elles ne soient d'aucune value, ou effet, est commandé et enjoint estroitement par ces presentes, à tous baillis, et vicomtes que ils ostent lesdits sergens

generaux, et leurs substituts, et ne leur souffrent sergenter comment que ce soit.

(15) *Item.* Que aucuns ne soit approchiez d'office, sans information souffisant, et faite du commandement de justice, par personne non suspecte. Et avant que le procureur encommence poursuite, ne que il se adjoigne à partie, ladite information soit veuë et conseillée par le baillif, ou autre souffisant personne de son commandement: et tant que celui qui sera poursuivi vouldra ester à droit, et donner bonne caution là où elle sera, il ne sera empeschiez en ses biens, ne mengeurs envoyez sur luy, se ainsi n'est que le cas soit criminel. Et seront menées les causes du Roy à ses despens, soient d'offices, ou d'autres, et non pas aux despens de partie.

(16) *Item.* Aucun ne pourra estre trait de cy en avant hors de son ressort, soit en cause d'office, ou autrement, et s'il y est trait, le procez sera nul, et de nulle valeur, se il n'y a cause raisonnable; pour quoy il conviaingne faire, comme seroit d'une personne qui pour la puissance de luy, ou de ses amis, ne pourroit être seurement et convenablement puniz, ou justicez en son ressort, ou pour autre cause raisonnable.

(17) *Item.* Quant à ce qu'ils se plaignent des maistres des requestes des hostels du Roy, de la Royne, et de leurs enfans, et des maistres des yaux et des forests, de l'amiral, ou de ses lieux-tenans, et d'autres officiers du Roy, qui les travaillent, et traient hors de leurs ressorts, ordené est, si comme par les ordonnances royaulx a esté ordené que lesdits maistres des requestes de l'hostel du Roy n'ayent pooir de faire aucuns adjorner (1) pardevant eulx, ne en tenir court, ne cognoissance, se n'est pour cause d'aucun office, donné par ledit seigneur, duquel soit debat entre partie, ou que l'en fist aucunes demandes pures personnelles contre aucun dudit hostel.

(18) *Item.* Par autele maniere, ordené est que les maistres de l'hostel du Roy, de la Royne, des enfans, n'ayent aucune cognoissance de cause, se ce n'est d'aucun des officiers des hostels dessusdits, dont la cognoissance et pugnition de ce qu'il auroit en leurs offices, leur appartient, ou s'il avaient affaire ensemble

---

(1) *V.* l'ord. du 15 février 1345, art. 6 et 7. (Is.)

[...] cas par personnel, ou de ceux qui leur auroient meffait [...] leur office.

(19) *Item.* Pource que plusieurs se deullent (1) desdits mais[tres] de l'hostel du Roy, de ce qu'ils taxent plusieurs amendes [injust]ement, et prennent grans proffiz, ordené est, selon ce [qu'il est] contenu esdites ordenances royaulx autrefois faites, que [nulle] amende ne soit taxée par eulx, se ce n'est en la presence du [Ro]y, quand il orra et tendra ses requestes.

(20) *Item.* Si comme contenu est esdites ordonnances royaulx, [lesdits] maistres des yaux et forés n'aront aucuns lieutenans, et [qu']en leurs personnes tant seulement ils cognoissent, et co[gnoist]ront des excès et delits commis ès yaux et forests tant seule[ment]; et ou cas qu'ils feront aucun adjorner pardevant eulx, [que] ce soit à certain jour, et à certain lieu, et en la chastellerie [où] l'adjorné sera, ou là où il aura meffait, et en lieu notable, [où l]'adjourné, ou approchié puisse avoir conseil, et leurs autres [nécess]itez.

(21) *Item.* Avecques ce des sentences, prononciations, et [am]endes excessives desdits maistres des yaux et des forest, l'en [pou]rra appeller en Normandie à l'eschiquier : et ou cas qu'il [app]eroit que lesdits maistres des forests, ou autres, feroient au[cune] impetration au contraire, qu'il n'y soit en rien obéi à telles [lettr]es, ou impetrations, comme subreptices, et de nul valeur à [leur e]ffet.

(22) *Item.* Semblablement que des jugemens, et sentences, [et au]tres faits judiciaires de l'admiral dudit seigneur, et de ses [lieute]nans, ou députez en Normandie, l'en pourra appeller à [l'esc]hiquier.

(23) *Item.* Semblable qu'ils ne puissent traire aucuns en ju[gem]ent, fors pour des choses appartenant à eulx, et en lieu et [chast]ellerie dont lesdits approchiez sont, ou seroient.

(24) *Item.* Toutes amendes taxées par les baillis, vicomtes, [maist]res des yaux et des forests, par l'admiral de la mer, ou de [leur] autorité, ou aucun d'eulx, soient levées et exploitées tant [seule]ment par sergens ordinaires des lieux, et non par autres.

(25) *Item.* Ordouné est et commandé à tous baillis, vicom[tes, et] prevosts de Normandie, qu'ils ne souffrent leur jurisdic-

---

(1) Dolent, c.-à-d. se plaignent.

tion ordinaire estre empaschiée, occupée, usurpée, ne soustraite par l'admiral de la mer, les maistres des yaux et des forés, verdiers, ou sergens d'yaux, et autres quelconques de l'auctorité d'eulz, et d'aucun d'eulz; et ou cas que debat naistroit entre eux, ou aucun d'eulz sur ladite jurisdiction, ou dépendance d'icelle, ordené est de l'auctorité du Roy, et commis par ces presentes au sergent ordinaire où le debat meu sera enclavé, que à la requeste des debateurs, ou de l'un d'eulz, il les adjorne au prochain eschiquier ensemble, pour veoir, declarier et déterminer ledit debat, et que le sergent qui l'adjournement aura fait, en face relation souffisant par bouche, ou par escrit, aus maistres qui tendront le prochain eschiquier, ensemble ledit debat, et que pleine foy soit adjoustée à sa relation, et que lesdits maistres de l'eschiquier souverainement et de plain, et sans longue figure de jugement, déterminent dudit debat; et tendra ledit sergent ledit debat en la main du Roy comme souveraine, et sans préjudice, jusques à tant que ordonné soit, ou déclarié en soit autrement par ledit eschiquier.

(26) *Item*. Et quant aux excès et griefs faits par les procureurs des cours d'eglise, et des semonces qui se font de privileges et d'autentiques, ordené est et commandé, et par ces presentes commandons et commettons, se mestier est, aus baillis et vicomtes, que il requièrent de par ledit seigneur, aus prelaz et aux juges delegalz, que en ce mettent bon et brief remede: et s'ils ne l'y mettent, lesdits baillis et vicomtes auront avis avecques les bonnes gens du pays, quel remede y pourra et devra estre mis. Et sur ce certifieront ledit seigneur et son conseil, afin qu'il pourvoye de remede brief et convenable.

(27) *Item*. Quant à ce que plusieurs se complaignent des guerres que aucuns nobles font entre eulz, et sous l'ombre desdites guerres dommagent les bonnes gens (1) et prennent le leur, et aucune fois les prennent et translatent hors du royaulme, les baillis et vicomtes deffendront toutes telles guerres; car aussi de tout temps sont deffenduës à toutes manieres de gens, et ne loist à aucun, de quelque estat et condition qu'il soit, guerroyer en Normandie. Et est enjoint estroitement ausdits baillis et vicomtes,

---

(1) *V.* l'art. 15 de l'ord. de mars 1350, ci-dessus. Mais par une ordon. d'avril 1353, ce prince confirma celle de S. Louis, d'octobre 1245, t. 1, p. 247, où guerres furent entierement defendues.

et à leurs lieutenans, que se il trouvent telles guerres, ils prennent les corps et les biens des guerroyeurs, et les corps envoyent en prison à Rouen. Et pourront toutes manieres de gens les prendre, et mener es prisons du Roy, et s'il advient que aucune personne de pooste, ou autre, soit prise, ou translatée hors du royaume, que les preneurs et recepteurs, quelque part que on les pourra trouver, soient punis en corps et en biens, et leurs corps envoyez en ladite prison à Rouen.

(28) *Item*. Que par cette dite imposition tous emprunts et autres subsides et exactions quelconques durant icelle, cesseront du tout.

(29) *Item*. Que ladite imposition aura cours és terres tenuës tant des seigneurs du lignage du Roy, et d'autres, comme en celles qui sont tenuës du Roy sans moyen, ou pays de Normandie.

(30) *Item*. Que les impositions accordées pour les closhires des villes de Normandie, l'an revolu courront, et seront levées en la maniere que paravant estoient, et par autant de temps comme elles auroient cessé, pour occasion de cette presente imposition.

(31) *Item*. Cette imposition ne portera préjudice aux gens du pays de Normandie, ne à leurs privileges, ou chartes en aucune maniere, ou temps present, ne à venir, et ne sera trait à consequence.

(32) *Item*. Que par ce leurs coustumes escriptes, leurs privileges, chartes, et libertez, et franchises ne seront en aucune chose cancelées, cassées, ne amendriés, mais demourront en toute leur plaine vertu, tant les generaulz par tout ledit pays, comme les especiaulz de certaines villes et lieux.

(33) *Item*. Que toutes les choses dessus dites leur seront confermées par le Roy nostredit seigneur, par ses lettres en laz de soye et en cire vert, et leur seront baillées franchement et sans payer seel, ou finance aucune, et si-tost que confermées seront, les baillis et vicomtes les feront publier en leurs plaiz, et par tout où bon leur semblera de faire.

Le jeudy ensuivant comparurent pardevant nous ausdit ville et lieu de Pontaudemer (1) le comte de Harcourt, le seigneur de

---

(1) Ce sont les députés de la noblesse ; le clergé avoit donné son consentement au Roi. (Is.)

Briquebec, le seigneur de Preaux, le seigneur de Ferrieres, mess. Jehan Malot, de Planes, Jehan Malot de Guerreville, Raoul de Fontenille, Raoul de Neufbourg, Jehan Recouchon, Thomas de Crasmenil, le seigneur de Manorbe, Jehan de Caux, Guillaume de Preaux, Guillaume de Bailleul, Jehan le Baire de Hertroy, Nicolas le Maçon, Gillebert de Prulay, Robert de Salmeles, Mahieu de la Paterie : le seigneur de Manneville, Guillaume du Mesnil, Jehan de Pontaudemer, Macy Champion, Guillaume de Beaumoncel, Nicolas de Guiencsville, Jehan le Bihot, Henry de Tilly, Guillaume de Beaumont le Juesne, Robert Landry, Guillaume Servin, Guillaume de Fontenes, escuyers.

Auxquels nous leusmes et exposames nostredite commission, et ce que encharchié nous avoit esté de par le Roy à leur dire et exposer, et comment lesdiz habitans desdites villes de Normandie avait benignement et liberalement ottroyé et accordé ladite imposition, par la maniere dessus dite. Lesquels nobles prirent déliberation et délay jusqu'à demain, qui fut vendredy, et nous respondirent à icelui vendredy;

Que eulz Guy Buchart, et Nicolas Barate chevaliers, et plusieurs autres nobles chevaliers ils offroient leurs corps, leurs biens, et tout ce qu'ils pourroient faire, au service du Roy nostre sire. Et parmi les conditions et manieres dessus escriptes, octroyerent et accorderent que ladite imposition par la maniere que dit est, courust et fust levée sur leurs hommes, justiciables et subgiez, et en leurs terres et villes. Parmy ce toutes voyes que elle courust aussi et fust levée generalement par tout le pays de Normandie, et sur tous les hommes, subgiez et justiciables de tous les nobles dudit pays, especialement du duc d'Orleans, en sa comté de Beaumont-le-Rogier, en ses terres de Pontorson et de Bretheul, et de tous autres qu'il a et puet avoir en Normandie : et aussi és comtez d'Evreux et de Longueville appartenans au Roy de Navarre, et és autres terres qu'il a et puet avoir audit pays de Normandie : et aussi en la terre de Gaillefontaine appartenant à madame de Valois, et és autres qu'elle a, et puet avoir audit pays de Normandie : et parmi ce aussi, que lesdits nobles, ne plus que les beneficiers en sainte église, oudit pays de Normandie, ne soient tenuz de payer, et ne payent imposition de ce qu'ils vendront de leur creu et autres biens qu'ils n'auroient achetez pour revendre, et gangnier par maniere de marchandise, ouquel cas ils payeront ladite imposition; et la consentirent à payer, comme autres marchands feroient. Et parmi ce aussi, que le Roy ordonnera et députera capitaines ou pays de Normandie, des nobles d'iceluy, tant et ceulz que bon li semblera, et aussi certain nombre de gens d'armes et de gens de pié pour la deffense d'iceluy, lesquels seront payez de leurs gaiges premierement, et avant toute euvre sur ladite imposition; et aprés du remanant face et ordene le Roy à sa volenté, à l'honneur et au profit de soy et de son royaume.

Et pour ce que le Roy sans délay face ladite ordenance de capitaines, de gens d'armes et de gens de pié audit pays, comme dit est, lesdiz nobles desputerent et esleurent certains nobles d'entre eulz, pour comparoir devant le Roy au dimanche de Pasques flories prochainement venant, et jours ensuivans.

Item. Aussi pardevant nous comparurent audit vendredy et lieu de Pontaudemer Jehan Pucelot vicomte de Beaumont-le-Roger, Goulpice le Gorm, et Jehan Hoüet habitans d'icelle ville, pour ledit comte de Beaumont, et pour ladite ville; et aussi les vicomtes et procureurs du Roy de Navarre en sa terre et comté de Longueville, et nous respondirent qu'ils n'entendoient pas à desobeir au commandement et ordenance que le Roy, ou nous pour luy, vouldrions faire à eulx esdites terres; mais aussi ne l'accroient-ils expressement consentir, pource qu'ils n'avoient mandement especial de leurdit seigneur.

Et tantost aprés ces choses ainsi faites et accordées, comme dit est cy-dessus, nous ordenasmes et mandasmes ladite imposition estre criée et encherie par la maniere accoustumée par tout le pays de Normandie, et icelle faire commancier à courir ledit premier jour de may, et estre cueillie et levée par la maniere dessus devisée.

Donné au Pontaudemer sous noz seaulz, le vendredy vingt et cinquiesme jour de mars dessusdit, l'an de grace mil trois cent cinquante.

Nos autem literas supradictas, et omnia et singula in eis contenta rata habentes et grata, ea volumus, approbamus, ratificamus, ac auctoritate nostra regia, ex certa scientia, et de gratia speciali tenore præsentium confirmamus, salvo in aliis jure nostro et in omnibus quolibet alieno. Quod ut firmum et stabile perpetuò perseveret, præsentes literas sigilli nostri munimine fecimus roborari.

Datum Pissiaci quinta die mensis aprilis. Anno domini millesimo trecentesimo quinquagesimo.

N°. 172. — *Ordonnance (1) sur les gages et le mode de service dans la cavalerie et l'infanterie.*

Paris, dernier avril 1351. (C. L. IV, 67.)

Jehan par la grace de Dieu Roys de France.

A tous ceuls qui ces presentes lettres verront et orront salut.

Nous considerans la grant chierté de vivres et d'autres biens qui à present est en nostre royaume, et que ëu regart à ce, les gaiges accoustumez à donner par nos devanciers et par nous sont petis, et que pour reson des choses dessusdictes, les gens d'armes et de pié qui nous viennent et vendront servir en nos guerres, pourroient avoir occhaison de faire poostez en leur monstre, et de faire monstre pour et de un seul homme d'armes en plusieurs et divers lieux; combien que selont nature et reson il ne puissent servir que en un; et qui pix est, pour occasion de choses dessusdictes, se retraient ou pourroient retraire de venir en nostre service, ouquel a si petis gaiges, que il ne pourroient servir et continuer leurdit service : voulans eschever les inconveniens et occhoisons dessusdite, et que nos genz-d'armes et de pié loyaument, de cuer et très bonne volenté, nous puissent servir et servent, et en bon et net estat de conscience, avons par grant et meure deliberacion de conseil, fait croissance de gaiges pour ceste presente saison, en la fourme et en la maniere qui s'ensuit.

(1) C'est assavoir, que un banneret aura de gaiges quarante sols tournois le jour; un chevalier, vingt sols tournois; un escuyer armé en costé de ses armes, dix sols tournois, et un valet (2) avec lui armé de haubergeon, de bacinet à camail, de gorgerette, de gantellez, et chope par-dessus le haubergeon, cinq sols tournois.

(2) Et avons ordené et ordenons que toutes les gens-d'armes

---

(1) Ce règlement paraît être le premier de ce genre. Nous le donnons à ce titre. (Is.)

(2) Ils sont nommés simplement plus bas, *haubergeons*. On appellait *valets* des jeunes gens qui n'estoient pas encore enrollez dans des troupes réglées, mais qui suivaient les armées pour apprendre le mestier de la guerre, et qui portoient le casque, le bouclier et les armes des gens-d'armes. *V*. Du Cange, V°. *Valeti*. (Dec.)

...mis par grosses routes; c'est assavoir, au moins la route... vingt-cinq hommes d'armes, de trente, de quarante, de cin-... de soixante, de soixante-dix, de soixante-quinze, de... tre-vingt, selont ce que les chevetainnes et les seigneurs d'i-... routes seront; et avons ordené et ordenons que noz cones-... mareschaus, maistre des arbalestriers, maistre d'ostel ou... ausquiex il appartient, reçoivent les monstres (1), et ou... où il n'y pourront entendre, deputent de par eulx bonnes... nnes et convenables, et si avisées qu'il sachent bien cog-... tre le deffaut où il sera, et leur feront faire serement de faire... recevoir les monstres loyaument, et sans en faire deport à au-... et que quant les gens-d'armes venront à faire monstre, chas-... route la fera par luy, et y sera le chevetainne de la route... propre personne, avec sa gent, et chascun chevalier, escuyer... valet armé, sera sur son cheval-d'armes, et sera chascun ap-... par lui devant les ordonnez à recevoir la monstre, et là sera... cript le nom et le surnom du chevetainne et de chascun de ses... mpaignons dessous lui, et le poil et le merg et boutonneure (2) et... pris du cheval (3) sur quoi il sera montez; et là meismes, avant... il parte du lieu, sera ledit cheval prisié et marqué en la... d'un fer chaut, à tel saing comme il plaira à ceulx qui en... ont afaire, et seront tous les chevaulx d'icelle route marquiez... mesme fer et saing, et ne sera nul cheval de hommes-d'ar-... receuz ne escrips, s'il n'est ou pris de trente livres tournois... plus; ne du valet armé, s'il n'est du pris de vingt livres tour-... ou de plus : et aussi sera commandé aux chevetainnes de... route, qu'il soit prest avec toute sa gent, de faire la monstre... toutesfois qu'il en sera requis, et que après ce, au plus... ement qu'il pourra estre fait, la monstre armée se face du sei-... ou chevetainne de sa route, et là soit chascun appelé par... et par seurnom, et soit bien regardé se il est sus le cheval

---

(1) Je crois que cela signifie, *faisant passer en revüe ceux qui se presen-toient pour servir en qualité de gens-d'armes, à l'effet de les recevoir en cette qualité.* (Dec.)

(2) Je n'ay pû rien decouvrir sur la signification de ce mot. Dans le Dictionn. des Arts de Corneille, on trouve *bouton*, qui est une piece de harnois d'un cheval; mais il ne me paroist pas que cela ait aucun rapport au mot *Boutonneure*. (Idem.)

(3) Il est dit plus bas (art. 7), que quand le cheval pris estoit tué ou hors de service, le Roy en rendoit un autre aux gens-d'armes. (Idem.)

sur quoy il fut escript, et se là est armé souffisamment et comme il appartient; et feront aussi ceulx qui recevront la monstre, jurer aux gens-d'armes et haubergeons, que les chevaulx et harnas en quoy il se monstreront et seront monstrez, sont leurs, ou que il leur sont bailliez par telle maniere qu'il ne leur peuvent et pourront servir entierement et sans faire fraude; et voulons et ordenons que lesdictes monstres soient receues souvent armées et desarmées, et au moins deux fois le mois, et si soudainement leur soit commandé à faire la monstre et en tel lieu, qu'il ne puissent emprumpter chevaulx ne harnais estrangier; et là où en trouvera aucun deffaut en la monstre ou en l'armeure, soit levé et rabatu de leurs gaiges; telle amende ou porcion comme ordené y sera selont le deffaut, par celui qui monstre recevra ou fera faire, et cils sur qui le deffaut appera; ne monstre juste et loyal excusacion et essoine; laquelle amende ou porcion avec le deffaut, soit renvoiez ordenement pardevers nos tresoriers des guerres, pour rabattre, quant lieux et temps sera, de la paie de celui qui sera en deffaut.

(3) Voulons encore et ordenons que l'en face jurer ausdictes gens-d'armes, qu'il ne se partiront de la compagnie de leur capitaine, et ne se mettront sous autre, sans volenté ou congié du connestable, mareschal ou maistre des arbalestriers, ou celui à qui il appertendra à donner congié; et que en celui cas, ceulx qui ainsi se partiront, se feront casser ou livre où leur monstre aura esté escripte; et aussi voulons et ordenons que les chiefs des batailles jurent qu'il tenront leur nombre de gens-d'armes et de haubergeons ainsi armez et montez, comme il auront faite leur monstre, à leur povoir, sans fraude, et que si scevent que aucuns de leur compagnie facent le contraire, il le reveleront au connestable ou mareschal ou autre à qui il appertendra, et autel serement feront les bannerez qui seront dessous les chiefs des batailles, et ce mesme serement aussi feront les chevaliers, escuyers et haubergeons qui seront dessous lesdiz bannerez; et voulons que lesdiz banneres sachent par nom et par seurnom, et aient cognoissance des gens-d'armes et haubergeons qui seront en leur compaignie.

(4) Voulons encore et ordennons que autel monstre et serement se face des haubergeons comme des gens-d'armes, et que se aucuns gens-d'armes alassent par menuës parties, qui n'aient point de maistre ne de capitaine, nous voulons et ordenons que par nostre connestable, mareschaux, maistres des arbalestriers ou

... à qui il appartiendra, soit regardé et qu'il un chevalier ... qui leur soit aggreable, auquel soit baillée et accomplie ... de vingt-cinq ou de trente hommes-d'armes, et en ... de celle route, soit commandé expressement de par nous, ... obeissent et compaignent ledit chevalier aux champs et à la ... en la maniere que on doit faire chevetaine, et que il facent ... avec ledit chevalier, armée et desarmée, en la maniere ... et que ledit chevalier preigne garde à son pou... que en sadicte compaignie on ne truist aucun deffaut, et ... que icelui chevalier qui tel compaignie aura, ait pen-... à queūe, de ses armes, et preigne semblables gaiges de ...

Voulons encore et ordenons que cheval qui soit signé en la ... de nostre Seigneur (1), par la maniere que dit est, ne ... estre achetez ou eschangiez, donnés ou autrement alienez, ... volenté ou congié du connestable, mareschal ou autre à ... appartendra, durant le temps des gaiges, et que nul che-... puisse estre signé, s'il n'a esté en monstre.

Voulons encore et ordenons que se aucun homme d'arme ... hebergeons, se partoit dessous le chief de sa bataille, de la ... ou congié du connestable, mareschal, maistre des arba-... ou d'autre à qui il appartenist, ou autrement, que le ... chevalier ou escuyer, ou autre en qui monstre (2), il ... recevra, soit tenuz de le dire ou faire signifier tantost au ... sa bataille.

Et ordenons encores que se aucun cheval receu en mons-... affolez ou muert, ou est perdus, que celui de qui il sera, ... ou face dire et savoir, et sans delay, au connestable, ma-... maistre des arbalestriers ou autre à qui il appartendra, ... quoi tantost restor li soit fais, et nous puisse servir, et n'ait ... occasion de prendre nos gaiges sans nous servir ou avoir po-... nous faire service.

Et avons aussi ordené et ordenons par ce mesme conseil et

---

(1) Il paroit qu'il s'agit là de cette premiere revüe dans laquelle on recevoit ... d'armes qui se presentoient. (V. ci-dessus note 4) mais je ne sais ce que ... dire ces mots, nostre Seigneur.
(2) Cela doit signifier, dans la compagnie de qui il aura esté reçû et en-... de la monstre.

délibération, quant aux fais des gens-d'armes de pié, qui sont ou seront de nostre royaume, que l'arbalestier qui aura bonne arbaleste et fort selon sa force, bon baudré, et sera armé de plates (1), de crevelliere, de gorgerette (2), d'espée, de coustel et de harnais (3), de bras de fer et de cuir, aura le jour trois sols tournois de gaiges; un pavesier armé de plates ou de haubergeon, de bacinet à camail, de gorgerette, de harnas, de bras, de gantelles, d'espée, de coustel, de lance, de pavais ou d'autre armeure, de quoy il se pourra ou saura miex aidier, aura par jours deux sols et demi tournois de gaiges : et voulons que tous les pietons soient mis par connestablies et compaignies de vingt-cinq ou de trente hommes, et que chascun connestable (4) ait et preigne doubles gaiges, et que il facent leur monstres devant ceuls à qui il appartendra, ou qui à ce seront deputés ou ordonnés; et que chascun connestable ait un pennoncel à queue, de tels armes ou enseigne comme il li plaira; et que tous arbalestriers et pavesiers chascun armé des armeures qu'il doit avoir, comme dessus est dit, facent leur monstre là où il devront, et soient mis en escript les nons et les seurnons du connestable et de tous les compaignons qui sous lui seront, et que chascun par lui viegne devant celui qui recevra la monstre, et que chascun devant lui tende s'arbaleste, et traie par plusieurs fois; et que cils qui la monstre recevra, regarde et avise bien que ledit pieton arbalestrier ou pavesier, ait toutes les armes, chascun selon lui, telles comme dit est, et que s'il y avoit aucun deffaut en leurs armeures, il en soient punis et mis en amende, et icelle soit levée et rabatuë de leurs gaiges, selont leur deffaut, lequel deffaut avec l'amende, soient envoié aus clercs des arbalestriers, par la maniere dessusdicte, et que au moins deux fois le mois, leur monstre soit veüe.

(9) Voulons encore et ordennons que les mareschaux, les mestres des arbalestriers et autres à qui il appartendra, en leurs personnes, especialement au commencement, se bonnement y peuvent entendre, voient et recoivent les monstres, afin que

---

(1) Armeures composées de lames de fer. *V*. Du Cange, V°. *Plats*.
(2) Nommée aussi *gorgiere*. *V*. Du Cange, V°. *Armatura* et *Cuphia*.
(3) Proprement une *cuirasse*, *V*. Du Cange, V°. *Harnascha*.
(4) Capitaine d'une compagnie de gens de pied, nommée *connestablie*.

[...]gens d'armes se peignent plus prez de faire bonnes et loyaulz [...]res, et bien à point.

Avons encore ordené et ordonons que tous les seigneurs et chevetaines qui auront route de gens-d'armes, jurent devant nous, nos lieuxtenants, connestable, mareschaux ou leurs capitaines, ou ceulx que nous y deputerons, qui nous serviront bien et loyaument et sans faire poestes, et qu'il auront continuellement oudit service, le nombre de gens-d'armes pour qui il prendront gaiges; et ce mesmes serment feront pardevant nous ou ceulx que nous y deputerons, nosdiz officiers; et aussi voulons et estroictement enjoignons à tous, que il gardent, tiengnent et accomplissent de point en point sans enfraindre, nos ordonances dessusdictes; et qui en aucune maniere trepasseront les poins dessusdits ou aucuns d'iceulx, nous voulons qu'il soient punis sans espargne par noz officiers ausquels il appartendra, de tel peine comme reson, coustume et les drois des armes ordennent et requierent, et que par l'essample de la punicion desdis transgresseurs et maufaiteurs, tous autres se restraignent, tiengnent et gardent de mesprendre.

En tesmoing de ce, nous avons mis nostre seel en ces presentes lettres.

Donné à Paris, le derrenier jour d'avril l'an mil trois cens cinquante-un.

P. 173. — *Lettres concernant la levée d'une aide accordée par la ville de Paris.*

Paris, 3 mai 1351. (C. L. II, 423.)

Jehan, par la grace de Dieu, Roy de France. A tous ceulx qui ces presentes lettres verront, salut.

Comme nous ayens fait montrer et exposer à nos amez les Bourgeois et habitans de nostre bonne ville de Paris, les grans et innumerables fraiz, mises et despens que il nous a convenu faire et soustenir, et convient encore de jour en jour, pour le fait des guerres que nous avons euës, et avons pour la deffension de nostre royaume, et de tout le pueple d'iceluy, contre le roy d'Engleterre et plusieurs autres, qui se sont assemblez et aliez, comme nos ennemis, pour efforcier, envahir et meffaire à nostredit royaume et audit pueple, à tort et sans aucune cause raisonnablé, et comme à chascun est et peut entre notoire chose et manifeste; et oultre requis et fait requerre à nos dits bourgeois et habitans faire nous subside et aide, pour les frais mises et despens dessusdits supporter. Sçavoir faisons que cela consideré et attendant les choses dessusdites, pour et au nom de subside, ont liberalement vollu et accordé, pour tout leur communité, en tant comme il leur touche et appartient, et puet toucher et appartenir; c'est sur ce premierement bonne deliberation et prise, que par l'espace d'un an entierement accompli, soit levé, et à nous payée une imposition, ou aides, sur toutes les marchandises et denrées qui seront vendues en nostredite ville de Paris, et és fors-bours, en la fourme et maniere, et sur les conditions qui s'ensuivent. (1)

(26) *Item.* Que parmy cest aide ladits bourgois et habitans de ladite ville de Paris durant ladite année, ne seront tenus de aler en l'ost, ou envoyer par arriere-ban, se ce n'est en cas d'evident necessité.

(27) *Item.* Que tous emprunts cessent.

(28) *Item.* Que il ne soient tenus de nous faire autre ayde, ou service, pour cause de nos guerres durant ladite année que dessus est dit, pour cause de fié ou de tenemens de fieu.

(29) *Item.* Que ledits borgois et habitans durant ladite imposition, pour cause de leurs heritages quelque part, et en quelconques juridictions, ou bailliage que il soient assis, ne soient tenus de nous en faire autre ayde ou subvention.

(30) *Item.* Que se il avenoit que paix feust, nous voulons que ladite imposition cesse. Et ou cas que treves seroient, que ce qui est levé, ou à lever en seroit pour ladite année, soit mis en dépost de par nous, et de par ledits bourgois et habitans, afin que l'on le tenisse plus tost toutefois que mestier en sera, pour cause de guerres.

(31) *Item.* Voulons et nous plest, que se il avenoit que aucuns debas, ou discension feussent entre les collecteurs deputés à lever ladite imposition, et les bonnes gens de nostredite ville, pour cause de ladite imposition, que les prevost des marchans et eschevins dessusdits en puissent ordener, et en ayent la court et

---

(1) Nous ne donnons que les articles qui ont quelqu'intérêt.

cognoissance, pour faire raison à icelles. Et ou cas où il ne les pourront accorder, nous voulons que nos gens des comptes en puissent cognoistre, et non autres.

(3e) *Item.* Que tous ceulx de nostre ville de Paris seront creuz par leurs seremens, des denrées qu'il venderont; et ou cas où il sera trouvé que ilz auront plus vendu, que ilz n'auroient juré, ilz payeront ladite imposition, et à ce seront contraints deuement.

Laquelle imposition dessusdite, laquelle nous avons agréable, nous voulons et commandons estre levée par l'espace d'un an tant seulement, en la fourme et maniere et sur les conditions dessus escriptes, et non autrement. Lesquelles conditions nous voulons et commandons à tous nos justiciers et subgez estre gardées et accomplies de point en point selon leur teneur, sans faire, ne attempter quelque chose au contraire. Et voulons aussi, et avons octroyé et octroyons par ces presentes de nostre grace especial ausdits bourgois et habitans de ladite ville de Paris, que ceste ayde et octroy, qu'il fait nous ont de ladite imposition, ne porte, ou puist porter, ou temps à venir aucun préjudice à eulx, ne habitans de ladite ville, ne à leurs privileges, libertez et franchises, ne que par ce aucun nouvel droit nous soit acquis contre eulx, ne aussi à eulx contre nous, mais le tenons à subside gracieux. En tesmoing de ce nous avons fait mettre nostre seel en ces lettres.

Donné à Paris l'an de grace mill trois cens cinquante et un, le treizième jour de may.

Par le Roy à la relation de son Conseil, vous present.

N. 174. — LETTRES (1) *portant homologation d'un réglement du comte d'Anjou, de l'an 1321, portant que le pain des boulangers sera visité par deux prud'hommes bourgeois ou boulangers, et sera saisi s'il n'est pas suffisant, et s'il est desavenant.*

Paris, mai 1351. (C. L. 77, 480.)

---

(1) V. l'ord. pour Paris, de 1305; les notes sur les réglemens de boulangerie. — Arrêté consulaire du 11 octobre 1801 et ord. du Roi, 21 octobre 1818. In. Lambert, 1821, p. 435, 437.

N°. 375. — *Lettres concernant la levée d'une aide accordée par le bailliage d'Amiens.*

Paris, juin 1351. (C. L. II, 439.)

JOHANNES Dei gratiâ Francorum Rex.

Dilectis et fidelibus consiliariis nostris (1) electo confirmato Lectorensi, Johanni de Laudas, et Fauvello de Vaudencurte, salutem et dilectionem.

Cupientes desideratis affectibus, ut assiduê curâ solerti intendentes Regni nostri à piâ omnipotentis Providentiâ, et dispensatâ gratiâ, gubernacula, ad ipsius gloriam et honorem, nostramque salutem et utilitatem subjectorum, prosperè regere, finem optatum devictis hostibus, guerris nostris imponendo, et fideliter gerere, reparatis subjectorum oppressionibus, cuivislibet justiciam ministrando, sic ut submissus ditioni nostrae populus, nostro tempore, pace plena et tranquillitate perfecta frui valeat et gaudere, quæ absque ejusdem populi consilio et speciali auxilio ad desideratum perduci non possunt effectum. Ea propter convocatis nuper, sextodecimo die mensis februarii, coram nobis Parisius prelatis, baronibus, et aliis nobilibus et civibus bonarum villarum nostræ bailliviæ Ambianensis, et pluribus aliis Regni nostri, et præhabitâ diligenti et maturâ cum eisdem deliberatione, in præmissis, tractavimus cum tunc præsentibus, tam pro se quàm aliis dictæ bailliviæ subjectis, certum adjutorium, seu subsidium, pro prædictis complendis faciendum per eosdem; quod præfati prælati nobis gratiosè consenserunt, et plenè responderunt; et ipsos nobiles et communitates ad partes suas remisimus, dictum tractatum, ut cùm aliis suæ conditionis saniùs firmarent. Et ne ulteriùs ad nos redeundo pro præmissis, laboribus et expensis gravarentur, ordinavimus quòd certi de Consilio nostro ad dictam bailliviam mittentur, plenè de nostra intentione super hiis instructi, et cum sufficienti potestate, pro supra scriptis perficiendis et complendis. Quocirca de vestris legalitate et industriâ pleniùs confidentes, vobis tribus, duobus, et vestrûm cuilibet, vocato secum uno probo viro, in casu in quo omnes, aut duo simul vocare non poteritis, committimus, præcipiendo, et mandamus quatenùs ad civita-

---

(1) C.-à-d. élu et confirmé à l'évêché de Lectoure. (Dec.)

Ambianensem vos personaliter transferentes, baronibus aliisque nobilibus et communitatibus bonarum villarum dictæ bailliviæ et ejus ressorti coram vobis convocatis, intentionem et propositum nostrum super omnibus præmissis seriosius, juxta tenorem instructionis vobis sub nostro contrasigillo traditæ, explicetis, et cum ipsis prædictum tractatum adjutorii, seu subsidii prædicti perficiatis, compleatis et firmetis, et ejusdem receptionem et levationem ordinetis, super his vestras literas necessarias opportunas concedendo, quas per nostras literas, cùm requisiti fuerimus, promittimus confirmare. Et nihilominus oppressiones et gravamina, et quascumque usurpationes et extorsiones quas indebitè per officiarios nostros, aut quosvis alios summariè et de plano repereritis factas et illatas fuisse, quibuscumque subditis dictæ bailliviæ, omissis omnibus appellationibus et frivolis allegationibus, absque morosa dilatione reparetis, reformetis, et ad statum debitum reducatis et reponatis, dampna passis resarciri et reddi, nobisque condignam emendam præstari faciatis, et alia in dicta baillivia reformanda reformetis, aut si casus exigat, nobis reportetis, juxta prædictæ instructionis tenorem, prout visum fuerit expedire, ut super hoc de salubri remedio providere valeamus. Restrictionem numeri servientium, juxta ordinationes alias factas, aut prout aliter pro utilitate subjectorum vobis visum fuerit expedire, teneri et servari faciatis, et alia contenta in dicta instructione compleatis et exequamini diligenter: super omnibus enim et singulis suprascriptis vobis, tribus, duobus, et cuilibet, vocato secum uno probo viro, faciendi et complendi damus autoritatem et potestatem per præsentes, parerique per omnes et singulos justitiarios et subditos nostros, et efficaciter intendi volumus et jubemus.

Datum Parisiis secunda die martii, anno Domini millesimo trecentesimo quinquagesimo.

(Suit le rapport des commisaires détaillant les objets sur lesquels l'aide doit être levée, et la ratification du Roi en ces termes.)

Nos autem facta dictorum commissariorum supra nominatorum roboris firmitatem in præmissis habere volentes, dictas literas eorum subscriptas, et omnia contenta in eisdem; ea volumus, laudamus, approbamus, ratificamus, et de autoritate nostra regia, certà scientià, et speciali gratià tenore præsentium confirmamus, salvo in aliis, jure nostro, et in omnibus quolibet alieno. Quod ut firmum et stabile perseveret in futurum, nos-

trum sigillum castelleti nostri Parisius in absentia magni, præsentibus literis duximus apponendum.

Datum Parisiis anno Domini millesimo trecentesimo quinquagesimo primo, mense junii.

N°. 176. — LETTRES portant confirmation d'un édit de Philippe de-Valois, par lequel, moyennant la finance donnée au Roi, les consuls de Carcassonne sont autorisés à percevoir un impôt à l'entrée des vins et des vendanges dans cette ville (1), toutes les fois qu'elles ne proviennent pas du cru des propriétaires de ladite ville, et à en suspendre la perception quand ils le jugeront à propos.

Paris, juin 1351. (C. L. IV, 88.)

N°. 177. — LETTRES portant révocation, moyennant une réparation suffisante, des lettres de marque délivrées au parlement (2) contre les sujets du duc et de la commune de Gide et de Savone, en représailles (3) des pirateries exercées par eux sur les sujets du Roi.

Saint-Ouen, juin 1351. (C. L. IV, 89.)

N°. 178. — TRAITÉ entre le Roi d'Angleterre et Charles, Roi de Navarre, par lequel celui-ci consent que la couronne de France passe au Roi d'Angleterre.

1er août 1351. (Dumont, Corps diplom., tom. 1er, 2e part., p. 265.)

A ce que bonne amour et alliance soyent et puissent être, à tous jours, entre tres nobles et tres excellens princes, le Roi d'A...

---

(1) Ce sont nos octrois municipaux. (ls.)

(2) Cette circonstance est remarquable ; elle prouve que le parlement partageait la puissance exécutive. Nouv. Rép. p. 583. — Cet usage fut abrogé par l'article 2416. V. le tit. X, du liv. III, de l'ord. de la marine de 1681, et le code des prises, par Lebeau. V. aussi l'ord. du 6 octobre 1333, p. 415. (ls.)

...terre d'une part, et le Re de Navarre d'autre, ont este tou... et parlees par,

Nobles homes ....., chivalers du dit Roi d'Engleterre, et ....ivalers du dit Roy de Navarre,

Les voies et moiens qui ensuient,

Primerement, est agarde, parentre les dessus dit chivalers, que le dit Roy de Navarre aura tout le conte de Champaigne ac de Brie entierment, avecques toutes les appartenances, a tenir a la manere, et par autels noblesces, que le Roy Thibaut de Navarre les tent, toute la duchee d'Amiens et ses appartenances;

Et quant est de la duchee de Normandie, dont il a este parole et debata parentre les dessus ditz chivalers, sur ce que che soit et doie demurer semblablement au dit Roi de Navarre, et entierment, les diz deux seigneurs ordeneront quant il se reverront, et aussi de toutes autres choses que pouent toucher madame la Royne Blanche, le bien de d'Acourt d'entreuls, et le profit des choses dessus dites.

Item, du conte de Chartus, et du bailliage Amiens, dont les chivalers du dit Roy de Navarre ont fait mention, tendant a fin que le dit Roy de Navarre les doie avoir semblablement avecques les choses dessus dictes, demeure a parler autrefoiz : quar les chivalers du dit Roy d'Engleterre ne sy sonte mye presentment arrestu.

Item, est parle que la coronne, et le seurplus du royaume de France, et les autres terres et seigniuries, que celles qui ci desus sont declares, seront ou demouront au dit Roy d'Engleterre.

Item, a ce ques les deux seigneurs aient la possession des choses dessusdites, et que a chascun soit delivre ce que est touche dessus, est parle que il ayderont l'un l'autre de leurs corps, genz, amis, aliez, contre touz; ou cas que les choses vendront a fin de lou traictie, et par ainsi, dismaintenante, le dit Roy de Navarre, et ses gens, et les ditz genz dudit Roy d'Engleterre, qui sont et vendront par deca la meer, seront ensemble countre toutes personnes et feront lour fait au profit des diz deux seigneurs come en conquest de pays, come autrement : et ce qui sera gaingnie et prins de pays, forteresces, ou lieux, es chivanches qui seront faites par euls, sera du dit Roy d'Engleterre; excepte que ce qui sera prins et gaingnie es pays dessus declarez pur le dit Roy de Navarre, sera sien, et le tendra à son proufit; et ceuls qui a pre-

sent tienent places es parties de Normandie et d'alleurs, le
tendront et garderont jusques a tant, que les deux seigneur
aient ordene et acorde ; except les pons et places de Poissy et d
Saint Clou, et de toutes autres forteresces et places qui ont est
prinses et occupees, depuis que le dit Roy de Navarre manda le
genz d'Engleterre derreiner avenir devers lui, queles seront lais-
sees, rendues, et delivres a plain, de tout le pouoir des diz chi
valers du Roy, en bonne foie, sans aucune fraude ou mal engy

Item, pendanz ces choses, toutes les genz, villes, et pays
subgez, amis et alliez dudit Roy de Navarre serront et demour
ront paisibles envers les Anglois de toutes oppressions et dommages : et aussi seront les villes, gents et homes du dit Roy de Na
varre frans et quiete de toutes raencons a imposer de novel :
semblablement demouront paisibles les genz et lieux, obeissan
au dit Roy d'Engleterre, envers le dit Roy de Navarre et ses gen

En tesmoign de les choses les chivalers dessus nomez ont mi
enterchangeablement lours seaulx a ceste presente cedule en-
dente, que s'en fait le premier jour d'aoust, l'an de grace mi
CCC. cynquante et l'une.

N°. 179. — LETTRES *portant suspension, à cause de la guerre,
du paiement des dettes du Roi, et l'exception des fiefs
des aumônes.*

Paris, 26 septembre 1351. (C. L. II, 449 ; IV, 498.)

N°. 180. — LETTRES *qui permettent de revendiquer* (1) *et d
saisir les marchandises vendues et non payées.*

Virmes, octobre 1351. (C. L. III, 248.)

N°. 181. — LETTRES *adressées aux récipiendaires de l'ordre d
l'Étoile* (2), *ou de la Noble Maison.*

Saint-Christophe en Hallatte, 6 novembre 1351. (C. L. II, 465.)

DE PAR LE ROY, biau cousin, nous à l'onneur de Dieu, de No

---

(1) Nouv. Rép. V°. *Revendication.* — Cette ordonn. est spéciale par la vill
Bayeux. (Is.)

(2) L'ordre de l'Étoile fut institué en 1022, par Robert. Il dura jusqu'à Ph

-Dame, et en assaucement de chevalerie et accroissement
... avons ORDENÉ de faire une compaignie de chevaliers,
... seront appellez les chevaliers de Nostre-Dame de la noble
..., qui porteront la robe cy-après devisée. C'est assavoir
... cote blanche, un sercot et un chaperon vermeil : quant ils
... sans mantel, et quant ils vestiront mantel, qui sera fait
... guise de chevalier nouvel, à entrer et demourer en l'eglise de
... noble maison, il sera vermeil, et fourrez de vair, non pas d'er-
..., de cendail, ou sanit blanc; et faudra qu'il aient dessouz
... mantel sercot blanc, ou cote hardie blanche, chauces noi-
..., et soulers dorez, et porteront continuelment un annel entour
... verge au quel sera escrit leur nom et surnom, ou quel annel
... un esmail plat vermeil, en l'esmail une estoille blanche, ou
... de l'estoille une rondete d'azur, ou milieu d'icelle rondete
... azur, un petit soleil d'or, et ou mantel sus l'espaule, ou devant
... leur chaperon un fremail, ouquel aura une estoille, toute
... comme en l'annel est devisé.

Et tous les samedis quelque part qu'il seront, il porteront vermeil et blanc en cote et en sercot, et chaperon comme dessus se
... le puent bonnement. Et se il veulent porter mantel, il sera
vermeil et fenduz à l'un des costez, et touz les jours blanc dessouz. Et se touz les jours de la sepmaine, ils veulent porter le fremail, faire le pourront et sur quelque robe que il leur plaira, et
en l'armeure pour guerre, il porteront ledit fremail en leur camail, ou en leur cote à armer, où là où il leur plaira apparemment.

... de Valois, qu'il fut intermis par les guerres que ce prince eut à soute-
... contre les anglais.

... cette année, le roi Jean le rétablit. Cet ordre dura peu. Quelques-uns
... qu'il fut aboli par Charles V, et d'autres par Charles VII. V. Favin,
... d'honneur et de chevalerie, liv. 3, pag. 574, 575, 576, 577.

... le présente comme une nouvelle institution. (Tom. IX, p. 37.) Edouard,
..., avait employé avec succès ce moyen d'encouragement, en instituant
... de la *Jarretière*; mais Jean, peu judicieux, avilit son ordre, dès sa
..., en nommant 500 chevaliers. Il y eut une assemblée générale de l'ordre
... château royal de Saint-Ouen, au mois d'octobre. La devise était : *Monstrant*
... *astra viam*, par allusion à l'étoile des Mages. Cet ordre a servi dans la
... de modèle aux établissemens de ce genre.

... l'ord. du 5 août 1814, sur la décoration du lys, le décret de suppression
... 9 mars 1815. Les ord. de rétablissement, 5 février, 18 avril et 31 août 1816,
... mars et 12 août 1817. Rec. Isambert.

Et seront tenuz de jeuner touz les samedis, se il peuvent bonnement, et se bonnement ne peuvent jeuner, ou ne veulent, il donront ce jour quinze deniers pour Dieu, en l'onneur des quinze joyes Notre-Dame. Jureront que à leur povoir, il donront loyal conseil au prince, de ce que il leur demandera, soit d'armes, ou d'autres choses. Et se il y a aucuns qui avant ceste compaignie ayent emprise aucun ordre, il la devront lessier, se il pevent bonnement; et se bonnement ne la pevent lessier, si sera ceste compaignie devant, et de cy en avant n'en pourront aucune autre emprendre, sanz le congié du prince. Et seront tenuz de venir touz les ans à la Noble Maison, assise entre Paris et Saint-Denis en France, à la veille de la feste Nostre-Dame demi-aoust, dedens prime, et y demourer tout le jour, et leudemain jour de la feste jusques aprés vespres, et se bonnement n'y peuvent venir, il en seront creu par leur simple parole. Et en touz les liex où il se trouveront cinq ensemble ou plus à la veille et au jour de ladite mi-aoust, et que bonnement il n'auront peu venir à ce jour, au lieu de la Noble Maison, il porteront lesdites robes, et orront vespres et messe ensemble, se il pevent bonnement.

Et pourront lesdiz cinq chevaliers, se il leur plaist, lever une banniere vermeille, semée des estoilles ordenées, et une image de Nostre-Dame blanche, especialement sur les enemis de la foy, ou pour la guerre de leur droiturier seigneur.

Et au jour de leur trespassement, il envoiront à la Noble Maison se il pevent bonnement, leur annel et leur fremail, les meilleurs que il auront faitz pour ladite compaignie, pour en ordener au proufit de leurs ames, et à l'onneur de l'Eglise de la Noble Maison, en laquelle sera fait leur service solemnelment. Et sera tenuz chascun de faire dire une messe pour le trespassé, au plustost que il pourront bonnement, depuis que il l'auront sceu.

Et est ordenné que les armes et timbres de touz les seigneurs et chevaliers de la Noble Maison, seront paints en la sale d'icelle, au-dessus d'un chacun là où il sera.

Et se il y a aucun qui honteusement, que Diex ne Nostre-Dame ne veillent, se parte de bataille, ou de besoigne ordenée, il sera souspendus de la compaignie, et ne pourra porter tel habit, et li tournera l'en en la Noble Maison ses armes et son timbre ce dessus dessouz sans deffacier, jusques à tant que il sait restituez par le Prince et son conseil, et tenuz pour relevez par son bienfait.

1351.

Il est encore ordené que en la Noble Maison, aura une table appellée la Table d'Oneur, en laquelle seront assiz la veille et le jour de la premiere feste, les trois plus souffisanz Princes, trois plus Bannerez, et trois plus souffisanz Bachelers (1), qui seront à ladite feste, de ceuls qui seront receus en ladite compaignie; et en chascune ville et fette de la mi-aoust, chacun an apres ensivant, seront assis à ladite Table d'Oneur les trois Princes, trois Bannerez, et trois Bachelers, qui l'année auront plus fait en armes de guerres, car nul fait d'armes de pais n'y sera mis en compte.

Il est encore ordenée que nuls de ceuls de ladite compaignie ne devra emprendre à aller en aucun voyage lointain, sanz le dire, ou faire savoir au Prince; lesquiex chevaliers seront en nombre cinq cens, et desquiex, nous, comme inventeur et fondeur d'icelle compaignie, serons prince, et ainsi l'en devront estre noz successeurs Roys. Et vous avons eslu a estre du nombre de ladite compagnie, et pensons à faire se Diex plest, la premiere faite et entrée de ladite compaignie à Saint Oüin (2), la veille et le jour de l'apparition prouchène. Si soyez ausdix jours et lieu, se vous povez bonnement, à tout vôtre habit, annel et fremail. Et adoncques sera à vous et aus autres plus à plain parlé sur cette matiere.

Et est encores ordené que chasun apporte ses armes et son timbre pains, en un feuillet de papier, ou de parchemin, afin que les paintres les puissent mettre plustost et plus proprement là où il devront estre mis en la noble maison.

Donné à Saint Christophle en Halate le 6ᵉ jour de novembre, l'an de grace mil trois cens cinquante-un.

---

(1) Cecy prouve évidemment que les bacheliers n'estoient pas des bas chevaliers, comme quelques-uns se le sont imaginez, mais qu'ils n'estoient nommés bacheliers, que parce que n'ayant pas un nombre de bachelles de terre suffisant, ils n'estoient pas assez riches pour lever baniere. Ce qui n'empeschoit pas qu'ils ne fussent tous également chevaliers et du même ordre, sans autre distinction que de leurs biens, les uns estant plus puissants et plus riches, et les autres moins. Touchant les chevaliers banerets et les bachelierz. V. du Cange, Dissertation sur Joinville; Menestrier, Traité de la chevalerie ancienne et moderne, ch. 5, p. 155. Du Cange, Glossaire, et le Glossaire du droit français sur ces mots; et de Sainte-Marie, Dissertations historiques et critiques sur la chevalerie ancienne et moderne, séculiere et réguliere, liv. 1ᵉʳ, art. 2, pag. 6 et 7. (Laur.)

(2) Favin, Théâtre d'honneur, tom. 1ᵉʳ, p. 573 et 574, dit que le roy Jean establit dans cette maison le siege de cet ordre. (Laur.)

N°. 182. — MANDEMENT *aux gens des comptes, qui prescrit le rachat des rentes dues par le Roi, aux prix des transferts* (1).

Saint Christophe en Hallatte, 13 novembre 1351. (C. L. IV, 101.)

N°. 183. — LETTRES *qui accordent aux consuls de la ville de Florence en Languedoc, le droit de faire des proclamations* (2), *dans toutes les affaires qui intéressent leur justice de paix et leur juridiction.*

Paris, novembre 1351. (C. L. IV, 95.)

N°. 184. — ORDONNANCE (3) *portant interdiction aux gens du grand conseil de faire le commerce, ni personnellement, ni par personnes interposées, et de s'associer avec des commerçans, sous peine de perdre la marchandise, et d'être punis à volonté.*

Décembre 1351. (Henrion de Pansey, 76.)

N°. 185. — MANDEMENT *portant défenses aux trésoriers des guerres de prêter aux gens d'armes plus d'un mois d'avance sur leurs gages.*

Paris, 4 janvier 1351. (C. L. II, 485.)

---

(1) Ce rachat se fait en la forme prescrite par l'art. 1699 du Code civil, pour le cas de transport de créances litigieuses. C'est une espèce de droit de préemption. (Is.)

(2) Ceci a de l'analogie avec le pouvoir de faire des réglemens de police accordé aux maires de toutes nos communes, par l'art. 46, §. Ier, tit. 1er de la loi du 22 juillet 1791. — Du pouvoir municipal, par le président Henrion de Pansey, in-8°, 1822.

(3) (Art. 24.) Nous n'avons pas trouvé cette pièce.

N° 186. — ORDONNANCE *faite par le grand conseil, approuvée par le Roi, sur le paiement des obligations contractées pendant la forte monnoie.*

10 février 1351. (C. L. II, 485.)

JOHANNES Dei gratia Francorum Rex.

Præposito Parisiensi (1), vel ejus locum tenenti, salutem. Ordinationes regias super modo solvendi debita, et firmas retinendi, per magnum nostrum consilium editas, vidimus, formam quæ sequitur continentes (2).

Ordenances faites par le grant conseil du Roy, le dixième jour de février, l'an mil trois cens cinquante-un, sur la manière des paiemens, pour cause de la mutation de la monnoye novellement faite, de feble à fort.

Premièrement. Toutes dettes duës pour cause de rentes à héritage, à vie, ou à voulenté, de loyers de maisons, de cens, ou crois de cens, et de toutes semblables choses duës pour les termes escheuz depuis le darrenier jour de juingnet darrenierement passé que la feble monnoye courant n'agaires commença à avoir notoirement plain cours, jusqu'au jour de la publication de cette presente forte monnoye, se payeront à ladite feble monnoye, tant comme elle aura aucun cours, et pour le prix que elle couroit ausdiz termes, ou à la monnoye presente, selon la valuë du marc d'argent.

(2) *Item.* Ce qui en est, ou sera deu, pour les termes escheuz, ou à escheoir, depuis ladite publication de la forte monnoye, se payera à la monnoye courante, aux termes, ou au temps du payement.

(3) *Item.* Ce qui en est deu pour les termes precedens ledit darrenier jour de juingnet darrenier passé, que la feble monnoye dessusdictes commença à avoir cours, se payera au feur du marc d'argent, se ainsi n'estoit, que ou temps pour lequel l'en devoit est couru plus forte monnoye que celle qui court à présent, ou-

---

(1) Elle a été envoyée à d'autres baillis et sénéchaux.
(2) Cette forme est extraordinaire. V. Dissertation sur les arrêts du conseil. loc. Isambert, préface du volume de l'année 1821.

quel cas l'en seroit quitte pour payer la monnoye qui court presentement.

(4) *Item.* Tous emprunz vraiz, faiz senz toutes fraude et cautelle en deniers, se payeront en telle monnoye comme l'en aura emprunté, se elle a plain cours au temps du payement, et se non, ils se payeront en monnoye coursable lors, selon la valüe du marc d'or, ou d'argent. C'est assavoir selon la valüe du marc d'or qui aura receu or, ou du marc d'argent, qui aura receu argent, nonobstant quelconque maniere de promesse, ou obligation faite sur ce.

(5) *Item.* Tous deniers d'or, ou d'argent mis en garde, ou en depost, de quoy la garde se sera, ou pourra estre aidiez à son besoing, ou en marchandises, ou autrement, se payeront et rendront par la maniere que les emprunts dessusdiz.

(6) *Item.* Tous deniers dûs à cause de retraite d'heritages, se payeront semblablement, comme lesdiz emprunz.

(7) *Item.* Semblablement sera fait de ce qui est dû pour cause d'achats d'heritage, ou de rente à heritage, ou à vie, ou à temps.

(8) *Item.* Toutes sommes promises en contraucts de mariage, et pour cause de mariage, se payeront en la monnoye courante au temps du contraut, si elle a plain cours, comme dessus, et se non au prix du marc d'argent, comme dessus; se ainsi n'esteit que en ladite promesse ait eu convenance de certaine monnoye d'or ou d'argent, senz prix, ou pour certain, ou exprimé prix, lesquelles convenances en ce cas seront tenuës et gardées en leurs propres termes, nonobstant que la monnoye promise, ou specifiée n'ait, ou n'eust point de cours, ou ait, ou eust cours pour autre prix au temps de la promesse, que promis n'avoit esté. Par telle maniere toutes voies, que se au temps du payement la monnoye promise d'or ou d'argent n'avait cours, l'en payera pour la monnoye non coursable, la monnoye qui sera coursable, selon le prix du marc d'or, ou d'argent, aussi comme des emprunts, ou retrais des heritages.

(9) *Item.* Les fermes muables à payer en deniers, prises et affermées, depuis le derrenier jour de juignet darrenier passé que ladite foible monnoye prist à avoir plain cours, dont les termes, ou aucun des termes sont escheuz avant la publication de ceste forte monnoye, se payeront pour lesdits termes à ladite feble monnoye, qui darreniere a couru, et pour le prix que elle a couru. Et pour les termes à venir, elles se payeront en la mon-

qui courra, et pour le prix que elle courra ausdiz termes, il plaist au fermier, et se non, et le bailleur ne veult estre content de la monnoye courante, au temps du contract, le fermier pourra renoncier à sa ferme, dedanz quinze jours après la publication de ces presentes ordonnances, en rendant toutes choses, et payant au bailleur dedenz huit jours, après sa renonciation, tout ce que loyalment, et senz fraude, il pourra lors devoir pour cause de sadite ferme. Et se ledit fermier avoit renoncié dedanz les quinze jours après la publication de ces presentes, et estoit defaillant de rendre ce qu'il en devroit justement et loyalment payer au bailleur, dedens les huit jours après sa renonciation, sadite renonciation seroit réputée et tenuë de nulle valué.

Et se le bailleur et le fermier ne pevent estre d'accord, de ce que ledit fermier pourroit loyalment devoir pour la ferme, le juge du lieu appellé et à ce bonnes personnes non suspectes en autres fermes que és fermes du Roy, enquerra la verité, de la valuë de ladite ferme, de ce qui en sera levé, et ce qui en sera à lever, de l'amelioration, ou mendre valuë, de temps à temps. Et parmi ce, le fermier sera tenuz payer au bailleur du prix de sa ferme, ce qui, par l'arbitrage du juge, selon la portion du temps et la proportion du meilleur ou mendre temps, sera dit, ou prononcié.

Et és fermes du Roy, les juges des lieux, appellez à ce le receveur et le procureur du Roy audis lieux, ou leurs lieuxtenans feront informations, bonnes et duës, sur les choses dessusdites, et icelles informations, envoyeront aux gens des comptes du Roy à Paris, qui euë consideration aux choses dessusdittes, détermineront ce qui en devra estre fait.

(10) *Item*. Les fermes muables prises et affermées avant le plain cours de la feble monnoye dessusdite, se poyeront pour les termes escheuz, ou temps precedens, le commencement dudit cours d'icelle feble monnoye, au feur du marc d'argent, se ainsi n'estoit que au terme deu, eust couru plus forte monnoye que celle qui court à present, ouquel cas l'en seroit quittes, par payant cette presente monnoye.

Et pour les termes a venir, l'en payera la monnoye courante aux termes, et pour le prix que elle courra, sanz ce que le fermier puist renoncier.

Et se aucune chose en est deue pour termes escheuz, ou temps du plain cours de ladite feble monnoye, se icelluy fermier a pris la ferme simplement, sans exprimer à payer telle monnoye et pour tel prix, comme il courra aux termes, il payera telle monnoye et pour tel prix comme il court, ou courra au temps que il payera, se ainsi n'estoit que il courust lors plus forte monnoye que il ne faisoit ou temps que il prist ladite ferme, ouquel cas il payeroit la monnoye coursable au prix du marc d'argent comme dessus.

Et se eu prenant ladite ferme, le fermier a promis, ou se est obligez par exprés à payer la monnoye courant aux termes, il sera quitte en payant ladite monnoye courant aux termes, où la monnoye courant au temps des payemens, advaluée à l'autre selon le prix du marc d'argent.

(11) *Item.* Les ventes des bois, prises depuis que ladite feble monnoye ot plain cours, à payer à une fois, ou à termes, un ou plusieurs, soient les termes passez, ou à venir, mais le bois est tout levé, se payeront à ladite feble monnoye, et pour le pric que elle avoit cours, au temps de la prise, tant comme elle aura cours, ou à la nouvelle monnoye, selon le prix du marc d'argent.

(12) *Item.* Les ventes des bois prises comme dit est, de quoy les termes des payemens sont tous passez; mais le bois n'est pas tout couppes, et se en doit oncore le marchant au vendeur certaine somme d'argent, pour aucuns termes passez, se payeront à la monnoye qui court, et pour le prix que elle a cours. C'est assavoir ce qui en est deu pour tant de porcion de bois, comme il y a à couper, ou, se ledit marchant de bois veult, il pourra renoncier à la couppe du demourant de bois, et li sera descompté de sa debte, à la value, et selon le prix du marchié, et la qualité et value du bois couppé, et à coupper. Et se il doit plus que ladite portion de bois à coupper ne monte, il payera le demourant à ladite feble monnoye. Et se le bois à coupper monte plus que la somme d'argent deue, le vendeur sera tenuz de payer le surplus à son marchant en ladite feble monnoye.

(13) *Item.* Les ventes de bois prises, comme dit est, de quoy partie du bois est à coupper, et les termes des payemens sont aussi à venir, ou cas que l'acheteur voudra tenir son marchié, pour payer telle monnoye, et pour telle prix, comme il courra aux termes, faire le pourra sans contredit dudit vendeur. Et ou cas que il ne vouldra ce faire, se le vendeur ne veult estre content pour les termes à venir, de la feble monnoye, qui couroit, et pour le prix que elle courroit, au temps du marchié, il pourra

son bois et sa vente reprendre, par devers soy, ou point où elle est, se il li plaist, en recevant de l'acheteur, au prix que ladite vente li cousta, ce que il li pourra devoir, en ladite feble monnoye, comme dessus, c'est assavoir de ce pour tant comme ledit acheteur aura exploicté dudit bois, et sera regardé l'afforement ou empirement de la vente, ou se le meilleur bois, ou le pire est couppé, ou exploitié ou à coupper, ou à exploictier, et de ce sera faicte competent estimation.

(14) *Item.* Des ventes de bois, prises avant le plain cours de ceste darreniere feble monnoye, de quoy le bois est tout couppé, et les termes des payemens sont passez, mais l'en en doit encore au vendeur certaine somme d'argent, pour terme échû au temps de la feble monnoye, se l'acheteur a promis à payer à termes et à telle monnoye, et pour tel prix, comme elle auroit cours aux termes, il sera quittes par payant ce que il doit pour les termes écheuz, à telle monnoye, comme il couroit aux termes, et pour le prix que elle avoit cours, ou à la monnoye nouvelle, à la value du marc d'argent. Et se l'acheteur, ou contrauct de son marchié, ne fist point de mention à payer à la monnoye courant aux termes, et pour le prix que elle y couroit; mais promist, ou se obligea simplement à payer certaine somme d'argent à chacun de certains termes, il sera tenuz en ce cas à payer bonne monnoye, c'est assavoir celle qui court, ou courra au temps que il payera, et pour le prix que elle court, ou courra lors, se ainsi n'estoit que au temps du marchié il eust couru plus forte monnoye que celle qui court, ou courra au temps du payement, ou quel cas l'en payera, selon la value du marc d'argent, si comme cy-dessus est dit des fermes muables.

(15) *Item.* Les ventes de bois, prises avant le plain cours de ladite feble monnoye, de quoy le bois est tout couppé, et aucun des termes des payemens sont avenir, se payeront à la monnoye courant aux termes des payemens.

(16) *Item.* Ventes de bois, prises, comme dit est, de quoy le bois n'est pas tout couppé, et les termes des payemens sont passez, mais l'acheteur en doit encore partie de l'argent, pour termes écheuz au temps de la feble monnoye, se payeront à telle monnoye, comme il court, ou courra, quant l'acheteur payera, se il li plaist. Et se non, et le vendeur ne veult estre content de la monnoye qui couroit au terme du payement deu, il pourra reprendre sa vente et son bois, ou point, qu'il est, par la ma-

niere que il est devisié cy-dessus des ventes semblables, prises depuis le cours de la feble mounoye.

(17) *Item.* Les ventes des bois prises avant le cours de ladite feble monnoye, de quoy aucuns termes des payemens sont à venir, et aussi le bois, ou partie du bois est à coupper, se payesont, pour les termes à venir, à la monnoye qui courra, et pour le prix que elle courra aux termes, senz ce que l'acheteur puisse renoncier.

(18) *Item.* Se aucun a pris, ou temps que la feble monnoye avait plain cours, aucuns labourages à faire pour aucune somme d'argent, aussi commes terres, vignes, ou autres semblables labourages, ou aussi aucuns ouvrages, comme maisons, murailles, cloisons, ou autres ouvrages quelconques, à estre payé à une foiz, ou à plusieurs, senz terme, ou à termes, un ou plusieurs, le laboureur, ou ouvrier pourra faire, ou parfaire son labourage, ou ouvrage, en recevant ce qui ly en est, ou sera dû, à la monnoye courant, et pour le prix, que elle couroit au temps du marchié, ou à la nouvelle monnoye, selon le prix du marc d'argent, se il li plaist. Ou se il veult, il poura renoncier dedenz huit jours, après la publication de ces presentes ordenances, à sondit labourage, ou ouvrage ou tâche, ou au demeurant qui à faire en est, ou sera, en rendant et payant toutes voyes au bailleur dedenz ledit temps, tout ce qu'il en auroit reçu, outre le labourage, ou ouvrage, que il en auroit fait, et autrement non.

(19) *Item.* Tous autres contraux communs faiz, ou denrées accreues, ou temps que ladite feble monnoye avoit son plain cours, à payer sanz terme, ou à terme, passé, ou à venir, senz faire mention d'aucune monnoye exprimée par especial, se payeront à ladite feble monnoye, ou à la nouvelle courant à present, à la value d'icelle selon le prix du marc d'argent nonobstant que ou contract eust esté dist, on fust obligié le debteur, à payer telle monnoye, comme il courra aux termes, et pour le prix que elle y courra.

(20) *Item.* Se lesdiz contraux faiz, ou denrées accreues, avant que ladite feble monnoye eust cours, à payer sans terme, et en est encore deu tout, ou partie; se payeront à la monnoye qui court à present, et pour le prix que elle court, se ainsi n'estoit toutes voye, que ceste monnoye qui court, feust plus forte que celle qui avoit cours au temps du contract, ou quel cas l'en

payeroit à la monnoye qui court, selon la value du marc d'argent comme dessus.

(21) *Item.* Se lesdiz contraux furent faiz, ou les denrées furent accreues comme dit est, en baillant toutes voyes terme, ou termes de payer la somme d'argent du contrauct, se aucune chose en est deue pour les termes à venir, le debteur sera tenuz de payer pour les termes à venir, à la monnoye qui courra aux termes, et pour le prix que elle courra, se ainsi n'estoit que la monnoye courant au temps du payement, feust plus forte que celle du contraut, ou quel cas l'en payera selon le marc d'argent comme dessus.

(22) *Item.* Se il est deu, pour terme, ou pour termes, escheuz, au temps que il courroit aussi bonne monnoye, ou meilleure que ceste qui court, le debteur payera à la monnoye courant à présent, et pour le prix que elle court, se ainsi n'estoit que ou temps que il payera, il courust plus forte monnoye, que ou temps du contrauct, ou quel cas l'en payeroit à la value du marc d'argent, comme dessus.

Et aussi se il en est dû aucune chose pour aucuns termes, escheuz au temps que il couroit feble monnoye, ou moins forte, que ceste qui court à present, ou aussi moins forte, que celle qui couroit au temps du contrauct, le debteur sera tenu de payer pour ce que il en doibt encore, à la bonne qui court, et pour le prix que elle court, en la maniere que cy-dessus est dit, c'est assavoir la monnoye qui courra au temps du payement, et pour le prix que elle courra, se ainsi n'estoit, que la monnoye courant, au temps du contrauct fust plus feble que celle du payement ouquel cas l'en payera selon le marc d'argent.

(23) *Item.* Des denrées accreues, et tous autres contraux, à deniers, soient fermes muables, ventes de bois, et autres quelconques, exceptéz empruns, achaz d'heritages, et promeses en mariage, dont cy-dessus est declairié souffisamment, faiz, ou accreues en quelconques temps que ce soit, ou temps de forte monnoye, ou de feble, se le debteur a promis, ou il se est obligié à payer à une foiz, ou à plusieurs certaine somme d'argent en certaine et expresse monnoye, pour certain et exprès prix, se la monnoye contenue en la promesse, ou obligation avoit cours au temps du contrauct, ou de l'obligation, et aussi cours pour tel prix, comme il est dit au contrauct, ou contenu en l'obligation, le debteur, nonobstant la chose qui soit dite cy-

dessus, est, ou sera tenu de payer, au créancier ladite somme d'argent en la monnoye, et pour le prix contenu, au contrauct, ou obligation, se icelle monnoye est coursable au temps que le debteur payera, et se non il payera à la monnoye coursable a donc, selon la value du marc d'argent, comme dessus.

Et se le debteur esdiz cas, avoit promis, ou se estoit obligiez à payer ladite somme d'argent, en monnoye qui n'eust point de cours au temps du contract, ou en monnoye coursable, pour mendre prix que celle n'auroit eu cours lors; en ce cas l'en auroit pas regard à la maniere de la promesse, ou obligation, mais au temps du contrauct, ou des termes, selon les cas cy-dessus devisiez. Et néanmoins ceulx qui auroient fait tiex contraux l'amenderoient au Roy, l'une partie, et l'autre, car tiex contraux sont deffenduz de pieça par plusieurs ordenances royaulx.

(24) *Item*. Est ordené, que touz marchans et touz vendeurs quelconques (veudent) avenablement, selon la monnoye, toutes manieres de denrées, vivres, vestemens, chausseinens, et autres choses quelconques necessaires à la vie et sustentation et gouvernement de corps humain, et aussi facent touz laboureurs et ouvriers de leurs labours, ouvrages et journées, et que en ces choses soit pourveu par les baillifs, seneschaux, prevost, et autres justiciers et commissaires des lieux, par toutes les manieres et soubz toutes les peines qu'il pourra estre fait.

(25) Et pour ce que cy-dessus estre fait mention en plusieurs lieux de payer à la value du marc d'argent, la declaration en est, que l'en aura regart à la value du marc d'argent que l'en donne es monnoye du Roy, on donoit au temps de la debte, contrauct, ou terme, et non pas à la value de la traite.

(26) Et aussi pour ce que dessus est fait mention de plain cours de monnoye, la declaration en est, que la monnoye a plain cours, quant elle court, et est mise pour le prix que elle fut premierement faite.

Quare tibi præcipientes districte mandamus quatenus supra dictas ordinationes nostras, modo et forma, quibus superius exprimuntur, in locis omnibus tuæ prepositure et ejus ressorti consuetis, in talibus, et de quibus videbitur expediens proclamari facias, et solempniter publicari. Easque, teneas et per omnes juxta formam earum et tenorem omnimodo teneri et custodiri facias, ac etiam adimpleri. Nichilominus si in premisso, aut aliquo premissorum, vel alias aliquæ dubitationes emineant, cas

... et fidelibus gentibus compotorum nostrorum Parisiis reservavimus, ac etiam per presentes reservamus declarandas (1). In quorum testimonium nostrum presentibus literis, fecimus apponi sigillum.

Datum Parisiis die decima mensis februarii anno domini millesimo trecentesimo quinquagesimo primo.

N° 187. — Constitution *du Pape Clément* VII, *sur la tenue du conclave.*

Avignon, 8 des ides (6) décembre 1351. (Corps diplom. de Dumont, tom. I, part. 2, p. 270.)

Clemens, episcopus, servus servorum Dei, ad perpetuam rei memoriam.

Licet in constitutione, à felicis recordationis Gregorio papa X, predecessore nostro, super electione Romani pontificis edita in concilio Ludunensi, quæ incipit, ubi majus periculum, inter cetera caveatur expresse, quod, si eundem pontificem in civitate, in qua cum sua curia residebit, diem claudere contingat etrenon, cardinales in palatio, in quo idem pontifex habitabat, omnes convenient, et in eo singuli singulis tantummodo, nisi illi, quibus ex patenti necessitate duo permittuntur haberi, contenti servientibus, clericis vel laicis, prout elegerunt unum conclave, nullo intermedio pariete, vel alio velamine, inhabitent in communi; et quod diebus certis, non facta provisione de pastore, decursis, panis, vinum et aqua tantummodo eisdem cardinalibus, donec subsequatur provisio, ministretur. Quia tamen, sicut frequenti multorum assertione, et in cardinalatu constituti percepimus, nonnulli ex cardinalibus ipsis in observatione constitutionis ipsius gravati alias nimium extiterunt, multique ex ipsis duos in dicto conclavi habuerunt servientes, non absque scrupulo conscientiæ, propter ambiguitatem dictorum verborum, videlicet, quibus ex patenti necessitate duo permit-

---

(1) Il y a en effet une déclaration du conseil sous la date du 6 mars. — C. L. II, 492, dont le texte est inutile à rapporter ici. (Is.)

tantur haberi, in dicta constitutione, ut præmittitur, contentorum: nos providere super his cupientes, ex his et aliis causis rationabilibus, quæ nostrum ad id animum induxerunt, rigorem constitutionis ipsius, et etiam ad fratrum nostrorum supplicationem in his providimus temperandum, auctoritate apostolica statuentes, quod cardinales, postquam conclave hujusmodi, seu clausuram pro dicta celebranda electione intraverint, singuli duos servientes tantùm, clericos vel laicos, prout duxerint eligendos: Ac insuper singulis diebus, præter panem, vinum et aquam, in prandio unum, in cœna unum duntaxat ferculum carnium unius speciei tantummodo, aut piscium, seu ovorum, cum uno potagio de carnibus vel piscibus, principaliter non confectis, et decentibus salsamentis, habere valeant ultra carnes salitas, vel herbas crudas, ac caseum, fructus sive electuaria. Ex quibus tamen nullum specialiter ferculum conficiatur, nisi ad condimentum fieret, vel saporem. Nullus verò eorum de alterius ferculo vesci possit. Liceat etiam eis ex decentia honestatis habere in clausula hujusmodi, cum in lectis causa quiescendi vel dormiendi esse voluerint, dumtaxat intermedia seu velamina simplicium solummodo cortinarum prædicta; et felicis recordationis Clementis, papæ V. Prædecessoris nostri, et aliis constitutionibus apostolicis contrariis, quibus per hoc in aliis derogari nolumus, non obstantibus quibuscunque. Nulli ergo omnino hominum liceat hanc paginam nostræ constitutionis et voluntatis infringere, vel ei ausu temerario contraire. Si quis autem hoc attentare præsumpserit, indignationem omnipotentis Dei, et beatorum Petri et Pauli, apostolorum ejus, se noverit incursurum.

Datum Avinioni, VIII Idus Decemb. Pontificatus nostri anno X.

N°. 188. — MANDEMENT *pour taxer le prix du blé, des vins, foins, avoines, poissons, draps, gistes, denrées, et le salaire des laboureurs et ouvriers.*

Paris, 14 février 1351. (C. L. II, 489.)

P. 189. — LETTRES portant que les abbés et supérieurs visiteraient et consoleraient deux fois le mois, dans leur prison, les moines condamnés à l'oubli (1).

1351. (Villaret, Hist. de France, IX, 76.)

P. 190. — RÉSOLUTION (2) des cardinaux réunis en conclave, pour l'élection d'un pape, portant que le nombre des cardinaux ne pourrait excéder 20; qu'ils ne pourraient être créés que du consentement du sacré collége; qu'aucun cardinal ne pourrait être déposé ou arrêté sans l'avis de tous, ni censuré sans l'assentiment des deux tiers; que le pape ne pourrait mettre la main sur les biens des prélats, ni aliéner les terres de l'église, sans l'assentiment des deux tiers des cardinaux, et que la charge de maréchal de la cour de Rome, et le gouvernement des provinces et des terres ne pourraient être confiés à aucun parent ou allié.

1351. (Villaret, Hist. de France, IX, 76.)

P. 191. — ÉDIT portant défenses à tous autres qu'aux gradués, d'exercer la chirurgie à Paris (3).

Paris, avril 1352. (C. L, II, 496.)

P. 192. — LETTRES portant fixation du douaire de la Reine.

Paris, 15 décembre 1352. (Hist. générale de la maison d'Auvergne, preuv. p. 192.)

P. 193. — MANDEMENT renouvelant (4), sous diverses peines, la défense des guerres privées pendant la guerre avec l'Angleterre.

En parlement, 17 décembre 1352. (C. L. II, 511.)

JOANNES, etc. Præposito Parisiensi, aut ejus Locumtenenti, salutem.

---

(1) De là vinrent les prisons appelées les *Oubliettes*. Il y en avait dans la plupart des châteaux. V. l'art. 341 du Code pénal. (Is.)
(2) Ce réglement n'eut pas d'exécution; le nouveau pape Innocent V, le ... (Idem.)
(3) V. ci-dessus l'ord. de novembre 1311, p. 16. — Le texte est le même. (Idem.)
(4) L'auteur du Nouveau rép. a cru trouver l'origine de la prohibition des

43

Cum de omni jure, ac etiam ratione, guerris Regiis et specialiter regni nostri existentibus et durantibus, omnes guerræ et diffidationes quæcumque inter cunctos dicti regni subditos, omnino cessare debeant; maxime cum dictæ guerræ nostræ, omnes regnicolas, tam universaliter, quam particulariter, tangant et concernant, ut unusquisque circa eas tamquam suas proprias debeat occupari. Quanquam defunctus inclitæ recordationis carissimus dominus genitor noster, dum videbat, omnibus et singulis regnicolis cujuscumque status conditionis et loci, patriæ, aut provinciæ extiterit, inhibuisset expresse, ac etiam palam, et publice proclamari et inhiberi fecisset, ne quis sub pœna corporis et averii et bonorum, suis et dicti regni guerris durantibus, diffidationes quascumque, aut guerram facere præsumeret, seu auderet, ipsasque diffidationes et guerras penitus adnullasset ac damnasset, privilegiis, consuetudinibus et usibus, aut observantiis locorum, vel patriarum nonobstantibus quibuscumque.

Nosque postmodum in parlamento nostro personaliter præsidentes (1), inhibitiones et deffensiones prædictas, et sub pœnis prædictis fecerimus publice et solemniter, necnon per universas partes regni nostri ordinaverimus, mandaverimus fieri, ac etiam publicari: nihilominus ad nostrum pervenit auditum, quod non obstantibus prædictis, imo potius scriptis, nonnulli regni nostri, tam nobiles, quam innobiles, sub colore privilegiorum, consuetudinum, usuum, aut observantiarum patriarum suarum, vel locorum, seu aliàs, de die in diem guerras inter se adinvicem movere, et facere, ac unus alterum verbo tenus, aut literatorie diffidare, di-

---

guerres privées, sous Charlemagne, art. 32 du 1ᵉʳ capitul. de 802; mais le droit de faire la guerre dérive du droit de souveraineté. Les grands barons n'ont joui du droit de se faire la guerre que depuis que les fiefs furent devenus héréditaires dans le dixième siècle. C'est Saint-Louis qui le premier eut la force de les suspendre en 1245. Ce fut une grande conquête de ce monarque sur la puissance féodale. En 1257 il fut plus hardi; il les interdit entièrement. Le droit pour les seigneurs était si évident, que, malgré ces prohibitions renouvelées sous Philippe-le-Hardi, (tom. 2, p. 671) et sous Philippe-le-Bel en 1296 et en 1303, sous Philippe de Valois, en février 1330, ils continuèrent d'en user. Ce droit même fut reconnu par l'ord. des états du Vermandois ci dessus. Les seigneurs en cette qualité, avaient le droit de faire la guerre au Roi, comme l'a fait le seigneur du *Puiset* sous *Robert*, sans s'exposer aux peines de la trahison. *V.* ci-après l'ord. du 9 avril 1355. (Is.)

(1) Donc alors les pouvoirs exécutif, législatif et judiciaire, étaient confondus. (*Idem.*)

nostris ac regni nostri guerris durantibus, ausu suo temerario non vereantur, seu formidant; quæ cedunt in maximum præjudicium, scandalum et periculum nostri ac totius regni, et reipublicæ, omniumque subditorum et incolarum Regni nostri, mandatorum et inhibitionum dicti genitoris nostri, ac nostrarum, prædictarumque contemptum et illusionem, nobis quamplurimum et non immerito displicent, easque sine punitione celeri inde facienda, nolumus sub dissimulatione pertransire.

Quare tibi Mandamus districte præcipiendo et injungendo, quatenus in Assisiis tuis, et aliis locis insignibus consuetis dictæ tuæ præpositurae, defensiones et inhibitiones prædictas, ac sub pœna indignationis nostræ incurrendæ, et aliis pœnis prædictis, iterato fieri facias ac etiam publicari. Quod si secus per aliquem, vel aliquos in contrarium, in dicta tua præpositura factum esse, aut fuisse repereris, hujusmodi guerras moventes et facientes, ac diffidationes quascumque, ad desistendum ab eis, necnon ad revocandum ipsas guerras et diffidationes et omnino adnullandum, ac inter se pacem et concordiam faciendum et habendum, per corporum eorumdem captionem, detentionem et incarcerationem viriliter, visis præsentibus compellas, seu compelli facias indilate, privilegiis, consuetudinibus, usibus, aut observantiis locorum, vel patriarum nonobstantibus quibuscumque; bona sua quæcumque nihilominus ad manum nostram, propter hæc ponendo, et detinendo, ac in locis, domibus et bonis ipsorum comestores et vastatores ponendo (1), et de die in diem multiplicando, eorum domos (2) et hospitia discoperiendo, necnon, si capi nequiverint, ad bannum provocando et nisi paruerint, a dicto regno nostro banniendo, eorumque bona omnia nobis confiscando et applicando. Si et prout in talibus casibus extitit fieri consuetum, præmissa faciendo et exequendo, donec guerræ et diffidationes hujusmodi fuerint totaliter adnullatæ et penitus revocatæ, ipsos propter hæc consuetudinibus generalibus, aut localibus usibus, saisinis, privilegiis, vel observantiis, si qui, vel quæ in contrarium, allegarentur, vel proponerentur, non admissis, sed penitus rejectis et prætermissis, taliter puniendo, quod cæteri, qui guerram, ac diffidationes de cætero, dictis nostris

---

(1) Ce sont nos garnisaires actuels, en matière de recouvrement des contributions. (L.) *V.* Du Cange, V° Comestor.

(2) *V.* chap. 26, 1er liv. des Établissemens avec les notes.

guerris durantibus, contra defensiones et prohibitiones nostras praedictas, movere seu facere praesumpserint, terreantur, et eis transeat in exemplum.

Datum Parisius in parlamento nostro, decima-septima die decembris, anno millesimo trecentesimo quinquagesimo secundo.

N°. 194. — ORDONNANCE *portant que nul ne pourra exercer la profession de médecin* (1) *à Paris, s'il n'est docteur ou licencié.*

Paris, décembre 1352. (C. L. II, 609.)

JOANNES Dei gratiâ, Francorum Rex, notum facimus universis praesentibus pariter et futuris,

Quod auditâ supplici insinuacione decani, et magistrorum facultatis medicine universitatis Parisiensis, asserencium quod quamplurimi utriusquè sexus, mulieresque alique et vetule, et conversi (2), rustici, nonnullique apothecarii, et herbarii quamplures, insuper scholares, in medicine facultate nondum docti, venientes ad villam Parisiensem gratiâ praticandi, ignari scientie medicine, ignorantesque complexiones hominum, tempus ac modum ministrandi, ac virtutes medicinarum, potissime laxativarum, in quibus jacet mortis periculum, si ipsas contigerit indebite ministrari, ipsas medicinas etiam alterantes, omnino contra rationem et artem medicine, clisteria multum laxativa, et alia eis illicita, in civitate, villâ, et suburbiis Parisiensibus ministrant, tradunt, et consulunt ministrare, nullis penitus medicis cum eis vocatis, que cedunt in nostri populi scandalum, corporumque et animarum grande periculum, etiam in dictorum supplicantium, scientie medicine, et expertorum in eâ irrisionem, et gravamem; ex quibus etiam administracionibus indebitis, homicidia, et prejudicium, abortus clandestine, alicubi et palam quandoque insequuntur. Quapropter dicti insinuantes,

---

(1) *V.* ci-dessus l'ord. de 1350 sur l'exercice de la profession à Montpellier, et les ordon. de 1331, et la loi du 19 ventose an XI.

(2) On nommoit *conversi*, ceux qui abjuroient le judaisme, ou le mahometisme, pour embrasser la religion chrétienne. *V.* Du Cange, V°. *Conversen.* Ces conversés se mesloient de medecine. *Entretandiz entra leens une conversi, qui juifve avoit esté, laquelle venoit visiter la dame, pour lui donner remide, et garison d'aucune maladie.* Hist. de du Guesclin, par Menard, c. 1, p. 5, 6. (Laur.)

presentes premissa amplius salvis eorum concienciis tolerare, aut sub dissimulatione transire, nobis humiliter supplicarunt, ut de debito et perpetuo remedio dignaremur super hoc providere. Nos igitur tam dampnande invectioni (†), presumptionique, seu huic audace imperitorum ministrancium, obviare, et utilitati publice subditorum, competentibus remediis salubriter providere volentes.

Statuimus et ordinamus, ex nostra auctoritate Regia et potestatis plenitudine, per presentes perpetuo valituras.

Quod nullus cujuscumque sexus, vel condicionis existat, in predictis civitate, villa et suburbiis Parisiensibus, aliquam medicinam alterativam, medicinamque laxativam, sirupum, electuarium, pilulas laxativas, clisteria qualiacumque, propter timorem mortis, ex fluxu vel malis sinthomatibus pregravativis, in quibus non est verissimile eos prefatos scire remedium adhibere, oppiatam, seu quamcumque aliam, de cetero faciat seu fieri consulat, ministrareve audeat, medicam, vel medicinale consilium prebere, aut aliter officium medici exerceat qualitercumque, cùm ad expertos et edoctos operando per certum in humano corpore, et non alios, spectat exhibitio predictorum, nisi in dicta scientia medicine Parisius, vel alibi in generali studio, magister, vel licenciatus existat, vel nisi per consilium, et directionem alicujus magistri, vel alterius per dictam facultatem approbati ad praticandam, illa medicina fuerit ordinata; et hec eis decernentes non licere, ea ipsis omnibus et singulis interdicimus per presentes; dantes preposito nostro Pariensi presenti et futuro, vel ejus locum tenenti, presentibus in mandatis, quatenus presentem postram ordinacionem et statutum, ac omnia et singula per nos superius ordinata, teneri faciat, et inviolabiliter observari, ac contra facientes, seu attemptantes contra aliquid premissorum, ministrando, visitando, vel aliter quovismodo consulendo, corrigat, puniatque juxta culpe, inobedientie, et commissi sceleris qualitatem, ad emendas pecuniarias, vel alias civiles, prout jus et racio suadebunt. Quod ut firmum et stabile permaneat in futurum, nostrum sigillum presentibus litteris

---

(†) Il y a dans l'original *infections*, qui ne forme aucun sens. Si on restitue *invections*, avec de Laurière, il pourroit signifier *entreprise, outrage, Animi in aliquem alicujus invectivo*, dans Cicéron, *de Invent. Reth.*, L. 2, n. 54. (Secr.)

duxim[us] apponendum, salvo in aliis jure nostro, et in [omni]
alieno.

Datum Parisiis, anno Domini millesimo trecentesimo qu[in-]
quagesimo secundo, mense decembris.

Ainsi signé, per Regem; et au doz. publié en jugement [au]
Chastelet de Paris, le samedy 28ᵉ jour de septembre 1387. Sé[ant]
monsieur le Prevost en siege.

N°. 195. — MANDEMENT *aux gens des comptes de fixer un délai*
après lequel les comptables en retard seront tenus, sous
peine de destitution et d'amende, de rendre leurs compte[s].

Paris, 25 juin 1353. (C. L. IV, 131.)

JOHANNES Dei gracia Francorum Rex.

Dilectis et fidelibus gentibus compotorum nostrorum par sal[u-]
tem et dilectionem.

Advertentes quod spretis regiis ordinacionibus dudum factis [et]
cum deliberacione consilii matura, per quas universis receptorib[us]
ad computandum, certi dies anno quolibet, sub certa pena fuerunt prefixi; iidem receptores tam ordinarii quam decimar[um]
collectores et alii, in penam ipsarum incidere non verentes, se[d]
detestabili cupiditate moti, ambiciosis nexibus involuti, et regi[e]
majestatis offensam dampnabili cecitate postponentes, ut pecuniam nostram penes se diucius detineant, et inde lucris moneta-
rum earumdem ad usus proprios, precipue mutacionum temporibus, se immergant, et aliter pro suarum libito voluntatum, ac-
cedere et suos compotos reddere differunt et negligunt, cora[m]
vobis, quodque vos id hactenus sub dissimulacione et sine puni-
cione tolleratis, ex quo nonnulla incommoda preteritis temporibus nos non est dubium subiisse, et nisi super hoc provideretur,
subire possemus in futurum majora.

Mandamus vobis districtius injungentes sub nostre indignacionis
incursu, quatenus omnibus et singulis receptoribus et collectori-
bus predictis, sub pena amissionis officiorum suorum, necnon
et quadraginta librarum Parisiensium ad minus, statim exigen-

---

(1) *V.* l'ord. de décemb. 1355. *V.* Aussi les ordon. d'octobre 1381, janvier
1383, février 1391, juin 1396, avril 1407, septembre 1415, mai 1466, mai 1468,
juin 1519, avril, mai, juin 1532; mars 1545; mars 1548; octobre 1557; août
et novembre 1562; mai 1568; novembre 1575; novembre 1655, janvier 1676,
nov. 1678; octobre 1701; novembre 1772, janvier 1781; loi 16 septembre 1807
(s.) — Voir les ord. précédentes.

..., et nostris juribus regiis applicandarum, antedictos dies ... alios à vobis disponendos, ad compatandum coram vobis ... modo presigatis. Insuper si ex eisdem receptoribus sive collecto-..., aliquem vel aliquos deficere super hiis contigerit negligen-..., illum seu illos pena predicta, eciam et majori prout sua de-... negligenter, illum seu illos pena predicta, eciam et majori prout sua demeruerit negligentia, omni favore semoto, ... puniatis quod ex parte vestra in hiis ulterius nullus repe-... defectus, quem gereremus molestum : precaventesque ... super hiis gratiam vel remissionem aliquam facere nulla-... presumatis sine nostro speciali et expresso mandato.

Datum Parisius, die decima-quinta junii, anno domini mille-... trecentesimo quinquagesimo-tertio.

Per consilium in camera compotorum, ubi eratis.

N° 196. — M<small>ANDEMENT</small> *aux gens des comptes de mettre réellement, et de fait, sous la main du Roi, les biens meubles et immeubles des Italiens, Lombards, Ultramontains et autres usuriers, en conséquence d'un arrêt de la Cour de parlement, qui en prononce la confiscation.*

Chantecoq, 18 juillet 1353. (C. L. II, 523.)

N° 197. — O<small>RDONNANCE</small> *sur l'exercice de la profession d'apothicaire* (1) *et d'herbier, et qui les soumet à la visite.*

Paris, août 1353. (C. L. II, 552.)

Jean, par la grace de Dieu, roy de France, sçavoir faisons à tous presens et avenir.

Comme nous ayans entendu par relation de plusieurs dignes de foy, que en nostre ville de Paris, par pure convoitises et ignorance d'aucuns, aucunes médecines sont administrées à la fois, mais convenablement, ou qui n'ont pas vertu, ou effet deus, aucunes fois pour ce que elles soit trop vieilles et autrement, dont plusieurs esclandres et grands inconveniens, s'en sont, et pourroient ensuir, se par nous n'estoit sur ce pourvû de remede, et comme il appartient. Et pour ce, nous qui desirons la prosperité et santé de nos subgiez, voulans obvier aux esclandres et

---

(1) V. ci-dessus les ord. de 1351, 1350 et 1352 sur l'exercice de la médecine à Montpellier et à Paris, et de nov. 1351, sur l'exercice de la chirurgie. (Is.)

[...] par le consentement des sages, et ayans eu [...] chose plenière volonté, avons pourvû par nostre ordonnance en la manière qui s'ensuit.

Premièrement. Avons ordonné et ordonnons que desoremais chascun an, deux fois; c'est à sçavoir environ la feste de Pâques, et environ la feste de Toussainz, sera faite diligente visitation(1) par le maistre du mestier d'apothicaire, qui pour le temps sera, surtout les apothicaires de la ville de Paris, et des suburbes (2), laquelle visitation ne sera delaissée à faire pour quelconque occasion que ce soit. Et visitera ledit maistre dudit mestier d'apothicairie, avec le conseil de deux maistre en medecine, lesquels le doyen de la faculté de médecine nomera, loyaux et experts à ce, selon sa conscience, et aussi de deux apothicaires, lesquieux nostre prevost de Paris, ou son lieutenant eslira souffisamment selon sa conscience, aux choses dessusdites. Lesquieux deux medecin jureront en la main dudit doyen, et ledit maistre dudit mestier d'apothicairie, et les deux apothicaires dessusdiz, en la main dudit prevost de Paris, qui à présent est, et qui pour le temps à venir sera, ou de son lieutenant en chascune visitation à faire. C'est à sçavoir ledit mestre du mestier d'apothicairie jurera que bien et loyalment, toute faveur desordonnée, haine, ou rencune, arriere-mises, fera et parfera ladite visitation au profit commun, et de la chose publique, et par le conseil de quatre assistans dessusdits, gardées nos presentes ordonnances. Et lesdits deux medecins et apothicaires jureront, que selon leur science et conscience, sans déport, ou faveur d'aucun, gardées nos presentes ordonnances, comme dit est, assisteront et entendront bien et diligemment à ladite visitation, et que selon leur discretion donront conseil et aide, tant comme ladite visitation se fera, et qu'elle soit parfaite, si comme il voiront que il expedient pour l'utilité publique, et des corps humains. Et sera ledit maistre dudit mestier d'apothicaire, deux fois tous les ans tenus de requerre ledit prevost de Paris qui pour le temps sera, ou son lieutenant, sur la nomination desdits medecins, et l'élection desdits apothicaires, voulons nous et ordenons, que tous les apo-

---

(1) *V.* l'art. 16 des lettres patentes du 10 février 1780, l'art. 42 de l'arrêté consulaire du 13 août 1803, (25 thermidor an XI), et l'art. 12 de la loi des finances, du 31 juillet 1821. (Is.)

(2) Du latin *suburbis*, d'où l'on a fait peut-être par corruption *faubourgs*; comme de *boisvieux*, ou de vieux bois, *baillivaux*. (Sec.)

...tres de ladite ville de Paris, et des suburbes d'icelle, jure-
... la main dudit maistre, ou temps desdites visitations, et
... presense des quatre assistans dessusdits, que de toutes me-
...nes, et autres choses appartenantes audit mestier d'apothi-
...ire; ils reveleront la verité des choses qui seront pardevers
..., tant vieilles comme nouvelles, ou en autre qualité qu'elles
..., et n'y adjousteront de fait, ne de parole, par eulx ne par
... menchonge, ou fraude, mais la plaine et pure verité en revel-
..., et avec ce jureront lesdits apothiquaires, que il feront loiau-
... le mestier de l'apothiquairie, et que il auront leur livre, qu'on
... antidotaire Nicolas (1), corrigé par les maistres du mestier, au
... des medecins et assistans, ou fait de ladite visitation des-
..., et que il ne mettront en leurs receptes, aucunes me-
...nes corrompues, ou dequoy la vertu soit exalée, par celle
...niere, que elle ne puist avoir son droit effect, et qu'il n'ote-
... pas les nouvelles medecines, pour mettre les vieilles, et qu'il
... leur poids tous vrays et advisés loyaument, et seront vus
... les dessusdits visitans et conseillans. Et aussi feront autres
... se ancuns y en a, qui soient accoustumez à faire par
..., à cause dudit mestier, et que quand ils dispenseront aucune
... dudit Nicolas, des medecines laxatives, et des opiates, il
... le confiront pas, jusqu'à tant qu'ils l'auront montrée au
... du mestier, et quand ils l'auront confite, ils écriront
... le mois qu'elle fut faite, si que quand elle sera tresalée (2)
... la jettera et la desgastera comme cy-dessous sera dit. Et qu'il
... viendront, ne bailleront aucune medecine venimeuse perilleuse,
... qui puissent faire abortix, simples ou composées, à nulles
..., qui soient hors de la foy chrestienne, ni à aucunes gens
... se il ne connoissent bien, que il soit maistre ou sciencier,
... expert en la science de medecine, et bien cognu, lequel il cui-
... en leur conscience souffisant, que ce soit par exprès com-

---

(1) L'antidote, en latin *antidotus*, mot qui se trouve dans Aulugelle, liv. 17,
... est un remede qu'on n'applique pas extericurement, mais que l'on fait
... dans le corps. L'antidotaire, ou *dispensatorium*, signifie un lieu, une
..., où l'on distribue des remedes, et souvent un livre qui traite de la
...tion des remedes. Ainsi l'on a dit *dispensatorium nureborgense, augus-*
..., *londinense*, *romanum*, et icy *l'antidotaire Nicolas* corrigé par les
... du métier. (Sec.)

(?) Arrêt du parlement du 23 juillet 1748; l'art. 38 de la loi du 11 août 1803,
... du 8 août 1816. (Is.)

(3) Passée, ou très passée. (Sec.)

mandement de physicien (1), qui les eut envoyé querir, et se comme dessus est dit. Et que il ne souffriront pas la fraude, se aucun phisiciens voulloient vendre les medecines plus chier pour partir au gaing, et que il ne vendront plus chier, par hayne quelconque, que il ayent envers le malade. Et que si aucun des maistres dispense en l'apothiquairie, aucunes receptes de syrops, ou de medecines propres, pour aucun malade, telle recepte il ne fera une autre fois à la requeste de celuy, pourqui elle fut faite, ou donnée, sans le conseil de celuy qui la dispensa, ou d'autre phisicien cogneu, comme dit est, et tel que il cuident souffisant de ouvrer selon leur conscience. Et aussi que les medecines electuaires (2) ou opiates, ou quelconques medecines de longue conservation, faites et mises en pots, ou autres vaisseaux convenables par eux, ils mettront sur le pot, l'an et le mois de la confection, et que il vendront à loial, juste et moderé pris, et loyal et juste regard à la mutation de la monoie. Et aussi que si les grossiers marchans, ou apothiquaires venoient vendre à Paris aucunes medecines simples, ou composées, mauvaises, ou corrompues pour euls en delivrer, ils ne les acheteront, et ne soufferront estre achetées, mais le denonceront au prevost de Paris, ou à son lieutenant, afin que sur ce il pourvoye comme de raison sera; et qu'ils ne soufferront, que les grossiers facent aucune conspiration de trop vendre, ou garder leurs denrées en contre euls, et ne plus en contre l'un qu'en contre l'autre, et s'ils apperceuvoient que il soit fait, il le denonceront au prevost de Paris, et aussi que se aucun desdits apothiquaires avoit acheté aucunes mauvaises et vieilles medecines, que l'en eust pas trouvées chez luy, qu'il ne les vendra à aucun apothiquaire de bons, de quelque cité, ou chasteau, ne à quelconque herbier, ou autre, de quelque condition. Et aussi, que il pescront toutes leurs medecines, et ne les bailleront pas en tache, toutesfois que requis en seront.

(2) *Item.* Nous voulons et ordonnons que nuls de ceuls, qui maintenant sont apothiquaires, ne tiengnent de cy en avant, le mestier d'apothiquaire, se il ne sçait lire ses receptes, et dispenser et confire, où se il n'a entour luy personne qui le sache faire; et que nuls ne puisse confire à Paris, se il n'est sçu du mestier, et

---

(1) Medecin. (Sic.)
(2) Dans Fontanon, il y a mal, *elecinaires.* (Idem.)

qui seront ordenes à ce, que il soit souffisant, et que il ayt selon nos presentes ordenances.

(3) Item. Pour ce que les vallés (1) des apothiquaires font souvent les medecines, et telle fois que les maistres ne les voient point, que tous les vallés seront tenus de jurer aussi comme les maistres.

(4) Item. Se le maitre trouve aucunes confections fausses, ou corrompues, et mauvaises, et de mauvaises choses confites, qui ne soient pas, ne vrayes, ne bonnes, que il preigne et degaste, si et en telle maniere, qu'elles ne puissent plus estre vendues, ne emploiées. Et neantmoins les apothiquaires chieuz lesquels telles confections seront trouvées, seront punis selon la qualité du meffait, par le prevost de Paris.

(5) Item. Les herbiers de la ville et suburbes dessusdits jurront administrer bien et loyaument, et faire leurs clistaires, emplastres, jus, ou herbers, selon l'ordonnance du phisicien, qui escrira.

(6) Item. Si le mestre du mestier, au conseil des assistans, ou fait de la visitation, pour aidier à garder le mestier, ordenne aucune chouse, qui soit pour le mestier miex faire, et miex garder, que lesdits apothiquaires soient contrainz par leurs sermens à tenir, et garder l'ordenance, si elle n'est contre le commun profit: et que il confiront de bon miel et de bon sucre. Cafetin (2), ou sucre blanc, bon et convenant, et ce qui se devra confire à sucre, ils ne confiront pas à miel. Et seront leur decoctions completes et parfaites, sans mesler vieil avec le nouvel.

(7) Item. Ou cas que les dessusdiz phisiciens et apothiquaires, ou si aucun d'eulx ne comparrent à la visitation, pour conseiller le maitre du mestier oudit fait, ledit maitre, nonobstant leur absence, procedera au fait de ladite visitation, appellez avec luy autres phisiciens, et apothiquaires, tels comme en sa conscience bon luy semblera. Et se en ladite visitation lesdits apothiquaires sont trouvez en aucune maniere coupables, ils seront punis deument, selon la qualité de l'excez et du delict.

---

(1) Comme ce mot a aujourd'huy une autre signification, on s'est servi du terme de garçons. (Sec.)

(2) Dans Fontanon il y a caferin. Avant la découverte des Indes occidentales, le sucre qui estoit apporté du Levant estoit bien moins commun qu'il ne l'est. Et pour lors une partie des confitures estoient faites avec du miel, et les autres en petit nombre avec du sucre, comme on le void par cette ordonnance. (Idem.)

Si donnons en mandement audit prevost de Paris qui à present est, et qui pour le temps avenir sera, ou à son lieutenant, que pour le commun profit toutes les choses dessusdites et chacune d'icelles, il gardent et fassent tenir et garder entierement, sans enfraindre, de tous ceuls à qui il touche, et puet touchier, les ordenances royaux de noz predecesseurs en toutes les autres chouses demourans en leur estat. Et pour que ce soit ferme et stable à toujours, nous avons fait mettre nostre seel à ces presentes lettres, sauf en toutes choses nostre droit et le droit d'autruy.

Donné à Paris, l'an de grace mil trois cens cinquante-trois, au mois d'aoust.

N°. 198. — ORDONNANCE (1) *du grand conseil, sur le mode de paiement des rentes, gages, loyers et fermages contractés pendant la faible monnaie (en 15 articles).*

Paris, 26 octobre 1353. (C. L. II, 545.)

N°. 199. — MANDEMENT *portant défense, sous peine de confiscation de tous biens et de prison, aux gens d'armes (2), de sortir du royaume pendant la guerre, sans la permission du Roi.*

Vincennes, 7 novembre 1353. (C. L. IV, 141.)

N°. 200. — MANDEMENT *qui exempte de tous péages, droit de prises, et autres exactions, les provisions des conseillers du parlement (3).*

16 novembre 1353. (C. L. II, 541.)

---

(1) Elle ne diffère guères, quant aux dispositions, de celle du 3 mai 1350. Il y en a une troisième sous la date du mois de novembre 1354. Le roi Jean a fait un prodigieux abus de la facilité de changer les monnaies. (Is.)

(2) *V*., quant aux ecclésiastiques, l'ord. de 1302, p. 748, 1303, p. 800; quant aux marchands, les ord. de 1302, p. 788; les ord. d'octobre 1354, septembre 1476, août 1669, mai 1682, mai 1685, déc. 1689. Les lois de la révolution sur l'émigration ne sont que la copie des ordonnances contre les religionnaires fugitifs. (*Idem.*)

(3) Afin qu'ils puissent être tout entiers à leurs offices. *Ferventius laborare pro republica*, dit le mandement. Henrion de Pansey, *autor judic.* p. 79. — Hen. Abr. cit. (Dec.)

p. 301. — Lettres d'abolition en faveur du Roi Charles de Navarre, et autres, pour le meurtre de Charles d'Espagne, connétable de France.

Paris, 4 mars 1353, (Lancelot, preuves du Mém. des pairs, p. 529.)

Joannes Dei gratia Francorum Rex, notum facimus universis præsentibus et futuris.

Quod cum nuper per quosdam familiares, seu alias gentes et complices carissimi et fidelis filii nostri Caroli, Regis Navarræ, comitis Ebroicensis, ac carissimorum et consanguineorum nostrorum Philippi et Ludovici de Navarrâ fratrum ac alios, de mandato vel ad procurationem prædictorum filii et consanguineorum nostrorum seu alicujus ipsorum, Carolus de Hispania quondam et tunc Franciæ constabularius nosterque consanguineus pensatis, ut dicitur, insidiis fuerit interfectus; et per carissimas dominas nostras Reginam Joannam Aritam et Blancham sorori filii nostri, ipsumque filium nostrum nobis fuerit supplicatum, ut super mortis facto prædictæ, et omnibus quæ ejus occasione ante et post vel in ipso commissa fuerunt, et omnibus inde secutis, cum ipso filio nostro suisque complicibus in hac parte dignaremur agere gratiosè.

Nos qui, suggerente nobis innatâ clementiâ misereri potius eligimus quam ulcisci, causâ vel occasione facti hujusmodi, de quo nos plenariè certioratos tenemus, attente consideratis, dictum factum dictæ mortis, et quidquid inde secutum est, quoquo modo factum fit aut fuerit, omniaque alia et singula, omnium accessuum et dilectorum quorumcumque genera, quæ occasione facti hujusmodi tam in eo faciendo, quam etiam ante et post ipsum factum commissa vel perpetrata fuerunt per eosdem seu alterum ipsorum, et quidquid inde secutum est, tam in rebellionibus, furtis, roberiis, et inobedientiis, quam in latrociniis, vel aliis captionibus bonorum, congregationibusque, prolocutionibus, conspirationibus, tractatibus, monopolis, conferationibus, ac etiam sacramentis, si qui vel quæ cum nostris et regni inimicis vel aliis quibuscunque initi et concordati seu tractati fuerunt, per dictos filium et consanguineos nostros aut dictos suos complices vel alterum eorumdem, quam aliis quibuslibet excessibus, criminibus aut delictis per eosdem seu alterum ipsorum occasione prædicta perpetratis, vel ex eadem secutis a toto tempore transacto usque ad diem confectionis præsentium litterarum, sive sint læsæ criminis majestatis, aut alia qualiacunque, quantumcunque grandia, etiam si majora sint quam illa quæ superius sunt expressa, prædictis filiis et consanguineis nostris, ac omnibus et singulis familiaribus, complicibus, vel consortionibus suis seu eis vel eorum alteri consentientibus, vel eisdem quoquo modo præbentibus seu præstantibus in hac parte consilium, auxilium, vel favorem, ac eorum cuilibet, prout eum tangit aut tangere potest, et in quantum tenetur aut teneri potest, seu de iis aut de aliquibus eorum potest quacunque via seu causa vel futuris possit temporibus teneri vel accusari quoquo modo, omnemque pœnam vel pœnas criminalem et civilem quam vel quas propter hoc incurrerunt, seu quoquomodo libet incurrisse dici possent.

Remisimus, indulsimus, quittamus authoritate Regia et nostra plenitudine potestatis, et ex certa scientia et mandato speciali, tenoreque præsentium remittimus et indulgemus totaliter, et quittamus omnem pœnam quam ipsi propter hoc et quilibet eorum contraxerunt, seu ob hoc contraxisse dici possint ipsos ad famam si eisdem propter hoc in aliquo extitit derogatum, necnon ad terras et bona sua omnia, si quæ ob hoc confiscata fuisse vel confiscari debere dici possent, et omnia in securo statu sicut erant, antequam præmissa perpetrata fuissent vel aliquid eorumdem, nostris dictis authoritate regia et nobili gratia reponendo, anihilamusque omnes processus qui contra ipsos aut eorum alterum abhoc facti vel inchoati fuerunt, universis et singulis justiciariis et aliis officialibus procuratoribus nostris silentium perpetuum imponentes, quod teneat et valeat in omnibus et singulis casibus et quolibet eorumdem qui sub articulis expressis superius possunt quomodolibet intelligi, vel qui non fuerunt specificati apparentia facti, etiam si tales sint qui exprimi debuissent.

Volentes præsentem remissionem tenere et valere omnibus supradictis, et cuilibet eorumdem aut omnes simul et quilibet per se possint, et possit se juvare et uti, ac si omnes ipsi et quilibet eorum essent ubi nominati, et omne id in quo eorum quilibet fore fecit vel deliquit occasione prædicta ac si etiam nos certiorati ex hoc ad plenum essemus, licet forsan aliquid sit de quo non simus ad plenum informati. Nolentes, imo expresse prohibentes procuratorem nostrum seu quemcumque alium super his admitti seu recipi ad dicendum, allegandum, vel proponendum aliquid contra nostram præsentem gratiam, via superbionis, iniquitatis, aut alias quoquo modo modernis temporibus vel futuris. Promittentes etiam bonâ fide pro nobis et successoribus nostris Regibus Franciæ teneri et tenere facere nostram præsentem gratiam, remissionem, quittationem et indulgentiam, eademque gaudere et uti facere supradictos et quemlibet eorumdem. Quodque in contrarium nullatenus veniemus, aut venire faciemus, nec propter facta prædicta vel alterum eorumdem ipsos seu ipsorum alterum molestabimus, inquietabimus vel molestare clam vel palam directe vel indirecte in bonis aut corporibus faciemus aut etiam permittemus.

Damus igitur tenore præsentium in mandatis dilectis et fidelibus gentibus nostris præsentis nostri parlamenti (1) et qui ipsum tenebunt etiam in futurum, omnibus que et singulis jusciariis et capitaneis, procuratoribus et aliis officialibus nostris et regni nostri, ac cuilibet eorumdem quatenus supradictos et eorum quemlibet nostrâ præsenti remissione et gratia gaudere et uti pacifice ac perpetuo faciant et permittant, nec contra ejus tenorem ipsos aut eorum aliquem inquietent, vel molestent, seu quomodolibet inquietari vel molestari permittant, nonobstantibus quibuscunque arestis, ordinationibus et statutis per nos seu predecessores nostros in contrarium editis vel edendis, factis vel faciendis, quæ præmissis aut eorum aliquibus derogare, vel prejudicare possent, quæ quoad hoc extendi nolumus quoquomodo. Volentes etiam, et concedentes prædictis, et eorum cuilibet, quod transcriptum vel transcripta presentium litterarum sigillo castelleti nostri Parisiensis, vel alterius sigilli regii sigillata, valeat ac valeant, ac si esset et essent sicut presentes litteræ sigillatæ.

Quod firmum, et stabile permaneat in futurum sigillum nostram presentibus litteris duximus apponendum, nostro in aliis omnibus jure salvo.

Datum Parisiis, quartâ die martii, anno Domini millesimo trecentesimo, quinquagesimo tertio.

Scellé du grand sceau en lacs de soie rouge et verte.

---

(1) C'était évidemment un acte de faiblesse. — Le droit d'abolition ou d'amnistie n'est point compris dans le droit de grâce, qui est une des prérogatives de la couronne. Le parlement de Paris, dans l'affaire du duc d'Aiguillon, en 1770, déclara, par un arrêt solennel, le tenir pour inculpé, malgré des lettres

N°. 202. — ORDONNANCE *faisant itératives défenses des guerres privées* (1).

Paris, 9 avril 1353. (C. L. II, 552.)

JOHANNES, Dei gratia, Francorum Rex.

Universis præsentes literas inspecturis, salutem.

Notum facimus, quod cum ab antiquis temporibus, et potissime perfelicis recordationis beati Ludovici prædecessoris nostri, ac Franciæ regis, dum vivebat, ordinationes fecisset statutum, et etiam ordinatum, videlicet quod quotienscumque discordiæ, rixæ, meilleyæ aut delicta inter aliquos regnicolas, in motus calidi conflictu vel aliàs pensatis insidiis, evenire contingebat, ex quibus nonnullæ occasiones, etc.

Nos igitur præmissis consideratis, vestigia prædecessorum nostrorum laudabilia cupientes totis viribus nostris insequi, et volentes specialiter tenere, et inviolabiliter observare bonas ordinationes, statuta facta et constituta per beatissimum Ludovicum prædictum factas et ordinatas, subdictosque nostros in pace et tranquillitate, et corporum suorum tuitione et securitate custodiri, et etiam permanere, necnon eosdem et super aggravaminibus, periculis, dampnis et noxiis quibuscumque, quantum plus possimus, præservari ac tueri. ut tenemur affectantes, ac pro bona justitiæ maleficiis, iniquitatibus, conflictibus faciendis desiderantes obviare, constitutiones, ordinationes, et statuta prædicta volumus, laudamus, ratificamus, et eas fuisse et esse benignas et validas per præsentes decernimus, et de nostris certa scientia et auctoritate regia confirmamus; ac approbamus.

---

d'abolition, enregistrées par force. La Charte de 1814, qui a limité et défini la prérogative royale, refuse au Roi le droit d'abolition, qui a cependant été exercé par diverses ordonnances, à l'égard des généraux compris sur la liste du 24 juillet 1815. — La charte de Bavière dit expressément que le droit de grâce n'emporte pas le droit d'abolition. La loi d'amnistie, du 12 janvier 1816, prouve que la Charte française doit avoir la même interprétation. Le ministère public doit poursuivre, sous peine de forfaiture, dans l'intérêt de la vindicte publique, et non dans l'intérêt de la royauté. (Is.)

(1) L'autorité royale prenant de jour en jour de nouveaux accroissemens, le même Roi fit des défenses plus rigoureuses par son ordon. du 5 octobre 1361. Charles V ne diminua rien de ces sévérités par ses deux ordon. des 17 septembre 1367, et 28 mai 1380. *V.* Du Cange sur Joinville, ch. des guerres privées et du droit de guerres par coutumes. (Dec.)

(Suivent quelques dispositions peu [im]p[or]tantes; puis l'article est ainsi terminé.)

Intentionis tamen nostræ non extitit per prædicta, guerras, aut diffidationes quascumque inter quoscumque subditorum nostrorum nobilium aut innobilium cujuscumque status, aut conditionis existant, nostris durantibus guerris, laudare quomodolibet, vel etiam approbare, sed prohibitiones, et deffensiones nostras super hoc aliàs, tam in nostri præsentia quam undique per universas regni nostri partes per nostras literas super his factas solemniter publicatas, maxime dictis guerris nostris durantibus teneri, et de in puncto in punctum firmiter observari per præsentes volumus et jubemus, in cujus rei testimonium præsentibus literis nostrum fecimus apponi sigillum.

Datum Parisius ex nona die aprilis, anno domini millesimo trecentesimo quinquagesimo tertio, in requestis hospit. per laycos.

N° 203. — Réglement *du parlement sur les cas de dessaisine et de nouvelleté.*

15 juillet 1353. (C. L. II, 542, note.)

Querelæ super novis dessaisinis, in parlamento non veniant, sed quilibet senescallus, baillivus in bailliviâ suâ, vocatis secum bonis viris, adeat locum et sine strepitu et figurâ, sciat et se informet, si sit nova dessaisina, seu impedimentum, seu perturbatio. Et si invenerit ita esse, faciat statim locum ressaisiri, et interim accipiat ad manum regiam, et faciat jus partibus coram se vocatis.

Cùm Matha de Lebreto, relicta defuncti Reginaldi domini de Brageriaco militis novissime defuncti, certas literas in casu novitatis à nobis impetrasset contra dilectum et fidelem nostrum comitem Petragoricensem et proposuisset contra ipsum in curiâ nostra, quod licet ipsa sit, et esset in possessione et saisina, et per tempus sufficiens ad possessionem acquirendam et retinendam juste, ac etiam suo jure, villæ et castri Brageriaci et pertinentiis ejusdem, nihilominus defunctus Archembaudus comes Petragoricensis ipsam cum armis, per modum guerræ impediverat, eam turbando in suâ possessione et saisinâ indebite et de novo, ac etiam modernus comes ipsam impediebat et impediverat in possessione et saisinâ prædictis, impedimentum dicti comitis fratris sui cujus heres existit, continuando, ut dicebat. Quare petebat dictum impedimentum amoveri, et quod etiam in suâ possessione manu-teneretur. Petebat etiam, ut cum prædictus comes se prædictis in curiâ nostra opposuisset, manus nostra in dictis bonis contentiosis ante omnia poneretur, realiter et de facto et etiam teneretur, debato super prædictâ novitate durante, et quod hoc fieri debebat, attentis ordinationibus regiis super hoc factis et editis, necnon stilo curiæ regis Franciæ in talibus observato, dicendo etiam, quod apposita dicta manu in rebus prædictis, eidem fieri debebat recredentia de prædictis, per manum nostram prædictam, dicto durante debato. Prædicto comite se in contrarium opponente, et dicente, se justis et pluribus causis, juste et legitime possidere res prædictas et esse in possessione et saisina de eisdem, et debere remanere in possessione prædictorum, quodque propter dictam oppositionem, poni non debebant ad manum nostram res prædictæ, plures ad dictos fines, juris et facti proponendo rationes, protestando tamen in casu quo ad manum nostram ponerentur, propter oppositionem factam per eundem, de proponendo suas rationes, quare sibi fieri deberet recredentia de prædictis, dicto durante debato. Omnibus partibus hinc inde auditis, in hiis quæ dicere et proponere voluerunt. Dictum fuit per arrestum, quod manus nostra, ut superior, in dictâ villâ et castro de Brageriaco, et ejus pertinentibus, propter oppositionem partium ad manum nostram ponetur. Et ea ad manum nostram posuit, et sub dicta manu tenebitur, dicta lite durante, facient dictæ partes, super oppositione et debato prædictis, facta sua, et super hiis inquiretur veritas et fiet jus. Dictum etiam fuit, quod super recrendentia, quam quælibet dictarum partium petit sibi fieri, audientur, et fiet jus. Et quod dabitur certus commissarius, qui dictas res contentiosas, propter debatum prædictum, sub manu nostra tenebit realiter et de facto, quousque super recredentia facienda ipsis partibus super hoc auditis, per curiam nostram fuerit ordinatum.

Decima tertia die julii anno trigesimo quinto (1).

---

(1) C'est ainsi qu'on lit dans la copie. Il y a une erreur évidente dans la date. Il paraît qu'elle est écrite par abréviation, et qu'il faut lire : *a. trecentesimo quinquagesimo tertio.* (Is.)

P. 204. — **Arrêt du parlement**, auquel assistèrent plusieurs princes du sang, ducs, comtes, barons, maîtres des requêtes, et maîtres des comptes, qui condamne à la peine de mort le seigneur de Marans, pour avoir, dans sa justice, exercé des concussions et actes arbitraires.

1353. (Jugemens criminels du parlement, 7e. registre, fol. 29, v°.)

P. 205. — **Ordonnance** *pour la convocation du ban et de l'arrière-ban* (1).

1353. (Hen. Abr. chr.)

P. 206. — **Arrêt ou Lettres** *par lesquelles le Roi, en son conseil ou parlement et le collége des Pairs, absout, après enquête, l'évêque de Langres, pair de France, de l'accusation de complicité de rébellion et de lèze-majesté, contre lui portée par le procureur-général* (2).

Saint-Ouen, 11 mai 1354. (Mss. de Brienne, vol. 236, 237, f°. 74. — Lancelot, preuves du Mémoire des pairs, p. 532.)

Joannes Dei gratiâ Francorum rex, universis præsentes litteras inspecturis, salutem.

---

(1) Il est fait mention du ban et de l'arrière-ban dans les capitulaires de Charlemagne. La différence de ces deux mots venait, ou de ce que le ban regardait les fiefs, et l'arrière-ban les arrières-fiefs, ou de ce que le ban était le service ordinaire de chaque vassal, suivant la nature de son fief, et que l'arrière-ban était une convocation extraordinaire de tous les vassaux. Le Roi lui seul ou son fils pouvait faire cette convocation, qui n'avait lieu que dans une nécessité urgente. Le vassal pouvait se dispenser de s'y trouver en donnant de l'argent, ou quelqu'un qui le remplaçât. — Hen. Abr. ch. — (Dec.)

Meyer, Institutions judiciaires, tom. 1er, p. 62, pense que chez les nations germaniques, et notamment chez les Francs, ceux-là seuls jouissaient du droit de cité, et siégeaient dans les assemblées nationales, qui faisaient le service militaire. — Ban signifie proclamation. — Sous le règne de la féodalité, les barons avaient le droit de convoquer, sous le nom d'arrière-ban, les arrières-vassaux. Cette usurpation fut réprimée, et il était passé en maxime, sous les derniers Rois de la première branche des Capétiens, que le Roi seul pouvait convoquer l'arrière-ban, et par ce mot, on n'entendait pas seulement les arrières-vassaux, mais tous les hommes en état de porter les armes. — Mémoire à la Cour de cassation, par le sieur Delius, déc. 1822. — V. le sénatus consulte du 13 mars 1812, qui divise la garde nationale en trois bans. (Is.)

(2) Cette pièce est très-importante ; elle prouve que le Roi rendait alors la

Notum facimus, quod cum dilectus, et fidelis noster episcopus *Lingonensis* coram nobis ad instantiam procuratoris nostri adjornatus extitisset eidem procuratori responsurus, temporalitasque ipsius episcopi ad manum nostram posita, partibus ipsis comparentibus in præsentiâ nostrâ, nobis in parlamento nostro presentibus, procurator noster contra dictum episcopum proposuit, quod præfatus episcopus *Joannem* de *Chauffour* militem et *Theobaldum* ejus fratrem ac plures alios eorum complices Regui nostri et subditorum nostrorum inimicos intra regnum nostrum receptaverat, et pluries associatus fuerat, quodque præfati *Joannes*, et *Theobaldus* cum pluribus aliis suis complicibus armati diversis armorum generibus, more hostili incidentes de dominicâ post festum Magdalenæ ultimà elapsam, villam et civitatem Lingonensem animo eam capiendi et deprædandi nullis præcedentibus minis, vel diffidationibus proditionaliter intraverunt, incolasque et burgenses ipsius villæ invaserunt, et aliquos occiderunt, et se pro inimicis nostris manifesté gerendo, alte atque publicé clamaverunt, *Guyenne*, *Angleterre*, *Ville-Gaignée*, sed finaliter prædicti Burgenses et incolæ divino fulti juvamine prædictos malefactores a dictâ Villâ resumptis viribus ejecerunt, et aliquos ceperunt, et captos detinuerunt. Dicebat insuper prædictus procurator noster, quod præfatus episcopus ipsorum malefactorum adventum præsciens dici fecerat pluribus habitatoribus dictæ villæ quod non moverent se in aliquo propter dictorum malefactorum adventum, quia ipsi de ejus voluntate, et licentiâ veniebant; et his præfatus episcopus non contentur quosdam ex ipsis malefactoribus, post ipsorum ab invasione prædictâ regressum, in suis castris et hospitiis receptaverat, videlicet Joannem digni militem, et plures alios, se eorum complicem ostendendo; et per ballivum suum dictis malefactoribus captis et detentis, et in prisionibus ipsius episcopi Lingonensis positis dici fecerat, quod non detinebantur per dictum episcopum seu ejus gentes, licet essent in suis prisionibus prout est dictum; quodque præfatus ballivus procuraverat quod subditi

---

justice en personne, et que la composition de la Cour était mélangée de pairs de France, de membres du parlement et de conseillers d'état. *V.* le président *Henrion*, de l'autorité judiciaire, ch. 31, p. 127, où l'on établit comme principe, que le prince ne doit pas juger lui-même. Ce principe n'a été érigé en loi qu'en 1789. — Nouv. Rép., V°. Pouvoir judiciaire. — Notes sur l'ord. du 29 août 1815. qui destitue le maréchal *Moncey*, Recueil Isambert, p. 343. (Is.)

...us episcopi ab aliis incolis dictæ villæ ad invicem separarent. Quæ facta fuerunt per dictum episcopum, ut asserebat procurator noster contra suum juramentum et fidelitatem, quibus est nobis astrictus temerè veniendo, et in lesionem reipublicæ, et nostri vituperium, et contemptum. Ex quibus concludebat prædictus procurator noster per nostrum judicium declarari dictum episcopum crimen contra majestatem nostram et rempublicam commisisse, et ipsum episcopum *qui est unus de paribus Franciæ à nostro debere, et parium nostrorum collegio* (1) separari, quodque summo pontifici scriberemus ut secundum qualitatem prædictorum facinorum de personâ dicti episcopi disponeret, ut deberet (2).

Dictus vero episcopus coram nobis personaliter existens, se cum humilitate verbo tenus super præmissis cordialiter excusavit, proponens quod ipse à fidelibus et nobilibus regni nostri traxerat originem, qui nobis et prædecessoribus nostris Franciæ regibus, tam in guerris, quam alias laudabiliter et fideliter servierunt. Quodque ipse erat dominus civitatis Lingonensis in temporalibus et spiritualibus, quare non erat verisimile ipsum velle dictam civitatem vel villam destruere vel facere depredari; dicebat etiam quod eidem existenti in villà sancti Berronis et cœnanti fuit istâ die dominicâ nuntiatum, quod prædicti Joannes et Theobaldus de Chauffour fratres cum pluribus complicibus aliis dictam civitatem Lingonensem intraverant, et ibidem plura damna et injurias Burgensibus et incolis ejusdem villæ intulerant. Quibus verbis adeo commotus extitit quod incontinenter iter suum ad dictam villam voluit aggredi, pro eâ in quantum eidem esset possibile defendendâ; sed demum habito consilio, cum tarde esset, remansit apud sanctum Berronem, et misit Lingones Anselmum de salinis ecclesiæ Lingonensis archidiaconum et Joannem de Charmues ballivum Lingonensem pro veritate inquirendâ super præmissis, et eidem reportandâ. Qui Lingones accedentes cum majoribus et sapientioribus tam dictæ villæ, quam capituli

---

(1) On ne voit pas si la Cour des pairs a été assemblée, et quelle était sa composition. (Is.)

(2) On voit par là que le privilège de la qualité ecclésiastique subsistait toujours. Par l'art. 12 du sénatus-consulte, du 17 février 1810, il est dit que toute souveraineté étrangère est incompatible avec l'exercice de l'autorité spirituelle dans l'intérieur de l'empire. (*Idem.*)

Lingonensis super prædicto collationem habuerunt; quâ habitâ scripserunt episcopo ut prope Lingones accederet, quod et fecit, videlicet in villâ de saint Jomes, in quo loco pluribus sapientibus dictæ villæ Lingonensis congregatis concorditer ordinatum fuit, quod bonum esset ut episcopus sœpè dictus, qui se presentibus omnium tuitioni et defensioni villæ prædictæ exponebat, propositum predictorum malefactorum scrutaretur, quod et fecit, in tali tamen loco quo dicti malefactores fortiores erant eo; et reperiit eorum propositum esse tale, quod Burgenses dictæ villæ vellent eisdem malefactoribus damna per eos passa,..... et complices suos in Lingonensibus carceribus detentos reddere, cum eisdem pacem habere volebant: et tunc præfatus ignorabat episcopus quod ipsi malefactores signum Guyennæ proclamassent. quæ omnia per dictum episcopum ex dictis malefactoribus perscrutata per commune præfatorum sagacium episcopi consilium relata, extiterant Guichardo Dars militi tunc ballivo nostro senonensi; et tandem communi deliberatione habitâ inter eosdem, ordinatum extitit, quod nulla pax, nisi de nostrâ licentiâ cum dictis malefactoribus iniretur, ballivusque noster prædictus ut posset statum, et consilium prædictorum malefactorum scire, dedit, salvum conductum Joanni digni militi, qui sub conscientiâ salvi conductus prædicti accessit apud montemfalconem castrum episcopi prædicti, ubi dictus ballivus et episcopus cum eisdem super premissis fuerant prolocuti, nec alias ante vel post invasionem prædictam prædictus episcopus in hospitiis suis malefactores prædictos receptaverat, et quod pluris est prædictus Theobaldus pro inimico dicti episcopi se gesserat et eidem multa damna intulerat; ex quibus dicebat præfatus episcopus quod proposita per dictum procuratorem nostrum ullum veritatis colorem non videbantur habere. Asserebat insuper memoratus episcopus quod dictum ballivum suum Lingonensem miserat pro defensione dictæ villæ, qui ibidem diu manserat cum magnis sumptibus ipsius episcopi, et incolas dictæ villæ ad ipsius defensionem quam pluries induxit; et quia complices malefactorum qui detinebantur in prisionibus episcopi capti fuerant, in terrâ et jurisdictione, capituli Lingonensis, ne quævis occasio discordiæ inter prædictos episcopum, et capitulum oriretur, lixerat ille ballivus quod prædicti incarcerati non detinebantur per dictum episcopum, ut ipsius prisionarii, vel in suâ jurisdictione capti, et hæc illâ de causâ dixerat ballivus ante dictus. Quare supplicabat humiliter episcopus memoratus, ne ipsum occasione præmissorum poneremus cum procuratore nostro in processu, sed ipsum vellemus pro fideli nostro benigniter reputare.

Quibus hinc inde coram nobis propositis ordinavimus quod quoad tunc sæpe dictus episcopus extra processum maneret, nec in processu poneretur, sed super propositis hinc inde fieret informatio; quâ reportatâ et visâ super prædictis ordinaremus quod foret rationabiliter faciendum, pro quâ faciendâ deputavimus fidelem et dilectum consiliarium nostrum Jacobum le Mussy militem, qui præfatus consiliarius noster prædictam fecit et eandem curiæ nostræ remisit, quam in magno consilio nostro aperiri fecimus et videri.

Visâ igitur informatione prædictâ, et eadem in magno consilio nostro discussâ, per arrestum in nostrâ præsentiâ latum declaratum extitit, quod sæpe dictus procurator noster nullam causam seu occasionem habet prosequendi dictum episcopum occasione præmissorum, quodque dictus episcopus in processu contra procuratorem nostrum non poneretur; et per idem arrestum manus nostra in temporalitate dicti episcopi posita amota extitit et sublata.

In cujus rei testimonium præsentibus litteris nostrum fecimus apponi sigillum.

Datum domo nobili (1) die xi maii anno Domini millesimo trecentesimo quinquagesimo quarto. Per Regem in suo consilio.

N° 207. — LETTRES *portant institution d'une commission composée de deux membres pour juger en matière civile et criminelle, les délits relatifs aux monnaies, recevoir les criminels à composition ou autrement, et leur infliger telles peines qu'ils arbitreront, sans autre recours qu'au Roi* (2).

Paris, 28 juillet 1354. (C. L. IV, 151.)

JEHAN, par la grace de Dieu, Roi de France :
A noz amez et feaulx mestre Adam Chanteprime nostre con-

---

(1) Maison noble de Saint-Ouen. (Is.)
(2) *V.* ci-après au dernier janvier 1354, p. 706. (Idem.)

seiller, et Michiel de Saint Germain general maistre de noz monnoyez, salut et dilection.

Il est venu à nostre cognoissance, et de ce sommes plainement enfourmez tant par la deposition et confession d'aucun ou de pluseurs mauvais, qui pour cause de leurs demerites et malefaçons par eulz faites, et attemptées contre nous et nostre royal majesté, ont esté justiciez et punis, comme par bonnes et vrayes informacions ou enquestes faites par noz genz, que pluseurs roberies, mauvaistiez, fauçonneries (1) et autres malefaçons ont esté et sont faites de jour en jour en pluseurs parties de nostre royaume, et en aucunes ou pluseurs noz monnoyes, tant par les meistres particuliers d'icelle, comme par leurs lieustenans, ouvriers ou monnoyers, les gardes, essayeurs et autres officiers d'icelles; et aussi par pluseurs changeurs et marchands frequentans icelles; et avecques ce, avons entendu que pour cause de ce, pluseurs d'iceulz maistres particuliers et autres s'en sont fouys et absemptez, parquoy aucunes noz monnoyes sont demourez en chomage : lesquelles choses ont esté et sont en très grant domage et prejudice de nous, et en très grant deception de nostre peuple, dont très forment nous desplaist, et pourroient encore plus estre ou temps à venir, se seur ce n'estoit pourveu de remede brief et convenable : pour ce est-il que nous confions du sens, loyaulté et bonne diligence de vous, vous mandons et estroittement enjoingnons et commettons par ces lettres, que vous en voz propres personnes, vous transportez-là où bon vous semblera par tout nostre royaume, ès parties où nous faisons faire monnoye, et en icelle visitez diligeaument toutes et chascunes noz monnoyes, les maistres particuliers, leurs lieuxtenans, compaignons et facteurs, les gardes, essayeurs, balenciers, fiertonneurs, ouvriers, monnoyers et touz autres officiers de nos dites monnoyes, et semblablement les changeurs et marchands frequentans icelles, et de tous ceulz et chacun d'eulz quelxqu'il soient ne de quelconque condicion, que vous pourrez trouver et savoir avoir esté ou estre trouvez coulpables d'icelle mauvaistiez, ne faisant ou avoir fait tant ou temps passé comme presentement ou à venir, aucune

---

(1) J'ay certainement vû dans le 3e. vol. des ordonn. *Saunier* ou *Foursaunier*, dans la signification de *faux-monnoyeur*; mais je n'ay pû retrouver l'endroit. (Sec.)

transgression contre noz ordenances et royal majesté, ès choses dessusdites et chascun d'icelles, nous voulons et vous mandons par ces presentes que vous en faciez ou faites faire punicion en corps et en biens, tant criminelement comme civilement selon la qualité du meffait ou malefaçons que vous pourrez trouver et savoir qu'il aront fait, si diligaument et en telle maniere que ce soit exemple à touz: et que le fait et gouvernement de nozdites monnoyes, puisse et doye estre mis à bon et deu estat: et ne voulons que aucun quel qu'il soit, en ce faisant puisse de vous appeller, se ce n'est devant nous et en nostre presence; et s'aucun en appelloit, nous desmaintenant tenons icelluy appel pour nul, et avecques ce voulons et ordenons, et par ces presentes lettres vous mandons et pour certaine cause, que à touz ceulx et à chascun d'eulz qui en aucune maniere pour les causes dessusdites ou autrement, pour le fait des monnoyes ou change dessusdiz, auront desservi estre puniz criminellement selon leur cas ou demerites, vous leur puissiez d'iceulx cas criminelx faire civilz, et convertir la peine criminelle en civille, selon ce que bon vous semblera, et iceulz traittier et condempner à amende ou en composition eulx et un chascun pour iceulx meffaiz, à somme ou sommes d'argent ou autrement, ainsi comme bon vous verrez qu'il appartendra estre fait, en leur donnant vos lettres de composicions ou amendes que il vous feront; lesquelles et chascunes desmaintenant nous tenons et avons pour agreables, et icelles confermerons en las de soye et en cire vert, toutefoiz que nous en serons requis. De toutes les choses dessusdites et chascune d'icelles faire, vous donnons pooir, auctorité et mandement especial par la teneur de ces presentes: et ou cas que l'un de vous soit empeschié de maladie ou d'autre loyal essoyne, par quoy vous ne pourriez ensemble entendre aux choses dessusdites, nous voulons et ordenons par ces lettres, que celuy de vous qui ainsi seroit empeschié, eslise et puisse eslire et subroguer en lieu de luy et pour luy à faire les choses dessusdites et chascun d'icelles, le seneschal ou bailli du lieu ou son lieutenant, auquel nous donnons par ces lettres, autel et semblable pooir, comme nous vous avons donné et donnons cy-dessus à vous deux ensemble. Mandons et commandons expressement à touz noz justiciers et subgiez, que à vous et à celuy qui seroit esleu et subroguez comme dessus, en toutes et chascune des choses dessusdites faisant, et aus commis et deputez de par vous, obéissent et entendent diligemment, et prestent conseil, confort, ayde et prison, se mestier en avez et requis en sont.

Donné à Paris, le vingt-huitieme jour de juillet, l'an de grace mil trois cens cinquante-quatre.

N°. 208. — MANDEMENT *portant défenses d'avoir égard aux lettres de rémission et de composition délivrées aux débiteurs du Roi ou aux criminels par les lieutenans du Roi dans le Languedoc.*

Paris, 2 octobre 1354. (C. L. IV, 152.)

N°. 209. — MANDEMENT *portant défense aux nobles* (1) *et autres de sortir du royaume sans permission, sous peine de confiscation.*

Paris, 24 octobre 1354. (C. L. IV, 153.)

JOHANNES Dei gracia Francorum Rex.
Preposito Parisiensi (2) aut ejus locum-tenenti, salutem.

Ad deffensionem regni nostri necessariam, expediens providimus ut regnum ipsum presencia nobilium et aliorum bellatorum vigeat, quorum deffensetur clipeis adversus hostiles impulsus.

Igitur tibi MANDAMUS et committimus, districtius injungentes sub juramenti vinculo quo nobis es astrictus, quatenus in locis tue prepositure insignibus, indilate facias ex parte nostra prohiberi et sollemniter proclamari, ne quis de dictis nobilibus sive bellatoribus et precipue nostris subditis, dictum exire regnum per terram vel per aquam, eques vel pedes, quomodolibet presumat sine nostra licentia speciali. Si quis autem contrarium facere presumpserit, ejus equos harnesia, terram et alia bona quecunque, ad manum nostram saisias et realiter explectes, absque

---

(1) *V.* ci-dessus note sur l'ord. du 9 novembre 1353. (ID.)
(2) Il en a été adressé de semblables aux autres baillis. (*Idem.*)

credencia facienda sine nostro speciali mandato. Damus siquidem tenore presentium in mandatis nostris omnibus subditis, ceteros amicos nostros requirentes, ut tibi super hiis pareant efficaciter et intendant.

Datum Parisius, die vigesima-quarta octobris, anno domini millesimo trecentesimo quinquagesimo-quarto, sub sigillo casteleti nostri Parisiensis, in absentia magni; per regem, ad relacionem consilii.

N° 210. — DÉCLARATION (1) *sur les appels interjetés des sentences des juges, qui ne ressortissent point nuement au parlement.*
24 novembre 1354. (C. L. IV, 311.)

Cum jamdudum inter ceteras ordinationes, causas appellationum et formas prosequendi easdem, tangentes, fuisset ordinatum (2), quod cum aliquis ad curiam nostram appellaret a judicibus nostris, vel aliis a quibus ad nos seu nostram curiam est immediate appellandum, talis appellans infra octo dies a tempore late sentencie, impune renunciare valeret appellationi sue : que quidem constitutio et tempore quo facta extiterit, observata fuit et est in appellationibus que fiunt et fieri debent immediate ad nos seu curiam nostram predictam.

Verum quia nonnulli a judicibus nostris seu aliis, non ad curiam nostram immediate appellantes, nec ad ipsam sine medio appellantes, nec ad ipsam sine medio appellare debentes, et qui appellant aliquos judices inferiores curie nostre; sed superiores quoad ipsos appellantes, voluerunt et nisi fuerunt renunciare posse impune, et forsan aliqui de facto renunciaverunt infra dictos octo dies, appellationibus suis, dicentes quod ipsi tanquam membra, habent se capitali curie nostre conformare ; et jam in abusum talem, sub umbra impunitatis predicte, plures prorumpere sattagerunt, quod de quolibet verbo, judicio seu explecto, appellationes interponunt, ac infra octo dies eisdem renunciant ; et statim occasione quesita, iterato appellant et renunciant ;

---

(1) Cette pièce est tirée du registre du parlement, intitulé : *Lettres et arrêts*, coté XV, F° 90, R°. — On ne sait si c'est une ordonnance ou un arrêt de règlement. (Is.)

(2) V. l'ord. du 9 mai 1330, sur les appels. (*Idem.*)

et tam frequenter tales vices fraudulosas iterant et renovant, quod ad terminum veritatis, nisi provideatur super hoc, non posset attingi contra ipsos; prout nobis querulosa multorum insinuatio explicavit.

Quocirca nos volentes tante malicie atque confusioni aufferre occasionem et velamen, et verum intellectum dicte constitutionis apperire, decernimus, interpretamur ac etiam declaramus per presentes, quod dicta constitucio facta fuit et se extendebat et extendit ad appellationes que habent fieri et fiunt a judicibus nostris vel aliis, a quibus ad curiam nostram est sine medio appellandum dumtaxat; nec ipsam constitucionem volumus aliis et aliter appellantibus aliqualiter suffragari; sed sunt et erunt in statu in quo erant ante constitucionem predictam : usu seu abusu contrario non-obstante.

Vigesima-quarta die novembris 1354.

N°. 211. — ORDONNANCE (1) *du Roi et du conseil, sur le prix des salaires, à cause des changemens des monnaies, qui prescrit des peines contre le vagabondage.*

Novembre 1354. (C. L. II, 564.)

A L'HONNEUR de Dieu et au profit de la chose publique, ordonné est de par le Roy et son conseil et commandé estroitement.

(1) Que toutes manieres de vendeurs de vivres, et de toutes autres denrées, tous marchans menertertz, laboureurs, et ouvriers de bois, serviteurs et autres quelconques, faisans et exercens faits de mestier, de labourage, services et marchandises, ramainent et mettent leurs denrées, marchandises, labouraiges, salaires et ouvrages quelconques, chascun en droit soy a feur et pris convenables et souffisans selon la valeur et cours de ceste presente forte monnoye, et que tous ceuls, qui ainsi ne le feront en soient punys, sans grace des peines cy dessous escriptes.

(2) *Item.* Pour ce que plusieurs desdits vendeurs, qui s'efforcent de seurvendre leursdites denrées, ne se veulent mettre à raison de juste prix, selon ladite forte monnoie, se veulent excuser de la seurvente, pour ce qu'ils dient, les aucuns qui leur con-

---

(1) Elle n'est pas en forme. (Is.)

vont ce faire pour la grant chierté des ouvriers, qui ne veulent faire besoigne, se ils ne sont payez à leur volenté, de payemens excessifs que pour ce de necessité, leur reconvient ainsy vendre chierement leursdies denrées, les autres dient que quant ordennances sont faittes et certaines taxations mises pour les causes que dessus, sur les journées et salaires des ouvriers et laboureurs, plusieurs d'iceux ne veulent aler ouvrer à journée, ne besoigner se n'est en taches pour les quelles il convient, que il ayent leurs ententions de salaires desraisonnables, telx comme il veulent demander, et quant ils sont requis de aler ouvrer à journée, dient les uns qu'il iront en leurs taches, ou ouvrer en leus heritages, ou en ceulx que il ont pris à part à labourer, et ainsy ne veulent ouvrer que à leur plaisir: et les autres se départent des lieux de leur demourance, en laissent femmes, et enfans, et leur propre pays et domicilles, et vont ouvrer autre part où les ordonnances ne sont mie adroit gardées, s'en contempnant et fraudes notoires des ordonnances: avenus autres ouvriers y a, aux quiex convient que il vont ouvrer à journée, que il ayent d'avantage, outre le prix de leurs journées, vins, viandes et autres choses, contre les bonnes et approuvées coutumes et observances anciennes, par lesquelles les ouvriers estoient contens de leur argent, prins pour mesure par journée, et si rendoient bonnes et loyaux journées, de quoy les ouvriers de present font le contraire, jasoit ce que il se seurloent et font moult d'inconveniens, par les manieres devant dies: avenus aucuns autres desdis ouvriers gourmans, ou frians, ou faineantises vont sejourner ès tavernes, et dient que pour le grant pris des journées qu'il ont accoutumés de prendre, que il ne ouvriront la sepmaine que deux jours, et aucun autres servans et servantes, comme chartiers, bergers, nourices et chamberiez, et semblables et telx dangers, que il ne veulent servir, s'il n'ont salaires et loyers, tels comme il veulent, demandent vins et viande autre que il ne appartient à leur estat, dont mont d'œuvres et labouraiges profitables et necessaires au bien commun, en sont delaissées à faire en moult de lieux.

Ordonné est pour obvier à telx fraudes et malices, et pour extirper tels curies de mal fait et de mal example, et pour tout le bon estat de la chose publique, qu'il soit deffendu et crié solempnement en toutes villes, par les justiciers d'icelles, que aucunes personnes hommes et femmes, sains de leur corps et membres, saichanz, non saichans mestiers, qui soyent taillez à ouvrer, ne soyent ou demeurent oiseux en tavernes ou autre part, mais se exposent à faire aucunes besoignes de labour, tel comme à chacun devra appartenir, si que il puissent gaigner leur vie, ou que il vuident la ville dedans trois jours, amprés ce cry, et se apres lesdies trois jours, il y sont trouvez oiseux, ou jouans aux dez, ou mandiant, il seront pris et mis en prison, et tenu au pain et à l'eau par l'espace de trois jours. et quant il auront esté delivrés de ladite prison, se depuis il y seront trouvez oiseux, ou il n'ont bien de quoi il puissent avoir convenablement leur vie, ou se il n'ont advenu de personne souffisans sans fraude, à qui il fassent besoigne ou à qui il servent, il seront mis ou pilory; et la tierce fois repris par la maniere que dit est, ils seront siguez au front d'un fer chaut et bannis desdits lieux.

(3) *Item.* Ordonné est, que l'en dit et en charge à ceuls ou celles, qui gouvernent ou gardent les hopitaux, ou Hotel-Dieu, que il ne hebergent tels truans, ni tels personnes oiseuses, plus haut d'une nuyet, s'ils ne sont mehaignez, contraints ou malades, tels que l'en voye évidamment, que l'aumone y soit bien employée sans fraude.

(4) *Item.* Commandé est que toute maniere de gens, hommes et femmes, qui ont accoustumés à faire, ou exercer ouvrages, ou labourages en terres et vignes, ou ouvrages de draperie et tanerie, charpenterie, maçonnerie, ouvrages de maison et semblables, et generalement en toutes manieres d'ouvrages, aillent avant soleil levant és places des lieux accoustumez à loüer les ouvriers, pour euls loüer à ceuls qui mestier en auront, par ainsi que aucun ne refuse a aler ouvrer, pour le prix qui seront mis sur les journées des ouvriers desdits mestiers, s'il treveint qui le veuille alloer et avoir pour ledit pris, ne se rendent oiseux ou excusent d'excusations faintes ou fausses, soubz peine de dix sols payer au Roy de chacuns de ceux qui mesprendront en ces choses, pour tant de jours comme mespris y auroient, ou d'estre en prison pour tant de jours, comme aux juges des lieux, ou aux commissaires deputez ou à depputé sur ces choses sembleront bon et raisonnable, selon la qualité des personnes et la désobéissance et mesprison.

(5) *Item.* Que pour eschiver ladite oisiveté desdits ouvriers, deffendu est estroitement, que aucuns d'iceux n'aillent boire, ne employer leur temps en tavernes ou autre part, ou exercent jeux deffendus aux jours ouvriers, et que aucun d'iceux ouvriers ne se departent des lieux, où il auront tenu leur domicile, depuis

la Saint Jean d'Esté (1) pour aler ouvrer ailleurs, en laissans leurs femmes, et même en leursdits propres pays, domiciles, et en fraude des ordennances, si ce n'estoient aucuns qui en aucunes saisons ont accoutumez et de long-temps à aler ès pays vignoble, pour becher ou fouir, pour ce que en leurs pays ne treuvent pas bien à gagner leur pain, et aussy n'est de nécessité qu'il y demeurent, sur peine de dix solz payer au Roy de chascun desdits ouvriers qui seront trouvez en tannieres, ou jouans aux jours ouvriers, comme dit est, et de cent sols payer de chacun d'iceux ouvriers qui en fraude des ordonnances laisseroient leurs domiciles, si comme dessus est dit, ou sur peine de prison à l'arbitrage des juges ou commissaires dessusdits.

(6) *Item.* Pour cause ordonné et commandé est, que les ouvriers desdits mestiers et des appartenances à iceux, ou de semblables, aillent en euvre et tiennent euvre des soleil levant, jusques à soleil couchant, et que il fassent leurs journées en ouvrant loyalement, nonobstant coustumes ou usages de pays ou de lieux à ce contraires, sur peine de dix sols payer au Roy, de chacun d'iceux ouvriers, pour tant de fois et journées, comme il auront defailly de aler ouvrer et tenir euvre par la maniere dessusdite, ou de prison à l'arbitrage des juges ou commissaires dessusdits.

(7) *Item.* Se ou temps que ladite foible monnoye avoit plain cours, aucuns ont prins à faire en tasche dedans certain ou certains termes ou sans prefixion de terme aucunes euvres, comme labourages, en terre, en vignes, en yaues ou de charpenterie, maçonnerie ou autres ouvrages quelconques, pour certaines sommes d'argent, à payer une fois ou à plusieurs ou sans termes, ou ainsi et à la valeur de ce que le preneur feroit de la besoigne, et ladite tache n'a esté faitte ou parfaitte ou temps du cours de ladite foible monnoye, ledit preneur la pourra faire ou parfaire se le temps et la saison n'estoient à ce contraires, et si le bailleur ne le contredisoit, pour cause de ladite contrarieté, en recevant ce qu'il en sera deu en la monnoye courant et pour le pris que elle couroit au temps du marché ou contrat, de ladite tache, ou à la nouvelle monnoye selon le pris et valeur du marc d'argent, s'il plest audit preneur, et senon ou cas qu'il aura ouvré diligem-

---

(1) Il y a encore un usage semblable, pour le louage des domestiques à la campagne. (Is.)

ment en ladite euvre, et ne aura esté en demeure, deffaute ou coulpe de faire icelle en ouvrant en autre besoigne, ou en la laissant de volenté, ou pour attendre plus forte monnoye ou autrement en fraude, et aussi ou cas qu'il aura fait de labourage de sa tasche, à la valeur de la somme qu'il aura sur ce receue, se il convient mettre matiere ou chastel en la perfection de l'euvre de ladite tasche, autrement que du labour et des instrumens necessaires à ouvrer; il porroit renoncier en ce cas au demourant de ladite euvre, se le bailleur ne vouloit bailler du sien la somme que la matiere cousteroit plus à la forte monnoye, au regard à la foible et à la forte, et es cas que le bailleur voudroit bailler ledit surplus de la matiere, comme dit est, ou que de l'ouvrage sans matiere ou sans chatel, ou sans priser les coustemens des instrumens, ledit bailleur voudroit bailler le demourant de la somme pour ce deue à la valeur du marc d'argent, et pour le pris que il valoit au temps du contraut de la tasche, le preneur sera tenu parfaire ladite tache, en recevant sondit payement à ladite valeur du marc d'argent, et ne porra renoncier en ce cas à ladite euvre.

(8) *Item.* Ou cas que ledit preneur aura esté negligent, ou en demeure ou coulpe, comme dit est, de faire ou parfaire sadite tache, si elle est sans mettre chastel si comme dessus est dit, il fera et parfaira, s'il plait au bailleur en recevant tele monnoye comme il courroit, quant il prit ladite tache.

(9) *Item.* Ou cas que lesdites taches baillées prises comme dessus, auront esté demourées à faire, ou parfaire, par faute ou coulpe du bailleur; c'est assavoir qu'il n'aura voulu bailler argent, ou en tout ou partye, ou matiere, se tenu y estoit, selon la qualité de l'euvre, ou selon les convenances, sur ce requis souffisament, ou que pour contrarieté du temps, ou de saison, ou autre empeschement loyal, le preneur n'avoit peu bonnement faire ou parfaire la besoigne, ledit preneur n'en sera plus tenu faire ou parfaire, se il ne ly plaist.

(10) *Item.* Comme jasoit ce que sur la moderation et taxation de vivres, et de toutes autres denrées, et sur salaire et loyers de tous ouvriers et serviteurs demourant en la ville viconté de Paris, aient été mises et faites certaines et justes punitions, moderations et taxations, à bonne et grant deliberation, au regart à la monnoye forte courant, par bonnes, sages et discretes personnes cognoissans, et circonspectes en teles choses, et saichans l'estat des lieux, des quiex copie sera donnée à toutes gens qui les vondront par le royaume, pour ce que en ladite ville de Paris, ne

bonnement estre sceu, les estats et gouvernement des [...] lieux, et ainsi pouroit on faillir à faire lesdites taxations et [...]ances des prix des denrées, et des journées, salaires des [ouv]riers et serviteurs des autres lieux, ordonné est que les bail[lis] et autres justiciers, tous chacun en sa jurisdiction, appellez [e]special pour cette chose avec eux hastivement et sans aucun [de]lay, des plus notables gens du clergié et de religion de leurs [lie]ux, des nobles et des autres mieux renommez en preudomie, [et] plus souffisans et cognoissans en tels choses, et tel nombre [c]omme bon leur semblera, et prins tout avant serment solemp[ne]l de chacun d'eux, que le plus justement et loyalement que [ils] pourront, et sçauront, aideront à faire et ordonnez les [cho]ses cy-après escriptes: c'est assavoir que il ordonnerons com[me]nt et pour quel pris les denrées de vivres, et toutes autres [denr]ées vendables seront vendues, et aussi tauxeront justement [le]s pris des journées de tous ouvriers et laboureurs de certaines [sai]sons, et temps à autres, et les loyers et salaire de tout servans [et] servantes, eue consideration au marché et à la cherté des [cho]ses estans en leur pays, pour les jours presens et avenir; et [au]ssy quel pris les hosteliers prendront par jour et nuye pour [che]val, en considerant la vente des foingts et avoines desdits [lie]ux, et les autres choses à ce faisans, exceptez des voitures et [vo]ituriers, et des laboureurs par les rivieres de Saine, Yonne et [de] Marne, en descendans jusques à Paris, des quiex il est or[don]né autre part, et l'ordonnance que faite auront sur chacune [de] ces choses, avec ladite ordonnance desdites voitures par eaue [fe]ront tenir et garder sans enfraindre, lesdits baillifs et justiciers, [com]me commissaires du Roy.

N° 212. — LETTRES *reconnaissant que le duc de Bourgogne a le droit de battre monnaie en son duché.*

Paris, 2 janvier 1354. (C. L. IV, 158.)

N° 213. — Lettres portant nomination d'un commissaire pour informer contre les bannis, suspects et autres, qui lui donne pouvoir de les juger criminellement (1), *en s'adjoignant un conseiller ou un bailly non suspect, avec faculté d'infliger des peines arbitraires, d'appliquer à la question, et de prononcer toutes confiscations.*

Paris, dernier janvier 1354. (C. L. IV, 158.)

Jehan, par la grace de Dieu, rois de France.

A nostre amé et feal conseiller Pierre de Licuvillier, salut et dilection.

Nous avons entendu que parmi nostre royaume sont, vont et conversent plusieurs personnes hommes et fames, banniz et bannies de nostredit royaume, pour meurtres, larrecins et autres malefaçons que il ont faiz et commis en nostredit royaume (2); et que plusieurs personnes hommes et fames, demourans et habitans en nostredit royaume, sont rongneurs de monnoie, faiseurs, alloeurs et marchanz de fausse monnoie (3), et vont et sont alez ou temps passé, hors de nostredit royaume porter billon, acheter monnoie contrefaites aus nostres : ensement que en nostredit royaume sont habitant et conversent plusieurs meurtriers, larrons, larronesses, espieurs de chemins, efforceurs de fames, bateurs de genz pour argent, ademneurs, trompeurs, faux-semoneurs et autres malfaiteurs qui ont fait ou temps passé, et font de jour en jour tant et si grant quantité de granz et enormes malefaçons, et ont les dessusdiz malfaiteurs tant et si grant quantité de complices, conforteurs et a recepteurs, que le peuple de nostredit royaume en a esté et est encore de jour en jour

---

(1) L'histoire de ces temps est remplie de pareils exemples. Ces commissions ont été flétries. — *V.* l'hist. des avocats, par *Fournel*. — La Charte en prohibe le rétablissement. Quel dommage qu'un pareil homme ait été condamné par justice, disait François I*er*, sur le tombeau de Montaigu ! Non, Sire ; il est mort par commission, répondit Lemoine de Marcoussy. — Les Templiers ont été jugés par commission. *V.* leur hist. par M. Renouard. — Enguerrand de Marigny fut condamné par une commission. *V.* le mémoire à la Cour de cassation pour le général *Berton*, octobre 1822. (Is.)

(2) Aujourd'hui, il y a encore une juridiction spéciale pour les condamnés. (*Idem.*)

(3) Le crime de fausse monnoie était, jusqu'à ces derniers temps, jugé par des Cours spéciales. (*Idem.*)

...ment domagiés et grevés, et de ce sont venues et viennent de jour en jour plusieurs plaintes devers nous, afin que y pourveons de remedes convenables.

Pourquoi nous qui de tout nostre pouvoir, voulons garder et maintenir les subgez et habitanz de nostre royaume, en vraye... et tranquillité, par bonne exercition de justice, et que nostre royaume soit purgiez de telx manieres de malefaiteurs et de autres, confianz de vostre loyauté, discretion et diligence.

Vous mandons et commettons que des choses et sur les choses susdites, des dependences et circunstances d'icelles, vous enfourmez diligemment et secretement (1), par toutes les ... manieres que vous verrez qu'il sera à faire, et à tous ceulx et fames, que par informacions, par vehementes presumpt... et conjectures, vous verrez, saurez et trouverez estre banis ... nostre royaume et estre suspez et coupables des choses et ma... ...ions dessusdites ou d'aucunes d'icelles, vous prenez ou faites ... les corps d'iceux partout où il pourront estre trouvez en ...tredit royaume, hors lieu saint, et les mettez ou faitez mettre, ...er ou emprisonner en nostre Chastellet de Paris, et ail... partout ou bon vous semblera, et tous leurs biens mettez faitez mettre en nostre main, et d'iceux faites ou faitez faire ...entoire, et les faitez guarder sauvement jusques à ce que la ve... ...soit sceue et que il en soit ordenné et à ce fait, appellé et ad... ...avec vous un de nos conseillers, ou bien de noz baillis ou ...vost ou leurs lieuxtenans ou autres proudommes non sous... ...et, telx ou tel comme bon vous semblera, lesquelx ou quel ... vous appellerez ou adjoindrez avecques vous, nous commet... ... avecques vous quant ad ce par ces presentes lettres, enque... ...et sachez bien et diligemment, appellez ceulx qui seront à ..., la verité par toutes les voies et manieres, soit par que... ..., gehines (2), et autres que vous verrez et bon vous sem... ...ra qu'il sera à faire, et de tous ceulx qui seront trouvez par ... et par vostredit adjoint, coupables des choses dessusdites ou ...aucunes d'icelles, faitez ou faitez faire tantost et senz delay, ...et brief acomplissement de justice, tel comme le cas le re-

---

(1) Ceci s'entend de l'instruction et non du jugement, qui, jusqu'à l'ordon. ...1539, se faisait publiquement. (Is.)

(2) La question préparatoire a été abolie par Louis XVI; la question préalable, ...ment en 1789. (Idem.)

querra, en guardant nostre droit en la confiscation de leurs biens, en telle maniere qu'il soit exemple à touz autres, et que nous vous doions recommander de bonne loyauté et diligence.

Et pour ce que sur toutes les choses dessusdites et les dependances d'icelles, vous puissiez et plus hardiement aler avant et proceder, nous vous donnons povoir et auctorité de aler et chevaucher par tout nostredit royaume, en armes et en tel estat et à si grant compaignie de genz comme bon vous semblera, et que vous cometez et deputez de par nous, telx et tant de personnes noz sergenz et autres, comme il vous plaira, affaire des choses et sur les choses dessusdites et les dependences d'icelles, tout ce que bon vous semblera, en tele maniere toutesvoies que ceulx que vous commettrez et deputerez, ne s'entremettent de chose qui requierre cognessance de cause, et de rappeller iceulx toutesfois que il vous plaira.

Et par la teneur de ces presentes lettres, nous mandons et commandons et enjoignons estroitement à touz baillis, prevoz, sergenz, justiciers subgez de nostredit royaume, que à vous, à vostre adroit, ans deputez et commis de par vous, comme dit est, en toutes les choses dessusdites et dependences et circunstances d'icelles, obeissent et entendent diligemment, et vous prestent force, aide, conseil et prisons, toutesfois que il en seront requis de par vous, ou voz deputez et commis, comme dit est.

Donné à Paris, le darrenier jour du mois de janvier, l'an de grace mil trois cens cinquante-quatre; soubz le seel de nostre Chastelet de Paris, en l'absence du grant.

Nº. 214. — *Lettres en conséquence de l'assemblée des trois états* (1). *des bailliages et montagnes d'Auvergne, pour la levée d'un subside.*

Paris, avril, après Pasque, 1355. (C. L. III, 678.)

---

(1) Secousse pense que c'est la première fois que cette expression se trouve dans les lois; ce qui prouve que la division en trois ordres était récente. (L.)

P. 215. — LETTRES *confirmatives de l'aide accordée par les prélats et gens d'église, les barons et les nobles, les communes et autres gens des villes et des parties de tous les pays et contrées d'Anjou et du Maine.*

Sainte-Ouen, juillet 1355. (C. L. III, 682.)

JEHAN, par la grace de Dieu, Roy de France.

Savoir faisons à tous presens et à venir, que comme pour aidier à supporter et sustenir les tres grans et innumerables mises et despens qu'il convient faire pour cause des presentes guerres, nos biens et amez les prelaz et autres genz d'Eglise, les barons, les nobles, communes et autres gens des villes et des parties de tous les païs et contrées d'Anjou et du Maine, des anciens ressors d'autres appartenances, aient accordé et octroié grascieusement deux solz six deniers tournois pour chacun feu à cueillir et lever par trois mois continualment entresuivans et acomplis; c'est assavoir le present mois de juillet et les mois ensuivant d'aoust et de septembre, en la maniere et soubz les modifications et conditions qui s'ensuivent.

Premierement. Que autrefoiz aide samblable ne puisse estre levée esdiz païs ou temps à venir, se ce n'estoit par l'accort et de l'assentement exprès desdites gens d'eglise, desdiz noblez et desdites communes.

(2) *Item.* Que à cueillir et recevoir l'aide present, six receveurs et collectours seront esleuz par noz amez et feaulx les evesques d'Angers et du Mans, le seignour de Craon en son nom propre et privé et non comme nostre lieutenant, Pierre et Guillaume de Craon et Brient seigneur de Monte-Jehan chevaliers, et deux bourgeois, l'un d'Angers et l'autre du Mans, ou par ceulx ceulx touz qui s'en voudront entremettre.

(5) *Item.* Que lesdiz six recevours ou collectours seront tenuz de rendre compte de leurs receptes et mises, et de tout ce que fait auront, ausdiz evesques, chevaliers et bourgeois, ou à ceulx qu'il y deputeront, ou à yceulx d'eulx qui s'en voudront entremettre, comme dit est; sans ce que nous, le comte d'Anjou, la chambre de noz comptes à Paris, ou autres quelsconques les puissons contraindre, ou faire contraindre à en compter ne leur en demander compte en aucun temps.

(4) *Item.* Que ladite aide sera distribuée et convertie par le conseil et avis desdiz evesques, barons et bourgeois, ou d'iceulx

d'eulx qui de ce se voudront, comme dit est, entremettre, en la garde et deffension desdiz païs tant seulement, sans ce que aucune chose en soit convertie ailleurs; et principalment que les chastiaux des frontieres en seront garniz, et le païs desdites frontieres en sera deffendu et gardé par la maniere que le capitaine pour nous oudit pays, par le conseil des dessusdiz, ordonnera et verra que à faire sera. Et se il y a demourant, il sera gardé et mis en depost pour le tourner et convertir en ladite garde et deffension samblablement.

(5) *Item.* L'en saura par lesdiz evesques d'Angers, du Mans et par l'evesque de Chartres pour tant comme l'eveschié de Chartres s'estent en la contée de Vendosme et ailleurs ès parties et appartenances dessusdites, et par toutes les autres manieres et voies que l'en pourra bonnement, quantes paroisses il a en leur diocese, et quand feux il en a chescune desdites paroisses; si que ladite aide puisse estre levée à nostre proffit et au profit dudit paix.

(6) *Item.* Que pour la cause de l'octroy de ladide ayde, ne soit ne ne puist estre acquis à nous ne à nos successeurs aucun nouveau droit en prejudice des prelaz, genz d'eglise, barons, nobles, communes ou autres dessusdiz, il ne leur puisse porter prejudice ou temps avenir.

(7) *Item.* Ces presentes lettres scellées de cire verte et en lacs de soye, leur soient delivrées et baillées, avant ce que ladite aide soit commenciée à lever et à recevoir.

Nous adecertes considérans ledit octroy estre fait par lesdiz prelaz, genz d'eglise, barons, nobles, communes et autres, de leurs bonnes volentez et de grace, ycellui octroy avons agreable, et par deliberation de nostre conseil, toutes les choses dessusdites et chascunes d'icelles, de certaine science avons octroié et octroyons par la teneur de ces lettres. Si mandons et commandons audit capitaine qui ores est, et pour le temps sera pour nous esdis païs, au seneschal d'Anjou et du Maine, et à touz nos autres justiciers et officiers presens et avenir et à chascun d'eulx, qu'il les tiengnent, gardent et accomplisent, fassent tenir, garder et acomplir chacun en droit soy, sanz contredit et sanz autre mandement attendre, en la fourme et maniere que ci-dessus est dit et esclarci.

Et pour ce que ce soit ferme chose et estable à tousjours, nous avons fait mettre nostre scel à ces lettres : sauf en autres choses nostre droit et en toutes l'autruy.

Donné à la noble Maison de saint Odin emprez saint Denis en France, l'an de grace mil trois cens cinquante et cinq, ou mois de juillet.

Par le Roy, à la relation de son conseil, ouquel vous estiez.

N° 216. — LETTRES *confirmatives d'un traité fait entre le lieutenant du Roi, et partie des habitans du Limousin et pays circonvoisins, pour la levée d'un subside conditionnel* (1).

Paris, juillet 1355. (C. L. III, 684.)

N° 217. — LETTRES *portant homologation des statuts des orfèvres de Paris* (2).

Saint-Ouen, août 1355. (C. L. III, 10.)

JOHANNES Dei gratiâ, Francorum Rex, ad perpetuam rei memoriam.

Majestatis regie prudentia merito comendatur, dum sic justitia moderatur, quod in suis actibus commoditas publica, et jura servantur illesa subditorum. Sane cum aurifabri ville nostre Parisiensis certum registrum in quodam rotulo pergameni contentum, nobis dudum obtulerint, nosque de fidelitate et industria dilectorum consiliariorum nostrorum Johannis Hanniere militis, magistri requestarum hospicii nostri, Johannis Aquile, et Johannis de Autissiodoro magistrorum compotorum nostrorum Parisius, predictum registrum eisdem duxerimus sub contra-sigillo nostro transmittendum, committendo mandantes ut contenta in prefato rotulo cum diligentia videre, et maturam deliberationem super hoc habere curarent; ad hoc quod eorum rescriptione et

---

(1) On ne sait pas s'il a été levé. (Sce. Préface du tom. III, p. xxxiij.)

(2) L'orfévrerie a toujours été soumise à des règles spéciales de police. C'est ce qui nous engage à donner ici ce réglement, confirmé par une ordonnance de Charles V, mars 1378. V. aussi celles de novembre 1506, mars 1554, avril 1571, sept. 1579, octobre 1631, 10 sept. 1636, avril 1642, mars 1663, 31 mars 1672, 17 février 1674, 22 juillet 1681, 4 janvier 1724, février 1734, avril 1739, janvier 1749, février 1753, juillet 1777. — Lois, 3 mai 1791, 19 brumaire an 6. — Arrêté, 16 prairial an 7. (Is.)

deliberatione habita, possemus inde ordinare quod nobis videtur rationabiliter ordinandum : et tandem omnia et singula in dicto rotulo per prefatos commissarios inspecta, et quolibet articulo registri supradicti cum antiquo registro aurifabrorum in castelleto nostro Parisiensi existentium, per eos diligenter examinato, vocatis procuratore nostro generali, et pluribus in talibus expertis, prout per dictorum commissariorum rescriptionem nobis innotuit, predictum registrum per eos visum et examinatum, ut prefertur, nobis in quodam rotulo pergameni sub sigillis suis fideliter intercluso, remiserunt, cujus quidem rotuli tenor sequitur in his verbis.

C'est le registre que les orfevres de Paris requerent pour le profit du Roy, du commun peuple de ladite ville et de tout le royaume.

Premierement. Il est à Paris orfevre qui veut, et qui faire le scet, pourtant qu'il ait esté aprentis à orfevre à Paris, ou ailleurs, aus us et coustumes du mestier, ou qu'il soit tel esprouvé par les maistres et bonnes gens du mestier, estre souffisant d'estre orfevre, et de tenir et lever forge, et d'avoir poinçon (1) à contreseing.

(2) *Item.* Si celuy éprouvé est tel qu'il doive estre orfevre, et avoir poinçon, et il a esté ouvrier d'autres métaux, autres que d'or ne d'argent, et il veut estre orfevre, il le sera; mais il n'ouvrera, ne fera ouvrer jamais d'autre métal que de bon or et de bon argent; si ce n'est en joyaux d'eglise, comme tombes (2), chasses, croix, encensiers, ou autres joyaux accoutumez à faire pour servir sainte Eglise; ou se ce n'est du congié et licence des maistres du mestier, et jurra à tenir et ouvrer aux us et coûtumes du mestier qui telles sont.

(3) *Item.* Nul orfevre ne peut ouvrer d'or à Paris qu'il ne soit à la touche de Paris, ou meilleur : laquelle touche passe tous les ors dont l'en euvre en mille terres; lequel est à dix-neuf carats, et un quint.

---

(1) Le contre-seing dans le poinçon, est une petite marque particuliere qu'il ajoute telle qu'un cœur, ou quelqu'autre figure, laquelle est ajoûtée aux lettres initiales de son nom, pour distinguer plus specifiquement son poinçon, de celuy d'un autre maître. On appelle aujourd'huy ce petit caractère distinctif, devise ou croix qui se nomme different en terme de monnoye. (Sec.)

(2) Ce sont des chasses faites en formes de tombeaux. (Idem.)

(4) *Item.* Nul orfevre ne puet mettre sous amatitre (1), ne garnat (2) feüille vermeille ne d'autre couleur, fors seulement d'argent (3).

(5) *Item.* Nul orfevre ne peut mettre amatitre avec balais ne esmeraudes, rubis d'Oriant ne d'Alixandre, si ce n'est en manière d'envoirrement (4), servant comme un crital sans feüille.

(6) *Item.* Nul ne peut raser (5), ne teindre amatitre, ne quelques pierres fausses, parquoy elle se doive montrer autre qu'elle n'est de sa nature.

(7) *Item.* Nul orfevre ne puet mettre en œuvre d'or, ne d'argent, pelles d'Ecosse avec pelles d'Oriant (6), se ce n'est en graus aux d'eglise, ou multiplication de pierres étranges et pelles se meisme.

(8) *Item.* Que nulz orfevres ne puissent mettre en nulz joyaux

_____

(1) Pierre precieuse que l'on nomme presentement *amathiste*, et plus communement *amethiste*. (Sec.)

(2) C'est la pierre precieuse, nommée *grenat*. (*Idem.*)

(3) Le principe de la deffense portée dans cet article, et dans quelques-uns des suivans, est que lorsqu'on met des pierres precieuses en œuvre, il ne faut rien y ajoûter qui puisse leur donner un éclat trompeur, et capable de les faire prendre pour plus précieuses qu'elles ne sont. (*Idem.*)

(4) Vient sans doute du mot *voirrines*, qui se trouve plus bas, art. 8, et signifie *ouvrages de verre*. Par *envoirrement*, je crois qu'il faut entendre des verres collez ensemble par une gomme résineuse qui les lie, et leur communique de la couleur, ensorte que ces deux verres se prestent de l'éclat l'un à l'autre. C'est ce qui est nommé *doublés de voirrines*, art. 11. Suivant cette interpretation, voici le sens que l'on peut donner à cet article. De la même manière que l'on met ordinairement un cristal sous une pierre, il est aussi permis d'enchasser des pierres de differentes especes et couleurs dans un même bijou, de telle manière, que par l'avoisinement, ou l'opposition de leur situation, elles puissent emprunter par reflexion, l'éclat et les couleurs les unes des autres, sans toutesfois que cet éclat emprunté puisse estre fortifié par aucune feüille mise sous les pierres, conformement à la deffense portée par l'article precedent. (*Idem.*)

(5) Ces deux mots sont synonimes, parce qu'on donne des couleurs empruntées aux pierres fausses, et mesmes aux fines d'une espece moins precieuse, par une gomme *raisineuse*, d'où est venu ce mot *raser* les pierres, pour dire *teindre* les pierres. On se sert encore de ce mot dans quelques pays. (*Idem.*)

(6) Cela est deffendu, afin qu'on ne puisse pas faire passer des perles d'Ecosse, pour des perles d'Oriant, auxquelles elles sont très inferieures en tout. (*Idem.*)

d'argent de menuerie (1), voirrines avec garnas, ne avec pierres fines.

(9) *Item.* Nul orfevre ne puet mettre croye (2) sous email d'or ne d'argent, c'est à sçavoir en grosse vaisselle qui se vend au marc.

(10) *Item.* Nul ne puet faire, ne faire faire tailler diamans de bericle (3), ne mettre en or ne en argent.

(11) *Item.* Nul ne puet faire, ne faire mettre en or, doubles de voirrines (4), pour vendre, ne pour s'en user, si ce n'est pour le Roy, et pour la Reyne, ou ses enfans.

(12) *Item.* Nul orfevre ne puet ouvrer d'argent qui ne se revienne aussi bon comme argent-le-Roy sans les soudures, lequel est dit argent de gros.

(13) *Item.* Que nuls orfevres ne puissent faire planches de boutons ferües en tas, qui ne se reviennent massisses et toutes pleines devers le martel (5).

---

(1) Ce sont de menus ouvrages d'or et d'argent. (Sec.)

Voirrines, ce sont des pierres fausses faites de verre : on les nomme aujourd'huy *verroteries* dans le commerce. Cette deffense est fondée sur le même principe que la precedente. (*Idem.*)

(2) Pierre que l'on nomme aujourd'huy *craye*, elle est assez pesante : il est deffendu d'en mettre sous les ornemens émaillez, que l'on appliquoit sur de la vaisselle, ou sur des habits, (V. artic. 15.) parce qu'elle en auroit considerablement augmenté le poids, sans que les acheteurs eussent pû s'en appercevoir. (*Idem.*)

(3) Pour *vericle*, c'est-à-dire, de *verre*. (*Idem.*)

(4) Ce sont deux morceaux de verre collez ensemble. On auroit pu vendre ces *doubles de voirrines* bien accommodées et bien teintes pour des pierres fines. (*Idem.*)

(5) Cet art. est le plus difficile de toute l'ordonnance. Voiey comment M. le Roy croit qu'on peut l'expliquer. *Planches ferües en tas*, ce sont des lames d'or ou d'argent frappées sur de petits enclumeaux d'acier, que l'on nomme *tas*. Sur la superficie de ce *tas*, il y a un creux, dans la cavité duquel sont gravés divers ornemens qui s'impriment sur la *planche*, ou lame de metal, que l'on y fait entrer à coup de marteau. C'est ainsi qu'on fait les boutons de manche, et les boutons d'orfévrerie pour les habits. Par cet article, il est deffendu que les boutons qui ont pris de cette manière une forme convexe dans la concavité du *tas*, restent creux en dedans, tels que sont ceux qui se font aujourd'huy ; mais il est ordonné qu'ils soient *massifs et pleins devers le martel*, c'est-à-dire, en dessous, à l'endroit où le marteau a frappé, pour les enfoncer dans la concavité du *tas*, et pour empescher, que dans le creux on ne puisse cacher frauduleusement quelque matiere de moindre valeur, comme de la soudure, etc.

Cette explication paroist fort vraysemblable. Il faut cependant remarquer

(14) *Item.* Que toutes pieces qui seront ferûes en tas, qui se- pour mettre sur soye, ou ailleurs, soient de la propre cou- leur que dessus.

(15) *Item.* Que toutes pieces qui auront bastes (1) soudées, pour mettre sur soye, ou ailleurs, ne puissent estre clouées, couzües à l'aguille.

(16) *Item.* Que nulz orfevres ne pourra tenir ne lever forge, ouvrer en chambre secrete, s'il ne s'appert devant les mais- tres du métier soy approuvé estre témoigné suffisant (2) de tenir forge, et d'avoir poinçon à contre-seing, et autrement non.

(17) *Item.* Nul orfevre ne puet ouvrer de nuyt, se ce n'est en l'œuvre du Roy, la Royne, leurs enfans, leurs freres, et l'evê- que de Paris; ou se ce n'est du congé et licence des maistres du métier.

(18) *Item.* Nul orfevre ne doit paage ne coutume nulle de chose qu'il achapte ou vende, appartenant audit mestier.

(19) *Item.* Nul orfevre ne puet avoir qu'un apprentis estran- ge (3), mais de son lingnage, ou lingnaige de sa femme, en puet-il avoir de chacun un avec l'estrange, se il li plaist; et l'or- fevre qui n'auroit de son lignage ni de sa femme, qu'il puisse avoir apprentis estranges deux à tout le plus.

---

qu'elle est contraire à celle que l'editeur des statuts des orfévres a donnée au mot *martel*. Le *martel*, dit-il, *veut dire le costé que l'on voit l'ouvrage*, au lieu que par ce mot, M. le Roy entend le costé du bouton que l'on ne voit pas. (Sec.)

(1) Ce sont les chatons, ou enchassures soudées à ces esmaux d'or et d'ar- gent, dont il est parlé plus haut, art. 9, et qui servoient à les attacher, ou sur de la vaisselle, ou sur des étoffes. Il est ordonné que ces esmaux „lorsqu'ils seront appliqués sur des étoffes, n'y seront pas clouez par leurs *bastes* ou chatons, mais cousus à l'aiguille, afin qu'on puisse les défaire plus facilement, pour voir s'il n'y a pas de craye dessous. (*Idem.*)

(2) C'est-à-dire, s'il ne se presente devant les maîtres du métier, pour leur donner des preuves de son habileté, afin qu'ils puissent rendre témoignage qu'il est capable d'estre orfevre. Dans l'ord. de mars 1378, il y a, *se ils ne soyent approuvez devant les maistres du métier, et estre temoignez suffi- sans*. (*Idem.*)

(3) Estranger, qui ne soit ni son parent, ni celuy de sa femme. Lorsqu'un orfevre a des apprentifs de ses parens, il ne peut en avoir qu'un estranger. S'il n'a point d'apprentifs de ses parens, il peut en avoir deux estrangers. C'est ainsi qu'il faut entendre cet article, dont le commencement semble d'abord contraire à la fin. V. l'art. 22 de l'ord. de mars 1378. Cet article qui confirme celui-ci, n'est équivoque. (*Idem.*)

(20) *Item*. Nul orfevre ne puet avoir apprentis estrange, ne privé, à moins de huit ans; se celuy apprentis n'est tel, qu'il puisse ou saiche gagner cent sols l'an, et ses depens de boire et de mangier.

(21) *Item*. Se aucun apprentis se rachepte de son maistre, il ne pourra tenir ne lever forge, se il n'a servi son maistre, ou autre de remenant de huit ans, comme apprentis, ou comme vallet servant (1), gaaignant argent.

(22) *Item*. Se celuy orfevre a un apprentif estrange, il ne puet reprendre un autre estrange, si celuy apprentif n'a fait la moitié de son service, ou plus.

(23) *Item*. Se aucun forain vient à Paris, il ne pourra tenir ne lever forge, se il n'a servi an et jour à Paris, pour savoir de ses meurs, et de son euvre; lequel, quand il aura congie de lever forge, payera un marc d'argent, moitié au Roy, et moitié à la confrairie St Eloy.

(24) *Item*. Que nulz billonneurs, tabletiers, merciers errants, qui orfevrez ne soit, ne se puissent mesler de vendre ne achater aucunes choses d'or ne d'argent, si ce n'est pour billon (2), ne affiner, se il n'en a congié et lettres du Roy, ou des generalx maistres des monnoies: et se aucuns des dessusdits soit trouvé faisant le contraire, que lesdits mestres puissent tout depecier, et envoyer à la monnoye pour billon.

(25) *Item*. Nul orfevre ne doit ouvrir sa forge à dimenche, ne à feste d'apostre, se elle n'eschiet au samedy, fors qu'un ouvroier que chascun ouverra à son tour, lequel en doit payer deux sols d'aumosne en la boiste St Eloy, avec les deniers-Dieu que li orfevres font de leurs marchandises, et avec les autres debites d'argent de leurs bourses (3), pour faire un disner que les orfevres donnent d'icelle boiste le jour de Pasques, aux pauvres de l'Hô-

---

(1) Compagnon travaillant aux gages du maître, et non domestique. (Sec.)

(2) Monnoye décriée ou tout autre or et argent destiné à la fabrication des especes. (*Idem.*)

(3) C'est-à-dire, les aumônes que les orfèvre faisoient de lors, et de temps immémorial, et qu'ils ont toujours faites depuis, aux deux festes de St. Eloy. Cet employ de ces aumônes a cessé dans le dernier siècle, et elles ont esté appliquées depuis, partie à la célébration de l'office divin, dans la chapelle de leur maison commune, et le reste au soulagement des pauvres du corps, qui de temps immémorial, sont logez gratuitement dans cette maison. (*Idem.*)

Dieu de Paris, et à tous les prisonniers de Paris, qui pour Dieu le veulent prendre.

(26) *Item.* Li orfevres de Paris sont franc de Guet; mais il doivent les autres redevances que les bourgeois doivent au Roy.

(27) *Item.* Les prudhommes du mestier eslissent cinq ou six prudhommes pour garder ledit mestier, lesquiex prudhommes jurent qu'ils garderont ledit mestier bien et loyalement, aux us et coustumes devant dites, si comme bien et loyaument touz-temps a esté acoustumé du faire: et quant cil preudhommes ont fait leur année, le commun du mestier ne les y puet-mais remettre jusques à trois ans, se il n'y veulent entrer de leur bonne volenté: et se les cinq ou les six prudhommes truevent homme de leur mestier qui euvre de mauvais or ou de mauvais argent, et il ne s'en veulent chastier la premiere, ou seconde, ou tierce fois, les prudhommes amainent celi ou ceux au prevost de Paris, chargié, ou chargiez de leurs faiz (1), et ledit prevost de Paris les bannit à un an ou à deux, ou à trois, selonc ce qu'il ont desservi, et par la relation desditz mestres du mestiers.

(28) *Item.* Que nuls tremontains ne puissent ouvrer, ne faire ouvrer secrettement, ne en appert en leurs hostiex, se il n'est orfevre, comme dessus est dit; et se il estoit trouvé qu'il ouvrast, ne feist ouvrer en son hostel, que il soit à la voulenté du Roy nostre seigneur de perdre son juel (2), ou si comme bon conseil en ordennera; et le orfevre qui sera trouvé ainsi ouvrant, qu'il soit banni un an et un jour, ou plus, de la ville de Paris, selon la qualité du meffait et des œuvres, et le valet à la valüe (3) selon sa qualité.

(29) *Item.* Que il plaise au Roy nostre seigneur, que des forfaictures ainsi trouvées par lesdits mestres des orfevres, que du proufit que le Roy en aura, lesdits orfevres en ayent le quint denier pour tourner et convertir au proufit de la confrairie Saint Eloy aux orfevres, de laquelle l'aumosne de Pasques est faite à

---

(1) C'est-à-dire, de leurs meffaits, contenus dans la dénonciation des maistres. (Sec.)

(2) Il y a *joyel* dans le recüeil des statuts des orfèvres, et *jouel*, et *de ce que seû auroient*, dans l'ord. de mars 1378. Ces derniers mots marquent la signification de *juel* ou *jouel*. Ils signifient les joyaux, et ouvrages d'or et d'argent qui seront confisquez sur les orfèvres qui travailleront sans estre maistres. (Idem.)

(3) C'est-à-dire, à proportion de son estat. (Idem.)

l'Ostel-Dieu de Paris, et en plusieurs autres lieux, et chanter plusieurs messes par an.

Notum igitur facimus universis tam presentibus quam futuris, quod nos, attentis et consideratis propensiùs rescriptione et deliberatione commissariorum predictorum, per quas de hujusmodi registris plenariè certiorati sumus, et fideliter informati, arbitrantesque quod contenta in dicto rotulo, nedum nostram, sed communem utilitatem totius Regni, et subditorum nostrorum conspiciunt; et ut aurifabri Parisienses de cetero ad hujusmodi aurifabrie opus libenciùs et fervenciùs sint intenti, eosdem favore benivolo prosequentes, omnia et singula in supra-scripto rotulo contenta et expressa volumus, laudamus, approbamus, et de nostris certâ scientiâ, gratiâ speciali, et auctoritate regiâ, tenore presencium confirmamus, et insuper quintum denarium forefacturarum predictarum per dictos aurifabros, ob causas predictas, ut premittitur, inventarum, eisdem ex ampliori gratiâ ad opus confraternie beati Eligii prelibatum, donantes et etiam concedentes, preposito nostro Parisiensi, ceterisque justiciariis Regni nostri, vel eorum loca-tenentibus modernis et futuris, prout ad eorum quemlibet pertinuerit, mandantes quatinus prefatos aurifabros, et eorum successores in dicto opere aurifabrie, nostris gratia et concessione predictis, quo ad jura operationis predicte, et pertinente ejusdem, uti et gaudere libere faciant et permittant. Quod ut firmum et stabile perpetuo perseveret, nostrum presentibus litteris fecimus apponi sigillum, nostro in aliis, et alieno in omnibus jure salvo.

Datum et actum in nobili domo sancti Audoeni, anno Domini millesimo trecentesimo quinquagesimo quinto, mense augusti. Per Regem, presente domino de Machefeld.

N°. 218. — Traité *de pacification entre Charles, Roi de Navarre, et Jean, Roi de France, contenant amnistie et abolition à tous ceux que le Roi de Navarre déclarera.*

Valogne, 10 septembre 1355. (Dumont, Corps diplom., tom. 1ᵉʳ, 2ᵉ part. p. 298.)

Nous Charles, par la grace de Dieu, Roy de Navarre, et comte d'Evreux, pour nous et nostre hom d'une part : et nous Jacques de Bourbon comte de Ponthieu, et conestable de France; et nous Gauthier duc d'Athenes, comte de Breue et de Liche mes-

... du Roy nostre sire, et ayant plein pouvoir de luy quant ... choses qui eussent fere, traittier, passer et accorder, par ... des lettres de nostredit sire sur ce faites, dont la teneur est ... dessous encorporée, pour et au nom du Roy nostre sire d'au... part; faisons savoir à tous que sur les discors entre monsei... ... le Roy dessusdit et nous Roy de Navarre: et sur les de... ... qu'il nous faisoit, et nous à luy, tant à cause de luy et ... ..., comme de nos predecessurs, avons traittié et accordé ... Roy de Navarre pour nous et en nostre nom; et nous mes... ... dessusdis pour et au nom du Roy nostre sire en la maniere ... ensuit.

Premierement. Quand à ce que monseigneur le Roy s'estoit ... pour malcontent de nous Roy de Navarre dessusdit pour ... desobéïssances que nos gens estant de par nous en nos ... et châteaulx d'Evreux, de Ponteaudemer, de Cherebourg, ... Gauray, Mortaing, Avranches et Carentan, avoient faites à ... ...eigneur le Roy dessusdit, ou à ses gens, ou outrement, est ... accordé que nous en faisant obéissance de nosdites villes et châ... ...eaulx à monseigneur le Roy, mettrons dès maintenant, royale... ...ment, et de fait en la main de nostre cousin le conestable des... ...dit, ou de celluy ou ceux que nostredit cousin vouldra à ce ... deputer, comme en la main de monseigneur le Roy nos villes et ... chasteaulx dessusdit. Et pourra mettre nostre dit cousin en cha... ...cune desdites villes et châteaulx un châtelain tel comme il luy ... plaira, luy tiers, outre les gens qui y sont ou seront de par nous ... Roy de Navarre, et y demoureront, ainsi comme dit est, lesdits ... châtelains et autres gens mis en iceulx villes et chasteaulx par ... nostredit cousin jusqu'à tant que nous en nostre personne ... aurons fait à monseigneur le Roy l'obéissance cy-dessus es-cripte.

(2) *Item*. Est accordé que quand nous Roy de Navarre serons ... devers monseigneur le Roy dessusdit, nous parlerons à luy publi... quement avec toutte obéissance, reverence, et honneur, sur les ... choses qui toucheront nostre honneur, et le desblâme de nous et ... de nos gens, et de nos amis, en gardant tout l'honneur de mon... seigneur le Roy, et luy supplierons qu'il veuille pardonner à ... nous, à nos freres, et gens tout ce dont il s'est tenu pour mal... content de nous et d'eulx, et lever sa main de nos terres, villes ... et châteaulx, qui sont en icelle, et les nous mettre en pleine de... livrance, et aussi celle de nosdites gens.

(3) *Item*. Est accordé que tantost comme nous Roy de Na-

varre dessusdit aurons ainsi publiquement parlé à monseigneur le Roy, il devant nous pardonnera incontinent à nos freres, à toutes les gens, conseillers, fameilliers, officiers de nous, ou de nosdits freres, aidans, adherans, conseillaus, et confortans, de quelconques estat et-ou que il soient, et à nos subgets, et à chacun de nous et autres quelconques lesquels sont presentement ci nommez; et autres que nous nommerons et baillerons en bonne foy par escript sous nostre seel dedant la feste de Chandeleur prochain venant au chancelier de France, toutes rencunes, indignations, meprisures, offenses, meffaits, mesdits et mautalens quelconques qu'il a eu, ou conceus, ou pourroit avoir, ou concevoir contre nous Roy de Navarre, nosdits freres, les conseilliers, familiers, officiers et subgets de nous, de nosdits freres, nos aidans, adherans, et conseillans, et confortans, et autres quelconques nommez et à nommer, comme dit est, pour quelconque cause et occasion que ce soit, de tout le temps passé jusques au jourd'huy, et sera à nous Roy de Navarre, à nosdits freres, et aux dessusdits nommez et à nommer, comme dit est, et à chacun plaine et parfaite remission, pardon et quittance de tout excès, crimes, délits, meffaits, mesdits, desobeissances, rebellions, et autres choses quelconques, dont il s'est, ou peut estre tenus, ou pourroit tenir malcontens de nous, de nosdits freres, ou des autres cy nommez et à nommer, comme dessus est dit, de tout temps passé jusques au jourd'huy pour quelconques causes ou occasion que ce soit, fust pour nostre fait, ou pour autres quelconques cause. Supposé que l'en peust, ou voulsit dire que nous, nosdits freres, ou aucun de ceulx cy nommez et à nommer, comme dit est, eussions ou eussent commis et perpetré crime de leze-majesté, ou aultres quelconques, fust contre la personne de monseigneur le Roy, le bien public, ou autrement, un ou plusieurs, et toutes peines civilles, corporelles, criminelles, amandes, et confiscations, que nous, nosdits freres, ou aucun de ceux cy nommez et à nommer, comme dit est, povons ou peuvent avoir encouru de tout le temps passé jusques aujourd'hui envers la personne de monseigneur le Roy, ou la couronne de France, sens ce que monseigneur le Roy, ou ses successeurs ou autres de par eulx par voye de fait ou de droit, soubs couleur de justice ou autrement, en puisse jamais rien demander à nous, nosdits freres, ne aucuns d'autres cy nommez et à nommer, comme dit est, ne aux hoirs ou successeurs de nous, ou d'eulx, ou d'aucun d'eulx, en corps, ne en bien, ne pour ce

www.ingramcontent.com/pod-product-compliance
Lightning Source LLC
Chambersburg PA
CBHW050254170426
43202CB00011B/1683